Telekommunikationskontrolle zur Prävention und Aufdeckung von Straftaten im Arbeitsverhältnis

SCHRIFTEN ZUM DEUTSCHEN UND EUROPÄISCHEN ARBEITS- UND SOZIALRECHT

Herausgegeben von Ulrich Preis

Band 26

PL ACADEMIC RESEARCH

David Kruchen

Telekommunikationskontrolle zur Prävention und Aufdeckung von Straftaten im Arbeitsverhältnis

Private Arbeitgeber im Spannungsverhältnis zwischen Datenschutz und Compliance

PL ACADEMIC RESEARCH

Bibliografische Information der Deutschen Nationalbibliothek
Die Deutsche Nationalbibliothek verzeichnet diese Publikation in der Deutschen Nationalbibliografie; detaillierte bibliografische Daten sind im Internet über http://dnb.d-nb.de abrufbar.

Zugl.: Köln, Univ., Diss., 2012

Umschlagabbildung:
Siegel der rechtswissenschaftlichen Fakultät
der Universität zu Köln.
Abdruck mit freundlicher Genehmigung
der Universität zu Köln.

D 38
ISSN 1861-4582
ISBN 978-3-631-62729-7

www.peterlang.de

Für Mandy Hendrich

Vorwort

Die vorliegende Arbeit wurde im Wintersemester 2012 / 2013 von der Rechtswissenschaftlichen Fakultät der Universität zu Köln als Dissertation angenommen. Rechtsprechung und Literatur wurden bis August 2012 berücksichtigt.

Großer Dank gebührt meinem Doktorvater Professor Dr. Ulrich Preis, der mich in der Themenwahl bestärkte, mir wichtige Impulse gab und mir in allen Arbeitsphasen mit Rat zur Seite stand. Die Zeit meiner Tätigkeit für ihn in verschiedenen Funktionen am Institut für Deutsches und Europäisches Arbeits- und Sozialrecht und am Großen Examens- und Klausurenkurs werde ich stetsin guter Erinnerung behalten. Ich danke ihm zudem für die Aufnahme in diese Schriftenreihe. Bedanken möchte ich mich ebenfalls bei meinem Zweitgutachter Professor Dr. Christian Rolfs für die zügige Erstellung des Zweitgutachtens.

Darüber hinaus gilt mein Dank meinen Kolleginnen und Kollegen am Institut für Deutsches und Europäisches Arbeits- und Sozialrecht und am Großen Examens- und Klausurenkurs, die immer ein offenes Ohr für mich hatten und in denen ich stets kompetente Diskussionspartner finden konnte. Ganz speziell gilt dies auch für meine Freunde aus dem Examensjahrgang 2010, die (zukünftigen) dres. Michael Raffii, Christoph Czaplik, Sandy Siegfanz-Strauß, Julia Schünemann und Vincent Brenner. Ich bedanke mich bei meiner gesamten Familie, insbesondere bei meinen Eltern Birgit und Bernd Kruchen sowie meinen Großeltern Erika und Uwe Maak, die mir die Aufnahme eines Studiums sowie die Veröffentlichung dieser Arbeit erst ermöglicht haben.

Mein größter Dank gilt meiner besseren Hälfte Mandy Hendrich. Ohne ihren unermüdlichen Zuspruch, ihre Motivation, ihre Geduld und ihre bedingungslose Unterstützung in euphorischen und in schwierigen Zeiten wäre dieses Buch nicht entstanden. Ihr widme ich diese Arbeit.

Neuss, im Januar 2013 David Kruchen

Inhaltsverzeichnis

Teil 1:

Einleitung 1

A. Beispiele für „Datenskandale“ in Deutschland 4

B. Gang der Untersuchung 7

Teil 2:

Der rechtliche Rahmen für die Kontrolle der Telekommunikation der Beschäftigten 9

A. Verfassungsrechtlicher Interessenkonflikt 9

I. Die Interessenlage des Arbeitgebers 9

II. Die Interessenlage der Arbeitnehmer 12

III. Zwischenergebnis 16

B. Einfachgesetzliche und europarechtliche Grundlagen 17

I . Das BDSG als allgemeine Schranke der unternehmerischen Freiheit des Arbeitgebers 18

1. Politisch-historische Entwicklung des BDSG 18

2. Bedeutung für die Überwachung von Beschäftigten 20

II. Telekommunikationsrechtliche Spezialgesetze 22

III. Die Compliance-Verpflichtung des Arbeitgebers 23

1. Einfachgesetzliche Herleitung 24

2. Umfang der Compliance-Verpflichtung im Allgemeinen 28

3. Mitarbeiterüberwachung zur Aufdeckung und Prävention von Straftaten als Teil der Compliance-Verpflichtung 29

4. Zwischenergebnis 31

IV. Strafrechtliche und strafprozessuale Einflüsse 33
1. Straftatbestände der §§ 201 ff. StGB als Schranken für Mitarbeiterkontrollen? 33
2. Sonstige Straft- und Ordnungswidrigkeitstatbestände 36
3. Vorschriften der StPO als Schranken für Mitarbeiterkontrollen 38
4. Strafrechtliche Rechtfertigungstatbestände 39
a) Rechtfertigung über § 32 StGB 40
b) Rechtfertigung über § 34 StGB 42
5. Zwischenergebnis 43
V. Unbeachtlichkeit der Datenschutzgesetze der Länder 43
VI. Europarechtliche Grundlagen 44
VII. Zwischenergebnis und Gang der Untersuchung 45

Teil 3:
Einfachgesetzliche Kontrollbefugnisse des Arbeitgebers 49
A. Anwendbarkeit telekommunikationsrechtlicher Spezialgesetze 51
I. Anwendbarkeit des TMG auf das Arbeitsverhältnis 52
II. Anwendbarkeit des TKG auf das Arbeitsverhältnis 52
1. Der Arbeitgeber als Dienstanbieter im Sinne des TKG 53
a) Wortlautargumente 53
b) Historische Argumente 57
c) Systematische Argumente 60
d) Teleologische Argumente 62
e) Zwischenergebnis 64
2. Der Arbeitnehmer als Nutzer im Sinne des TKG 65
III. Abgrenzung der Anwendungsbereiche anhand des ISO-Schichtenmodells 68
IV. Zwischenergebnis 70

B. Die Erlaubnis der Privatnutzung technischer Einrichtungen im Betrieb........ 72
I. Ausdrückliche Erlaubnis der Privatnutzung 73
II. Konkludente Erlaubniserteilung 75
III. Erlaubniserteilung durch Betriebliche Übung 77
IV. Umfang der Erlaubnis der Privatnutzung 80
V. Ausdrückliches Verbot der Privatnutzung 82
VI. Rücknahme einer erteilten Erlaubnis 85
VII. Zwischenergebnis 88
C. Mitarbeiterkontrolle bei erlaubter Privatnutzung der technischen Einrichtungen 90
I. Differenzierung im Falle einer Mischnutzung 90
II. Die Kontrolle des Telefons 92
1. Differenzierungsmöglichkeiten zwischen dienstlicher und privater Kommunikation 94
2. Kontrollmöglichkeiten nach der Systematik des TKG 96
a) Spezielle Voraussetzungen für Kontrollen zur Aufdeckung und Prävention von Straftaten 98
(1) Beschränkung auf bestimmte Datentypen 99
(2) Dokumentation von Verdachtsmomenten 101
b) Zwischenergebnis 106
III. Die Kontrolle des Internetverhaltens 107
1. Telekommunikations- oder Telemediendienst 108
2. Differenzierungsmöglichkeiten zwischen dienstlicher und privater Nutzung 110
3. Kontrollmöglichkeiten nach der Systematik des TKG 111
4. Kontrollmöglichkeiten nach der Systematik des TMG 114
5. Zwischenergebnis 117
IV. Kontrolle des E-Mail-Verkehrs 118

1. Telekommunikations- oder Telemediendienst 119
2. Differenzierungsmöglichkeiten zwischen dienstlicher und privater Nutzung 120
3. Kontrollmöglichkeiten nach der Systematik des TMG 122
4. Der Sonderfall gespeicherter E-Mails 123
a) Reichweite des Fernmeldegeheimnisses 123
b) Speicherung innerhalb des betrieblichen E-Mail-Systems 127
c) Speicherung in einem betriebsfremden Online-Postfach 128
d) Speicherung auf dem lokalen Betriebssystem 129
5. Zwischenergebnis 129
V. Reflexion einer misslichen Gesetzeslage 131
1. Auflösung des verfassungsrechtlichen Interessenkonflikts 131
2. Konflikt mit der Compliance-Verpflichtung des Arbeitgebers 134
3. Konflikt mit der europäischen Datenschutzrichtlinie 137
4. Zusammenfassung 139
D. Mitarbeiterkontrolle ohne Erlaubnis der Privatnutzung der technischen Einrichtungen 142
I. Die Systematik des BDSG 143
1. Die Einbettung des § 32 BDSG in die Gesetzessystematik 145
2. Spezialität des § 32 Abs. 1 BDSG 148
3. Der Prüfungsmaßstab der „Erforderlichkeit“ 150
4. Widersprüchliche Anwendungsbereiche der Satzvarianten des § 32 Abs. 1 BDSG 152
5. Die Dokumentation von Verdachtsmomenten gem. § 32 Abs. 1 S. 2 BDSG 153
6. Ausweitung auf nicht automatisierte Vorgänge über § 32 Abs. 2 BDSG 155
7. Zwischenergebnis 156

II. Einflussfaktoren der Verhältnismäßigkeitsprüfung ... 157
1. Konkretisierung des Kontrollzwecks ... 158
2. Datenqualität ... 160
3. Umfang der Datenerhebung ... 161
4. Verfügbarkeit der erhobenen Daten ... 163
5. Identität und Zugriff der kontrollierenden Stelle ... 164
6. Information der Beschäftigten ... 165
7. Mehrstufigkeit der Datenerhebung ... 167
8. Der Grad etwaiger Verdachtsmomente ... 168
9. Grundrechtsposition der Kommunikationspartner ... 170
10. Rückführbarkeit der Daten ... 171
11. Privatnutzung trotz fehlender Erlaubnis ... 173
12. Besonderheiten bei Berufsgeheimnisträgern ... 174
III. Besonderheiten bei der Kontrolle des Telefons ... 175
1. Besonderer Schutz der Flüchtigkeit des nicht öffentlich gesprochenen Wortes ... 175
2. Verkürzte Rufnummernerfassung ... 177
3. Ortung von Mobiltelefonen ... 178
4. Sondersituation in Call-Centern ... 180
5. Zwischenergebnis ... 181
IV. Besonderheiten bei der Kontrolle des Internetverhaltens ... 182
1. Kein Vertrauen auf Anonymität im Internet ... 183
2. Erfassung der aufgerufenen Internetseiten ... 185
3. Erfassung sonstiger Nutzungsinhalte ... 187
4. Erfassung von „Cookies“ ... 190
5. Keine Erfassung persönlicher Passwörter ... 190
6. Erfassung von Downloads ... 191
7. Einsatz von Filtersoftware ... 192

8. Zwischenergebnis ... 194
V. Besonderheiten bei der Kontrolle des E-Mail-Verkehrs ... 196
1. Positionierung zwischen Telefonat und Geschäftsbrief ... 197
2. Verkürzte Erfassung von E-Mail-Adressen ... 200
3. Differenzierung zwischen der Überwachung des Posteingangs und des Postausgangs ... 202
4. Erfassung der Betreffzeile ... 204
5. Erfassung von Datenanhängen ... 206
6. Einsatz von Filtersoftware ... 207
7. Bedeutung der Reichweite des Fernmeldegeheimnisses ... 208
8. Zwischenergebnis ... 209
B. Exkurs: Die Kontrolle sonstiger auf betrieblichen Rechnern oder Servern gespeicherter Dateien ... 212

Teil 4:
Befugniserweiterungen mittels Einwilligung, Betriebsvereinbarung oder Tarifvertrag ... 217
A. Rechtfertigung von Kontrollmaßnahmen durch Einwilligung der Betroffenen ... 218
I. Die Einwilligung im Anwendungsbereich des BDSG ... 218
1. Schriftformerfordernis ... 219
2. Besondere Hinweispflichten ... 219
3. Höchstpersönlichkeit und Bestimmtheit ... 221
4. Freiheit der Entscheidung ... 222
5. Widerruflichkeit der Entscheidung ... 224
II. Die Einwilligung im Anwendungsbereich des TMG ... 227
III. Die Einwilligung im Anwendungsbereich des TKG ... 231
IV. Praktische Probleme der Befugniserweiterung über Einwilligungen ... 232

V. Zwischenergebnis 236
B. Rechtfertigung von Kontrollmaßnahmen durch Betriebsvereinbarungoder Tarifvertrag 237
I. Rechtslage im Anwendungsbereich des BDSG 238
1. Öffnung des BDSG für kollektivvertragliche Regelungen 238
2. Abweichungen vom BDSG zu Ungunsten der Betroffenen 239
3. Grundrechtseinflüsse 240
4. Fehlende Regelungskompetenz für betriebsfremde Dritte 243
5. Zwischenergebnis 244
II. Rechtslage im Anwendungsbereich von TMG und TKG 245
1. Öffnung des TMG für kollektivvertragliche Regelungen 246
2. Öffnung des TKG für kollektivvertragliche Regelungen 246
3. Widerspruch zwischen TMG und TKG 248
4. Auflösung des Widerspruchs durch Auslegung 251
5. Zwischenergebnis 252

Teil 5:
Thesen und Fazit 253
A. Zusammenfassung der wesentlichen Ergebnisse in Thesen 253
B. Fazit 258
I. Empfehlungen für den kontrollierenden Arbeitgeber 258
1. Musterkonzeption einer Telefonkontrolle 262
2. Musterkonzeption einer Kontrolle des Internetverhaltens 264
3. Musterkonzeption einer Kontrolle des E-Mail-Verkehrs 265
II. Forderungen an den Gesetzgeber 266

Literaturverzeichnis 271

Teil 1: Einleitung

Das 21. Jahrhundert steht unter dem Stern der informationstechnischen Entwicklung. Speziell im Bereich der Telekommunikation sind nahezu wöchentlich Neuentwicklungen zu bestaunen. Telefon- und Internetnetze werden immer leistungsfähiger und schneller, die hierfür notwendigen Kommunikationseinrichtungen immer komplexer. Die Flut neuer Anwendungen und Funktionen im IT-Bereich ist kaum noch zu überblicken. Informationen verbreiten sich in Sekunden um die ganze Welt und sind für jedermann jederzeit problemlos erreichbar. Gleiches gilt auch für jeden einzelnen Menschen; die umfassende Verweigerung der Teilnahme an der globalen Vernetzung ist kaum noch möglich. Auch das moderne Arbeitsleben wird heute bestimmt von diesen Entwicklungen. Der überwiegenden Mehrheit der Arbeitnehmer in Deutschland steht am Arbeitsplatz bereits ein Internetzugang zur Verfügung, die Tendenz ist weiter steigend.[1]

Die jüngere Vergangenheit lehrt uns jedoch, dass der unaufhaltsame informationstechnische Fortschritt unserer Gesellschaft auch seine Schattenseiten hat. Wer darauf vertraut, sich im virtuellen Umfeld anonym bewegen zu können, erliegt einem Irrglauben. Jede Nutzung technischer Kommunikationsmedien, die für den Einzelnen in ihrer Komplexität kaum noch wirklich verstanden werden können, hinterlässt Spuren. Wer die Gerätschaften zu nutzen weiß und über entsprechendes technisches Know-how verfügt, dem gewähren sie eine Fülle von Informationen über den jeweiligen Nutzer, wobei jener sich über deren Preisgabe häufig gar nicht bewusst ist. Der Nutzer läuft Gefahr, zu einem „Überwachungsobjekt" zu werden.[2]

Die Bevölkerung und auch die Politik wurde spätestens durch die gehäuft in Presse und Rechtsprechung auftretende „Datenskandale" für das Thema des Datenschutzes sensibilisiert. Speziell im Verhältnis zwischen Arbeitnehmer und Arbeitgeber spielt dieses eine immer bedeutendere Rolle. Das Interesse des Arbeitgebers an Informationen über seine Beschäftigten ist hoch: Je umfangreicher seine Datengrundlage ist, desto präziser und leichter können immer wieder notwendige personalpolitische und unternehmerische Entscheidungen getroffen

---

1 Nach Angaben des Statistischen Bundesamtes waren im Januar 2011 54 % der Erwerbstätigen über den Arbeitsplatzcomputer mit dem Internet verbunden. Im Januar 2003 waren es nur 31 %.
Informationen abrufbar unter:
„https://www.destatis.de/DE/Publikationen/Thematisch/Informationsgesellschaft/Unternehmen/InformationstechnologieUnternehmen.html". Letzter Abruf am 01.07.2012.

2 Hiervor warnt insbesondere *Däubler*, Rn. 23. Er prägt den Begriff der „Gläsernen Belegschaft".

werden. Für die systematische Überwachung und Kontrolle der Belegschaft bieten sich ihm immer neue Mittel und Wege, denen sich der einzelne Mitarbeiter aufgrund seiner Dienstverpflichtung kaum entziehen kann. Hier reiht sich auch die Überwachung der Telekommunikation der Beschäftigten ein. Zu Recht stellt sich der Arbeitnehmer die Frage, was er sich eigentlich alles gefallen lassen muss.

Andererseits handeln Arbeitgeber bei der Durchführung von Kontrollen aus nachvollziehbaren Motiven. Die technische Entwicklung bietet zahlreiche Möglichkeiten, gegen Betriebsstörungen durch Mitarbeiter effektiv vorgehen zu können. Dabei stehen häufig die Fälle im Fokus, in denen Mitarbeiter durch kriminelle Aktivität das Unternehmen oder Dritte direkt oder mittelbar schädigen. Die technischen Errungenschaften sind schließlich inhaltsneutral und begünstigen die Kommunikation redlicher wie unredlicher Nutzer gleichermaßen. Inhalte und Umstände von Kommunikationsvorgängen sind dazu geeignet, Hinweise auf oder gar Beweise für kriminelle Vorgänge gewinnen zu können. Den Arbeitgeber im Falle von gegen ihn verübten oder aus seinem betrieblichen Umfeld entspringenden Straftaten zum tatenlosen Zusehen zu verdammen, obwohl effiziente Maßnahmen im Bereich des technisch Machbaren liegen, kann nicht Ziel der Rechtsordnung sein. Allerdings werden in aller Regel nicht nur potentielle Straftäter sondern auch die weitaus größere Zahl der redlich handelnden Mitarbeiter von einer Überwachungsmaßnahme erfasst. Erneut muss die Frage gestellt werden, ob ein unbescholtener Mitarbeiter sich gegen ein entsprechendes Vorgehen des Arbeitgebers zur Wehr setzen kann.

Doch nicht nur aus ureigenen Interessen des Arbeitgebers greift dieser zu Überwachungs- und Kontrollmaßnahmen. Die Rechtsordnung selbst verlangt von ihm, durch geeignete präventive und repressive Maßnahmen dafür Sorge zu tragen, dass sich seine Beschäftigten rechtskonform verhalten. Für den Fall einer Zuwiderhandlung gegen die Compliance-Verpflichtung, auf die hier angespielt wird, drohen empfindliche Schadenersatzforderungen und hohe Bußgelder.[3] Insbesondere für den Fall strafbaren Handelns durch Arbeitnehmer, dem wohl eindeutigsten und schwerwiegendsten aller möglichen Gesetzesverstöße, ist der Arbeitgeber zu datenschutzrechtlich brisanten Kontrollmaßnahmen gezwungen, will er negative Auswirkungen auf sich und sein Unternehmen verhindern. Gesetzgeber bzw. Gerichte verleihen dem hier umrissenen Konflikt somit eine zusätzliche Dimension. Gerade vor dem Hintergrund der Compliance-Verpflichtung ist die Kenntnis über die Zulässigkeitsgrenzen für Kontrollmaßnahmen für den Arbeitgeber nicht zuletzt auch finanziell von höchster Relevanz.

---

3 Die Siemens AG wurde im Jahre 2008 zu einer Zahlung von 395 Mio. € wegen unterlassener Aufsichtsmaßnahmen verurteilt. Vgl. hierzu den Bußgeldbescheid der Staatsanwaltschaft München vom 15.12.2008, abrufbar unter „www.siemens.com/sec-einigung“ (Letzter Abruf am 01.07.2012).

In diesem sensiblen Umfeld ist der Gesetzgeber gefragt, effiziente und handhabbare Normen zu statuieren, um den Bereich des Arbeitnehmerdatenschutzes insgesamt und den Bereich der Überwachung der Telekommunikation der Beschäftigten im Speziellen zu reglementieren. Verfährt der Gesetzgeber zu streng oder zu unbedacht mit einschränkenden Verboten oder erschwerenden Anforderungen, so stellt er den Arbeitgeber im Extremfall hinsichtlich der Verhinderung von Rechtsverstößen durch die Belegschaft vor unlösbare Aufgaben.[4] Auch für die Arbeitnehmerseite ist es von allerhöchstem Interesse, die Grenzen der arbeitgeberseitigen Kontrollmaßnahmen klarzustellen. Hierdurch können datenschutzrechtliche Verstöße der Arbeitgeber effizient aufgedeckt und die Gerichte durch Verhinderung unnötiger Gerichtsverfahren entlastet werden.

Konkrete parlamentarische Ansätze zur Schaffung eines eigenen Beschäftigtendatenschutzgesetzes gibt es bereits seit dem Jahre 2008. Diese verkörpern den ursprünglichen Anstoß für die vorliegende Arbeit. Ein im Jahre 2010 eingeleitetes Gesetzgebungsverfahren verzögerte sich jedoch aufgrund schwer überbrückbarer politischer Diskrepanzen und umfangreichem Widerstand von Gewerkschaften, Arbeitgeberverbänden und aus der Rechtswissenschaft erheblich. Eine Verabschiedung in naher Zukunft erscheint zum Zeitpunkt der Fertigstellung dieser Arbeit unwahrscheinlich. Anstelle einer Untersuchung der in einem Gesetzgebungsverfahren mit unmöglich absehbarem Ausgang befindlichen Regelungen konzentriert sich der Verfasser auf die ausführliche Erörterung der geltenden Rechtslage. Ziel dieser Arbeit ist es, zu untersuchen, welche konkreten Befugnisse die geltende Rechtsordnung dem privaten Arbeitgeber hinsichtlich der Kontrolle der Telekommunikation zur Aufdeckung und Prävention von Straftaten durch Beschäftigte zuspricht. Auf dieser Basis können die verschiedenen Handlungsoptionen einander gegenübergestellt und bewertet werden. Zudem wird veranschaulicht, an welchen Stellen aus Sicht des Verfassers noch gesetzgeberischer Handlungsbedarf besteht.

Der Verfasser beschränkt sich dabei auf den speziellen Kontrollzweck der Aufdeckung und Prävention von Straftaten durch Mitarbeiter. Diese Beschränkung dient nicht allein der Verhinderung einer ausufernden Darstellung. Sie ermöglicht gleichzeitig wesentlich konkretere Ausführungen, sofern die Zulässigkeit einer konkreten Überwachungsmaßnahme von einer Interessenabwägung oder die Anwendbarkeit gesetzlicher Grundlagen von der Zwecksetzung abhängt. Allein der Begrenzung des Umfangs der Arbeit geschuldet ist die Beschränkung auf Kontrollmaßnahmen durch private Arbeitgeber.

Zur Heranführung an das Kernthema dient nachfolgende Kurzübersicht der Ereignisse, die das Thema „Arbeitnehmerdatenschutz“ erst ins öffentliche Bewusstsein riefen.

---

4 Zugespitzt betitelt ist der Aufsatz von *Wybitul*, BB 2009, 1582: „Vertrauen ist gut, Kontrolle verboten?“

A. Beispiele für „Datenskandale“ in Deutschland

Der Stellenwert des Themas „Datenschutz“ in der gesellschaftlichen Diskussion nimmt stetig zu. Die Aufdeckung von Rechtsverstößen eines Arbeitgebers im Umgang mit sensiblen, personenbezogenen Mitarbeiterdaten liegt mittlerweile an der journalistischen und politischen Tagesordnung. In jüngerer Vergangenheit, verstärkt seit dem Jahre 2008, erschüttern immer wieder so genannte „Datenskandale“ beachtlicher Dimensionen das Vertrauen der Beschäftigten in ihre jeweilige Unternehmensleitung. Nachfolgend sollen einige Beispiele systematischer Mitarbeiterüberwachung aufgeführt werden, die zu erheblichen gesellschaftlichen Eklats geführt haben und die Notwendigkeit von Datenschutz im Arbeitsverhältnis verdeutlichen.

Im Frühjahr 2008 wurde bekannt, dass der Discounter LIDL Privatdetekteien dazu einsetzte, seine Mitarbeiter mit Hilfe von Miniaturkameras systematisch zu bespitzeln.[5] Die Kameras wurden von den Detektiven in den einzelnen Filialen vor Dienstbeginn der Mitarbeiter installiert. Angeblich sollte die Maßnahme der Überführung von Ladendieben aus dem Kundenkreis dienen, was jedoch einzig dem Filialleiter kommuniziert wurde.[6] Tatsächlich wurde das gewonnene Bildmaterial aber auch zur Einschätzung des Verhaltens der Beschäftigten gegenüber Kunden, Kollegen und in den Pausen ausgewertet. Darüber hinaus wurden die persönlichen Verhältnisse der Beschäftigten und deren Familien ausgeforscht, etwa hinsichtlich deren finanzieller Situation, Gesundheitszustand oder eventuell bevorstehender Schwangerschaften. Zu diesem Zweck wurden dienstliche und persönliche Telefonate abgehört.[7]

Ähnliche Vorwürfe wurden im April 2008 gegenüber den Unternehmen IKEA und Burger King erhoben. Beide sollen Mitarbeiter mittels Videokameras heimlich und ohne Zustimmung des Betriebsrates überwacht haben, Burger King filmte sogar die Gründung eines Betriebsrates.[8] Ebenso in die Kritik gerie-

5 Dieser Fall verursachte unmittelbare Reaktionen in der Rechtswissenschaft, was bereits der Titel des Aufsatzes von *Oberwetter*, NZA 2008, 609 andeutet.

6 Über den Vorgang berichtete die Zeitschrift Stern unter: http://www.stern.de/wirtschaft/news/unternehmen/ueberwachungsskandal-lidl-gibt-bespitzelung-zu-615031.html. Letzter Abruf am 01.07.2012.

7 Die Aufsichtsbehörden für den Datenschutz veröffentlichten im September 2008 einen Bericht zum Fall vor, wiedergegeben in RDV 2008, 216; vgl. auch *Däubler*, Rn. 2b.

8 Vgl. dazu einen Bericht der Süddeutschen Zeitung unter: http://www.sueddeutsche.de/wirtschaft/mitarbeiter-bespitzelung-auch-ikea-und-burger-king-ueberwachten-personal-1.211812. Letzter Abruf am 01.07.2012.

ten die Unternehmen Edeka und Plus.[9] Bei der Firma Tönnies, einem Unternehmen aus der Fleischindustrie, wurden sogar Videoaufnahmen von Mitarbeitern in Kantinen und Umkleidekabinen gemacht.[10]

Im Mai 2008 wurde bekannt, dass die Deutsche Telekom das Telefonverhalten zahlreicher Beschäftigten überwachte und auswertete. Das Unternehmen litt zu dieser Zeit unter dem Bekanntwerden unternehmensschädlicher interner Informationen. Systematische Telefonkontrollen erfolgten daher maßgeblich zum Zweck, Pressekontakte einzelner Mitarbeiter in Erfahrung zu bringen und Beweismaterial zur Nutzung für interne Ermittlungen zu erlangen. Darüber hinaus wurden Daten zur finanziellen Situation der Mitarbeiter erhoben.[11]

Der Versicherungskonzern Gerling überwachte aus ähnlichem Anlass nicht nur die Telefonverkehrsdaten sondern auch die Verkehrsdaten der E-Mail-Kommunikation der Mitarbeiter, was im Juli 2008 aufgedeckt wurde. Wie im Falle der Telekom diente das Vorgehen zur Identifikation von Mitarbeitern, die betriebsinterne Informationen zum Abbau der betrieblichen Altersversorgung an die Presse herausgegeben hatten.[12]

Verwickelt in zweifelhafte Überwachungsmethoden war auch die Deutsche Bahn, was im April 2009 an die Öffentlichkeit drang.[13] Schwerpunkt der Vorwürfe waren hier umfangreiche, von Privatdetekteien mehrfach durchgeführte Abgleiche von privaten Bankverbindungen der Beschäftigten mit denen von Dienstleistern und Zulieferern (so genannte „Sreenings") zur Aufdeckung möglicher Korruptionsfälle, ohne dabei allerdings konkreten Verdachtsmomenten nachzugehen.[14] In diesem Zusammenhang sollen sowohl E-Mail-Inhalte als auch Kontodaten ausgelesen worden sein.[15]

---

9 Nachzulesen bei der Süddeutschen Zeitung unter: http://www.sueddeutsche.de/wirtschaft/mitarbeiterueberwachung-spitzel-skandal-auch-bei-edeka-und-plus-1.286584. Letzter Abruf am 01.07.2012.

10 Hierzu ebenfalls die Süddeutsche Zeitung unter: http://www.sueddeutsche.de/wirtschaft/bussgeld-fuer-fleischverarbeiter-toennies-kameras-im-umkleideraum-1.698260. Letzter Abruf am 01.07.2012.

11 Vgl. einen Bericht des Spiegel unter: http://www.spiegel.de/wirtschaft/0,1518,586516,00.html. Letzter Abruf am 01.07.2012. Dazu auch *Däubler*, Rn. 2f.

12 Hierüber berichtete Focus Online unter: http://www.focus.de/finanzen/news/mitarbeiterueberwachung-auch-gerling-hat-bespitzelt_aid_320701.html. Letzter Abruf am 01.07.2012.

13 Vgl. den Bericht der Süddeutschen Zeitung unter: http://www.sueddeutsche.de/wirtschaft/bahn-datenskandal-pfeif-aufs-recht-1.391890. Letzter Abruf am 01.07.2012.

14 Zur Verdeutlichung der unterschiedlichen Bewertung der Vorgänge in der Rechtswissenschaft: *Diller*, BB 2009, 438 (438 ff.) sah keinerlei Rechtsverstoß; diese Ansicht harsch kritisierend *Steinkühler*, DB 2009, 1294 (1294 f.).

15 Vgl. zum Fall insgesamt *Däubler*, Rn. 2g; *Ehleben/Schirge/Seipel*, AiB 2009, 192 (192 f.).

Insgesamt wird deutlich, dass datenschutzrechtlich zumindest bedenkliche Vorgänge im Umgang mit Beschäftigtendaten kein Einzelfall sind und unabhängig von Betriebsgröße und Branchenzugehörigkeit auftreten können. Dabei beschränkt sich die vorstehende Darstellung sogar ausschließlich auf von größeren Unternehmen durchgeführte Überwachungsmaßnahmen mit einem Bezug zu technischen Medien und erhebt keinen Anspruch auf Vollständigkeit. Die Häufung der Beispiele zeigt aber, dass die Beschäftigten vor einer uferlosen Erhebung und Nutzung ihrer persönlichen Daten durch die Arbeitgeber geschützt werden müssen.[16] Allerdings sind die Beweggründe, die Unternehmen zu solchen Kontrollen bewegen, nicht selten gut nachvollziehbar: Insbesondere Überwachungsmaßnahmen zur Abwehr und Verhinderung von Straftaten gegen sich oder gegen betriebsfremde Dritte, welche Kerngegenstand dieser Arbeit sein sollen, lassen sich auf ein billigenswertes Motiv zurückführen.[17] Es wird ersichtlich, dass effiziente gesetzliche Regelungen zum Umgang mit Beschäftigtendaten vor dem Hintergrund der widerstreitenden Interessen der Arbeitsvertragsparteien nicht nur praktisch notwendig sondern sogar unerlässlich für ein funktionierendes Zusammenwirken der Arbeitsvertragsparteien sind.

---

16 Exemplarisch *Kock/Francke*, NZA 2009, 646 (651); *Viotto*, AuR 2010, 422 (422 ff.).

17 Exemplarisch *Wybitul*, BB 2009, 1582 (1582 ff.); *Heinson*, BB 2010, 3084 (3084 ff.); *Freckmann/Wahl*, BB 2008, 1904 (1904 ff.).

B. Gang der Untersuchung

Um die Rechtswidrigkeitsgrenzen für arbeitgeberseitige Überwachungsmaßnahmen im Sinne dieser Arbeit genau ausloten zu können, müssen im nachfolgenden zweiten Teil zunächst die rechtlichen Rahmenbedingungen dargestellt werden. Als Ausgangspunkt der weiteren Ausführungen soll eine Gegenüberstellung der grundrechtlich gestützten Interessen der Arbeitsvertragsparteien an der Durchführung oder Verhinderung einer Mitarbeiterkontrolle dienen.[18] Im Anschluss folgt eine Darstellung der einfachgesetzlichen Grundlagen, über die der Gesetzgeber eben jenes verfassungsrechtliche Spannungsverhältnis des Arbeitnehmerdatenschutzes zu kanalisieren versucht.[19] Diese Darstellung darf und wird sich nicht ausschließlich auf datenschutzrechtliche Grundlagen beschränken, sondern nimmt auch diejenigen einfachgesetzlichen und europarechtlichen Regelungen und Prinzipien in den Blick, die potentiell Einfluss auf die Entscheidung des Arbeitgebers für oder gegen die Überwachung der Telekommunikation der Beschäftigten haben. Insbesondere die genaue Bedeutung der bereits angerissenen Compliance-Pflicht bedarf näherer Ausführungen.[20]

Auf dieser Basis werden im dritten Teil dieser Arbeit die dem Arbeitgeber unmittelbar durch die Rechtsordnung zugesprochenen Kontrollbefugnisse erarbeitet.[21] Die Anwendungsbereiche der datenschutz- und telekommunikationsrechtlichen Vorschriften müssen hierfür trennscharf voneinander abgegrenzt werden. Eine wesentliche Zäsur bildet in diesem Zusammenhang das Vorliegen oder Nichtvorliegen der arbeitgeberseitigen Erlaubnis der Privatnutzung der betrieblichen Kommunikationseinrichtungen durch die Beschäftigten.[22] Erst nach der Präzisierung sämtlicher Anwendbarkeitsvoraussetzungen können Fallgruppen gebildet und die jeweils einschlägigen Rechtsgrundlagen ermittelt werden. Insbesondere ist zur Ermittlung der konkreten Kontrollbefugnisse zwischen den im Arbeitsleben wesentlichen Kommunikationsformen Telefon[23], Internet[24] und E-Mail[25] zu differenzieren. Unter Rückgriff auf die gewonnenen Erkenntnisse kann schließlich die Frage beantwortet werden, ob die Gesetzeskonzeption den

18 Zum jeder Mitarbeiterkontrolle zugrunde liegenden Interessenkonflikt siehe S. 10 ff.

19 Zu den einfachgesetzlichen Grundlagen siehe S. 18 ff.

20 Zur Compliance-Verpflichtung des Arbeitgebers siehe S. 25 ff.

21 Zu den einfachgesetzlich zugesprochenen Kontrollbefugnissen siehe S. 52 ff.

22 Die Erlaubnis der Privatnutzung der betrieblichen Kommunikationsmittel wird auf S. 76 ff. erörtert.

23 Kontrollbefugnisse bei erlaubter Privatnutzung: S. 97 ff.; Kontrollbefugnisse ohne Erlaubnis einer Privatnutzung: S. 187 ff.

24 Bei erlaubter Privatnutzung S. 113 ff.; ohne Erlaubnis einer Privatnutzung S. 195 ff.

25 Bei erlaubter Privatnutzung S. 125 ff.; ohne Erlaubnis einer Privatnutzung S. 211 ff.

einfachgesetzlichen, verfassungsrechtlichen und europarechtlichen Anforderungen genügt.[26]

Der vierte Teil der Arbeit befasst sich mit der Frage, inwieweit der Arbeitgeber Telekommunikationskontrollen ohne Rückgriff auf einfachgesetzliche Rechtfertigungsvorschriften legitimieren kann. Insbesondere soll hinterfragt werden, ob über Betriebsvereinbarungen, Tarifverträge[27] oder Einwilligungen der von einer Maßnahme betroffenen Beschäftigten[28] eine Erweiterung der einfachgesetzlich zugesprochenen Kontrollbefugnisse erreicht werden kann. Anschließend wird die Eignung der jeweiligen Vorgehensweise als Alternative zu einer strikten Orientierung an den gesetzlichen Rechtfertigungstatbeständen einer Bewertung unterzogen.[29]

Im fünften Teil werden die wesentlichen Ergebnisse der Arbeit in Thesen zusammengefasst.[30] Auf dieser Grundlage können im abschließenden sechsten Teil Handlungsempfehlungen für den kontrollierenden Arbeitgeber ausgesprochen werden.[31] Der Autor erstellt auf Basis der erarbeiteten Erkenntnisse Musterkonzeptionen für die drei untersuchten Kommunikationsmedien betreffende Kontrollmaßnahmen, die einen gerechten Interessenausgleich schaffen und sämtlichen Anforderungen der Rechtsordnung entsprechen.[32] Zuletzt wird der aus Sicht des Verfassers bestehende gesetzgeberische Handlungsbedarf veranschaulicht.[33]

---

26 Siehe dazu S.139 ff. und S. 279 ff.

27 Zur Möglichkeit der Rechtfertigung einer Kontrollmaßnahme über Betriebsvereinbarungen und Tarifverträge siehe S. 254 ff.

28 Zur Möglichkeit der Rechtfertigung einer Kontrollmaßnahme über Einwilligungen der Betroffenen siehe S. 234 ff.

29 Zur Eignung von Einwilligungen zur Rechtfertigung von Kontrollmaßnahmen siehe S. 250 ff., zur Eignung von Betriebsvereinbarungen und Tarifverträgen siehe S. 262 f. und S. 267 ff.

30 Die Arbeit wird auf S. 273 ff. in Thesen zusammengefasst.

31 Zu den Handlungsempfehlungen für den Arbeitgeber siehe S. 279 ff.

32 Musterkonzeption Telefon: S. 284 ff.; Musterkonzeption Internet: 286 ff.; Musterkonzeption E-Mail: 288 ff.

33 Siehe hierzu S. 289 ff.

Teil 2: Der rechtliche Rahmen für die Kontrolle der Telekommunikation der Beschäftigten

Zur abschließenden Beurteilung der zentralen Frage, welche Befugnisse einem privaten Arbeitgeber zur Kontrolle der Telekommunikation der Beschäftigten zum Zwecke der Aufdeckung und Prävention von Straftaten zustehen, bedarf es zunächst einer ausführlichen Erörterung der rechtlichen Basis.

A. Verfassungsrechtlicher Interessenkonflikt

Bereits aus den wenigen einleitenden Worten dieser Arbeit wird deutlich, auf welch mannigfaltige Art und Weise Mitarbeiterkontrollen ausgestaltet sein können, von Videoüberwachungen über Telefonkontrollen bis hin zur GPS-Ortung. Trotz dieser Vielfalt bewegen sich sämtliche Maßnahmen unabhängig vom gewählten Kontrollmedium grundsätzlich in demselben Interessenkonflikt. Im folgenden Kapitel wird dargestellt, welche berechtigten Interessen die Arbeitsvertragsparteien für bzw. gegen Mitarbeiterkontrollen vorbringen können und welche Grundrechte diese Positionen stützen. Der hierdurch ermittelte, verfassungsrechtliche Grundkonflikt bildet den Spielraum, innerhalb dessen jede Einzelmaßnahme, also auch die Telekommunikationskontrolle, zu rechtfertigen ist.[34] Darüber hinaus bewegt sich schlussendlich jede gesetzgeberische Entscheidung über die Beeinflussung dieses Konflikts in Form einfachgesetzlicher Regelungen in diesem grundrechtssensiblen Bereich und dient dem übergeordneten Zweck, einen gerechten Ausgleich der Interessen im Einzelfall zu ermöglichen.[35]

I. Die Interessenlage des Arbeitgebers

Kriminalität ist ein beständiges Thema in jeder gesellschaftlichen Struktur. Sie ist kein Phänomen einzelner Bevölkerungsgruppen und hält sich an keine räum-

34 Anderweitige Darstellungen des verfassungsrechtlichen Interessenkonflikts: *Spanke*, S. 76 ff.; *Arnold*, S. 15 ff.; allein die Interessen der Arbeitnehmer beleuchtet *Kümpers*, S. 121 ff.; Interessen der Arbeitnehmer erörtert *Byers*, S. 36 ff. als Grenzen der Regelungsbefugnisse der Betriebsparteien.

35 Vgl. *Arnold*, S. 17; *Spanke*, S. 97; allgemein zur Rolle des Gesetzgebers bei der Auflösung von Grundrechtskollisionen *Stern*, Band III/2, S. 635 f.; speziell das Arbeitsverhältnis ist von solchen Kollisionen geprägt, dazu *Gamillscheg*, Grundrechte, S. 20 ff.

lichen oder zeitlichen Grenzen. Auch in Arbeitsverhältnissen muss sich ein Arbeitgeber mit der Möglichkeit befassen, dass Teile seiner Belegschaft im Rahmen des Beschäftigungsverhältnisses Straftaten begehen und ihm damit direkt oder mittelbar Schäden zufügen. Einerseits kann der Arbeitgeber direktes Opfer etwa von Diebstählen, Betrügereien oder Sachbeschädigungen sein, was unmittelbare Vermögenseinbußen zur Folge hat.[36] Andererseits können andere Mitarbeiter oder betriebsfremde Dritte Opfer solcher Vorgehensweisen sein. Selbst in einem solchen Fall können sich für den eigentlich unbeteiligten Arbeitgeber mittelbar vielschichtige, negative Folgen ergeben. So können Delikte zwischen den Beschäftigten das Betriebsklima erheblich verschlechtern, was sich zwangsläufig auf die Leistung der einzelnen Mitarbeiter niederschlägt. Darüber hinaus kann die Verbindung zwischen einer medienwirksamen Straftat und einem Unternehmen einen empfindlichen, finanziell spürbaren Reputationsverlust nach sich ziehen.[37]

Eine weitere negative Auswirkung krimineller Aktivität der Belegschaft, die es aus Sicht des Arbeitgebers unbedingt zu verhindern gilt, sind Schadensersatzansprüche Dritter gegen ihn.[38] Solche Ansprüche können sowohl vertraglicher als auch deliktischer Herkunft sein. In einem Arbeitsverhältnis hat der Arbeitgeber etwa Fürsorgepflichten gem. § 241 Abs. 2 BGB gegenüber seinen Angestellten zu beachten[39], im Verhältnis zu betriebsfremden Dritten kann ihn auch ein Organisationsverschulden gemäß §§ 823 Abs. 1[40] bzw. 831 BGB[41] treffen. Gemäß § 130 Abs. 1 OWiG stellt ein Unterlassen notwendiger und zumutbarer Maßnahmen sogar eine Ordnungswidrigkeit dar und kann mit Bußgeldern geahndet werden.[42] Ob hieraus möglicherweise sogar eine Überwachungspflicht

---

36 Vgl. zur Verdeutlichung der Bedeutung allein der Wirtschaftskriminalität für deutsche Unternehmen *Salvenmoser/Hauschka*, NJW 2010, 331 (331); die Betriebskriminalität insgesamt in den Blick nehmend *Wuttke*, S. 17 ff.; *Höld*, S. 5 f.

37 Vgl. *Thüsing*, Rn. 40; *Wuttke*, S. 22 f.; ausführlich zu den Dimensionen von Reputations- und Imageschäden *Strothmeyer*, S. 42 ff.

38 Dazu *Thüsing*, S. 19 f.; *Passarge*, NZI 2009, 86 (89).

39 Das BAG 4.10.2005, NZA 2006, 545 (549) leitet diese ausdrücklich nicht mehr aus § 242 BGB ab; zu Umfang und Herleitung der Fürsorgepflicht des Arbeitgebers ausführlich MünchArbR-*Reichold*, § 83 Rn. 1 ff. m.w.N.

40 Zu Überwachungs- und Organisationspflichten zum Schutz der absoluten Rechte des § 823 Abs. 1 BGB siehe exemplarisch Erman-*Schiemann*, § 823 Rn. 83 ff.; diskutiert wurde sogar über Verkehrssicherungspflichten zum Schutz fremden Vermögens, zum Meinungsstand MüKoBGB-*Wagner*, § 823 Rn. 225 ff.

41 Vgl. zu Überwachungspflichten im Sinne des § 831 BGB: MüKoBGB-*Wagner*, § 831 Rn. 39; Bamberger/Roth-*Spindler*, § 831 Rn. 29, zur Abgrenzung von § 823 Abs. 1 Rn. 7 f.

42 Zur Dimension möglicher Schadensersatz- und Bußgeldforderungen *Strothmeyer*, S. 37 ff.; *Thüsing*, Rn. 28; speziell zu zivilrechtlichen Haftungsrisiken umfassend *Schmidt*, S. 80 ff.

des Arbeitgebers hinsichtlich der Straffälligkeit seiner Mitarbeiter abgeleitet werden kann, wird in einem gesonderten Abschnitt näher untersucht.[43]

Für die Arbeitgeberseite bieten Mitarbeiterkontrollen unabhängig von möglichen gesetzlichen Verpflichtungen eine effiziente Möglichkeit, Straftaten der Beschäftigten aufzudecken oder einzudämmen.[44] Dabei benötigt der Arbeitgeber – anders als der Staat – keine ausdrückliche Ermächtigungsgrundlage, sondern kann seine Handlungsberechtigung als Privatperson unmittelbar aus seinem Grundrecht aus Art. 12 GG ableiten. Dieses garantiert ihm die Freiheit seiner Berufsausübung und damit auch grundsätzlich die Freiheit seiner unternehmerischen Entscheidungen.[45] Arbeitgeberseitige Kontrollmaßnahmen sind als Organisationsentscheidungen somit grundsätzlich vom Schutzbereich des Art. 12 GG erfasst. Allerdings steht das Grundrecht unter dem Regelungsvorbehalt des Art. 12 Abs. 1 S. 2 GG, weswegen Eingriffe nicht nur über kollidierende Grundrechte sondern auch durch einfachgesetzliche Regelungen gerechtfertigt werden können.[46]

Daneben wird das Kontrollinteresse des Arbeitgebers durch seine Position als Eigentümer des Betriebes und der Betriebsmittel gestützt. Art. 14 GG schützt den Bestand konkret vorhandener Vermögenswerte und den freien Umgang mit privatem Eigentum.[47] Somit schützt Art. 14 GG vordergründig den freien Umgang mit den im Eigentum des Arbeitgebers stehenden Kontrollmedien selbst, insbesondere wenn damit Maßnahmen zum Schutz der Sachsubstanz oder des Zugriffs auf andere Vermögenswerte ergriffen werden sollen. Dem steht auch nicht entgegen, dass das Bundesverfassungsgericht den Einbezug des eingerichteten und ausgeübten Gewerbebetriebs in den Schutzbereich ausdrücklich offen gelassen hat[48], denn bereits die unstreitig erfasste Summe der Einzelgegenstände

---

43 Siehe S. 25 ff.

44 *Moosmayer*, S. 97 f.; *Joussen*, NZA Beilage 1/2011, 35 (35); *Behling*, BB 2010, 892 (892); *Heldmann*, DB 2010, 1235 (1235); *Salvenmoser/Hauschka*, NJW 2010, 331 (331 f.).

45 Grundlegend zum Begriff der „Unternehmerfreiheit" BVerfG 01.03.1979, BVerfGE 50, 290 (363); vgl. v.Mangoldt/Klein/Starck-*Manssen*, Art. 12 Rn. 69; Dreier-*Wieland*, Art. 12 Rn. 67; Jarass/Pieroth-*Jarass*, Art. 12 Rn. 10; zur Verdeutlichung der Bandbreite möglicher unternehmerischer Entscheidungen Sachs-*Mann*, Art. 12 Rn. 79 m.w.N.

46 Der Regelungsvorbehalt wird von der absolut herrschenden Meinung in Übereinstimmung mit dem BVerfG 11.06.1958, BVerfGE 7, 377 (399 ff.) entgegen dem missverständlichen Wortlaut auf sämtliche Teilfreiheiten der Berufsfreiheit erstreckt, dazu exemplarisch Dreier-*Wieland*, Art. 12 Rn. 95; Ausführlich zu Art. 12 Abs. 1 S. 2 GG insgesamt Maunz/Dürig-*Scholz*, Art. 12 Rn. 311 ff.

47 BVerfG 25.05.1993, BVerfGE 88, 366 (377); 08.04.1998, BVerfGE 98, 17 (35); 14.07.1999, BVerfGE 101, 54 (75); Sachs-*Wendt*, Art. 14 Rn. 41; Jarass/Pieroth-*Jarass*, Art. 14 Rn. 18.

48 Etwa BVerfG 23.01.1990, BVerfGE 81, 208 (228); 12.11.1997, BVerfGE 96, 375 (397); zuletzt BVerfG 10.06.2009, NVwZ 2009, 1426.

begründet diese Grundrechtsposition.[49] Allerdings wird Art. 14 GG ebenfalls nicht schrankenlos gewährleistet. Eingriffe können wiederum über kollidierende Grundrechte oder einfachgesetzliche Inhalts- und Schrankenbestimmungen im Sinne des Art. 14 Abs. 1 S. 2 GG gerechtfertigt werden.[50]

II. Die Interessenlage der Arbeitnehmer

So nachvollziehbar die Motivationslage des Arbeitgebers auch sein mag: Jede Form der Kontrolle der Mitarbeiter bedeutet einen Beschnitt ihrer persönlichen Freiheiten. Der weit überwiegende Teil der Belegschaft bietet schließlich keinen Anlass zu solchen Maßnahmen, wird jedoch in aller Regel von einer Überwachung trotzdem erfasst. Die tatsächlich straffälligen Mitarbeiter haben zwar kein berechtigtes Interesse an der Geheimhaltung der konkret begangenen Straftat, allerdings ist auch ihnen nicht jeder Datenschutz abzusprechen. Eine Mitarbeiterkontrolle birgt schließlich stets das Risiko, dass hierüber gewonnene Informationen neben dem eigentlichen Kontrollzweck auch Aufschluss über Verhaltensweisen, Persönlichkeit und Lebensverhältnisse der Mitarbeiter geben, an deren Kenntnis der Arbeitgeber schlicht keinerlei berechtigtes Interesse hat.[51]

Der heutige Staat garantiert dem Einzelnen ein Mindestmaß an persönlichem, kontrollfreiem Entwicklungs- und Entfaltungsspielraum[52], grundgesetzlich manifestiert im allgemeinen Persönlichkeitsrecht aus Art. 2 Abs. 1 iVm. 1 Abs. 1 GG[53], welches seinen vielgestaltigen Ausprägungen zumindest mittelbar auch im Rahmen des Arbeitsverhältnisses seine Geltung beansprucht.[54] Der Arbeitnehmer soll grundsätzlich davor geschützt werden, auf mittelbarem Wege dem Arbeitgeber einen Zugang zu Informationen zu schaffen, die er auf direktem Wege nicht offenbart hätte und auch nicht offenbaren müsste. Daneben soll der Arbeitnehmer vor der Situation geschützt werden, in Kenntnis einer Überwachung sein Verhalten dauerhaft daran anpassen zu müssen. Ein auf diese

49 Vgl. Maunz/Dürig-*Papier*, Art. 14 Rn. 65; so auch Jarass/Pieroth-*Jarass*, Art. 14 Rn. 25.

50 Ausführlich zu Inhalts- und Schrankenbestimmungen und deren Anforderungen Sachs-*Wendt*, Art. 14 Rn. 54 ff. und 85 ff.; Schmidt-Bleibtreu/Hofmann/Hopfauf-*Hofmann*, Art. 14 Rn. 36 ff.

51 Diese Tatsache sieht insbesondere *Däubler*, Rn. 125 als maßgeblichen Grund für eine enge Zweckbindung jeglicher Datenerhebung mit Personenbezug.

52 Vgl. Maunz/Dürig-*Di Fabio*, Art. 2 Rn. 129; Dreier-*Dreier*, Art. 2 Rn. 69 f.; Sachs-*Murswiek*, Art. 2 Rn. 59.

53 Entwickelt vom BGH 25.05.1954, BGHZ 13, 334 ff.

54 Zur Theorie der mittelbaren Drittwirkung der Grundrechte grundlegend BVerfG 15.01.1958, BVerfGE 7, 198 (203 ff.); zum Meinungsstand umfassend *Stern*, Band III/1 S. 1543 ff.; vgl. speziell für das allgemeine Persönlichkeitsrecht Maunz/Dürig-*Di Fabio*, Art. 2 Rn. 67 und 138.

Weise erzeugter Überwachungsdruck steht einer freien Persönlichkeitsentfaltung im Wege.[55] Im Arbeitsleben soll schließlich der einzelne Arbeitnehmer sein Verhalten innerhalb der rechtlichen und arbeitsvertraglichen Grenzen an seinen persönlichen Werten ausrichten dürfen, ohne Sanktionen befürchten zu müssen.

Dogmatisch zu trennen ist der grundrechtliche Schutz des allgemeinen Persönlichkeitsrechts aus Art. 2 Abs. 1 iVm. 1 Abs. 1 GG von seinem zivilrechtlichen Pendant, welches die Rechtsprechung als sonstiges Recht im Sinne des § 823 Abs. 1 BGB entwickelt hat.[56] Dienen die Grundrechte primär der Abwehr hoheitlicher Eingriffe, so entfaltet der zivilrechtliche Persönlichkeitsschutz seine Wirkung im Gleichordnungsverhältnis. Während der Staat im Falle eines Eingriffes ein überwiegendes Allgemeininteresse geltend machen muss, wird bei der Prüfung des § 823 Abs. 1 BGB im Rahmen einer umfassenden Interessenabwägung nach einem angemessenen Ausgleich mit widerstreitenden Interessen gesucht.[57] Trotz diverser Unterschiede hinsichtlich Funktion und Prüfungsvoraussetzungen stehen beide Varianten miteinander in enger Beziehung. Die mittelbare Wirkung der Grundrechte verhindert eine von grundrechtlichen Wertungen abweichende Auslegung des zivilrechtlichen Persönlichkeitsrechts.[58] Hierdurch wird eine inhaltliche Annäherung erzwungen, weswegen in dieser Arbeit auf die verfassungsrechtlich entwickelten Grundsätze des Persönlichkeitsschutzes zurückgegriffen werden kann. Der dogmatische Unterschied soll jedoch an dieser Stelle nicht unerwähnt bleiben.

Jeweils einen speziellen Teilaspekt des Persönlichkeitsschutzes gewährleisten die von der Rechtsprechung entwickelten Ausprägungen des allgemeinen Persönlichkeitsrechts aus Art. 2 Abs. 1 iVm. 1 Abs. 1 GG[59], welche nachfolgend beleuchtet werden sollen.

Unabhängig von der Wahl des Überwachungsmediums spielt zunächst das vom Bundesverfassungsgericht erstmals im Volkszählungsurteil[60] entwickelte Recht auf informationelle Selbstbestimmung eine entscheidende Rolle. Dieses

55 Zur Unzulässigkeit einer lückenlosen Überwachung am Beispiel der Videokontrolle BAG 07.10.1987, DB 1988, 403 (403); 27.03.2003, NZA 2003, 1193 (1194); vgl. auch *Kock/Francke*, NZA 2009, 646 (648); *Müller*, S. 154.

56 Erstmalig entwickelt vom BGH 25.05.1954, BGHZ 13, 334, als verfassungsgemäß bestätigt durch BVerfG 14.02.1973, BVerfGE 34, 269.

57 Zum allgemeinen Persönlichkeitsrecht als Rahmenrecht im Sinne des § 823 Abs. 1 BGB MüKoBGB-*Wagner*, § 823 Rn. 178 ff.; zu den Grundsätzen der Interessenabwägung Palandt-*Sprau*, § 823 Rn. 95 ff.

58 Vgl. zu den strukturellen Unterschieden beider Persönlichkeitsrechte ausführlich, im Ergebnis aber einer inhaltlichen Gleichläufigkeit zustimmend *Wiese*, ZfA 2006, 631 (635); ebenso *Kümpers*, S. 133.

59 Zu den einzelnen Ausprägungen v.Mangoldt/Klein/Starck-*Starck*, Art. 2 Abs. 1 Rn. 86 ff.; umfassend *Stern*, Band IV/1, S. 193 ff., allerdings noch ohne Erwähnung des Rechts auf Integrität informationstechnischer Systeme, dazu Sachs-*Murswieck*, Art. 2 Rn. 73b f.

60 BVerfG 15.12.1983, BVerfGE 65, 1.

gewährleistet das Recht des Einzelnen, „grundsätzlich selbst über die Preisgabe und Verwendung seiner persönlichen Daten zu bestimmen“.[61] Dies umfasst nicht zuletzt den Schutz vor ungewollter Erhebung, Speicherung und Übermittlung von personenbezogenen Daten, wie sie im Falle einer Mitarbeiterkontrolle zur Aufdeckung oder Prävention von Straftaten zweckbedingt anfallen.

Im Falle von Kontrollmaßnahmen im IT-Bereich kommt darüber hinaus dem vom Bundesverfassungsgericht aufgrund der speziellen Konflikte im Bereich der Informationstechnik jüngst entwickelte Recht auf Integrität und Vertraulichkeit informationstechnischer Systeme Bedeutung zu, welches ebenfalls auf Art. 2 Abs. 1 iVm. 1 Abs. 1 GG gestützt wird.[62] Die besondere Schutzbedürftigkeit in diesem Bereich resultiert aus der umfassenden Einblicksmöglichkeit des Kontrollierenden in die persönlichen Belange des Überwachten durch Computer und ähnliche Einrichtungen[63], welche ausdrücklich vom Gericht auch bei rein betrieblicher Nutzung gesehen wurde.[64]

Für den Bereich akustischer und optischer Überwachungsmaßnahmen stützen das Recht auf Flüchtigkeit des nicht öffentlich gesprochenen Wortes sowie das Recht am eigenen Bild als spezielle Ausprägungen des allgemeinen Persönlichkeitsrechts die Interessen des Arbeitnehmers. Beide schützen den einzelnen Grundrechtsträger vor ungewollter Fixierung seines Verhaltens zur Gewährleistung der Freiheit der Entscheidung über seine öffentliche Selbstdarstellung.[65]

Das allgemeine Persönlichkeitsrecht wird insgesamt nicht vorbehaltlos gewährt. Art. 2 Abs. 1 GG wird einer Schrankentrias unterworfen, die allgemein als einfacher Gesetzesvorbehalt ausgelegt wird.[66] Dadurch können Eingriffe ebenfalls durch kollidierende Grundrechte und einfachgesetzliche Regelungen gerechtfertigt werden.

Flankiert werden die verschiedenen Gewährleistungen des Art. 2 Abs. 1 iVm. 1 Abs. 1 GG von weiteren Grundrechten.[67] Insbesondere das Fernmeldegeheimnis des Art. 10 Abs. 1 GG stützt die Position des Arbeitnehmers im Falle

---

61 BVerfG 15.12.1983, BVerfGE 65, 1 (42 f.); vgl. Maunz/Dürig-*Di Fabio*, Art. 2 Rn. 173 ff. m.w.N.; Schmidt-Bleibtreu/Hofmann/Hopfauf-*Hofmann*, Art. 2 Rn. 26; *Stern*, Band IV/1 S. 203 f.

62 Erstmals entwickelt im Urteil des BVerfG vom 27.02.2008, BVerfGE 120, 274; v.Mangoldt/Klein/Starck-*Starck*, Art. 2 Abs. 1 Rn. 114 ff.; Jarass/Pieroth-*Jarass*, Art. 2 Rn. 45.

63 Sachs-*Murswieck*, Art. 2 Rn. 73b f.; Schmidt-Bleibtreu/Hofmann/Hopfauf-*Hofmann*, Art. 2 Rn. 30d; *Roßnagel/Schnabel*, NJW 2008, 3534 (3534 f.).

64 BVerfG 27.02.2008, BVerfGE 120, 274 (314).

65 Vgl. BVerfG 08.02.1983, BVerfGE 63, 131 (142); 05.06.1973, BVerfGE 35, 202 (220); Maunz/Dürig-*Di Fabio*, Art. 2 Rn. 193 und 196; Jarass/Pieroth-*Jarass*, Art. 2 Rn. 44; Dreier-*Dreier*, Art. 2 Rn. 73 spricht insoweit vom Schutz vor „Verdinglichung“.

66 Maunz/Dürig-*Di Fabio*, Art. 2 Rn. 38; Jarass/Pieroth-*Jarass*, Art. 2 Rn. 17; dies stützt auch die Entstehungsgeschichte des Wortlauts, vgl. Sachs-*Murswiek*, Art. 2 Rn. 3.

67 Zum Zusammenspiel von Art. 2 Abs. 1 iVm. 1 Abs. 1 GG und Art. 10 Abs. 1 GG siehe Sachs-*Pagenkopf*, Art. 10 Rn. 6a ff.

von Überwachungsmaßnahmen im Bereich der Telekommunikation. Es schützt die Vertraulichkeit aller mittels Fernmeldeverkehr übertragenen Nachrichten, sowohl bezogen auf deren Inhalt als auch auf die äußeren Umstände der Kommunikation, etwa der Identität der Beteiligten sowie Ort, Zeitpunkt oder Dauer der Verbindung.[68] Die Schutzwirkung bleibt dabei nicht auf die klassische Telefonkommunikation beschränkt; der Schutzbereich des Art. 10 Abs. 1 GG erweist sich vielmehr als offen gegenüber technischen Entwicklungen und erfasst auch die Kommunikation zwischen Computern im Internet oder via E-Mail.[69] Im Anwendungsbereich des Telekommunikationsgesetzes findet das Fernmeldegeheimnis sogar unmittelbare Anwendung im Privatrechtsverhältnis über seine einfachgesetzliche Ausprägung in § 88 TKG.[70] Wiederum existiert in Form von Art. 10 Abs. 2 S. 1 GG ein einfacher Gesetzesvorbehalt.[71]

Schlussendlich kommt noch dem Recht auf Meinungs- und Informationsfreiheit gem. Art. 5 Abs. 1 GG eine Bedeutung zu. Die Meinungsfreiheit garantiert neben der inhaltlichen Freiheit die Beeinträchtigungsfreiheit der Äußerung bzw. Verbreitung in Wort, Schrift und Bild.[72] Demnach stellt ein heimliches Abhören oder Aufzeichnen von Meinungsäußerungen einen Eingriff in die Meinungsfreiheit dar.[73] Die Informationsfreiheit hingegen gewährleistet die freie Wahl und den freien Zugang zu allgemein zugänglichen Informationsquellen, zu denen beispielsweise auch das Internet zählt.[74] „Frei“ bedeutet in diesem Zusammenhang „unkontrolliert und unbeobachtet“, andernfalls droht eine mittelbare Zensur durch die Abschreckungswirkung einer ungewollten Kenntnisnahme durch Dritte[75], etwa dem Arbeitgeber. Ein Gesetzesvorbehalt findet sich erneut in Art. 5 Abs. 2 GG.[76]

---

68 BVerfG 20.06.1984, BVerfGE 67, 157 (172); 25.03.1992, BVerfGE 85, 386 (396); 14.07.1999, BVerfGE 100, 313 (858); v.Mangoldt/Klein/Starck-*Gusy*, Art. 10 Rn. 45; Sachs-*Pagenkopf*, Art. 10 Rn. 14.

69 Maunz/Dürig-*Durner*, Art. 10 Rn. 82; Jarass/Pieroth-*Jarass*, Art. 10 Rn. 5; Dreier-*Hermes*, Art. 10 Rn. 37; zur Reichweite des Fernmeldegeheimnisses siehe S. 131.

70 Zum Verhältnis von Art. 10 Abs. 1 GG und § 88 TKG BerlKommTKG-*Klesczewski*, § 88 Rn. 5 ff.; Scheurle/Mayen-*Zerres*, § 88 TKG Rn. 1 f.; *Hilber/Frik*, RdA 2002, 89 (94 f.).

71 Dazu ausführlich Maunz/Dürig-*Durner*, Art. 10 Rn. 131 ff.

72 Sachs-*Bethge*, Art. 5 Rn. 26a; Dreier-Schultze-*Fielitz*, Art. 5 Rn. 67; Jarass/Pieroth-*Jarass*, Art. 5 Rn. 6; *Stern*, Band IV/1 S. 1398.

73 Dreier-*Schultze-Fielitz*, Art. 5 Rn. 129; Maunz/Dürig-*Herzog*, Art. 5 Rn. 79; *Panzer*, S. 138.

74 *Stern*, Band IV/1 S. 1401 ff.; v.Mangoldt/Klein/Starck-*Starck*, Art. 5 Rn. 39 ff.

75 Dreier-*Schultze-Fielitz*, Art. 5 Rn. 130; v.Mangoldt/Klein/Starck-*Starck*, Art. 5 Rn. 56; Maunz/Dürig-*Herzog*, Art. 5 Rn. 99.

76 Zur Schranke des Art. 5 Abs. 2 GG, insbesondere auch zu den Anforderungen des Grundgesetzes an allgemeine Gesetze im Sinne der Regelung, ausführlich Maunz/Dürig-*Herzog*, Art. 5 Rn. 242 ff.

III. Zwischenergebnis

Anhand der vorangegangenen Ausführungen wird deutlich, in welch sensiblem Umfeld sich die Frage nach der Zulässigkeit von Mitarbeiterkontrollen generell bewegt. Dabei können die Interessen der beteiligten Parteien gegensätzlicher nicht sein. Der Arbeitgeber will möglichst umfassend kontrollieren, der Arbeitnehmer dies möglichst verhindern. Wie weit die Standpunkte in der rechtswissenschaftlichen Literatur zu ein und demselben Sachverhalt auseinanderdriften können, zeigt exemplarisch die Diskussion von *Diller*[77] und *Steinkühler*[78], welche diametral gegensätzlichen Ansichten zum „Datenskandal" bei der Deutschen Bahn im Jahre 2009 vertreten. Während Ersterer keinerlei Probleme bei dem durchgeführten Kontodatenabgleich im Bezug auf das allgemeine Persönlichkeitsrecht der Beschäftigten sieht, stellt Letzterer die Maßnahme als rechtlich nicht hinnehmbar dar.

Vielfältigste ineinandergreifende Rechte, Interessen und Schutzmechanismen gilt es auf einen gemeinsamen Nenner zu bringen. Diese Aufgabe obliegt nicht nur dem einzelnen Arbeitgeber und den Gerichten bei der Konzeption bzw. gerichtlichen Prüfung der Überwachungsmaßnahmen im Einzelfall sondern maßgeblich auch dem Gesetzgeber, sofern er mit einfachgesetzlichen Regelungen den Interessenkonflikt zu kanalisieren versucht.[79] Grundsätzlich sind alle potentiell betroffenen Grundrechte einfachgesetzlich einschränkbar. Allerdings beeinträchtigt jedes Verbot und jede Erlaubnis in Form eines Gesetzes die Grundrechte einer Partei und muss als abstrakte Positionierung des Gesetzgebers im Interessenkonflikt einer gerichtlichen Prüfung standhalten.[80] Sein Ziel muss es sein, im Rahmen der dargestellten Grenzen rechtssichere und transparente Regelungen zur Handhabung des Problems zu schaffen. Inwieweit er dies bereits getan hat, soll nachfolgend Gegenstand der Untersuchung sein.

77 *Diller*, BB 2009, 438 (438 ff.).

78 *Steinkühler*, BB 2009, 1294 (1294 f.).

79 Vgl. zur Rolle des Gesetzgebers bei der Auflösung von Grundrechtskollisionen *Stern*, Band III/2, S. 635 f.

80 Beispielsweise im Rahmen einer abstrakten Normenkontrolle gem. Art. 93 Abs. 1 Nr. 2 GG iVm. §§ 13 Nr. 6. 76 – 79 BetrVG oder einer Verfassungsbeschwerde gem. Art. 93 Abs. 1 Nr. 4a GG iVm. §§ 13 Nr. 8a, 90, 92 ff. BetrVG; dazu Sachs-*Sturm/Detterbeck*, Art. 93 Rn. 52 ff. und 77 ff.

B. Einfachgesetzliche und europarechtliche Grundlagen

Dem Gesetzgeber kann nicht vorgeworfen werden, dass er dem Thema Datenschutz insgesamt keine Beachtung geschenkt hätte. Im Gegenteil: In der jüngeren Vergangenheit werden parallel zum immer stärker werdenden öffentlichen Interesse zunehmend Regelungen im Bereich des Datenschutzes in das geltende Recht implementiert.[81] Teilweise geschieht dies in Eigeninitiative, teilweise motiviert durch Umsetzungsfristen europäischer Richtlinien.[82] Das Datenschutzrecht durchzieht heute die gesamte Rechtsordnung, beeinflusst öffentlich-rechtliche wie auch private Rechtsverhältnisse gleichermaßen. Neben den Datenschutzgesetzen der Länder und des Bundes finden sich versprengte Regelungen in einer unübersichtlichen Vielzahl von Gesetzeskörpern verschiedenster thematischer Ausrichtung.[83] Dem steigenden Stellenwert des Rechtsgebietes auf einfachgesetzlicher und europäischer Ebene[84] nicht gerecht wird allerdings das Fehlen arbeitsgerichtlicher Entscheidungen zur datenschutzrechtlichen Zulässigkeit von Datenerhebungen gegenüber Mitarbeitern im multimedialen Bereich.[85]

Anknüpfungspunkt der vorliegenden Arbeit sind ausschließlich Maßnahmen zur Kontrolle der Telekommunikation von Beschäftigten im privaten Beschäftigungsverhältnis zur Aufdeckung und Prävention von Straftaten. Entsprechend kann sich nachfolgende Darstellung auf einen Überblick über diejenigen Gesetze und Normen beschränken, die einen Einfluss auf den für hier maßgeblichen Teilbereich des Arbeitnehmerdatenschutzes haben können. In den Blick ge-

---

81 Sinnbildlich hierfür steht die aktuelle Diskussion um die Schaffung eines Beschäftigtendatenschutzgesetzes, dazu S. 20 ff.

82 Insbesondere die europäische „Datenschutzrichtlinie“ 95/46/EG vom 24.10.1995 und die „Telekommunikationsrichtlinie“ 2002/58/EG vom 12.7.2002 entfalteten Druck auf den deutschen Gesetzgeber; dazu S. 48 f.

83 Um nur einige Beispiele zu nennen: Datenschutzregelungen finden sich in verschiedensten Gesetzeskörpern, etwa §§ 59 ff. ALG (Gesetz über die Alterssicherung der Landwirte), § 14 TPG (Transplantationsgesetz), §§ 39 ff. PostG (Postgesetz) oder §§ 15 ff. SchwarzArbG (Gesetz zur Bekämpfung der Schwarzarbeit und illegalen Beschäftigung Schwarzarbeitsbekämpfungsgesetz).

84 Der EuGH, 24.11.2011, NZA 2011, 1409 zeigte sich zuletzt in einer Entscheidung zum spanischen Datenschutzrecht streng im Bezug auf die Vorgaben der Richtlinie 95/46/EG; diskutiert wird derzeit über den Entwurf einer europäischen Datenschutzverordnung.

85 So insbesondere *Spanke*, S. 72, dessen umfassende Rechtsprechungsauswertung verdeutlicht, dass die Arbeitsgerichte ihre Ergebnisse in der Regel auf eine einzelfallbezogene Interessenabwägung stützen; auch *Thüsing*, NZA 2009, 865 (866) bemängelt das Fehlen arbeitsgerichtlicher Rechtsprechung mit datenschutzrechtlichem Schwerpunkt.

nommen werden darüber hinaus auch europarechtliche Einflüsse und richterrechtliche Fortentwicklungen mit Berührungspunkten zum Thema dieser Arbeit.

I. Das BDSG als allgemeine Schranke der unternehmerischen Freiheit des Arbeitgebers

Die wohl grundsätzlichsten einfachgesetzlichen Vorschriften zum Datenschutz im Allgemeinen finden sich im Bundesdatenschutzgesetz. Das BDSG dient seit seiner erstmaligen Verabschiedung 1977 dem Schutz des allgemeinen Persönlichkeitsrechts vor den Risiken des technischen Fortschritts und blickt auf eine bewegte Geschichte zurück, die nachfolgend kursorisch nachgezeichnet wird.[86]

1. Politisch-historische Entwicklung des BDSG

Politisch bewegt sich das Datenschutzrecht seit jeher in einem brisanten Umfeld. Hitzige Diskussionen aus verschiedenstem Anlass führten bis heute insgesamt dreimal zu einer umfassenden Reformierung. Einen ersten Anstoß lieferte das Volkszählungsurteil des Bundesverfassungsgerichts aus dem Jahre 1983 und die damit verbundene Entwicklung des Rechts auf informationelle Selbstbestimmung[87], was allerdings erst 1990 zu einer ersten Novellierung des BDSG führte.[88]

Bereits kurz darauf forderte die 1995 in Kraft getretene europäische Richtlinie „zum Schutz natürlicher Personen bei der Verarbeitung personenbezogener Daten und zum freien Datenverkehr“[89] weitere Anpassungsmaßnahmen.[90] Diesem europäischen Appell wurde erst im Jahre 2001 entsprochen, deutlich nach Ablauf der dreijährigen Umsetzungsfrist, was schließlich auch auf den Druck durch das am 1.12.2000 von der EG-Kommission eingeleitete Vertragsverletzungsverfahren zurückzuführen war.[91] In erstaunlicher Geschwindigkeit durchliefen die Änderungen das Gesetzgebungsverfahren. Im Ergebnis verabschiedete

86 Zur Entstehungsgeschichte ausführlich Simitis-*Simitis*, Einl. Rn. 1 ff.; kompakt Taeger/Gabel-*Taeger/Schmidt*, Einf. Rn. 1 ff. und *Gola/Schomerus*, Einl. Rn. 1 ff.

87 BVerfG 15.12.1983, BVerfG 65, 1; zum Grundrecht auf informationelle Selbstbestimmung *Simitis*, NJW 1984, 398 (398 ff.).

88 Zum Inhalt der Reform Simitis-*Simitis*, Einl. Rn. 52 ff.; *Gola/Schomerus*, Einl. Rn. 7.

89 Richtlinie 95/46/EG vom 24.10.1995.

90 Vgl. Simitis-*Simitis*, Einl. Rn. 89 ff., der dies als „in der Geschichte der Bundesrepublik wohl ziemlich einmaligen Vorgang“ bezeichnet; *Gola/Schomerus*, Einl. Rn. 10; DKWW, Einl. Rn. 6; vgl. hierzu *Rüpke*, ZRP 1995, 185 (185 ff.).

91 Kommission der Europäischen Gemeinschaften gegen Bundesrepublik Deutschland, Rechtssache C-443/00.

man ein provisorisches Gesetz mit der erklärten Intention, dieses möglichst bald wieder aufgreifen und modernisieren zu wollen.[92]

Dem kam der Gesetzgeber schließlich im Jahre 2009 in Form dreier Novellen nach, wiederum nicht ganz freiwillig. Die nicht abebbende öffentliche Diskussion wurde maßgeblich angeheizt durch die vermehrt in den Jahren 2007 und 2008 bekannt gewordenen „Datenschutzskandale".[93] Auch die ausufernde Kritik des Schrifttums an der Reform aus dem Jahre 2001[94] sowie die Umsetzungsfrist der europäischen Verbraucherkreditrichtlinie aus dem Jahre 2008 trugen ihren Teil dazu bei. Die Änderungen des BDSG aus dem Jahre 2009 waren die vorerst letzten. Resultat ist das derzeitige Erscheinungsbild des BDSG.

Die Novelle I befasste sich im Wesentlichen mit der Datenübermittlung an und von Auskunfteien, Novelle III hingegen mit der Umsetzung von Art. 9 der Verbraucherkreditrichtlinie[95], der Diskriminierung hinsichtlich der Verfügbarkeit von Daten über die Kreditwürdigkeit im Bereich grenzüberschreitender Kreditgewährung entgegenwirkt.[96] Beide haben keine Berührungspunkte mit dieser Arbeit. Dies gilt jedoch nicht für die Novelle II, die sich speziell dem Bereich des Arbeitnehmerdatenschutzes widmet. Obwohl das Parlament erheblichen Reformbedarf erkannte, gelang man hinsichtlich der Schaffung eines Beschäftigtendatenschutzgesetzes nicht zu einem mehrheitsfähigen Kompromiss.[97] Stattdessen verständigte man sich darauf, in Form des derzeitigen § 32 BDSG im Rahmen einer „kleinen Lösung"[98] lediglich einen ersten Anknüpfungspunkt im Gesetz zu schaffen, über den noch ausführlich zu sprechen sein wird.[99]

Die Diskussion über die Schaffung eines Beschäftigtendatenschutzgesetzes dauert seither an. Erstmalig wurde am 25.08.2010 ein umfassender Entwurf präsentiert, § 32 BDSG durch zahlreiche, speziell auf die Anforderungen des Beschäftigungsverhältnisses abgestimmte Regelungen zu ersetzen. Für den Bereich der Überwachung der Telekommunikation war in Form des § 32i BDSG sogar eine eigene Regelung vorgesehen. Nach einer ersten Stellungnahme des Bundesrates[100] wurde am 15.12.2010 ein überarbeiteter Entwurf veröffentlicht[101], wel-

---

92 Vgl. zum Vorgang Simitis-*Simitis*, Einl. Rn. 96 ff. und 100 ff.; zum Inhalt der Reform *Gola/Schomerus*, Einl. Rn. 14 ff.; ausführlicher *Tinnefeld*, NJW 2001, 3078 (3078 ff.).

93 Siehe dazu S. 4 ff.

94 Eine Übersicht über diese Kritik bietet Simitis-*Simitis*, 4. Auflage, § 1 Rn. 16, 196 m.w.N.

95 RL. 2008/48/EWG vom 23.04.2008.

96 Vgl. *Gola/Klug*, RDV 2009, Sonderbeilage zu Heft 4, 1 (2 f.); insgesamt *Abel*, RDV 2009, 147 (147 ff.).

97 Vgl. Simitis-*Simitis*, Einl. Rn. 102; *Gola/Schomerus*, 10. Auflage 2010, Einl. Rn. 25.

98 Vgl. *Barton*, RDV 2009, 200 (202).

99 Ausführlich zur Regelung des § 32 BDSG ab S. 155.

100 BR-Drs. 535/10 vom 3.9.2010; dieser kann auch die Fassung des Entwurfes vom 25.08.2010 entnommen werden.

101 BT-Drs. 17/4230.

cher Gegenstand massiver Diskussionen wurde. Vielgestaltige Kritik der Rechtswissenschaft[102], der Gewerkschaften und der Arbeitgeberverbände[103] und erhebliche politische Differenzen[104] ließen den Fortschritt des Gesetzgebungsverfahrens stocken. Auch die jüngste Rechtsprechung des europäischen Gerichtshofes lässt daran zweifeln, ob die Datenschutzrichtlinie dem nationalen Gesetzgeber überhaupt ausreichenden Spielraum für sein umfassendes Reformvorhaben gewährt.[105] In welcher Form bzw. ob überhaupt ein Beschäftigtendatenschutzgesetz zukünftig verabschiedet werden kann, ist derzeit nicht abzusehen.[106] Aufgrund der Ungewissheit des Ausgangs des Gesetzgebungsverfahrens legt diese Arbeit der Untersuchung den derzeit geltenden Text des BDSG zugrunde.

2. Bedeutung für die Überwachung von Beschäftigten

In seiner derzeitigen Fassung dient das BDSG als Auffanggesetz zur Regelung jeglichen Umgangs mit personenbezogenen Daten, § 1 Abs. 1 BDSG.[107] Einen Personenbezug weisen Daten immer dann auf, wenn sie Informationen über persönliche oder sachliche Verhältnisse einer natürlichen Person enthalten, unabhängig davon, ob der konkrete Bezug zu der Person unmittelbar ersichtlich oder nur potentiell bestimmbar ist, § 3 Abs. 1 BDSG.[108] Das Gesetz erfasst jede Erhebung, Verarbeitung oder Nutzung solcher Daten, also den gesamten Vorgang von der Erlangung einer Information bis zu deren letztmaliger Verwendung, sowohl durch öffentliche als auch nicht öffentliche Stellen.[109] Der Anwendungsbe-

---

102 Beispiele: *Thüsing*, RDV 2010, 147 ff.; *Forst*, NZA 2010, 1043 ff.; *Körner*, AuR 2010, 416 ff.; *Beckschulze/Natzel*, BB 2010, 2368 ff.; *Hilbrans*, AuR 2010, 424 ff.; *Viotto*, AuR 2010, 422 ff.; *Kort*, MMR 2011, 294 ff.; *Rudkowski*, ZfA 2011, 287 ff.

103 Vgl. die Stellungnahmen des DGB, Ausschussdrucksache 17(4)252 A, und des BDA, 17(4)252 C, zum Entwurf des Beschäftigtendatenschutzgesetzes vom 15.12.2010.

104 Es existiert ein eigener Gesetzesentwurf der B'90/Die Grünen vom 22.02.2011, BT-Drs. 17/4853; am 27.09.2011 stellte zuletzt die SPD-Fraktion umfangreiche Forderungen, BT-Drs. 17/7176.

105 Jüngst stellte der EuGH in seiner Entscheidung vom 24.11.2011, NZA 2011, 1409 klar, dass das Schutzniveau der europäischen Datenschutzrichtlinie 95/46/EG durch nationale Regelungen weder unter- noch überschritten werden darf. Unklar ist auch, ob die geplante europäische Datenschutzverordnung in ihrer finalen Version den Mitgliedstaaten einen Umsetzungsspielraum belässt.

106 So auch *Straube/Klagges*, ArbR 2012, 81 (81).

107 Simitis-*Simitis*, § 1 Rn. 23; Taeger/Gabel-*Schmidt*, § 1 BDSG Rn. 2.

108 DKWW-*Weichert*, § 3 Rn. 2 ff.; *Gola/Schomerus*, § 3 Rn. 2 ff.; Taeger/Gabel-*Buchner*, § 3 Rn. 3 ff.; ErfK-*Wank*, § 27 BDSG Rn. 1.

109 Ausdrücklich geregelt in § 1 Abs. 2 BDSG, dazu Simitis-*Dammann*, § 1 Rn. 116 ff.; wie bereits dargestellt beschränkt sich der Verfasser in dieser Arbeit auf Mitarbeiterkontrollen im privaten Arbeitsverhältnis.

reich des BDSG ist somit denkbar weit, allerdings beansprucht es keine Dominanz. Der Charakter eines Auffanggesetzes wird anhand der Vorschrift des § 1 Abs. 3 BDSG deutlich, der eine umfassende Subsidiarität sämtlicher Vorschriften des BDSG gegenüber abweichenden spezialgesetzlichen Regelungen des Bundes normiert.[110]

Diese Subsidiarität hindert das BDSG jedoch nicht daran, eine wesentliche Weiche für den Umgang mit personenbezogenen Daten zu stellen. Über § 4 Abs. 1 BDSG wird jede Erhebung, Nutzung oder Verarbeitung solcher Daten unter ein präventives Verbot mit Erlaubnisvorbehalt gestellt.[111] Mit anderen Worten: Jeder Umgang mit personenbezogenen Daten ist grundsätzlich unzulässig, solange er nicht anderweitig ausdrücklich erlaubt worden ist. Gem. § 4 Abs. 1 BDSG kann eine abweichende Erlaubnis im BDSG selbst oder in einer anderen Rechtsvorschrift enthalten sein.[112] Alternativ können auch die Betroffenen selbst in den Datenumgang einwilligen.[113]

Für den Bereich der Mitarbeiterüberwachung zur Prävention und Aufdeckung von Straftaten hat dies Konsequenzen. Da jede Überwachung mit einer entsprechenden Zweckrichtung die Erlangung von Informationen über das Verhalten der Beschäftigten zum Ziel hat, handelt es sich bei diesen Maßnahmen stets um Erhebungen personenbezogener Daten im Sinne des BDSG. Über das präventive Verbot mit Erlaubnisvorbehalt in § 4 Abs. 1 BDSG wird die verfassungsrechtliche Ausgangslage zur Zulässigkeit der Überwachung von Beschäftigten in ihr genaues Gegenteil verkehrt: Der Arbeitgeber darf nicht mehr unter Berufung auf seine Grundrechte aus Art. 12 und 14 GG grundsätzlich jede Maßnahme ergreifen, solange die Persönlichkeitsrechte der Belegschaft dem nicht entgegenstehen, sondern benötigt vielmehr für jeden Einzelfall eine spezielle Rechtfertigung.

Das BDSG setzt somit der unternehmerischen Freiheit des Arbeitgebers eine Grenze von erheblicher Bedeutung. Das in § 4 Abs. 1 BDSG verankerte präventive Verbot mit Erlaubnisvorbehalt muss Ausgangspunkt der Zulässigkeitserwägung hinsichtlich jeder einzelnen Mitarbeiterüberwachung sein.[114]

---

110 DKWW-*Weichert*, § 1 Rn. 12 ff.; *Gola/Schomerus*, § 1 Rn. 23 ff.; ErfK-*Wank*, § 1 BDSG Rn. 3.

111 DKWW-*Weichert*, § 4 Rn. 1; *Gola/Schomerus*, § 4 Rn. 3; Taeger/Gabel-*Taeger*, § 4 BDSG Rn. 14 ff.; Simitis-*Sokol*, § 4 Rn. 3 hält die Terminologie „Verbot mit Erlaubnisvorbehalt" für missverständlich, da sie eine Vergleichbarkeit mit verwaltungsrechtlichen Konstruktionen suggeriert, die tatsächlich nicht gegeben ist.

112 Zur Rechtfertigung von Kontrollmaßnahmen über die Rechtfertigungsgrundlagen des BDSG siehe S. 151 ff., zur Rechtfertigung über Regelungen in Betriebsvereinbarungen oder Tarifverträgen siehe S. 254 ff.

113 Siehe dazu S. 234 ff.

114 Simitis-*Sokol*, § 4 Rn. 2 bringt dies wie folgt zum Ausdruck: „Die Bedeutung des § 4 Abs. 1 […] kann kaum überschätzt werden"; Taeger/Gabel-*Taeger*, § 4 BDSG Rn. 6 bezeichnet die Regelung als „für das Datenschutzrecht zentralen Regelungsinhalt".

II. Telekommunikationsrechtliche Spezialgesetze

Die im Gesetzestext selbst angelegte Subsidiarität des BDSG wirft zwangsläufig die Frage auf, ob für Überwachungsmaßnahmen im Sinne dieser Arbeit vorrangige Sonderregelungen existieren. Für den Bereich der Telekommunikation finden sich tatsächlich solche spezialgesetzlichen Regelungen, versteckt in den Textkörpern des Telekommunikationsgesetzes (TKG) und des Telemediengesetzes (TMG).

Das TKG trat im Zuge der europarechtlich angestoßenen Auflösung der staatlichen Monopole bezüglich des Post- und Telekommunikationswesens am 26.6.2004 erstmals in Kraft.[115] Das TMG, erstmals in Kraft getreten am 01.03.2007, löste die bis dahin geltenden Gesetze über die Nutzung von Telediensten (TDG), über den Datenschutz bei Telediensten (TDDSG) und den Mediendienststaatsvertrag (MDStV) ab.[116] Zusammen reglementieren TKG und TMG umfassend das Verhältnis eines Telekommunikations- oder Telemediendienstanbieters zu seinen Nutzern. Insbesondere enthalten beide einen datenschutzrechtlichen Teil, der die Regelung der Rechtswidrigkeitsgrenzen aller Datenerhebungen im Zusammenhang mit der jeweiligen Dienstleistung im Anwendungsbereich des zugehörigen Gesetzes für sich beansprucht.[117] Wird die Anwendbarkeit beider Gesetze innerhalb des Arbeitsverhältnisses bejaht, was innerhalb der rechtswissenschaftlichen Literatur hoch umstritten ist[118] und ebenso wie die genaue Abgrenzung der Anwendungsbereiche und deren Voraussetzungen im Rahmen der Telekommunikationskontrolle noch ausführlicher Erörterung bedarf[119], so gehen beide dem gem. § 1 Abs. 3 BDSG subsidiären BDSG vor.[120] Zwar enthalten beide ein mit § 4 Abs. 1 BDSG vergleichbares präventives Verbot mit Erlaubnisvorbehalt in Form der §§ 88 Abs. 3 TKG[121] und 12

115 Es diente der Umsetzung der folgenden Richtlinien: RL 2002/21/EG (Rahmenrichtlinie), RL 2002/20/EG (Genehmigungsrichtlinie), RL 2002/19/EG (Zugangsrichtlinie), RL 2002/22/EG (Universaldienstrichtlinie) sowie RL 2002/58/EG (Datenschutzrichtlinie); zur Entwicklung des Telekommunikationsrechts *Röger*, DVBl. 2005, 143 (147) sowie Scheurle/Mayen-*Scheurle*, Einf. Rn. 1 ff.

116 Ausführlich zur Gesetzesentwicklung des TMG *Hoeren*, NJW 2007, 801 (801 ff.); *Roßnagel*, NVwZ 2007, 743 (743 ff.).

117 §§ 88 ff. TKG, dazu S. 101 ff. und §§ 11 ff. TMG, dazu S. 121 ff.

118 Dazu ausführlich ab S. 54.

119 Voraussetzung ist insbesondere die arbeitgeberseitige Erlaubnis der Privatnutzung der technischen Einrichtungen des Betriebes, dazu S. 76 ff.; zur Abgrenzung der Anwendungsbereiche S. 73 ff.

120 Vgl. Besgen/Prinz-*Busse*, § 10 Rn. 24; Simitis-*Dix*, § 1 Rn. 158 ff.; *Kümpers*, S. 161; *Kratz/Gubbels*, NZA 2009, 652 (653, 654); *Löwisch*, DB 2009, 2782 (2783 f.); *Mengel*, BB 2004, 1445 (1449 f.).

121 Exemplarisch BerlKommTKG-*Klesczewski*, § 88 Rn. 23 ff.; Scheurle/Mayen-*Zerres*, § 88 Rn. 23 ff.

Abs. 1 TMG[122], bieten daneben aber für Überwachungsmaßnahmen jeweils eigene Rechtfertigungsgrundlagen, die einen Rückgriff auf diejenigen des BDSG sperren.

An dieser Stelle soll vorerst lediglich die Bedeutung dieser Gesetze festgehalten werden. Mitarbeiterkontrollen in ihrem Anwendungsbereich unterliegen völlig anderen normativen Voraussetzungen.

III. Die Compliance-Verpflichtung des Arbeitgebers

Die Kontrollinteressen des Arbeitgebers werden aus einfachgesetzlicher Sicht jedoch nicht ausschließlich Beschränkungen unterworfen. Maßgeblich *für* die Notwendigkeit von Mitarbeiterkontrollen spricht die in der Literatur derzeit viel diskutierte Compliance-Verpflichtung eines Unternehmens. Unter dem Begriff der Compliance fasst man alle Maßnahmen zusammen, „die das rechtmäßige Verhalten eines Unternehmens, seiner Organe und Mitarbeiter im Hinblick auf alle gesetzlichen und unternehmenseigenen Gebote und Verbote gewährleisten sollen“.[123] Die wohl klassischsten gesetzlichen Verbote in diesem Sinne sind die Straftatbestände der geltenden Rechtsordnung. Einen nicht unerheblichen Teil der Compliance bildet somit die Summe der Maßnahmen zur Gewährleistung des rechtskonformen Verhaltens der Mitarbeiter des Unternehmens im strafrechtlichen Sinne.[124]

Ob und inwieweit die Compliance-Pflicht des Arbeitgebers gerade die Durchführung von Überwachungsmaßnahmen erfordert und wie diese mit den zahlreichen Beschränkungen des Datenschutzrechts in Einklang zu bringen ist, bedarf im Verlauf der Arbeit einer ausführlichen Erörterung. Zuvor soll der Frage nachgegangen werden, aus welchen gesetzlichen Grundlagen sich der diffuse Rechtsbegriff der Compliance herleiten lässt.

122 Exemplarisch Taeger/Gabel-*Moos*, § 12 TMG Rn. 4 ff.; Spindler/Schuster-*Spindler/Nink*, § 12 TMG Rn. 2 ff.

123 *Thüsing*, S. 8; *Passarge*, NZI 2009, 86 (86); *Kort*, NZG 2008, 81 (81); *Schneider*, ZIP 2003, 645 (645) *v.Hehn/Hartung*, DB 2006, 1909 (1909).

124 Vgl. *Schmidt*, BB 2009, 1295 (1295 ff.); *Heldmann*, DB 2010, 1235 (1235); *Hauschka*, NJW 2004, 257 (259); *Passarge*, NZI 2009, 86 (86 f.); *Wybitul*, BB 2009, 1582 (1582); *Salvenmoser/Hauschka*, NJW 2010, 331 (331); *Strothmeyer*, S. 23; *Wuttke*, S. 43; *Thüsing*, S. 8.

1. Einfachgesetzliche Herleitung

Dass der Problemkreis „Compliance“ für den Gesetzgeber selbst nicht völlig unbekannt ist, zeigt bereits die Regelung des § 33 Abs. 1 S. 1 Nr. 1 WpHG.[125] In dieser ausschließlich für den Bankensektor geltenden Norm wird, beschränkt auf die Einhaltung der Regelungen des Wertpapierhandelsgesetzes, das Unternehmen zur Sicherstellung des gesetzeskonformen Verhaltens des Unternehmens selbst sowie seiner Mitarbeiter verpflichtet. Dies umfasst nach dem Wortlaut insbesondere die Einrichtung einer „dauerhaften und wirksamen Compliance-Funktion“.[126] Eine gesetzliche Definition des Begriffes der „Compliance“ enthält die Norm – wie auch die gesamte übrige Rechtsordnung – jedoch nicht.

Ursprünglich stammt der Rechtsbegriff der „Compliance“ aus dem US-amerikanischen Börsensektor und umfasste die Pflicht zur Einhaltung der börsenrechtlichen Rechtsnormen.[127] Übersetzt werden kann Compliance mit „Einhaltung“, „Übereinstimmung“, „Erfüllung“ oder „Befolgung“, was den Bedeutungsgehalt aber nur unvollständig wiedergibt. Maßgeblich vorangetrieben wurde das Verständnis durch den „Sarbanes Oxley Act“ (SOX), einem US-amerikanischen Bundesgesetz aus dem Jahre 2002, welches für alle börsennotierten Unternehmen verbindliche Organisationspflichten hinsichtlich des Umgangs mit Mitarbeitern, die auf Missstände aufmerksam machen (sog. „Whistleblowern“[128]), festlegte[129] und dem 1998 novellierten „Foreign Corrupt Practices Act“ (FCPA), der von denselben Unternehmen vorbeugende Maßnahmen gegen Korruption verlangt.[130] Hierdurch wurde nicht nur der Bereich Compliance zu einem branchenübergreifenden Rechtsgebiet fortentwickelt[131], auch der Präventions- und Überwachungsaspekt erfuhr erstmals eine stärkere Betonung. Für deutsche Unternehmen sind diese Regelungen jedoch nicht verbindlich, obwohl sie vielfach als internationaler Standard angesehen und freiwillig befolgt werden.[132]

---

125 Vgl. *Heldmann*, DB 2010, 1235 (1235); *Kort*, NZG 2008, 81 (85), die beide außerdem auf die Relevanz von § 25a KWG für den Finanzdienstleistungssektor hinweisen; *Schneider*, S. 49; die zentrale Bedeutung der Norm betont Heidel-*Schäfer*, § 33 WpHG Rn. 18 ff.

126 Dazu ausführlich Heidel-*Schäfer*, § 33 WpHG Rn. 18 ff.

127 Vgl. *Strothmeyer*, S. 15; *Mengel*, S. 5.

128 Vgl. hierzu ausführlich *Bürkle*, DB 2004, 2158 (2158 ff.).

129 Vgl. *Mengel/Hagemeister*, BB 2006, 2466 (2467); *Passarge*, NZI 2009, 86 (87); *v.Hehn/Hartung*, DB 2006, 1909 (1909); einen Überblick zum SOX bietet *Strauch*, NZG 2003, 952 (953 f.); speziell zum Schutz des Whistleblowers nach dem SOX *Reiter*, RIW 2005, 168 ff.

130 Vgl. *Mengel/Hagemeister*, BB 2006, 2466 (2467); *Mengel*, S. 7; *Strothmeyer*, S. 20.

131 Vgl. *v. Hehn/Hartung*, DB 2006, 1909 (1909); *Kort*, NZG 2008, 81 (82).

132 Vgl. *Strothmeyer*, S. 114; *Schneider*, S. 48; *Mengel*, S. 7.

In Deutschland gibt es – zumindest in der Theorie – schon seit Langem Haftungsrisiken für Leitungsorgane wegen unternehmerischer Fehlentscheidungen.[133] Die US-amerikanische Rechtsentwicklung veranlasste den deutschen Gesetzgeber sowie die nationale Rechtsprechung jedoch zu konkretisierenden Anpassungsmaßnahmen.[134] Eine wegbereitende Rolle spielte die ARAG/Garmenbeck-Entscheidung des BGH aus dem Jahre 1997[135], in welcher der Aufsichtsrat einer Aktiengesellschaft zur Geltendmachung von Schadensersatzansprüchen für die Gesellschaft gegen den Vorstand wegen dessen Pflichtverletzungen verpflichtet wird, sofern diese Ansprüche erfolgversprechend seien.[136] Die Entscheidung verdeutlicht den nationalen Verständniswandel bezüglich der Compliance, weg von einer programmatischen Selbstverständlichkeit, hin zu einer massiven Rechtsfolgen unterworfenen Pflicht der Leitungsverantwortlichen aller Ebenen eines Unternehmens.[137] Weitere branchenspezifische Regelungen, ähnlich dem bereits erwähnten § 33 Abs. 1 Nr. 1 WpHG, fanden Eingang in die geltenden Rechtsordnung, etwa §§ 25a, 25c KWG, welche Kreditinstituten konkrete organisatorische Vorgaben zur Gewährleistung rechtskonformen Verhaltens auferlegt[138], oder dem inhaltlich ähnlichen, für Versicherungsunternehmen geltenden § 64a VAG.[139] Im Jahre 2007 fand das Thema Compliance auch öffentlichkeitswirksam Einzug in den Deutschen Corporate Governance Kodex (DCGK)[140], der in Nr. 4.1.3 DCGK die Vorstandspflicht festschreibt, „für die Einhaltung der gesetzlichen Bestimmungen […] zu sorgen und auf deren Beachtung durch die Konzernunternehmen [hinzuwirken]“. All diese Vorgänge verdeutlichen die Sensibilisierung des Gesetzgebers für das Thema Compliance. Dieser legte allerdings bisher keine allgemeinen, branchenunabhängigen und verbindlichen Anforderungen für alle Unternehmen fest. Einzige Ausnahmevorschrift ist in diesem Zusammenhang § 12 Abs. 1 AGG, welcher zwar branchenübergreifend gilt, jedoch auf den Schutz vor Benachteiligungen aus Gründen des § 1 AGG beschränkt ist.[141]

---

133 Vgl. *Hauschka*, NJW 2004, 257 (257); *Thümmel/Sparberg*, DB 1995, 1013 (1013 ff.).

134 Vgl. *Mengel/Hagemeister*, BB 2006, 2466 (2466); *Schneider*, S. 39.

135 BGH 21.4.1997, NJW 1997, 1926.

136 Vgl. *Hauschka*, NJW 2004, 257 (257); *Mengel/Hagemeister*, BB 2006, 2466 (2466); *Kolbe*, NZA 2009, 228 (231).

137 Vgl. zur Verdeutlichung des allgemeinen Verständniswandels *Hauschka*, AnwBl. 2010, 629 (629 ff.); *Campos Nave/Bonenberger*, BB 2008, 734 (734).

138 Vgl. *Heldmann*, DB 2010, 1235 (1235); *Hauschka*, AnwBl. 2010, 629 (631); *Vogt*, NJW 2009, 3755 (3755).

139 Vgl. *Hauschka*, AnwBl. 2010, 629 (631); *Kort*, NZG 2008, 81 (83).

140 Vgl. *Hauschka*, AnwBl. 2010, 629 (629); *Salvenmoser/Hauschka*, NJW 2010, 331 (334); *Heldmann*, DB 2010, 1235 (1235); *v.Hehn/Hartung*, DB 2006, 1909 (1909); *Mengel/Hagemeister*, BB 2006, 2466 (2466); *Kort*, NZG 2008, 81 (83); *Kümpers*, S. 116; *Schneider*, S. 44.

141 Vgl. *Schneider*, S. 50 ff.; zu § 12 Abs. 1 AGG Däubler/Bertzbach-*Buschmann*, § 12 Rn. 2 und 6 ff.; *Adomeit/Mohr*, § 12 Rn. 3 ff.

Das gesteigerte Bewusstsein für den Problemkreis Compliance wirkt sich auch auf die Auslegung allgemeiner Rechtsnormen aus. Insbesondere sticht in diesem Zusammenhang § 130 Abs. 1 OWiG hervor, der das Nichtergreifen notwendiger Aufsichtsmaßnahmen durch den Inhaber eines Betriebes zur Ordnungswidrigkeit deklariert, wozu gem. § 130 Abs. 1 S. 2 OWiG ausdrücklich Überwachungsmaßnahmen zu zählen sind.[142] Obliegt dem Betriebsinhaber eine Compliance-Verpflichtung, was vorangegangene Ausführungen andeuten, so droht ihm im Falle der Zuwiderhandlung ein empfindliches Bußgeld gem. § 130 Abs. 3 OWiG.[143] Unabhängig davon, ob aus der Norm eine generelle Verpflichtung zur Implementierung einer umfassenden Compliance-Organisation abgeleitet werden kann[144], muss der Betriebsinhaber sich jedenfalls im Einzelfall in den Grenzen der Zumutbarkeit unterlassene Überwachungsmaßnahmen vorwerfen lassen.[145] Daneben trifft den Vorstand einer Aktiengesellschaft gem. §§ 91 Abs. 2 AktG die ausdrückliche Pflicht, Überwachungsmaßnahmen zur Verhinderung existenzgefährdender Entwicklungen zu ergreifen.[146] Dass hierzu auch kriminelle Machenschaften der Belegschaft wie etwa Korruption zu zählen sind, hat spätestens die „Siemensaffäre" deutlich gemacht.[147] § 93 Abs. 2 S. 1 AktG normiert die persönliche Haftung eines Vorstandsmitgliedes bei Pflichtverletzungen.[148] Nicht zuletzt hieran wird deutlich, welche Risiken für die Unternehmensleitung bestehen, wenn diese dem Themenkreis Compliance nicht ausreichend Auf-

---

142 Vgl. *Schmidt*, BB 2009, 1295 (1296); *Barton*, RDV 2009, 200 (201); *Behling*, BB 2010, 892 (892).

143 Vgl. *Thüsing*, Rn. 37; so auch *Koch*, WM 2009, 1013 (1018); zur Bußgeldbemessung mit einem Höchstbetrag von 1.000.000 € siehe KK OWiG-*Rogall*, § 130 Rn. 105 ff. und Göhler-*Gürtler*, § 130 Rn. 28 f.; dieser Betrag kann zur Abschöpfung rechtswidrig erlangter Vermögensvorteile auch überschritten werden, vgl. dazu *Moosmayer*, S. 12 am Beispiel des Falles Siemens.

144 Zustimmungswürdig erscheint hier die vorherrschende Meinung im Schrifttum, welche das Fehlen einer umfassenden Compliance-Organisation, lösgelöst von jedem Gefahren- oder Verdachtsmoment, noch nicht als Pflichtverletzung ansieht. Exemplarisch gegen eine solche Verpflichtung, teilweise auf Basis anderer Normen wie § 91 Abs. 2 AktG argumentierend: *Thüsing*, S. 16; *Schneider*, S. 54 f.; *Bürkle*, BB 2005, 565 (567) jeweils mit weiteren Nachweisen; a.A. *Campos Nave/Bonenberger*, BB 2008, 734 (734 f.) und *U. Schneider*, ZIP 2003, 645 (648 f.).

145 *Schneider*, S. 54 f. formuliert vorsichtig, § 130 OWiG statuiere eine „mittelbare Pflicht" zu Compliance-Maßnahmen; auch *Thüsing*, S. 16, der seine Argumentation auf § 91 Abs. 2 AktG aufbaut, billigt der Unternehmensleitung ein grundsätzliches Leitungsermessen zu, welches jedoch im Einzelfall auf null reduziert sein kann.

146 Ausführlich zu § 91 Abs. 2 AktG *Schmidt*, S. 56 ff.; *Passarge*, NZI 2009, 86 (89); *Heldmann*, DB 2010, 1235 (1235).

147 Vgl. *Barton*, RDV 2009, 200 (201); *Samson/Langrock*, DB 2007, 1684 (1684 f.); eine mögliche Existenzbedrohung erkennen auch *Thüsing*, S. 17; *Passarge*, NZI 2009, 86 (86).

148 Zum System der Haftung Schmidt/Lutter-*Krieger/Sailer-Coceani*, § 93 Rn. 25 ff.; ausführlich zu den einzelnen Pflichten Heidel-*Landwehrmann*, § 93 AktG 10 ff., speziell zur Verletzung der Organisations- und Überwachungspflicht Rn. 75.

merksamkeit zukommen lässt. Nicht zu vergessen ist die deliktische Einstandspflicht des Arbeitgebers für Organisationspflichtverletzungen gem. §§ 823, 831 BGB, denn auch hier bestimmt das Compliance-Verständnis den Umfang der erforderlichen Maßnahmen.[149]

Wie weit die Rechtsprechung die Compliance-Verpflichtung mittlerweile interpretiert, zeigt eine Entscheidung des BGH aus dem Jahre 2009.[150] Der BGH entschied – freilich als obiter dictum – dass der Compliance Officer eines Straßenreinigungsunternehmens wegen seiner Sonderverantwortlichkeit als strafrechtlicher Garant für das rechtskonforme Verhalten der Mitarbeiter angesehen werden kann, wenn er seiner Compliance-Verpflichtung nicht ausreichend nachkommt.[151] Unter einem Compliance Officer versteht man einen Mitarbeiter, der von der Unternehmensleitung zur Wahrung von mit dem Stichwort „Compliance" verbundenen Aufgaben eingesetzt wird und dessen Pflichtenkreis vom konkreten Arbeitsvertrag abhängt.[152] Er nimmt folglich zumindest einen Teil der Compliance-Verpflichtung *für* das Unternehmen wahr.[153] Im vorliegenden Fall des BGH wurde ihm mangelhafte Überwachung der Mitarbeiter vorgeworfen. Kann dem Compliance Officer, der seine Pflichten per vertraglicher Delegation vom Unternehmen ableitet, nach dieser Rechtsprechung eine strafrechtliche Verantwortlichkeit als Mittäter durch Unterlassen gem. § 13 Abs. 1 StGB vorgeworfen werden, so ist der Schritt zu einer persönlichen Verantwortlichkeit der Unternehmensleitung nicht weit, welche schließlich die originäre Compliance-Verpflichtung trifft. Unabhängig davon, ob der Kritik im Schrifttum an der Entscheidung zuzustimmen ist[154], indiziert diese nicht nur die Existenz sondern auch das strenge Verständnis der Rechtsprechung von den unternehmerischen Verpflichtungen im Zusammenhang mit Compliance.

All diese Anknüpfungspunkte in Gesetz und Rechtsprechung verdeutlichen die Existenz einer Compliance-Verpflichtung einer jeden Unternehmensleitung und eines jeden Arbeitgebers auch im deutschen Recht. Der Inhalt dieser Verpflichtung steht damit allerdings noch nicht fest und bedarf in einem nächsten Schritt der Erörterung.

---

149 Vgl. etwa *Thüsing*, Rn. 19 unter Hinweis auf MüKoBGB-*Wagner*, § 831 Rn. 33 ff.

150 BGH 17.7.2009, NJW 2009, 3173 ff.

151 BGH 17.7.2009, NJW 2009, 3173 (3175).

152 *Dann/Mengel*, NJW 2010, 3265 (3267); zu Funktion und Aufgaben des Compliance Officers: *Moosmayer*, S. 38 ff.; *Wolf*, BB 2011, 1353 (1356 ff.).

153 Vgl. *Zimmermann*, BB 2011, 634 (635); *Dann/Mengel*, NJW 2010, 3265 (3267); *Wolf*, BB 2011, 1353 (1356).

154 Kritisch zur Entscheidung *Warneke*, NStZ 2010, 312 (313 ff.); *Rübenstahl*, NZG 2009, 1341 (1343 f.); den Konsequenzen gelassen gegenüberstehend *Dann/Mengel*, NJW 2010, 3265 (3269) und *Wolf*, BB 2011, 1353 (1360); ebenso *Moosmayer*, S. 40.

2. Umfang der Compliance-Verpflichtung im Allgemeinen

Entsprechend der einleitend dargestellten Definition erfasst Compliance die Summe der Maßnahmen zur Sicherstellung des rechtskonformen Verhaltens aller Unternehmensteile. Insbesondere umfasst dies die Sicherstellung, dass sämtliche Unternehmensteile keine Straftatbestände verwirklichen, deren Befolgung Grundvoraussetzung legalen Verhaltens ist.[155] Das Unternehmen handelt dabei zum Teil aus eigenem Antrieb, denn neben den aus Rechtsverstößen direkt erwachsenden Schäden drohen auch mittelbare Reputationsverluste[156], zum Teil auch gesetzlich motiviert zur Verhinderung der sich aus verschiedensten Stellen der Rechtsordnung ergebenden negativen Konsequenzen für den Fall vorwerfbaren Unterlassens.[157] Ein abweichender Definitionsansatz versteht Compliance gar als „Versuch der Unternehmen und Unternehmensleitungen, den als zunehmend empfundenen Haftungsrisiken [...] eine vorbeugende Unternehmensorganisation entgegenzuhalten, welche die Risiken soweit als möglich minimiert".[158] Dies umschreibt komprimiert denjenigen Teilbereich der Compliance-Maßnahmen, der sich nicht allein als pure Grundrechtsausübung des Unternehmers darstellt, sondern der sich für die Unternehmensführung verpflichtend aus den einfachgesetzlichen Vorschriften ergibt.

Die Pflicht zur Verhinderung von Rechtsverstößen lässt sich schematisch in zwei Bereiche aufteilen.[159] In einem ersten Schritt muss das Unternehmen die geeigneten Voraussetzungen dafür schaffen, dass sämtliche Untergliederungen sich überhaupt rechtskonform verhalten *können*.[160] Dazu müssen alle für das Unternehmen Handelnden die maßgeblichen Vorschriften sowohl kennen, was etwa durch Schulungen und Informationsschreiben sichergestellt werden kann[161], als auch die Möglichkeiten zu rechtskonformem Handeln haben, was eine entsprechende Arbeitsorganisation erfordert.[162] Man spricht in diesem Zusammen-

155 Mit den Worten von *Jescheck/Weigend*, S. 2:„Das Strafrecht sichert in letzter Linie die Unverbrüchlichkeit der Rechtsordnung durch staatlichen Zwang".

156 *Passarge*, NZI 2009, 86 (86); *Heinson*, BB 2010, 3084 (3084); *v.Hehn/Hartung*, DB 2006, 1909 (1911); *Wybitul*, BB 2009, 1582 (1582); ausführlich *Strothmeyer*, S. 42 ff.

157 Auf Haftungsrisiken stellen ab *Salvenmoser/Hauschka*, NJW 2010, 331 (332) und *Mengel/Hagemeister*, BB 2006, 2466 (2466); *Schneider*, S. 57 f.; *Behling*, BB 2010, 892 (892) weist auf die Verhinderung von strafrechtlicher Mitverantwortlichkeit hin.

158 *Hauschka*, NJW 2004, 257 (257); *v.Hehn/Hartung*, DB 2006, 1909 (1910); *Kort*, NZG 2008, 81 (81); *Lelley*, S. 9.

159 Vgl. *Kort*, NZG 2008, 81 (81 f.); *Schmidt*, BB 2009, 1295 (1296); *Mengel/Hagemeister*, BB 2006, 2466 (2466); *Heldmann*, DB 2010, 1235 (1235); *Thüsing*, S. 8 sieht in der Pflicht zur sorgfältigen Unternehmensführung i.e.S. einen dritten Bereich.

160 Vgl. *Passarge*, NZI 2009, 86 (87); *Mengel*, S. 11.

161 Vgl. *Schneider*, S. 47; deren Wichtigkeit betont *Moosmayer*, S. 53 ff.

162 *Mengel/Hagemeister*, BB 2006, 2466 (2466); *Campos Nave/Bonenberger*, BB 2008, 734 (734).

hang von der sogenannten Legalitätspflicht des Unternehmens.[163] Zu diesem Zweck stehen dem Arbeitgeber mannigfaltige Handlungsoptionen offen, beispielhaft etwa die vieldiskutierte Implementierung eines Verhaltenskodex[164] oder die Einrichtung eines Whistleblowing-Systems[165]. Diese Ebene der Compliance-Verpflichtung spielt für das Thema dieser Arbeit nur eine untergeordnete Rolle.

Mit der Schaffung der Voraussetzungen für rechtskonformes Verhalten entzieht sich die Unternehmensleitung aber noch nicht der Verantwortung, was schon das bereits angesprochene Urteil des BGH verdeutlicht.[166] In einem zweiten Schritt muss die Geschäftsleitung sicherstellen, dass die gesetzlichen Vorschriften beziehungsweise die im Rahmen des ersten Schrittes vorgeschriebenen Handlungsweisen auch *tatsächlich befolgt* werden. Man spricht insoweit von der Überwachungspflicht des Unternehmens.[167]

3. Mitarbeiterüberwachung zur Aufdeckung und Prävention von Straf taten als Teil der Compliance-Verpflichtung

Als Grundvoraussetzung einer effektiven Compliance-Organisation müssen dem Arbeitgeber geeignete Reaktionsmöglichkeiten im Falle einer Feststellung von Rechtsverstößen zur Verfügung stehen.[168] Schließlich sind drohende Konsequenzen für den Fall einer Aufdeckung das maßgebliche Instrument zur Förderung der von der Compliance intendierten Bereitschaft zum legalen Verhalten jedes einzelnen Unternehmensteils.[169] Andernfalls würden sämtliche Compliance-Bemühungen zum „zahnlosen Tiger" herabgestuft.[170] Die Überwachungspflicht setzt noch früher an und fordert vom Arbeitgeber ein Ergreifen geeigneter Maßnahmen, um Rechtsverstöße überhaupt erst erkennen zu können. Hierzu dienen in erster Linie die in dieser Arbeit behandelten Kontrollen von Mitarbei-

163 *Thüsing*, S. 11 f.; *Schmidt*, BB 2009, 1295 (1296).

164 *Schneider*, S. 42 sieht in Verhaltensrichtlinien ein dafür prädestiniertes Mittel; zur Eignung eines Verhaltenskodex aus Compliance-Gesichtspunkten *Fahrig*, S. 147 ff.

165 Hierzu bereits ausführlich *Bürkle*, DB 2004, 2158 (2158 ff.); zum praktischen Nutzen einer Whistleblower-Klausel in einer Ethik-Richtlinie *Schulz*, S. 182 ff.

166 BGH 17.7.2009, NJW 2009, 3173.

167 *Thüsing*, S. 12 ff.; *Lelley*, S. 13; *Behling*, BB 2010, 892 (892); *Schmidt*, BB 2009, 1295 (1296); *Hauschka*, AnwBl. 2010, 629 (629).

168 Für den Fall einer Straftatverwirklichung durch Beschäftigte kommen Schadensersatzforderungen und je nach Schwere des Vergehens Abmahnung oder Kündigung in Betracht.

169 Vgl. *Moosmayer*, S. 96.

170 *Kolbe*, NZA 2009, 228 (231) steht aus diesem Grunde einem Urteil des ArbG München vom 2.10.2008, NZA-RR 2009, 134 kritisch gegenüber, welches die Kündigung eines Korruptionstäters wegen widersprüchlichen Verhaltens des Arbeitgebers als unwirksam erachtete.

tern, welche als Teile des Unternehmens auch Teile der von Seiten des Arbeitgebers zu überwachenden Gesamteinheit sind.[171] Insbesondere die Überwachung der Telekommunikation der Mitarbeiter ist dazu geeignet, Indizien oder sogar Beweise für begangene Rechtsverstöße zu liefern.[172]

Von der Compliance-Pflicht geforderte Überwachungsmaßnahmen dürfen sich jedoch nicht auf eine rein repressive Dimension beschränken, denn Ziel einer Compliance-Organisation kann es nicht sein, mögliche Rechtsverstöße ohne Abwendungsmöglichkeit hinnehmen zu müssen.[173] Dem Ziel der umfassenden Rechtsbefolgung des Unternehmens wird eine vorbeugende Sicherstellung gerechter als eine bloße Ahndung von Ausreißern. Ohne ein Ergreifen von Präventivmaßnahmen kann sich ein Compliance-Verpflichteter nicht aus seiner straf- oder ordnungsrechtlichen Mitverantwortlichkeit im Falle eines Rechtsverstoßes durch Mitarbeiter befreien.[174] Der Verschuldensvorwurf diverser einfachgesetzlicher Anknüpfungspunkte für eine Haftung bei Compliance-Verstößen bezieht sich auf ein Verhalten im Vorfeld von Verfehlungen. Beispielsweise verlangt § 91 Abs. 2 AktG etwa die „Verhinderung" bestandsgefährdender Entwicklungen.[175] § 130 Abs. 1 OWiG deklariert daneben ein Nichtergreifen von Aufsichtsmaßnahmen als ordnungswidrig, durch welche eine Straftat „verhindert oder wesentlich erschwert worden wäre".[176] Die Compliance-Pflicht fordert also von den Unternehmen als Arbeitgeber, Maßnahmen nicht nur zur Aufdeckung sondern auch zur Prävention von Rechtsverstößen zu ergreifen.[177] Das bedeutet wiederum, dass die geltende Rechtsordnung zur Aufrechterhaltung des weitgrei-

---

171 Vgl. *Lelley*, S. 13; *Mengel/Hagemeister*, BB 2006, 2466 (2466); die Mitarbeiter bereits über die Begriffsdefinition erfassend *Thüsing*, Rn. 9; *Passarge*, NZI 2009, 86 (86); *Schneider*, ZIP 2003, 645 (645).

172 *Spanke*, beleuchtet den allgemeinen Nutzen einer Kontrolle der Kommunikationsmedien Internet (S. 27 ff.), E-Mail (S. 34 ff.) und VoIP (Internettelefonie, S. 44 ff.); vgl. darüber hinaus zu verschiedenen Medien *Kümpers*, S. 110 f.; *Behling*, BB 2010, 892 (892 f.); *Schmidt*, BB 2009, 1295 (1296); *Dann/Gastell*, NJW 2008, 2945 (2945); *Heldmann*, DB 2010, 1235 (1235 und 1238 f.); *Wybitul*, ZD 2011, 69 (69).

173 Die Notwendigkeit präventiver Maßnahmen formuliert plakativ *Salvenmoser/Hauschka*, NJW 2010, 331 (334); vgl. *Lelley*, S. 10; auch *Schneider*, S. 45 f. weist auf den Wert eines präventiven Ansatzes hin.

174 Vgl. das bereits angesprochene Urteil BGH 17.7.2009, NJW 2009, 3173 (3175); *Salvenmoser/Hauschka*, NJW 2010, 331 (332); *Moosmayer*, S. 33 f. erhebt die Prävention zur Grundfunktion der Compliance neben der Aufdeckung von Fehlverhalten und der Reaktion hierauf.

175 Dazu Schmidt/Lutter-*Krieger/Sailer-Coceani*, § 91 Rn. 6 ff.; Heidel-*Oltmanns*, § 91 AktG 7.

176 Vgl. KK OWiG-*Rogall*, § 130 Rn. 37 ff.; Göhler-*Gürtler*, § 130 Rn. 10 ff.

177 Vgl. ausdrücklich *Thüsing*, Rn. 9; *Moosmayer*, S. 31 ff.; die Kommentarliteratur zum OWiG, stellvertretend KK OWiG-*Rogall*, § 130 Rn. 64 f. und Göhler-*Gürtler*, § 130 Rn. 13, drücken dies in Form einer gesteigerten Aufklärungspflicht im Falle einer Aufdeckung von Missständen bzw. Unregelmäßigkeiten aus.

fenden Verständnisses von der Compliance-Verpflichtung solche Maßnahmen zumindest ermöglichen muss.[178]

Außerhalb der Anwendungsbereiche der auf einzelne Branchen begrenzten Spezialnormen wie § 25a KWG oder § 64a VAG finden sich allerdings keine Angaben darüber, welche konkreten Maßnahmen ein Unternehmen zu ergreifen hat. Das Gesetz arbeitet mit Begriffen wie „geeignet" (§ 91 Abs. 2 AktG) oder „erforderlich" (§ 130 OWiG) und legt den Schwerpunkt auf Zumutbarkeitserwägungen, sofern einer Mitarbeiterkontrolle nicht durch spezialgesetzliche Vorschriften für das jeweilige Medium explizit Grenzen gesetzt werden.[179] Ein solches Vorgehen trägt den Anforderungen des Einzelfalls und der notwendigen Einbeziehung der grundrechtlich geschützten Interessen der überwachten Mitarbeiter Rechnung. Konkrete Vorgaben sind der gesetzlichen Compliance-Verpflichtung aber nicht zu entnehmen, Rechtssicherheit besteht diesbezüglich kaum.[180] Die Wahl der zu ergreifenden Mittel obliegt folglich grundsätzlich dem Arbeitgeber und hängt von den speziellen Gegebenheiten des Einzelfalls ab.[181] Eine Rolle spielen beispielsweise die Betriebsgröße, die Wahrscheinlichkeit einer Rechtsverletzung, der Verdachtsgrad gegen die Zielgruppe oder die Intensität des drohenden Schadens für das Unternehmen oder Dritte.[182]

4. Zwischenergebnis

Festzuhalten ist, dass jeden Arbeitgeber eine einfachgesetzlich herleitbare Compliance-Pflicht trifft, diese mithin Teil eines jeden privatrechtlichen Beschäftigungsverhältnisses ist. Sie verlangt von jedem Verpflichteten die Ermöglichung und Sicherstellung des rechtskonformen Verhaltens des gesamten Unternehmens und aller Unternehmensteile, also auch der Beschäftigten.[183] Dies erfordert unter anderem ein Ergreifen zumutbarer und notwendiger Maßnahmen zur Überwachung der Mitarbeiter, insbesondere zum Zwecke der Prävention und Aufde-

---

178 Vgl. *Thüsing*, Rn. 11; vgl. auch *Kort*, DB 2011, 651 (651, 655); den Gesetzgeber anlässlich der Novellierung des BDSG 2009 vor diesem Hintergrund lobend *Heldmann*, DB 2010, 1235 (1239).

179 Dies betont in einer der wenigen Gerichtsentscheidungen, die sich überhaupt mit erforderlichen Aufsichtsmaßnahmen im Sinne des § 130 OWiG befassen, BGH 11.3.1986, wistra 1986, 222 (224).

180 Vgl. *Kort*, DB 2011, 651 (655); *Heldmann*, DB 2010, 1235 (1239); *Barton*, RDV 2009, 200 (202); *Wybitul*, BB 2009, 1582 (1582); *Vogel/Glas*, 1747 (1754).

181 Vgl. *Lelley*, S. 10; *Thüsing*, Rn. 41.

182 Vgl. *Schneider*, S. 39, demzufolge Compliance niemals ein starres Gebilde sein kann.

183 Vgl. *Thüsing*, Rn. 8; *Wuttke*, S. 43; *Schmidt*, BB 2009, 1295 (1295 ff.); *Heldmann*, DB 2010, 1235 (1235); *Hauschka*, NJW 2004, 257 (259); *Passarge*, NZI 2009, 86 (86 f.); *Wybitul*, BB 2009, 1582 (1582); *Salvenmoser/Hauschka*, NJW 2010, 331 (331).

ckung von Straftaten.[184] Die Wahl der konkreten Mittel und die Konzeption der Kontrollmaßnahmen obliegt dabei mangels gesetzlicher Vorgaben im Rahmen der anzustellenden Erforderlichkeits- oder Zumutbarkeitserwägungen dem Arbeitgeber selbst. Im Falle eines Verstoßes gegen die Anforderungen der Compliance drohen ihm massive Bußgelder. Die Rechtsordnung tritt der Kontrolle von Beschäftigten mithin nicht ausschließlich beschränkend gegenüber: Zur Erfüllung der Compliance-Pflicht des Arbeitgebers sind Überwachungsmaßnahmen unerlässlich.

Welche Ausmaße eine Bußgeldzahlung annehmen kann, verdeutlicht das Verfahren gegen die Siemens-AG, welche zur Zahlung der bisherigen Rekordsumme von 395 Mio. € verurteilt wurde. § 130 Abs. 3 S. 1 OWiG setzt zwar ein maximales Bußgeld in Höhe von 1 Mio. € fest.[185] Zum Zwecke der Abschöpfung rechtswidrig erlangter Vorteile, die insbesondere in Korruptionsfällen regelmäßig erzielt werden, kann diese Höchstgrenze aber gem. §§ 30 Abs. 3 iVm. 17 Abs. 4 OWiG überschritten werden.[186]

Um es mit den Worten von *Stober* auszudrücken: „Compliance ist komplex und kompliziert, kontrovers und konfliktreich."[187] Eine konkrete Aufstellung der erforderlichen Maßnahmen kann an dieser Stelle nicht geleistet werden und würde den Rahmen dieser Arbeit sprengen. Wesentlich für die weiterführende Argumentation ist jedoch die Erkenntnis, dass ein Arbeitgeber, der auf jegliche Form der Mitarbeiterüberwachung verzichtet, seiner Compliance-Verpflichtung jedenfalls nicht gerecht wird. Orientiert er sich bei der Konzeption seiner Kontrollmaßnahmen an den einfachgesetzlichen Zulässigkeitsgrenzen, so kann ihm ein Verstoß gegen seine Compliance-Verpflichtung nicht angelastet werden. Schließlich kann aus Compliance-Gesichtspunkten nicht erforderlich sein, was durch datenschutzrechtliche Vorschriften verboten ist.[188] Gleichzeitig muss der Gesetzgeber einfachgesetzlich die Möglichkeiten dafür schaffen, dass ein redlich handelnder Arbeitgeber seiner Compliance-Verpflichtung auch nachkommen kann.[189]

---

184 *Moosmayer*, S. 33 f. sieht in Prävention, Aufdeckung von Fehlverhalten und Reaktion hierauf die drei Grundfunktion der Compliance; vgl. *Thüsing*, Rn. 9.

185 Dazu KK OWiG-*Rogall*, § 130 Rn. 105 ff. und Göhler-*Gürtler*, § 130 Rn. 28 f.; vgl. *Thüsing*, Rn. 28, 17 und 37; *Moosmayer*, S. 13.

186 So geschehen im Fall Siemens. Vgl. hierzu den Bußgeldbescheid der Staatsanwaltschaft München vom 15.12.2008, abrufbar unter www.siemens.com/sec-einigung (Letzter Abruf am 01.07.2012); dazu auch *Moosmayer*, S. 12 f.

187 *Stober*, DVBl. 2012, 391 (391).

188 Vgl. ausdrücklich *Thüsing*, Rn. 51.

189 Einen Appell an den Gesetzgeber formuliert ebenfalls *Thüsing*, Rn. 11; vgl. auch *Kort*, DB 2011, 651 (651, 655).

IV. Strafrechtliche und strafprozessuale Einflüsse

Neben den bereits dargestellten einfachgesetzlichen Regelungen existiert ein umfangreicher strafrechtlicher und strafprozessualer Normenkomplex mit verschiedensten Berührungspunkten zum Themenbereich der Mitarbeiterüberwachung. Dieser verleiht auf der einen Seite dem Spannungsverhältnis zwischen den datenschutzrechtlichen Grenzen und den Anforderungen der Compliance-Pflicht zusätzliche Brisanz, indem bestimmte Kontrollmaßnahmen ausdrücklich unter Strafe gestellt werden.[190] Auf der anderen Seite bieten die Vorschriften des StGB und der StPO auch spezielle Rechtfertigungsnormen, aus denen sich – ihre Anwendbarkeit vorausgesetzt – möglicherweise die Zulässigkeit einzelner Kontrollmaßnahmen unabhängig von den Regelungen des BDSG, TKG und TMG ergeben kann.[191]

Im Rahmen des folgenden Unterkapitels wird eruiert, inwiefern sich aus strafrechtlichen oder strafprozessualen Regelungen Anhaltspunkte für die Auslotung der Rechtswidrigkeitsgrenzen arbeitgeberseitiger Kontrollen ableiten lassen.

1. Straftatbestände der §§ 201 ff. StGB als Schranken für Mitarbeiter kontrollen?

Das Strafgesetzbuch kennt in Form der §§ 201 ff. StGB einen Abschnitt zur Unterbindung krimineller Energien und zur Abschreckung im Zusammenhang mit der Verletzung des allgemeinen Persönlichkeitsrechtes und seiner speziellen Ausprägungen durch rechtswidrige Überwachungsmaßnahmen. Sollte der Arbeitgeber einen dieser Tatbestände erfüllen, so drohen ihm neben Geldbußen auch Freiheitsstrafen von bis zu fünf Jahren.[192] Naheliegend erscheint folglich, dass die §§ 201 ff. StGB Aufschluss über die Zulässigkeit von Mitarbeiterüberwachungen geben.[193]

---

190 Vgl. *Thüsing*, Rn. 524; ausführlich zu strafrechtlichen Risiken bei datenschutzrechtlichen Verstößen Besgen/Prinz-*Busse*, § 10 Rn. 148 ff.

191 Nach *Weißgerber*, NZA 2003, 1005 (1007) beurteilt sich beispielsweise die Zulässigkeit arbeitgeberseitiger Einsichtnahme in kennwortgeschützte Privatdaten des Arbeitnehmers auf der betrieblichen Festplatte allein nach den Vorschriften des StGB.

192 Neben dem Qualifikationstatbestand des § 201 Abs. 3 StGB für Amtsträger, den der private Arbeitgeber nicht verwirklichen kann, droht § 206 Abs. 1 und Abs. 2 StGB dieses Strafmaß an; zur Verwirklichung des Straftatbestandes durch den Arbeitgeber *Kempermann*, ZD 2012, 12 (12 ff.).

193 Diesen Ansatz verfolgen etwa *Dann/Gastell*, NJW 2008, 2945 (2945 ff.), *Kempermann*, ZD 2012, 12 (12 ff.) oder *Weißgerber*, NZA 2003, 1005 (1007 ff.).

Nicht vergessen werden darf allerdings die Aufgabe des Strafrechts innerhalb eines grundrechtlichen Interessenkonfliktes wie dem einer jeden Mitarbeiterkontrolle. Sofern beide Parteien ein grundrechtlich geschütztes Interesse vorbringen können, kann die exakte Grenzziehung zwischen Rechtmäßigkeit und Rechtswidrigkeit nicht Zweck strafrechtlicher Regelungen sein. Vielmehr benennen sie nicht mehr vertretbare Extrempositionen und stellen diese unter Strafe.[194] Vor diesem Hintergrund kann vom Strafrecht allein keine umfassende Formel erwartet werden, nach der jede Überwachungsmaßnahme als rechtmäßig oder rechtswidrig eingeordnet werden kann. Allerdings können aus den Strafbarkeitsschwellen möglicherweise Leitlinien für auf anderer Ebene durchzuführende Verhältnismäßigkeitsabwägungen entwickelt werden.[195]

§ 201 StGB betrifft den Bereich der Telefonüberwachung. Schutzzweck der Vorschrift ist die Flüchtigkeit des nicht öffentlich gesprochenen Wortes, also maßgeblich die Verhinderung ungewollter Perpetuierung gem. § 201 Abs. 1 StGB und des Einsatzes von Abhörgeräten gem. § 201 Abs. 2 StGB.[196] Ein bloßes Belauschen oder Zuhören ohne Speicherung oder den Einsatz von Abhörgeräten wird vom Tatbestand hingegen nicht umfasst. Abhörgeräte im Sinne der Vorschrift sind technische Einrichtungen, die das Wort über den natürlichen Wahrnehmungsbereich hinaus für den Täter hörbar machen.[197] Nach Ansicht des BGH sind dies allerdings nicht Mithöreinrichtungen wie Lautsprecher oder Zweithörer, sofern sie bestimmungsgemäß in Telefonanlagen eingebaut sind.[198] Eine Strafbarkeit kommt auch bei ausschließlich dienstlicher Nutzung von Telefonanlagen in Betracht.[199]

Gem. § 201a StGB kann sich der Arbeitgeber lediglich im Falle einer unbefugten visuellen Überwachung der Arbeitnehmer strafbar machen.[200] Diese ist jedoch nicht Kerngegenstand dieser Arbeit.

Sämtliche privaten Daten, insbesondere auch private E-Mails, die auf einem Arbeitsplatzcomputer gespeichert sind, unterfallen unabhängig von möglichen Nutzungsregelungen für die technischen Einrichtungen im Betrieb potentiell der

---

194 „Die Strafnorm stellt gewissermaßen die ultima ratio im Instrumentarium des Gesetzgebers dar“, BVerfG 25.02.1975, BVerfGE 39, 1 (47); vgl. LK-*Schünemann*, vor § 201 Rn. 6.

195 So etwa bei einer Rechtfertigung über § 32 Abs. 1 BDSG, dazu 152 ff.; die Verquickung von strafrechtlichen und arbeitsrechtlichen Gesichtspunkten bei der Mitarbeiterkontrolle verdeutlichen *Dann/Gastell*, NJW 2008, 2945 (2945).

196 Vgl. zum Schutzzweck der Norm Schönke/Schröder-*Lenckner/Eisele*, § 201 Rn. 2; *Oberwetter*, NZA 2008, 609 (611); *Dann/Gastell*, NJW 2008, 2945 (2947).

197 *Meyer/Goßner*, § 201 Rn. 7; vgl. Schönke/Schröder-*Lenckner/Eisele*, § 201 Rn. 19; *Fischer*, § 201 Rn. 7.

198 So BGH 08.10.1993, BGHSt 39, 335 (343).

199 BVerfG 9.10.2002, BVerfGE 106, 28 (35 f.), 14.07.1999, BVerfGE 100, 313 (358); vgl. *Oberwetter*, NZA 2008, 609 (611); *Dann/Gastell*, NJW 2008, 2945 (2947).

200 Zur Straftatverwirklichung speziell durch den Arbeitgeber *Dann/Gastell*, NJW 2008, 2945 (2948) und *Oberwetter*, NZA 2008, 609 (610).

Legaldefinition des § 202a Abs. 2 StGB.[201] Sofern diese Daten gegen jegliche Einsichtnahme besonders gesichert sind, reicht bereits die reine Kenntnisnahme des Arbeitgebers unter Überwindung dieser Zugangssicherung aus, um den Straftatbestand zu verwirklichen.[202] Eine besondere Sicherung im Sinne der Vorschrift kann insbesondere über einen Passwortschutz hergestellt werden.[203] Nicht ausreichend ist jedoch der übliche Passwortschutz im Rahmen der Anmeldung an einem Arbeitsplatzrechner, da hierdurch kein Geheimnisschutz gegenüber dem Arbeitgeber, sondern nur gegenüber Dritten bewirkt werden soll.[204]

Schließlich legt bereits der Titel des § 206 StGB dessen Relevanz für Mitarbeiterkontrollen im Bereich der Kommunikation mittels Telefon oder E-Mail nahe. Geschützt werden grundsätzlich sämtliche Daten, die dem Fernmeldegeheimnis unterfallen.[205] Allerdings können den Tatbestand nur Arbeitgeber solcher Unternehmen verwirklichen, welche geschäftsmäßig Post- oder Telekommunikationsdienste erbringen.[206] Ob und unter welchen Voraussetzungen dies in einem Arbeitsverhältnis der Fall sein kann, wird im Zusammenhang mit den telekommunikationsrechtlichen Sondervorschriften noch ausführlich zu erörtern sein.[207] Außerdem reicht für eine Strafbarkeit im Sinne des § 206 Abs. 1 StGB im Gegensatz zu den bisher erörterten Vorschriften nicht allein die Kenntnisnahme des Arbeitgebers aus; dieser muss außerdem einem Dritten Mitteilung von den gewonnenen Kenntnissen gemacht haben.[208] Weitgehend anerkannt ist, dass unter die Tatvarianten des § 206 Abs. 2 StGB lediglich körperliche Schrift-

201 Besgen/Prinz-*Busse*, § 10 Rn. 150; *Oberwetter*, NZA 2008, 609 (611); *Schuster*, ZIS 2010, 68 (69); für einen weiten Datenbegriff *Weißgerber*, NZA 2003, 1005 (1007 f.); zum Datenbegriff LK-*Hilgendorf*, § 202a Rn. 7 ff.

202 *Schuster*, ZIS 2010, 68 (70); *Dann/Gastell*, NJW 2008, 2945 (2947); vgl. *Fischer*, § 202a Rn. 10a.

203 *Weißgerber*, NZA 2003, 1005 (1008); Besgen/Prinz-*Busse*, § 10 Rn. 151 stellt hohe Anforderungen an einen solchen Passwortschutz.

204 Ausführlich zu diesem Problem unter Hinweis auf die Möglichkeit des Arbeitgebers, kraft seines Direktionsrechts ein allgemeines Systempasswort jederzeit herauszuverlangen: *Schuster*, ZIS 2010, 68 (70); *Zimmermann*, BB 2011, 634 (635); a.A. *Weißgerber*, NZA 2003, 1005 (1008).

205 Schönke/Schröder-*Lenckner/Eisele*, § 206 Rn. 6 f.; Besgen/Prinz-*Busse*, § 10 Rn. 152; *Schuster*, ZIS 2010, 68 (72); *Dann/Gastell*, NJW 2008, 2945 (2945).

206 *Schuster*, ZIS 2010, 68 (70); *Dann/Gastell*, NJW 2008, 2945 (2946).

207 Dies hängt maßgeblich davon ab, ob der Arbeitgeber die Privatnutzung der technischen Einrichtungen im Betrieb erlaubt hat, vgl. S. 76 ff.; kritisch zur Frage, ob der Arbeitgeber Dienstanbieter im Sinne des § 206 StGB sein kann *Wybitul*, ZD 2011, 69 (70 f.); die Verwirklichung des Straftatbestandes hängt zudem von der Reichweite des Fernmeldegeheimnisses ab, dazu *Kempermann*, ZD 2012, 12 (13 f.).

208 Zur Tathandlung der Mitteilung Schönke/Schröder-*Lenckner/Eisele*, § 206 Rn. 10; ausführlich zu möglichen Adressaten einer Weitergabe *Schuster*, ZIS 2010, 68 (71 f.).

stücke wie Postsendungen fallen, die in dieser Arbeit allerdings nicht behandelt werden.[209]

Neben den bereits dargestellten Tatbestandsvoraussetzungen unterliegen sämtliche Straftatbestände des 15. Abschnittes des StGB dem Vorbehalt, dass der Täter unbefugt gehandelt haben muss. Das ist immer dann der Fall, wenn keine Einwilligung aller von der Überwachungsmaßnahme Betroffenen vorliegt und kein einfachgesetzlicher Rechtfertigungsgrund greift.[210] Sofern der Arbeitgeber nicht den beschwerlichen Weg über die Einholung von Einwilligungen geht, welche in einem gesonderten Kapitel untersucht wird[211], hängt die Strafbarkeit des Arbeitgebers somit von der einfachgesetzlichen Ausgestaltung seiner Befugnisse ab. Sollten ihm etwa die Regelungen des BDSG eine bestimmte Vorgehensweise erlauben, so kommt eine Tatbestandsverwirklichung nicht in Betracht. Die Strafbarkeitsschwelle orientiert sich folglich eng an der zivilrechtlichen Zulässigkeitsschwelle, einen darüber hinausgehenden Erkenntnisgewinn hinsichtlich der Zulässigkeit arbeitgeberseitiger Kontrollmaßnahmen enthalten die Vorschriften der §§ 201 ff. StGB nicht.[212]

Die dargestellte Situation sollte bei redlichen Unternehmen allerdings nicht die Angst vor möglicher Straffälligkeit ausufern lassen. Einem besonnen handelnden Arbeitgeber drohen bei ungewollten Fehlern keine strafrechtlichen Konsequenzen, denn alle Normen des 15. Abschnittes des StGB verlangen vorsätzliches Handeln. In Überwachungsfällen häufig vorliegendes Handeln im falsch verstandenen Unternehmensinteresse deutet in der Regel bereits auf mangelnden Vorsatz hin.[213]

2. Sonstige Straft- und Ordnungswidrigkeitstatbestände

Auch außerhalb des 15. Abschnitts des Strafgesetzbuches finden sich Regelungen, die bestimmte Verhaltensweisen des Arbeitgebers im Zusammenhang mit Beschäftigtenkontrollen Repressalien unterwerfen.

Bereits zur Begründung einer Compliance-Verpflichtung des Arbeitgebers wurde § 130 OWiG untersucht, welcher das Unterlassen von zur Sicherstellung

209 LK-*Altvater*, § 206 Rn. 35 m.w.N.; Schönke/Schröder-*Lenckner/Eisele*, § 206 Rn. 17; *Löwisch*, DB 2009, 2782 (2783); kritisch *Fischer*, § 206 Rn. 13. Auch § 202 StGB erfasst nur körperliche Nachrichten, vgl. Besgen/Prinz-*Busse*, § 10 Rn. 149; hierbei auch *Fischer*, § 202 Rn. 3 ohne Bedenken.

210 Dies erkennen *Dann/Gastell*, NJW 2008, 2945 (2946).

211 Siehe S. 234 ff.; mit Blick auf § 206 StGB empfehlen den Weg über Einwilligungen etwa *Kempermann*, ZD 2012, 12 (15) und *Wybitul*, ZD 2011, 69 (73).

212 LK-*Schünemann*, vor § 201 Rn. 5 f., verweist auf die Funktion des StGB, allein Extremfälle mit Strafe zu bedrohen. Dem StGB gelingt es, den Straftatbeständen des 15. Abschnitts scharfe Konturen zu verleihen, ohne die geschützten Rechtsgüter im Detail auszugestalten.

213 Vgl. *Dann/Gastell*, NJW 2008, 2945 (2948 f.).

des legalen Verhaltens aller Unternehmensteile notwendigen Kontrollmaßnahmen als Ordnungswidrigkeit deklariert.[214] Die Belegschaft ist ein Teil des Unternehmens im Sinne der Vorschrift. Darüber hinaus statuieren sämtliche Straftatbestände des StGB mit Strafe bedrohte Pflichten. Dementsprechend erfüllen unterlassene Mitarbeiterkontrollen zur Prävention von Straftaten potentiell den Tatbestand des § 130 OWiG.[215] Dies spricht zwar, wie bereits erläutert, *für* die Notwendigkeit von Kontrollmaßnahmen *allgemein*, hinsichtlich der konkreten Rechtswidrigkeitsgrenze lassen sich jedoch keine positiven Erkenntnisse gewinnen.

Auch im BDSG und in den telekommunikationsrechtlichen Spezialgesetzen finden sich Straf- und Bußgeldvorschriften. So stellt § 43 Abs. 2 Nr. 1 bis 4 BDSG den unbefugten Umgang mit nicht öffentlich zugänglichen personenbezogenen Daten als ordnungswidrig heraus.[216] Die in § 43 Abs. 3 S. 1 BDSG festgelegte Bußgeldhöhe von 300.000 € kann zur Abschöpfung wirtschaftlicher Vorteile gem. S. 3 überschritten werden.[217] Sollten Zuwiderhandlungen gegen die Tatvarianten des § 43 Abs. 2 BDSG vorsätzlich gegen Entgelt oder mit Bereicherungsabsicht erfolgen, so droht gem. § 44 Abs. 1 BDSG sogar eine Freiheitsstrafe von bis zu zwei Jahren.[218] Eine ähnliche Konstruktion findet sich in §§ 148, 149 TKG, sofern das Gesetz auf das Arbeitsverhältnis Anwendung findet, was noch umfassend erörtert wird.[219] Gleiches gilt für das TMG, welches in Form des § 16 TMG immerhin eine Ordnungswidrigkeitsvorschrift enthält.[220] Allen Vorschriften ist gemein, dass sie explizit allein die Rechtsfolgenseite reglementieren. Die Tatbestandsverwirklichung ist jeweils – durch ausdrückliche Bezugnahmen oder die Voraussetzung unbefugten Handelns – abhängig von den Befugnisnormen des jeweiligen Gesetzes. Sie unterstreichen lediglich die Bedeutung dieser Vorschriften, enthalten jedoch selbst keine Aspekte zur Absteckung der Rechtswidrigkeitsgrenze.

Das bereits erwähnte Urteil des BGH zur strafrechtlichen Verantwortlichkeit eines Compliance Officers[221] bringt ebenfalls keinen Erkenntnisgewinn in dieser

214 Vgl. Göhler-*Gürtler*, § 130 Rn. 10 ff.; KK OWiG-*Rogall*, § 130 Rn. 36 ff.

215 Vgl. beispielsweise *Thüsing*, Rn. 17; *Moosmayer*, S. 16 ff.; *Schmidt*, BB 2009, 1295 (1296); *Barton*, RDV 2009, 200 (201); *Behling*, BB 2010, 892 (892).

216 Dazu Simitis-*Ehmann*, § 43 Rn. 53 ff.; Taeger/Gabel-*Mackenthun*, § 43 BDSG Rn. 50 ff.; *Gola/Schomerus*, § 43 Rn. 19 ff.

217 Zur Systematik des § 43 Abs. 3 BDSG plakativ DKWW-*Klebe*, § 43 Rn. 23 f.

218 Dazu Simitis-*Ehmann*, § 44 Rn. 1 ff. m.w.N.; die Tat wird gem. § 44 Abs. 2 BDSG nur auf Antrag der Betroffenen verfolgt.

219 Zu Anwendbarkeit der telekommunikationsrechtlichen Spezialgesetze im Arbeitsverhältnis siehe S. 54 ff.; zur Systematik der §§ 148 und 149 TKG Arndt/Fetzer/Scherer-*Fetzer*, § 149 Rn. 1 ff. und Scheurle/Mayen-*Dierlamm*, § 148 Rn. 1 ff.

220 Zur Systematik des § 16 TMG Taeger/Gabel-*Moos*, § 16 TMG Rn. 1 ff. m.w.N.

221 BGH 17.7.2009, NJW 2009, 3173 ff.; kritisch zur Entscheidung *Warneke*, NStZ 2010, 312 (313 ff.); *Rübenstahl*, NZG 2009, 1341 (1343 f.).

Hinsicht. Allein die potentielle Erstreckung der Verantwortlichkeit für von Mitarbeitern begangene Straftaten über eine Garantenpflicht im Sinne des § 13 Abs. 1 StGB auf die kontrollierende Stelle[222] hat keine Aussagekraft bezüglich der Rechtmäßigkeit einer Überwachungsmaßnahme im Einzelfall. Darüber hinaus ist die Bedeutung des Urteils für den redlichen Compliance Officer gering.[223] Dieser kann sich mangels Vorsatzes nur wegen Fahrlässigkeitsdelikten strafbar machen. Allerdings sind die typischen, aus dem Unternehmen heraus von den Mitarbeitern begangenen Straftaten wie Korruptionsdelikte (§§ 299 ff., 331 ff. StGB), Diebstahlsdelikte (§§ 242 ff. StGB), Sachbeschädigung (§ 303 StGB), Betrug (§ 263 StGB) oder Untreue (§ 266 StGB) nicht fahrlässig begehbar.[224]

3. Vorschriften der StPO als Schranken für Mitarbeiterkontrollen

Das Bedürfnis nach Überwachungsmaßnahmen stellt sich nicht nur für den Arbeitgeber, auch die Strafverfolgungsbehörden greifen im Rahmen ihrer Ermittlungen auf solche Maßnahmen zur Überführung von Straftätern zurück. Denkbar wäre es, den Ermächtigungsgrundlagen von Polizei und Staatsanwaltschaft Anhaltspunkte für die Rechtmäßigkeit von arbeitgeberseitigen Kontrollen zu entnehmen.[225] Die §§ 100a ff. StPO etwa regeln die Kontrolle der Telekommunikation beziehungsweise deren Voraussetzungen im Detail.[226] Allerdings bleibt auch im Schrifttum unbestritten, dass das öffentlich-rechtliche Verhältnis zwischen Staat und Bürger völlig anders zu beurteilen ist als das privatrechtliche zwischen Arbeitgeber und Arbeitnehmer.[227] Der grundrechtsberechtigte Arbeitgeber handelt im Gegensatz zum grundrechtsverpflichteten Staat nicht hoheitlich. Er bedarf keiner Ermächtigungsgrundlage, sondern kontrolliert aus einem

222 BGH 17.7.2009, NJW 2009, 3173 (3175).

223 *Zimmermann*, BB 2011, 634 (635); ebenso gelassen hinsichtlich der Auswirkungen des Urteils *Dann/Mengel*, NJW 2010, 3265 (3269) und *Wolf*, BB 2011, 1353 (1360).

224 Vgl. *Zimmermann*, BB 2011, 634 (635), der das verbleibende Strafverfolgungsrisiko vornehmlich im Bereich des Arbeitsschutzes, der Umweltdelikte oder der leichtfertigen Geldwäsche sieht.

225 Das ArbG Hannover, 1.12.2000, NZA 2001, 1022 (1024), zog etwa die Vorschriften der StPO zur Ablehnung eines Beweisverwertungsverbots im Falle einer Mitarbeiterkontrolle durch den Arbeitgeber heran.

226 *Dann/Gastell*, NJW 2008, 2945 (2946).

227 Vgl. zum Zweck öffentlicher Vorschriften *Maurer*, Staatsrecht, S. 6 ff.; *Wuttke*, S. 44; *Weißgerber*, NZA 2003, 1005 (1007) fehlt zur Übertragung der strafprozessualen Grundsätze auf das private Arbeitsverhältnis der verpflichtende Vorbehalt richterlicher Genehmigung und damit eine neutrale Entscheidungsinstanz; *Kopke*, NZA 1999, 917 (918 f.) betont, dass der private Arbeitgeber lediglich eigene, aber keine Allgemeininteressen verfolgt.

berechtigten, grundrechtlich geschützten Interesse heraus und ist folglich an die speziellen Voraussetzungen der StPO nicht gebunden.[228]

Die hoheitlich handelnden Ermittlungsbehörden greifen allerdings in mit dem kontrollierenden Arbeitgeber vergleichbarer Weise in dieselben grundrechtlichen Interessen der überwachten Personen ein. Sofern die zu den §§ 100a ff. StPO ergangene Rechtsprechung die Ausgestaltung des Grundrechtsschutzes dieser Zielpersonen thematisiert[229], können hieraus Rückschlüsse auf arbeitgeberseitige Kontrollen gezogen werden.[230] Abgesehen davon hat die StPO keine Aussagekraft hinsichtlich der Zulässigkeit von Maßnahmen innerhalb des Arbeitsverhältnisses.

4. Strafrechtliche Rechtfertigungstatbestände

Neben den vielfältigen Straftatbeständen, die im Falle einer rechtswidrigen Mitarbeiterkontrolle verwirklicht werden können, bietet das Strafgesetzbuch auch Möglichkeiten der Rechtfertigung eines solchen Verhaltens. Erfüllt der Arbeitgeber die Voraussetzungen der §§ 32 oder 34 StGB, so handelt er nicht rechtswidrig.[231] Strafrechtliche Konsequenzen treffen ihn folglich selbst im Falle eines tatbestandsmäßigen Handelns nicht. Das von allen im Bereich der Mitarbeiterkontrolle möglichen Straftatbeständen vorausgesetzte „unbefugte" Handeln wird dabei lediglich als Hinweis auf das für eine Bestrafung notwendige Fehlen von Rechtfertigungsgründen verstanden.[232] Darüber hinaus ist eine mögliche Rechtsübertretung im Falle einer Rechtfertigung als von der Rechtsordnung gebilligt anzusehen.[233] Da die deutsche Rechtsordnung grundsätzlich als Einheit zu begreifen ist, können deren Rechtfertigungsgründe gesetzesübergreifend heran-

228 Vgl. *Weißgerber*, NZA 2003, 1005 (1007); *Dann/Gastell*, NJW 2008, 2945 (2946) und *Schuster*, ZIS 2010, 68 (74) gehen davon schlicht aus; *Wölfl*, JURA 2000, 231 (232) betont sogar ein Verbot der Berufung auf die §§ 100a ff. StPO durch Private.

229 Beispiele jeweils zum Schutzbereich des Fernmeldegeheimnisses im Zusammenhang mit staatlichen Maßnahmen: BVerfG 2.3.2006, NJW 2006, 976; ebenso etwa BGH 31.7.1995, NJW 1997, 1934.

230 So etwa *Haußmann/Krets*, NZA 2005, 259 (261).

231 Vgl. *Jescheck/Weigend*, S. 337 f. und 335; *Fischer*, § 32 Rn. 2 und § 34 Rn. 3.

232 Vgl. *Wölfl*, JURA 2000, 231 (231).

233 Vgl. *Jescheck/Weigend*, S. 323; Schönke/Schröder-*Lenckner/Sternberg-Lieben*, Vorbem. §§ 32 ff. Rn. 8.

gezogen werden.[234] Das legt den Schluss nahe, über die §§ 32 und 34 StGB auch Verstöße gegen Vorschriften etwa des BDSG rechtfertigen zu können.[235]

Nachfolgend soll kurz dargestellt werden, ob überhaupt Fälle von Mitarbeiterkontrollen zur Aufdeckung und Prävention von Straftaten denkbar sind, die über die strafrechtlichen Rechtfertigungstatbestände gerechtfertigt werden können.

a) Rechtfertigung über § 32 StGB

Denkbar sind zunächst Mitarbeiterkontrollen, bei denen sich der kontrollierende Arbeitgeber in einer Notwehrlage im Sinne des § 32 StGB befindet. Dogmatischer Kritik, eine Datenerhebung könne keinesfalls eine Verteidigungshandlung darstellen, da stets ein weiterer Gebrauch der erhobenen Daten notwendig wäre[236], können systematische Argumente entgegengehalten werden. Eine Überwachungsmaßnahme muss als ganzheitliche Verteidigungshandlung bestehend aus Datenerhebung und Datengebrauch bewertet werden. Eine Aufspaltung in Einzelakte, die isoliert betrachtet unter Umständen keinen Verteidigungserfolg versprechen, liefe auf die künstliche Fragmentierung eines einheitlichen Vorgangs hinaus. Schließlich setzt jeder Gebrauch zwingend eine vorherige Erhebung der entsprechenden Daten voraus. Zwischen der Datenerhebung in Gestalt einer Überwachungsmaßnahme und der anschließenden, zweckentsprechenden Datennutzung besteht mit Blick auf § 32 StGB ein untrennbarer Zusammenhang.[237]

Unabhängig davon ergeben sich bei der Anwendung des § 32 StGB jedoch Probleme. Als entscheidende Voraussetzung einer Rechtfertigung müsste ein Mitarbeiter einen gegenwärtigen und rechtswidrigen Angriff gegen den Arbeitgeber oder einen Dritten verüben. Zwar kann grundsätzlich in jeder Straftatbestandsverwirklichung durch Beschäftigte, die nicht ihrerseits durch einen Rechtfertigungsgrund gerechtfertigt ist, potentiell ein solcher Angriff gesehen werden, jedoch ist dieser nur in den seltensten Fällen tatsächlich gegenwärtig.

---

234 So bereits RG 11.03.1927, RGSt 61, 242 (247); BGH 23.10.1957, BGHSt 11, 241 (244); dazu exemplarisch *Jescheck/Weigend*, S. 327 m.w.N.

235 Vgl. etwa *Forst*, RDV 2009, 204 (209); *Thüsing*, S. 173; scheinbar auch *Wuttke*, S. 25 ff.; teilweise wird die Heranziehung von strafrechtlichen Rechtfertigungsgründen abgelehnt, wenn der Gesetzgeber spezialgesetzlich abschließend eine abstrakte Interessenabwägung vorgenommen hat, am Beispiel des § 6b BDSG etwa *Bayreuther*, NZA 2005, 1028 (1040).

236 Vgl. etwa *Kunz*, GA 1984, 539 (540) nach dem man sich beispielsweise mit einer Tonbandaufnahme „in Wehr“ aber noch nicht „zur Wehr“ setze; nach *Eisenberg/Müller*, JUS 1990, 120 (122) überträgt diese Argumentation auf Videoaufnahmen.

237 So ausdrücklich *Wölfl*, JURA 2000, 231 (233); vgl. Schönke/Schröder-*Lenckner/Eisele*, § 201 Rn. 29; auch *Fischer*, § 201 Rn. 11 sieht in § 32 StGB einen möglichen Rechtfertigungsgrund für tatbestandsmäßige Handlungen im Sinne des § 201 StGB.

Ein Angriff ist gegenwärtig, wenn eine Rechtsgutsverletzung unmittelbar bevorsteht, das Verhalten des Täters also jederzeit in eine Rechtsgutsverletzung umschlagen kann.[238] Aus der Definition folgt bereits, dass über § 32 StGB eine Mitarbeiterkontrolle zur allgemeinen Strafprävention nicht gerechtfertigt werden kann.[239] Ein lediglich potentieller, zukünftiger Angriff ersetzt in keinem Fall die fehlende Gegenwärtigkeit.[240] Auch die Aufdeckung bereits begangener Straftaten genügt nicht den Anforderungen der Norm, denn hier ist der Angriff längst beendet.[241] Das Zeitfenster für eine gerechtfertigte Reaktion des Arbeitgebers ist also eng begrenzt auf den Zeitraum zwischen dem Versuchsbeginn und der Vollendung der Straftat des zu kontrollierenden Mitarbeiters. Eine gerechtfertigte Mitarbeiterkontrolle ist praktisch ausschließlich bei Dauerdelikten denkbar.[242]

Selbst in diesen Fällen begegnet die Rechtfertigung über § 32 StGB weiteren praktischen Schwierigkeiten, denn es können nur Maßnahmen allein gegenüber dem Angreifer gerechtfertigt werden.[243] Sollten Kommunikationspartner oder Kollegen von der Überwachungsmaßnahme in irgendeiner Form betroffen sein, scheidet eine Rechtfertigung über § 32 StGB aus.[244]

Selbst unter Berücksichtigung weiterer scharfer Anforderungen wie der Gebotenheit und der Tatsache, dass ein Berufen auf Notwehr immer das Bewusstsein der Notwehrlage voraussetzt, bietet sich für eine Rechtfertigung über § 32 StGB nur ein äußerst geringer Anwendungsbereich.[245]

---

238 *Meyer/Goßner*, § 32 Rn. 17; *Fischer*, § 32 Rn. 17; Schöncke/Schröder-*Perron*, § 32 Rn. 13 ff., jeweils m.w.N.

239 Vgl. *Grimm/Schiefer*, RdA 2009, 329 (334), die auch eine in der Rechtsprechung im Zusammenhang mit Beweisverwertungsverboten entwickelte „notwehrähnliche Lage" (BVerfG 9.10.2002, BVerfGE 106, 28; BGH 18.12.2003, NJW 2003, 1727) zustimmungswürdig nicht als materiell-rechtlichen Rechtfertigungsgrund ansehen; anders *Müller*, S. 120 f., der allerdings zur Ausfüllung der Voraussetzungen auf § 34 StGB abstellt.

240 So auch *Wölfl*, JURA 2000, 231 (233); allgemein zur „Präventiven Notwehr" *Fischer*, § 32 Rn. 19 f. m.w.N.

241 *Grimm/Schiefer*, RdA 2009, 329 (334); *Müller*, S. 120 f.; allgemein zur fehlenden Gegenwärtigkeit abgeschlossener und künftiger Angriffe Schöncke/Schröder-*Perron*, § 32 Rn. 16 f.

242 *Wölfl*, JURA 2000, 231 (233); auch *Wuttke*, S. 26, sieht nur ein äußerst enges Zeitfenster für Notwehr des Arbeitgebers.

243 Vgl. BAG 29.6.2004, NZA 2004, 1278 (1282); 14.12.2004, AP Nr. 42 zu § 87 BetrVG 1972 Überwachung, S. 5.

244 *Grimm/Schiefer*, RdA 2009, 329 (334); *Bayreuther*, NZA 2005, 1038 (1040); a.A. *Müller*, S. 120, der für das Beispiel der Videokontrolle eine räumliche und funktionale Begrenzung des betroffenen Mitarbeiterkreises genügen lässt.

245 *Wuttke*, S. 26; das erkennt scheinbar auch *Müller*, S. 120 f.

b) Rechtfertigung über § 34 StGB

Eine weitere Möglichkeit zur Rechtfertigung von Überwachungsmaßnahmen durch den Arbeitgeber bietet der rechtfertigende Notstand, § 34 StGB.[246] Im Gegensatz zur Notwehr wird hierbei kein gegenwärtiger Angriff, sondern eine gegenwärtige Gefahr für ein Rechtsgut des Arbeitgebers oder einem Dritten vorausgesetzt. Eine Verletzung eines der in § 34 StGB nicht abschließend aufgezählten Rechtsgüter wird durch die Straftat eines Mitarbeiters regelmäßig zu bejahen sein.[247]

Eine gegenwärtige Gefahr ist dann gegeben, wenn bei natürlicher Weiterentwicklung der Dinge der Eintritt eines Schadens sicher oder zumindest höchstwahrscheinlich ist, sofern nicht alsbald Abwehrmaßnahmen ergriffen werden, oder wenn die Geschehnisse nach menschlicher Erfahrung jederzeit in einen Schaden umschlagen können.[248] Damit wird zwar der einer Rechtfertigung zugängliche Handlungsbereich ausgeweitet, im Zusammenhang mit § 32 StGB bereits geäußerte Probleme bleiben aber bestehen.[249] Präventivmaßnahmen sind zwar in engen Grenzen – bei Vorliegen hinreichender Verdachtsmomente[250] – möglich, nicht jedoch eine allgemeine, verdachtsunabhängige Strafbarkeitsprävention.[251] Die Aufdeckung bereits begangener Delikte ist hingegen über § 34 StGB mangels einer fortdauernden Gefahr in der Regel nicht möglich.[252]

Eine Rechtfertigung über § 34 StGB ermöglicht innerhalb der Grenzen der durchzuführenden Abwägung der Erforderlichkeit und Angemessenheit der Überwachungsmaßnahme Eingriffe in die Rechtsgüter unbeteiligter Dritter.[253] Insbesondere deswegen bietet sich die Rechtfertigung über den Notstand zwar

246 So etwa *Wuttke*, S. 30 f.; *Grimm/Schiefer*, RdA 2009, 329 (335); *Müller*, S. 121.

247 Notstandsfähig ist jedes rechtlich geschützte Interesse, unabhängig davon, welcher Teil der Rechtsordnung eine Schutzwirkung entfaltet; dazu ausführlich Schöncke/Schröder-*Perron*, § 34 Rn. 9; ebenfalls die Beispielhaftigkeit der aufgezählten Rechtsgüter betont *Fischer*, § 34 Rn. 5; notstandsfähig ist sogar das Interesse am Erhalt der Arbeitsplätze in einem Betrieb, so schon OLG Köln, 24.09.1953, NJW 1953, 1844 (1844).

248 So *Meyer/Goßner*, § 34 Rn. 7; zur Gegenwärtigkeit einer Gefahr ausführlich Schöncke/Schröder-*Perron*, § 34 Rn. 17 und *Fischer*, Rn. 7 f., jeweils m.w.N.

249 *Grimm/Schiefer*, RdA 2009, 329 (335); *Müller*, S. 121.

250 Vgl. Schöncke/Schröder-*Perron*, § 34 Rn. 17 und § 32 Rn. 16 zu über § 34 StGB zu rechtfertigende Fälle einer sog. „Präventiv-Notwehr".

251 Vgl. *Wuttke*, S. 31.

252 Vgl. *Wölfl*, JURA 2000, 231 (234); anders nur, wenn konkrete Anhaltspunkte für eine Wiederholung der Straftat bestehen, zur sog. „Dauergefahr" *Fischer*, § 34 Rn. 8; *Wuttke*, S. 31, weist auf Arbeitsbereiche hin, in denen es typischerweise zur Begehung bestimmter Straftaten kommt, etwa Kassenbereiche oder Lager.

253 *Grimm/Schiefer*, RdA 2009, 329 (335); vgl. Schöncke/Schröder-*Perron*, § 34 Rn. 30; *Wuttke*, S. 30.

als vorzugswürdig gegenüber der Notwehr an[254], einen signifikant größeren Anwendungsbereich hat § 34 StGB jedoch nicht.

5. Zwischenergebnis

Zusammenfassend stellt sich bei der Analyse der strafrechtlichen und strafprozessualen Einflüsse auf Mitarbeiterkontrollen folgendes Bild dar: Die über verschiedene Gesetze verteilten Straf- und Ordnungsvorschriften, maßgeblich die §§ 201 ff. StGB, bestimmen zwar die Rechtsfolgen einer widerrechtlichen Überwachungsmaßnahme, es lassen sich jedoch kaum Aspekte zur Feststeckung der Rechtswidrigkeitsgrenze gewinnen.[255] Die Feststellung der Tatbestandsmäßigkeit erfordert stets einen Rückgriff auf die Normen des Datenschutzrechts.[256] Die Strafprozessordnung ist für das private Arbeitsverhältnis nicht maßgeblich. Allenfalls die im Zusammenhang mit den dargestellten Vorschriften ergangene Rechtsprechung kann Auslegungshilfen im Bezug auf den grundrechtlichen Konflikt bieten.[257] Einzig die strafrechtlichen Rechtfertigungstatbestände bieten eine äußerst eng begrenzte Möglichkeit, Verstöße gegen spezialgesetzliche Vorschriften zu legitimieren.[258] Als alleinige Rechtsgrundlage für alle im Sinne der Compliance erforderlichen Überwachungsmaßnahmen sind sie aufgrund ihrer engen Tatbestandsvoraussetzungen keinesfalls ausreichend.[259]

V. Unbeachtlichkeit der Datenschutzgesetze der Länder

Bereits angedeutet wurden die durch die europäische Datenschutzrichtlinie angestoßenen Datenschutzgesetze der Länder, die teilweise als Vorgänger des BDSG angesehen werden können.[260] Auch sie dienen dem allgemeinen und medienunabhängigen Schutz personenbezogener Daten bzw. des allgemeinen Persönlichkeitsrechts. Von ihrem Anwendungsbereich werden als Adressaten aber

254 So im Ergebnis *Grimm/Schiefer*, RdA 2009, 329 (335) und *Wuttke*, S. 31.

255 LK-*Schünemann*, vor § 201 Rn. 5 f., verweist auf die Funktion des StGB, allein Extremfälle mit Strafe zu bedrohen; siehe S. 36 ff.

256 Exemplarisch *Dann/Gastell*, NJW 2008, 2945 (2946).

257 Vgl. *Haußmann/Krets*, NZA 2005, 259 (261); siehe S. 41 f.

258 Zum engen Anwendungsbereich der §§ 32, 34 StGB exemplarisch *Wölfl*, JURA 2000, 231 (233 f.); bezogen auf das Arbeitsverhältnis *Wuttke*, S. 25 f. und 30 f.; siehe S. 42 ff.

259 Die Frage ist insbesondere im Hinblick auf Telekommunikationskontrollen bei erteilter Erlaubnis der Privatnutzung der betrieblichen Kommunikationsanlagen relevant, siehe S. 143 ff.

260 Das Hessische Datenschutzgesetz (HDSG) aus dem Jahre 1970 darf sich als weltweit erster seiner Art ansehen, Hess. GVBl. 1970, 625. Ausführlich Simitis-*Simitis*, Einl. Rn. 1 ff.; *Gola/Schomerus*, 10. Auflage 2010, Einl. Rn. 1.

jeweils nur öffentlich rechtliche Stellen erfasst, die in dieser Arbeit nicht thematisiert werden.[261]

Für Mitarbeiterkontrollen im Privatrechtsverhältnis ohne eine öffentliche Beteiligung und damit auch für diese Arbeit sind sämtliche Landesdatenschutzgesetze unbeachtlich.

VI. Europarechtliche Grundlagen

Schließlich bleibt noch zu klären, inwieweit das europäische Recht die Zulässigkeit von Mitarbeiterkontrollen beeinflusst.

Das heutige Datenschutzrecht der Bundesrepublik Deutschland entspringt, wie bereits angedeutet, nicht ausschließlich nationalen Initiativen. Im Jahre 1995 befassten sich das Europäische Parlament und der Europäische Rat mit der Thematik und erließen die „Richtlinie zum Schutz natürlicher Personen bei der Verarbeitung personenbezogener Daten und zum freien Warenverkehr" (Datenschutzrichtlinie).[262] Ziel der Richtlinie war eine europaweite Vereinheitlichung des Schutzniveaus für personenbezogene Daten. Sie wurde – allerdings mit zweieinhalbjähriger Verspätung – in Form der dritten Fassung des BDSG am 22.5.2001 umgesetzt.[263] Auch die Länder kamen ihrer Umsetzungspflicht in Form der einzelnen Landesdatenschutzgesetze nach.[264]

In Ergänzung hierzu erweiterte die „Richtlinie über die Verarbeitung personenbezogener Daten und den Schutz der Privatsphäre in der elektronischen Kommunikation"[265] (Telekommunikationsrichtlinie) den Anwendungsbereich der vorgenannten Richtlinie auf Nutzer öffentlich zugänglicher elektronischer Kommunikationsdienste, insbesondere im Rahmen der Erfüllung seiner arbeitsvertraglichen Pflichten.[266]

Die genannten europäischen Richtlinien entfalten ihrer Rechtsnatur zufolge zwar keine unmittelbare Wirkung in den einzelnen Mitgliedsstaaten, allerdings müssen die nationalen Umsetzungsakte an ihren Vorgaben gemessen werden.

---

261 Vgl. § 2 DSG Baden-Württemberg; § 2 BayDSG; § 2 BlnDSG; § 2 BbgDSG; § 1 BremDSG; § 2 HmbDSG; § 3 HDSG; § 2 DSG M-V; § 2 NDSG; § 2 DSG NRW; § 2 LDSG Rheinland-Pfalz; § 2 SDSG; § 2 SächsDSG; § 3 DSG-LSA; § 3 DSG Schleswig-Holstein; § 2 ThürDSG.

262 Richtlinie 95/46/EG vom 24.10.1995, abgedruckt bei DKWW, Anhang 3; zu deren Auswirkungen auf die Entwicklung des Datenschutzrechts in Deutschland Simitis-*Simitis*, Einl. Rn. 89 ff.

263 Vgl. *Däubler*, Rn. 61; *Gola/Wronka*, S. 13 f.; Besgen/Prinz-*Giesen*, § 13 Rn. 9; Simitis-*Simitis*, Einl. Rn. 98.

264 Vgl. Besgen/Prinz-*Giesen*, § 13 Rn. 9; siehe auch Simitis-*Simitis*, Einl. Rn. 90 unter dem Hinweis, dass auch die Länder sich nicht an die Umsetzungsfrist hielten.

265 Richtlinie 2002/58/EG vom 12.7.2002, ABl L Nr. 201 vom 31.7.2002, 37.

266 Vgl. Besgen/Prinz-*Giesen*, § 13 Rn. 10.

Der europäische Gerichtshof judizierte zuletzt bezogen auf den Umsetzungsspielraum, den die Datenschutzrichtlinie den Mitgliedstaaten zuspricht, in einer Entscheidung zum spanischen Datenschutzrecht streng.[267] Die Umsetzungsverpflichtung der Mitgliedstaaten sei nicht auf eine Mindest-, sondern eine Vollharmonisierung ausgerichtet.[268] Sie habe zum Ziel, ein europaweit einheitliches Datenschutzniveau zu gewährleisten, von dem einzelne Staaten weder negativ, noch positiv abweichen dürfen. Ihnen verbleibt nur ein geringer Ausgestaltungsspielraum bzgl. der Voraussetzungen des Umgangs mit personenbezogenen Daten.[269] Die nationalen Regelungen zum Datenschutz müssen folglich mit der Richtlinie in Einklang stehen, bei auftretenden Widersprüchen sind sie richtlinienkonform auszulegen.[270] Die Regelungen entfalten somit mittelbare Auswirkungen auf die Kontrollbefugnisse der nationalen Arbeitgeber.

Die strenge Interpretation des Europäischen Gerichtshofs kann bereits als Fingerzeig für die Zukunft verstanden werden. Auf europäischer Ebene wird derzeit am Entwurf einer Datenschutzverordnung gearbeitet, um über deren direkte Anwendbarkeit in den Mitgliedstaaten das Ziel eines europäischen Datenschutzstandards zu verwirklichen. Mit einer Umsetzung ist allerdings frühestens im Jahr 2014 zu rechnen.

Darüber hinaus werden personenbezogene Daten auf europäischer Ebene von Art. 8 der Grundrechtecharta geschützt, die mit dem Inkrafttreten von Art. 6 Abs. 1 EUV rechtliche Verbindlichkeit erlangt hat. Auch Art. 16 AEUV weist den Schutz personenbezogener Daten als Angelegenheit der europäischen Union aus.

VII. Zwischenergebnis und Gang der Untersuchung

Anhand des dargelegten rechtlichen Rahmens lässt sich bereits absehen, wie vielschichtig die Beurteilung der Rechtmäßigkeit einer Mitarbeiterkontrolle ist. Der Arbeitgeber bewegt sich bei der Durchführung solcher Maßnahmen nicht nur in einem verfassungsrechtlich verankerten Interessenkonflikt mit den überwachten Beschäftigten, sondern muss auch noch vielfältigste einfachgesetzliche Einflussnahmen des Gesetzgebers auf diesen Konflikt beachten. Dabei sind vordergründig die Regelungen des BDSG, gegebenenfalls ergänzt durch die datenschutzrechtlichen Regelungen des TKG und TMG, zur Feststellung der Recht-

267 EuGH, 24.11.2011, NZA 2011, 1409.

268 EuGH, 24.11.2011, NZA 2011, 1409 (1410); Grabitz/Hilf-*Brühann*, Vorbem. A 30, Rn. 45; *Forst*, RDV 2010, 150 (151); *Rüpke*, EuZW 1993, 149 (152); a.A. etwa *Ehmann/Sutschet*, RDV 1997, 3 (4).

269 Siehe auch S. 146 ff.

270 Vgl. *Däubler*, Rn. 61; *Thüsing*, Rn. 502.

mäßigkeit einer Mitarbeiterüberwachung maßgeblich. Rechtsfolgen im Falle eines Fehlverhaltens ergeben sich hingegen aus verschiedensten Quellen, von Bußgeldern nach dem OWiG und Schadensersatzpflichten nach dem BGB bis hin zu Haftstrafen im Sinne des StGB. Verschärft wird die Situation für den Arbeitgeber noch dadurch, dass seine gesetzliche Compliance-Verpflichtung ein Umgehen der Problematik durch völligen Verzicht auf Überwachungsmaßnahmen und dem damit einhergehenden Zurückstellen der eigenen, berechtigten Kontrollinteressen ausschließt.

Diese grundlegenden Überlegungen verdeutlichen, wie wichtig es für jeden Arbeitgeber ist, die Rechtswidrigkeitsgrenzen genau zu kennen. Er hat die schwierige Gratwanderung zu bewerkstelligen, nicht zu viel und nicht zu wenig zu kontrollieren, denn beides ist mit Sanktionen behaftet. Orientieren sollte er sich bei der Konzeption seiner Überwachungsmaßnahmen an der von den Regelungen des BDSG, TKG und TMG gezogenen Rechtswidrigkeitsgrenze. Die Frage, welche Überwachungsmaßnahmen mindestens ergriffen werden müssen, um einen Compliance-Verstoß und damit ein Bußgeld zu verhindern, rückt vor den Eigeninteressen des Arbeitgebers an der Kontrolle der Mitarbeiter zur Aufdeckung und Prävention von Straftaten in den Hintergrund. Im Sinne des Compliance-Verständnisses können schließlich keine Maßnahmen erforderlich sein, die gegen datenschutzrechtliche Vorschriften verstoßen. Mit anderen Worten: Die vom Arbeitgeber notwendigerweise durchzuführenden Mitarbeiterkontrollen müssen hinsichtlich ihres Umfangs zwischen dem von der datenschutzrechtlichen Rechtswidrigkeitsgrenze verkörperten Maximum und dem vom Compliance-Verständnis geprägten Minimum liegen. Da aufgrund der Compliance-Verpflichtung nicht vollständig auf Überwachungsmaßnahmen verzichtet werden kann, sollte der Arbeitgeber bei der ohnehin notwendigen Konzeption seine Eigeninteressen an einer möglichst umfassenden Kontrolle zur Aufdeckung und Prävention von Straftaten durch Mitarbeiter berücksichtigen und sich an der Grenze des maximal Zulässigen orientieren. Die Erörterung, welche Kontrollmaßnahmen im Sinne der Compliance-Verpflichtung mindestens notwendig sind, sollte aus Sicht des Arbeitgebers sekundär sein und wird entsprechend nicht thematisiert. Darüber hinaus würde eine ausführliche Erörterung den Rahmen dieser Arbeit sprengen.

Die genaue Auslotung der einfachgesetzlich von den Regelungen des BDSG, TKG und TMG gezogenen Rechtswidrigkeitsgrenze soll im nachfolgenden Kapitel vorgenommen werden. Es gilt zunächst, die Anwendungsbereiche der relevanten Gesetze gegeneinander abzugrenzen, um anschließend für jedes einzelne Kommunikationsmedium zu erörtern, welche Kontrollmaßnahmen die jeweils einschlägigen Vorschriften zur Aufklärung und Prävention von Straftaten konkret zulassen. Dabei legt der Verfasser besonderen Wert auf zwei Aspekte: Zum einen soll untersucht werden, ob der Gesetzgeber mit der einfachgesetzlichen Ausgestaltung der Rechtmäßigkeit von Mitarbeiterkontrollen den verfassungsrechtlichen Interessenkonflikt in zulässiger Weise kanalisiert. Zum anderen soll in für die Praxis verwertbarer Weise dargestellt werden, über welche Stellschrauben ein Arbeitgeber bereits bei der Planung von Überwachungsmaßnahmen im Sinne einer regelmäßig durchzuführenden Verhältnismäßigkeitsabwägung die Eingriffsintensität beeinflussen kann.

Teil 3: Einfachgesetzliche Kontrollbefugnisse des Arbeitgebers

Einen vielversprechenden Ansatz, Straftaten der Belegschaft nachhaltig und wirksam bekämpfen zu können, bietet die Überwachung der Telekommunikation der Mitarbeiter. Der Nutzen einer solchen Überwachung ist nicht nur begrenzt auf diejenigen Delikte, deren Tatbestand selbst kommunikative Elemente enthält, wie beispielsweise der Geheimnisverrat gem. § 203 StGB.[271] Sobald zur Verwirklichung einer Straftat mehrere Täter oder Teilnehmer planmäßig zusammenwirken, bedarf dies der Koordination, was nicht selten über den telekommunikativen Weg geschieht.[272] Vielfach muss zur Tatverwirklichung oder zur Vorbereitung mit dem Opfer Kontakt aufgenommen werden, beispielsweise beim Betrug gem. § 263 StGB, wozu ebenfalls auf Telekommunikationsmedien zurückgegriffen werden kann.[273] Nicht zu vergessen ist auch, dass zur Verwertung der rechtswidrig erlangten Vorteile häufig weitere Kommunikation notwendig wird.[274]

Die Kenntnis von Inhalten der Kommunikationsvorgänge der Mitarbeiter verspricht folglich eine nicht zu unterschätzende Chance, Hinweise auf bevorstehende oder bereits begangene Straftaten zu erlangen.[275] Allerdings sind nicht nur die konkreten Kommunikationsinhalte hilfreich. Auch die Kenntnis der Begleitumstände wie Dauer, Zeitpunkt und Häufigkeit der Nutzung einer Telekommunikationseinrichtung bzw. einer Verbindungsherstellung zwischen bestimmten Anschlüssen oder die Kenntnis der Identität eines Kommunikationspartners können wichtige Indizien zu Tage fördern.[276]

Gewonnene Informationen kann der Arbeitgeber zur Grundlage eigener Ermittlungsmaßnahmen machen oder den staatlichen Ermittlungsbehörden zur weiteren Verfolgung zuleiten. Dabei handelt er nicht allein aus Eigeninteressen,

---

271 Zum kommunikativen Element am Beispiel des Geheimnisverrats Schönke/Schröder-*Lenckner/Eisele*, § 203 Rn. 19 ff.

272 *Dann/Gastell*, NJW 2008, 2945 (2945) sehen in Hinweisen auf Mittäter und Hintermänner den besonderen Wert der Telekommunikationsdaten.

273 *Behling*, BB 2010, 892 (892) nennt Korruptionsdelikte als Beispiel. Diese lassen sich seiner Meinung nach ohne eine Augenscheinnahme der Korrespondenz verdächtiger Mitarbeiter nicht aufklären; zum kommunikativen Element des Betrugs *Fischer*, § 263 Rn. 14 ff.

274 Der Straftatbestand der Hehlerei gem. § 259 StGB setzt beispielsweise in allen Tatvarianten ein „einvernehmliches Zusammenwirken zwischen dem Hehler und dem Vortäter" voraus, vgl. Schönke/Schröder-*Stree/Hecker*, § 259 Rn. 15.

275 Vgl. *Schmidt*, BB 2009, 1295 (1296); *Heldmann*, DB 2010, 1235 (1238 f.).

276 Vgl. *Dann/Gastell*, NJW 2008, 2945 (2945); *Schmidt*, BB 2009, 1295 (1298).

sondern muss entsprechend seiner Compliance-Verpflichtung, die auch den Bereich der Telekommunikation nicht ausspart, mit den notwendigen Kontrollmaßnahmen für ein rechtskonformes Verhalten der Beschäftigten sorgen.[277] Zudem können Informationen über strafrechtlich relevantes Verhalten einzelner Mitarbeiter unternehmerische und personalpolitische Entscheidungen maßgeblich beeinflussen.[278]

Der Begriff der Telekommunikation wird einfachgesetzlich in § 3 Nr. 22 TKG definiert als „der technische Vorgang des Aussendens, Übermittelns und Empfangens von Signalen mittels Telekommunikationsanlagen"[279], die wiederum in § 3 Nr. 23 TKG definiert werden als „technische Einrichtungen oder Systeme, die als Nachrichten identifizierbare elektromagnetische oder optische Signale senden, übertragen, vermitteln, empfangen, steuern oder kontrollieren können".[280] Die Formulierung ist technikoffen gehalten, für die vorliegende Arbeit ist jedoch ausschließlich die Kommunikation mittels Telefon sowie und Internet relevant.[281] Diese Kommunikationsmedien stehen dem überwiegenden Anteil der Arbeitnehmer im Berufsleben offen und sind entsprechend für Mitarbeiterkontrollen grundsätzlich zugänglich.

Im nachfolgenden Teil dieser Arbeit möchte der Verfasser die Möglichkeiten rechtmäßiger Überwachungsmaßnahmen im Bereich der Telekommunikation erörtern. Zunächst sollen dabei die Anwendungsbereiche der verschiedenen gesetzlichen Grundlagen abgesteckt werden, um darauf aufbauend für die einzelnen Fallgruppen Telefonie, Internetnutzung und E-Mailing die Rechtswidrigkeitsgrenzen genau auszuloten.

---

277 Zur Compliance-Verpflichtung des Arbeitgebers siehe S. 25 ff.; vgl. *Behling*, BB 2010, 892 (893); *Heldmann*, DB 2010, 1235 (1235).

278 Ausführlich zu möglichen Sanktionen einer unzulässigen Nutzung von Telekommunikationsmedien Besgen/Prinz-*Besgen/Prinz*, § 1 Rn. 60 ff.; zu Sanktionen wegen strafbarer Internetnutzung *Kramer*, NZA 2004, 457 (461).

279 Vgl. Arndt/Fetzer/Scherer-*Fetzer*, § 3 Rn. 82; Scheurle/Mayen-*Lünenbürger*, § 3 Rn. 51; BerlKommTKG-*Säcker*, § 3 Rn. 67.

280 Vgl. Arndt/Fetzer/Scherer-*Fetzer*, § 3 Rn. 83; Scheurle/Mayen-*Lünenbürger*, § 3 Rn. 52; BerlKommTKG-*Säcker*, § 3 Rn. 68.

281 Darüber hinaus unterfallen dem Telekommunikationsbegriff beispielsweise Rundfunk und Fernsehen, dazu BerlKommTKG-*Säcker*, § 3 Rn. 67.

A. Anwendbarkeit telekommunikationsrechtlicher Spezialgesetze

Bereits im Zusammenhang mit der Erörterung der gesetzlichen Grundlagen wurde festgehalten, dass die deutsche Rechtsordnung in Form des Telekommunikationsgesetzes (TKG) und des Telemediengesetzes (TMG) Spezialgesetze zur Reglementierung von Telekommunikationsvorgängen enthält, die dem Bundesdatenschutzgesetz wegen der Subsidiaritätsregel des § 1 Abs. 3 S. 1 BDSG in der gesamten Breite ihres Anwendungsbereiches vorgehen.[282] In der Literatur hoch umstritten ist jedoch die Frage, ob und unter welchen Voraussetzungen diese Spezialregelungen auf Überwachungsmaßnahmen innerhalb eines privatrechtlichen Arbeitsverhältnisses überhaupt Anwendung finden können.

Wesentliche Voraussetzung und gleichzeitig größter Streitpunkt hinsichtlich der Anwendbarkeit von TKG und TMG auf Mitarbeiterkontrollen ist jeweils das Vorliegen eines Anbieter-Nutzer-Verhältnisses zwischen dem Arbeitgeber und seinen Mitarbeitern. Obwohl nicht ausdrücklich festgehalten, setzen sowohl TMG als auch TKG ein solches Rechtsverhältnis voraus. Für das TMG ergibt sich aus § 1 Abs. 1 S. 2 TMG, dass lediglich „Anbieter" von Telemedien Adressaten der Regelungen sind. Die für eine Datenerhebung im Sinne einer Mitarbeiterkontrolle maßgeblichen §§ 11 ff. TMG regeln die Pflichten des Anbieters im Verhältnis zu „Nutzern" der Telemedien im Sinne des § 11 Abs. 2 TMG.[283] § 2 Nr. 1 und Nr. 3 TMG enthalten schließlich Definitionen beider Begriffe. Gleiches gilt auch für das TKG: Die entscheidende Pflicht zur Wahrung des Telekommunikationsgeheimnisses trifft gem. § 88 Abs. 2 S. 1 TKG ausschließlich „Dienstanbieter". Die §§ 91 ff. TKG regeln wiederum die datenschutzrechtlichen Befugnisse und Pflichten gegenüber „Nutzern von Telekommunikation". Gesetzliche Definitionen finden sich in § 3 Nr. 6, Nr. 10 und Nr. 14 TKG.[284] Die für die Anwendbarkeit im Arbeitsverhältnis wesentliche Frage ist folglich, ob und unter welchen Voraussetzungen ein Anbieter-Nutzer-Verhältnis zwischen Arbeitgeber und Arbeitnehmer im Sinne der telekommunikationsrechtlichen Gesetze vorliegen kann.

---

282 Besgen/Prinz-*Busse*, § 10 Rn. 24; DKWW-*Weichert*, § 1 Rn. 12 f.; Simitis-*Dix*, § 1 Rn. 158 ff.; *Kümpers*, S. 161; *Kratz/Gubbels*, NZA 2009, 652 (653, 654); *Löwisch*, DB 2009, 2782 (2783 f.); *Mengel*, BB 2004, 1445 (1449 f.).

283 Zu den Voraussetzungen eines Anbieter-Nutzer-Verhältnisses im Sinne des TMG exemplarisch Taeger/Gabel-*Moos*, § 11 TMG Rn. 7 ff.

284 Zu den Voraussetzungen eines Anbieter-Nutzer-Verhältnisses im Sinne des TKG exemplarisch Scheurle/Mayen-*Büttgen*, § 91 Rn. 13 ff.

I. Anwendbarkeit des TMG auf das Arbeitsverhältnis

In der Literatur nur gelegentlich thematisiert wird die Anwendbarkeit des TMG auf das Arbeitsverhältnis.[285] Ablehnende Stimmen können, soweit dem Verfasser ersichtlich, nicht ausgemacht werden.[286] Eine dem widersprechende Ansicht wäre mit dem Wortlaut des Gesetzes kaum zu vereinbaren. In Form des § 11 Abs. 1 Nr. 1 TMG wird ausdrücklich die Anwendbarkeit der Vorschriften auf Datenerhebungen und Datenverwendungen im Arbeitsverhältnis ausgeschlossen, soweit die Telekommunikationseinrichtungen ausschließlich zur beruflichen oder dienstlichen Nutzung bereitgestellt werden.[287] Im Umkehrschluss daraus müssen die Vorschriften auch im Arbeitsverhältnis Anwendung finden, sofern der Arbeitgeber die private Nutzung der Kommunikationsanlagen erlaubt. Das erforderliche Anbieter-Nutzer-Verhältnis muss folglich zumindest im Falle dieser Erlaubnis zwischen Arbeitgeber und Arbeitnehmer vorliegen können, andernfalls wäre die Ausnahmevorschrift des § 11 Abs. 1 Nr. 1 TMG sinnlos.[288] Welche Anforderungen an eine Erlaubnis der Privatnutzung zu stellen sind, wird im weiteren Verlauf der Arbeit noch ausführlich untersucht.[289]

Die datenschutzrechtlichen Vorschriften des TMG sind also auf das Arbeitsverhältnis anwendbar.

II. Anwendbarkeit des TKG auf das Arbeitsverhältnis

Ungleich umstrittener ist in der Literatur die Anwendbarkeit des TKG auf Telekommunikation im Rahmen des Arbeitsverhältnisses. Hier konzentriert sich der Streit maßgeblich darauf, ob und unter welchen Voraussetzungen der Arbeitgeber als Anbieter und der Arbeitnehmer als Nutzer von Telekommunikationsdiensten angesehen werden kann, was nachfolgend der Klärung bedarf.

---

285 Beispielsweise *Däubler*, Rn. 343; *Spanke*, S. 133; *Eckhardt*, DuD 2008, 103 (106).

286 Vgl. allein noch zum TDG bzw. TDDSG *Ernst*, NZA 2002, 585 (587), der jedoch nicht die generelle Anwendbarkeit ausschließen will, sondern nur keine Anwendungsfälle für Internet und E-Mailing sieht.

287 Vgl. zu dieser Voraussetzung Taeger/Gabel-*Moos*, § 11 TMG Rn. 12 ff.

288 Ausdrücklich erkennt dies *Kümpers*, S. 151; Besgen/Prinz-*Busse*, § 10 Rn. 23; im Bezug auf die gleichlautende Vorgängervorschrift des § 1 Abs. 1 Nr. 1 TDDSG *Haußmann/Krets*, NZA 2005, 259 (260); im Ergebnis auch *Däubler*, Rn. 343 und *Eckhardt*, DuD 2008, 103 (106).

289 Dazu S. 76 ff.

1. Der Arbeitgeber als Dienstanbieter im Sinne des TKG

In der Literatur wird die Möglichkeit, den Arbeitgeber als Dienstanbieter gegenüber seiner eigenen Belegschaft anzusehen, teilweise strikt abgelehnt.[290] Dies erscheint auf den ersten Blick verständlich, da der Gesetzgeber bei der Schaffung des TKG das Arbeitsverhältnis nicht als primären Anwendungsbereich im Blick hatte.[291] Die maßgeblich auf klassische Telekommunikationsunternehmen abgestimmten Regelungen werden häufig als im Arbeitsverhältnis nicht handhabbar empfunden.[292]

Die Argumentationsansätze für eine Ablehnung der Anwendbarkeit des TKG sind vielfältig, ihre Nachvollziehbarkeit soll nachfolgend überprüft werden. In der Literatur wird dabei nicht immer trennscharf zwischen dem Anbieter- und dem Nutzerbegriff des TKG unterschieden, inhaltlich identische Argumente werden teilweise in verschiedenen Argumentationszusammenhängen verwendet.[293] Da die Anwendbarkeit des TKG jedoch ein Verhältnis zwischen Telekommunikationsdienstanbieter *und* -nutzer voraussetzt, wirkt sich die Problemverortung auf das Ergebnis nicht aus.

a) Wortlautargumente

Erstes Auslegungskriterium für Rechtsnormen ist stets der Wortlaut der jeweiligen Vorschrift. Dieser erlaubt Rückschlüsse auf den gesetzgeberischen Willen und steckt die äußersten Grenzen der Interpretationsspielräume fest.[294]

Die Anwendbarkeit der telekommunikationsrechtlichen Spezialgesetze auf das Arbeitsverhältnis wird in der Literatur vielfach abgelehnt. Kritische Stimmen stützen sich dabei maßgeblich auf die Begriffsdefinition des „Dienstanbieters" im Sinne des TKG. Als solcher kann gem. § 3 Nr. 6 TKG nur angesehen werden, wer zumindest teilweise geschäftsmäßig Telekommunikationsdienste erbringt.[295] Die geschäftsmäßige Erbringung von Telekommunikationsdiensten wird nach § 3 Nr. 10 TKG definiert als „nachhaltiges Angebot […] mit oder oh-

290 So etwa *Thüsing*, Rn. 246; *Schimmelpfennig/Wenning*, DB 2006, 2290 (2292 f.); *Haußmann/Krets*, NZA 2005, 259 (261).

291 Vgl. zu den ursprünglichen Zwecken des TKG: BT-Drs. 13/3609, S. 33 ff.; zur Entwicklung des Telekommunikationsrechts insgesamt *Röger*, DVBl. 2005, 143 (143 ff.).

292 Zusätzlich zu den in Fn. 290 genannten etwa *Beckschulze/Natzel*, BB 2011, 2368 (2374); *Thüsing*, NZA 2011, 16 (19); *Vietmeyer/Byers*, MMR 2010, 807 (807); *Löwisch*, DB 2009, 2782 (2782 f.); *Vogel/Glas*, DB 2009, 1747 (1752 f.); *Barton*, NZA 2006, 460 (461 f.); *Lindemann/Simon*, BB 2001, 1950 (1956).

293 Beispielsweise spricht *Ernst*, NZA 2002, 585 (587) bei fehlender Erlaubnis der Privatnutzung dem Arbeitgeber den Anbieterstatus ab, nicht – wie auf S. 70 ff. dargestellt – dem Arbeitnehmer den Nutzerstatus.

294 Vgl. *Larenz/Canaris*, S. 143 und 163 f.

295 Arndt/Fetzer/Scherer-*Fetzer*, § 3 Rn. 21 ff.; BerlKommTKG-*Säcker*, § 3 Rn. 12 f.

ne Gewinnerzielungsabsicht“[296], § 3 Nr. 24 TKG sieht demgegenüber Telekommunikationsdienste als „in der Regel gegen Entgelt erbrachte Dienste“.[297] Die Kombination der beiden letztgenannten Vorschriften ergäbe nach teilweise vertretener Ansicht, dass der Gesetzgeber eine unentgeltliche Diensterbringung zwar nicht generell vom Anwendungsbereich ausnehmen, aber nur in Ausnahmefällen als erfasst ansehen wolle.[298] Im Arbeitsverhältnis ist eine Gewinnerzielungsabsicht des Arbeitgebers jedoch in nahezu keinem Fall gegeben. Regelmäßig wird vom Arbeitnehmer in Zeiten der „Flatrates“ und Standleitungen für die Nutzung der betrieblichen Kommunikationsmittel gar kein Entgelt verlangt.[299] Wird ein solches doch erhoben, werden in aller Regel ausschließlich die dem Arbeitgeber selbst entstandenen Kosten auf den Arbeitnehmer abgewälzt, ohne einen Eigengewinn zu erzielen. Würde nun der Arbeitgeber als Anbieter angesehen, so drehe sich das gesetzlich festgelegte Regel-Ausnahme-Verhältnis in sein genaues Gegenteil, was eine Überdehnung der Definition des § 3 Nr. 24 TKG bedeuten würde.[300] Dies spräche gegen die Anwendbarkeit des TKG auf das Arbeitsverhältnis.

Gerade der letzte Argumentationsschritt der dargestellten Ansicht ist jedoch zu stark arbeitsrechtlich geprägt. Auch wenn die bloße Zahl der Arbeitsverhältnisse etwas anderes andeutet, so bleiben die Anwendungsfälle für das TKG eine Randerscheinung.[301] Ziel des Gesetzes ist eine umfassende Marktregulierung im Bereich der Telekommunikation.[302] Intendiert ist nicht die Schaffung eines freien Wettbewerbs, sondern eines Wettbewerbs mit staatlicher Ergebniskontrolle.[303] Eine effektive Marktregulierung ist allerdings nur möglich, wenn alle Telekommunikationsverbindungen erfasst werden, die auf einer rechtlichen Grundlage in Form eines Nutzungsvertrages mit einem der am Markt miteinander konkurrierenden, klassischen Telekommunikationsunternehmen basieren. Solange sich nicht die gesamte technische Infrastruktur im Eigentum des jeweiligen Nutzers befindet (etwa bei betriebseigenen Telefonnetzen)[304], trifft dies auf nahezu alle Telekommunikationsvorgänge zu. In der Gesamtmasse der erfassten Verbindungen stellt die Telekommunikation von Beschäftigten mit einem Ar-

---

296 BerlKommTKG-*Säcker*, § 3 Rn. 19 f.; Scheurle/Mayen-*Lünenbürger*, § 3 Rn. 21.

297 Arndt/Fetzer/Scherer-*Fetzer*, § 3 Rn. 84 ff.; BerlKommTKG-*Säcker*, § 3 Rn. 69 ff.

298 So insbesondere *Thüsing*, Rn. 229; so auch *Wybitul*, ZD 2011, 69 (71).

299 So etwa Preis-*Preis*, Der Arbeitsvertrag, II I 10 Rn. 28; *Mengel*, S. 194; angedeutet bei Hoeren/Sieber-*Elschner*, 22.1, Rn. 97; *Mengel*, BB 2004, 2014 (2018); *Schimmelpfennig/Wenning*, DB 2006, 2290 (2292).

300 *Thüsing*, Rn. 229; vgl. *Schimmelpfennig/Wenning*, DB 2006, 2290 (2293); im Ergebnis auch *Löwisch*, DB 2009, 2782 (2782).

301 Gleicher Ansicht *Mengel*, S. 194.

302 Vgl. Arndt/Fetzer/Scherer-*Fetzer*, § 1 Rn. 23 ff.; BerlKomTKG-*Säcker*, § 1 Rn. 1; Scheurle/Mayen-*Scheurle*, § 1 Rn. 7 ff.

303 Arndt/Fetzer/Scherer-*Fetzer*, § 1 Rn. 23.

304 Diesen Gedanken formulieren etwa Arndt/Fetzer/Scherer-*Fetzer*, § 3 Rn. 42.

beitgeber als potentiell nicht gewerbsmäßig handelndem Anbieter im Sinne des § 3 Nr. 24 TKG keinen derart großen Anteil dar, um eine Umkehr des angesprochenen Regel-Ausnahme-Verhältnisses begründen zu können.[305] Selbst bei unterstellter Richtigkeit führt eine Verschiebung eines gesetzlich angedeuteten Regel-Ausnahme-Verhältnisses – sei es nun durch eine Veränderung der tatsächlichen Gegebenheiten oder eine prognostische Fehleinschätzung des Gesetzgebers – allein nicht zu einer Unanwendbarkeit der Vorschrift.[306] Allenfalls kann hiervon eine schwache Indizwirkung ausgehen, sollte der gesetzgeberische Wille nicht anders ermittelt werden können.[307] § 3 Nr. 10 TKG befreit vielmehr ausdrücklich die Gewerbsmäßigkeit von der Voraussetzung der Gewinnerzielungsabsicht, was der Ansicht widerspricht, der Gesetzgeber wolle dies nur in den seltensten Ausnahmefällen zulassen.[308]

Einen weiteren Ansatzpunkt für Kritik bietet die von § 3 Nr. 10 TKG vorausgesetzte Nachhaltigkeit des Angebots. Diese Nachhaltigkeit erfordere nach kritischer Ansicht eine gewisse Dauer und einen gewissen Umfang.[309] Unter Berücksichtigung der Zwecksetzung des § 1 TKG müsse zudem die Konkurrenzfähigkeit des Angebots mit Wettbewerbern am Markt gewährleistet sein.[310] Eine vom Arbeitgeber ermöglichte Kommunikation sei jedoch auf die Arbeitszeiten der jeweiligen Mitarbeiter beschränkt und deswegen am Markt nicht konkurrenzfähig.[311] Ein nachhaltiges Angebot setze voraus, dass der Nutzer jederzeit davon Gebrauch machen könne, was für den Arbeitnehmer nicht möglich sei.[312] Die Nachhaltigkeit des Angebots sei folglich nicht gegeben.

Diese Argumente sind jedoch keineswegs unantastbar. Aus dem Gesetz ist nirgends zu entnehmen, dass der Bezugspunkt für Dauer und Umfang des Angebots zwingend der einzelne Tag sein muss. Die tägliche Arbeitszeit mag die Verfügbarkeit der technischen Einrichtungen beschränken, allerdings bleibt das Angebot dennoch an die in der Regel nicht unerhebliche Dauer des Beschäfti-

305 Dazu insgesamt *Mengel*, S. 193 f.

306 Vgl. hierzu beispielhaft BVerfGE 54, 277 (298); allgemein formulieren *Larenz/Canaris*, S. 150, dass „die Normvorstellungen des Gesetzesverfassers regelmäßig hinter den Anwendungsmöglichkeiten der Norm zurückbleiben".

307 BerlKommTKG-*Säcker*, § 3 Rn. 19 sieht die Gewinnerzielungsabsicht als Indiz, aber nicht als Voraussetzung für die Nachhaltigkeit des Angebots; ebenso Arndt/Fetzer/Scherer-*Fetzer*, § 3 Rn. 41.

308 Vgl. BerlKommTKG-*Säcker*, § 3 Rn. 12; Arndt/Fetzer/Scherer-*Fetzer*, § 3 Rn. 41; Scheurle/Mayen-*Lünenbürger*, § 3 Rn. 13; Besgen/Prinz-*Busse*, § 10 Rn. 17; *Panzer*, S. 173; *Vietmeyer/Byers*, MMR 2010, 807 (808); *Kratz/Gubbels*, NZA 2009, 652 (655); *Schmidt*, BB 2009, 1295 (1297); *Koch*, NZA 2008, 911 (913); so auch *Wolf/Mulert*, BB 2008, 442 (445); *Mengel*, BB 2004, 1445 (1450); *Ernst*, NZA 2002, 585 (587).

309 Arndt/Fetzer/Scherer-*Fetzer*, § 3 Rn. 42 f.; Scheurle/Mayen-*Lünenbürger*, § 3 Rn. 21.

310 *Thüsing*, S. 107 f.; *Löwisch*, DB 2009, 2782 (2782); kritisch diesbezüglich auch *Haußmann/Krets*, NZA 2005, 259 (260).

311 *Gramlich*, RDV 2001, 123 (124).

312 *Thüsing*, S. 107 f.; *Schimmelpfennig/Wenning*, DB 2006, 2290 (2292).

gungsverhältnisses selbst gekoppelt.[313] Die Gesamtdauer des Angebots spricht also gerade für eine Nachhaltigkeit.[314] Mit dem offiziellen Dienstschluss wird die Telekommunikation auch nicht unmöglich, äußere Umstände wie der tatsächliche Zugang zu einem Kommunikationsmedium können den Angebotscharakter nicht bestimmen. Die Ermöglichung von Telekommunikation über öffentliche Fernsprecher beispielsweise in Einkaufszentren oder Flughäfen wird schließlich ebenfalls als geschäftsmäßiges Erbringen von Telekommunikationsdiensten angesehen. Der Angebotscharakter der Leistung wird nicht nur wegen des täglichen Torschlusses verneint.[315] Zudem kann der programmatischen Zwecksetzung des § 1 TKG nicht die zwingende Voraussetzung der Konkurrenzfähigkeit des Angebots entnommen werden.[316] Gerade die ausdrückliche Entbindung des gewerbsmäßigen Handelns von einer Gewinnerzielungsabsicht gem. § 3 Nr. 10 TKG spricht dafür, dass das TKG nicht ausschließlich den Wettbewerb der Dienstleister, sondern darüber hinausgehend die Funktionsfähigkeit des gesamten Marktes gewährleisten will.[317] Auch § 2 Abs. 2 Nr. 1 TKG normiert den Schutz der Nutzerrechte und des Fernmeldegeheimnisses als Nebenziel, was gegen eine streng wettbewerbsorientierte Auslegung spricht.[318] Die Möglichkeit der Nutzung von Telekommunikationsmitteln am Arbeitsplatz ist dabei sehr wohl geeignet, das Nutzungsverhalten des Adressatenkreises der klassischen Telekommunikationsunternehmen zu beeinflussen. Ein persönlich nutzbarer Internetzugang im Betrieb mag den Einzelnen möglicherweise dazu bringen, in seinem persönlichen Lebensbereich von einer kostenpflichtigen Ein-

---

313 Ähnlich Besgen/Prinz-*Busse*, § 10 Rn. 18; *Beckschulze/Henkel*, DB 2001, 1491 (1496); *Höld*, S. 131; BerlKommTKG-*Säcker*, § 3 Rn. 19 sieht die Gesamtumstände als maßgeblich an; *Koch*, NZA 2008, 911 (913) sieht kein Problem hinsichtlich der Nachhaltigkeit.

314 *Panzer*, S. 173; sehr großzügig hinsichtlich der Nachhaltigkeit sind *Hilber/Frik*, RdA 2002, 89 (93), die bereits jegliche Bereitstellung von Kommunikationsanlagen ausreichen lassen; so auch *Schmidt*, BB 2009, 1295 (1297).

315 Ausdrücklich formuliert BerlKommTKG-*Säcker*, § 3 Rn. 57: „Der Begriff des öffentlichen Telefons [im Sinne des § 3 Nr. 15 TKG] hängt nicht von der jederzeitigen Verfügbarkeit ab […]".

316 Vgl. BerlKommTKG-*Säcker*, § 1 Rn. 1; *Kratz/Gubbels*, NZA 2009, 652 (655); Arndt/Fetzer/Scherer-*Fetzer*, § 1 Rn. 15 sieht in § 1 TKG hingegen mehr als einen bloßen Programmsatz; ebenso muss das Angebot von Telekommunikationsdienstleistungen nicht das Hauptbetätigungsfeld des Arbeitgebers sein, *Mengel*, S. 193 f.

317 Vgl. Scheurle/Mayen-*Scheurle*, § 1 Rn. 10 f.; Arndt/Fetzer/Scherer-*Fetzer*, § 1 Rn. 23.

318 BeckTKG-*Schuster*, § 1 Rn. 10; Arndt/Fetzer/Scherer-*Fetzer*, § 1 Rn. 14 f. betont, dass § 1 TKG in Zusammenhang mit § 2 TKG zu sehen ist; *Kratz/Gubbels*, NZA 2009, 652 (655); a.A. *Löwisch*, DB 2009, 2782 (2782) mit dem unbegründeten Hinweis, die Ziele stünden im Dienst der Verwirklichung der Wettbewerbsregulierung.

richtung abzusehen.[319] Ein im Rahmen des Beschäftigungsverhältnisses mitunter zur Privatnutzung überlassenes Mobiltelefon wird beispielsweise nicht selten den gesamten Bedarf des Arbeitnehmers an mobiler Kommunikation abdecken. Auch ohne die konkrete Absicht des Arbeitgebers, mit klassischen Anbietern in Konkurrenz zu treten, beeinflusst die von ihm eingeräumte Kommunikationsmöglichkeit den Markt. Selbst bei Annahme der Konkurrenzfähigkeit als zwingende Voraussetzung eines nachhaltigen Angebots ist schwer nachvollziehbar, warum einer im Arbeitsleben millionenfach vorkommenden Situation gerade ihre Nachhaltigkeit abgesprochen werden sollte. Solange sich Arbeitnehmer zu einer freiwilligen Privatnutzung der betrieblichen Kommunikationsanlagen entschließen, ist ein entsprechendes Angebot des Arbeitgebers konkurrenzfähig.

Zusammenfassend lässt sich festhalten, dass der Wortlaut des TKG einer Subsumption des Arbeitgebers unter den Begriff des Dienstanbieters im Sinne des § 3 Nr. 6 TKG nicht im Wege steht. Zwingende Gegenargumente lassen sich trotz spürbar fehlender Feinabstimmung der gesetzlichen Begriffsdefinitionen auf die Gegebenheiten des Arbeitsverhältnisses nicht anführen.[320] Zu einem eindeutigen Ergebnis führt eine Wortlautauslegung alleine allerdings nicht.[321]

b) Historische Argumente

Möglicherweise lassen sich aus der Gesetzesentwicklung des TKG oder sogar des BDSG Rückschlüsse auf den gesetzgeberischen Willen ziehen.

Die Gesetzesbegründung zum TKG enthält selbst keine Passage, die sich ausdrücklich mit der Anwendbarkeit im Arbeitsverhältnis befasst. Vieldiskutiert und als beiderseitiges Argument benutzt[322] wird aber eine beispielhafte Auflistung der vom Fernmeldegeheimnis des § 88 TKG nach Ansicht des Gesetzgebers erfassten Anlagen, wozu insbesondere „Nebenstellenanlagen in Betrieben und Behörden, soweit sie den Beschäftigten zur privaten Nutzung zur Verfügung gestellt sind“ zu zählen sind[323]. Hieraus könne man nach teilweise vertretener Ansicht keine Absteckung des Anwendungsbereiches des TKG herleiten. Vielmehr wolle der Gesetzgeber mit der Aufzählung nur die Unterscheidung von geschäftsmäßiger und gewerblicher Telekommunikationsdienstleistung ver-

319 Besgen/Prinz-*Busse*, § 10 Rn. 4 weist auf das Interesse an solchen Möglichkeiten hin, wenn dem Arbeitnehmer zu Hause keine oder keine technisch vergleichbaren Nutzungsmöglichkeiten zur Verfügung stehen; so auch *Lindemann/Simon*, BB 2001, 1950 (1950); *Dickmann*, NZA 2003, 1009 (1009).

320 Vgl. dazu *Mengel*, BB 2004, 1445 (1450), die ein Erfassen des Arbeitgebers als Dienstanbieter im Sinne des § 3 Nr. 6 TKG als „künstlich“ und „realitätsfern“, aber vom Wortlaut durchaus erfasst ansieht; fehlende Feinabstimmung bemängeln exemplarisch *Wybitul*, ZD 2011, 69 (71 ff.) und *Schimmelpfennig/Wenning*, DB 2006, 2290 (2294).

321 So auch *Thüsing*, S. 109; *Spanke*, S. 119 ff.; *Haußmann/Krets*, NZA 2005, 259 (260).

322 Exemplarisch *Däubler*, Rn. 339; demgegenüber *Thüsing*, S. 110.

323 BT-Drs. 13/3609, S. 53.

deutlichen.[324] Dies unterstreiche auch der unmittelbar folgende Nachsatz, nach dem „wegen der Komplexität und der Vielfalt denkbarer Konfigurationen bei Telekommunikationsanlagen […] eine enumerative Abgrenzung des Schutzbereiches des Fernmeldegeheimnisses nicht möglich“ sei.[325]

Dieser argumentative Ansatz vermag ebenfalls nicht zu überzeugen.[326] In besagtem Abschnitt wird der allgemeine Schutzbereich des Fernmeldegeheimnisses in seiner einfachgesetzlichen Ausprägung des § 88 TKG erörtert. Der kommentierte Absatz 2 behandelt den persönlichen Anwendungsbereich, der unter anderem die bereits diskutierte geschäftsmäßige Erbringung von Telekommunikationsdiensten voraussetzt. Die in diesem Zusammenhang erfolgte, beispielhafte Aufzählung der Gesetzesbegründung reflektiert die Gesamtheit aller Kriterien, nicht nur der Gewerbsmäßigkeit, was bereits die Trennung durch einen Textabsatz verdeutlicht.[327] Die Relativierung der Aufzählung durch den Nachsatz dient der Begründung der unvollständigen Beispielhaftigkeit der aufgeführten Anwendungsfälle. Die Möglichkeit der Feststeckung diffuser Schutzbereiche einzelner Vorschriften durch ausdrücklich unvollständige Aufzählungen von Einzelfällen ist der Rechtsordnung nicht fremd.[328] Auf diesem Wege umreißt der Gesetzgeber seine Beweggründe unter gleichzeitigem, bewusstem Eingeständnis der Offenheit der Vorschrift für zukünftige Entwicklungen oder für bei der parlamentarischen Diskussion schlicht übersehene Einzelfälle.[329] Hieraus kann zwar der Schluss gezogen werden, dass nicht erwähnte Fälle nicht unbedingt vom Anwendungsbereich ausgeschlossen sein müssen. Umgekehrt hätte jedoch ein Ausschluss der explizit aufgeführten Fälle eine Degradierung der Aufzählung zur Bedeutungslosigkeit zur Folge.[330] Wenn nun die Gesetzesbegründung die Möglichkeit sieht, privat nutzbare betriebliche Anlagen dem Schutzbereich auch nur einer einzelnen Vorschrift zu unterstellen, so spricht

---

324 *Thüsing*, S. 110; *Schimmelpfennig/Wenning*, DB 2006, 2290 (2293).

325 *Schimmelpfennig/Wenning*, DB 2006, 2290 (2293); vgl. auch *Löwisch*, DB 2009, 2782 (2782 f.); angedacht bei *Mengel*, S. 194.

326 Trotz Berücksichtigung besagten Zitates zu einer Anwendbarkeit des TKG gelangen BerlKommTKG-*Säcker*, § 3 Rn. 20 f.; *Däubler*, Rn. 339; *Panzer*, S. 173; *Kümpers*, S. 150; als Argument verwendet den entsprechenden Abschnitt beispielsweise Arndt/Fetzer/Scherer-*Fetzer*, § 3 Rn. 24.

327 Entsprechende Interpretation etwa bei *Beckschulze/Henkel*, DB 2001, 1491 (1496).

328 Im Arbeitsrecht beispielsweise § 14 Abs. 1 TzBfG, welcher ausweislich der Gesetzesbegründung BT-Drs. 14/3474, S. 13 als „Orientierung“ konzipiert wurde, andere als die acht aufgezählten Gründe jedoch kaum denkbar sind, vgl. ErfK-*Müller-Glöge*, § 14 TzBfG Rn. 5. Weitere Beispiele aus dem Zivilrecht: § 138 Abs. 2 BGB, § 308 BGB, § 543 BGB; aus dem Strafrecht: § 243 Abs. 1 StGB, § 263 Abs. 3 StGB.

329 Hinsichtlich des TKG wird die technologieneutrale Offenheit für zukünftige Entwicklungen besonders betont, etwa bei BerlKommTKG-Säcker, § 1 Rn. 4; Scheurle/Mayen-*Scheurle*, § 1 Rn. 5.

330 So etwa bei der Interpretation von *Löwisch*, DB 2009, 2782 (2783).

dies *dafür,* dass der Gesetzgeber die Anwendbarkeit des TKG im Arbeitsverhältnis grundsätzlich als möglich ansieht.[331]

Darüber hinaus spricht nicht nur die Entwicklungsgeschichte des TKG selbst, sondern des gesamten Datenschutzrechts, insbesondere des Arbeitnehmerdatenschutzrechts, für eine generelle Anwendbarkeit des TKG auf das Arbeitsverhältnis. In Kenntnis der dies befürwortenden herrschenden Meinung[332] reformierte der Gesetzgeber in jüngerer Vergangenheit mehrfach das BDSG[333], welches für Mitarbeiterkontrollen nach beiden Ansichten die einzig alternativ anwendbare Gesetzesgrundlage darstellt, ohne sich der Problematik klarstellend anzunehmen. Ein schlichter, die Gesetzeskonkurrenz regelnder Absatz hätte hierzu ausgereicht. Dass solche Überlegungen während der Diskussionen um das Beschäftigtendatenschutzgesetz angestellt wurden, zeigt der Referentenentwurf des Bundesministeriums des Inneren vom 28.05.2010, welcher in Form des § 32i Abs. 4 BDSG des Entwurfs die Subsidiarität des BDSG gegenüber dem TKG unter ausdrücklicher Bezugnahme auf § 88 Abs. 3 TKG aufheben wollte.[334] § 32i Abs. 4 BDSG des darauf folgenden Referentenentwurfes vom 28.06.2010 vollzog eine Kehrtwende und normierte ausdrücklich die Anwendbarkeit des TKG für den Fall der erlaubten Privatnutzung der betrieblichen Kommunikationssysteme.[335] Von alldem nahm der Gesetzgeber in sämtlichen nachfolgenden Entwürfen jedoch Abstand, entsprechende Regelungen fanden sich nicht mehr.[336] Daraus lässt sich der Schluss ziehen, dass zum einen die im ersten Referentenentwurf vorgesehene Auflösung der Subsidiarität des BDSG

331 Vgl. *Däubler*, Rn. 339; *Panzer*, S. 173; *Kümpers*, S. 150; Arndt/Fetzer/Scherer-*Fetzer*, § 3 Rn. 23 f.; unentschieden in dieser Hinsicht *Mengel*, S. 194.

332 So auch Besgen/Prinz-*Busse*, § 10 Rn. 15 ff.; *Däubler*, Rn. 365 ff.; *Spanke*, S. 121; *Mengel*, S. 194 f.; *Kümpers*, S. 151; *Panzer*, S. 171; *Höld*, S. 130 f.; *Behling*, BB 2010, 892 (892); *Kratz/Gubbels*, NZA 2009, 652 (654 f.); *Schmidt*, BB 2009, 1295 (1297); *Deutsch/Diller*, DB 2009, 1462 (1465); *Wolf/Mulert*, BB 2008, 442 (445); *Koch*, NZA 2008, 911 (913); *Kömpf/Kunz*, NZA 2007, 1341 (1344); *Barton*, NZA 2006, 460 (461); *Mengel*, BB 2004, 1445 (1450); *Beckschulze*, DB 2003, 2777 (2003); *Ernst*, NZA 2002, 585 (587); *Lindemann/Simon*, BB 2001, 1950 (1951).

333 Dazu S. 20 ff.; zum Inhalt der jüngsten Reformen exemplarisch *Abel*, RDV 2009, 147 (147 ff.); ohne Aussagekraft ist das Argument von *Thüsing*, Rn. 239, der allein aus dem parlamentarischen Vorhaben der Verbesserung des Beschäftigtendatenschutzes den Schluss zieht, dass TKG könne nicht anwendbar sein, da andernfalls eine Verbesserung wegen des bestehenden Schutzes durch das TKG nicht notwendig sei. Verkannt wird bereits, dass unter dem Vorhaben der „Verbesserung des Beschäftigtendatenschutzes" nicht zwingend allein eine Erhöhung des Schutzniveaus für Arbeitnehmer, sondern auch eine Systemverbesserung insgesamt gesehen werden kann.

334 Referentenentwurf eines Gesetzes zur Regelung des Beschäftigtendatenschutzes, abrufbar unter http://www.aus-portal.de/media/referentenentwurf_beschaeftigtendatenschutz %281%29.pdf. Letzter Abruf am 01.07.2012.

335 Referentenentwurf eines Gesetzes zur Regelung des Beschäftigtendatenschutzes, abrufbar unter http://www.aus-portal.de/media/Referent.pdf. Letzter Abruf am 01.07.2012.

336 Vgl. *Kort*, MMR 2011, 294 (294 f.); *Beckschulze/Natzel*, BB 2010, 2368 (2374).

nach dem ausdrücklichen Willen des Gesetzgebers keinen Einzug in die geltende Rechtsordnung finden sollte. Auch auf eine Klarstellung im Sinne des Referentenentwurfs vom 28.06.2010 wurde verzichtet, da diese vor dem Hintergrund der bereits zu alter Gesetzeslage gefestigten Ansicht in Rechtsprechung und Literatur als überflüssig empfunden wurde. Die Beibehaltung der gesetzlichen Grundlagen hinsichtlich dieses speziellen Problems verdeutlicht vielmehr, dass aus parlamentarischer Sicht nach wie vor von der Anwendbarkeit des TKG im Arbeitsverhältnis ausgegangen wird.[337] Ausdrücklich formuliert wird dies in einem Hintergrundpapier zum Gesetzesentwurf vom 25.08.2010.[338]

Insgesamt spricht die Gesetzeshistorie als gewichtiges Argument für die Anwendbarkeit des TKG auf das Arbeitsverhältnis.[339] Dem deutlich erkennbaren gesetzgeberischen Willen zufolge kann der Arbeitgeber als Anbieter von Telekommunikationsdienstleistungen eingestuft werden. Dieses Ergebnis entzieht entgegenstehenden Argumentationsansätzen weitgehend den Boden.

c) Systematische Argumente

Auch auf der Basis systematischer Argumente wird die Anwendbarkeit des TKG auf das Arbeitsverhältnis angezweifelt, insbesondere die Möglichkeit, den Arbeitgeber als Anbieter im Sinne des § 3 Nr. 6 TKG ansehen zu können.

Die Vorschriften des TKG bieten diverse Ansatzpunkte für Kritik.[340] Die Anforderungen des Gesetzes an Mitarbeiterkontrollen seien viel zu hoch, teilweise sogar unmöglich einzuhalten.[341] Dies sei zurückzuführen auf die Tatsache, dass das Arbeitsverhältnis, wie bereits bei der Erörterung der Wortlautargumente verdeutlicht wurde, nicht als primärer Anwendungsbereich angesehen wurde.[342] Die Besonderheiten des Arbeitsverhältnisses kollidieren mit den auf klassische Anbieter von Telekommunikationsdiensten abgestimmten Regelungen. Auch im Hinblick auf die verfassungsrechtlich gesicherten, schutzwürdigen In-

337 Vgl. *Vietmeyer/Byers*, MMR 2010, 807 (809).

338 Hintergrundpapier zum Gesetzesentwurf vom 25.08.2010, S. 6, abrufbar unter: http://www.bmi.bund.de/SharedDocs/Downloads/DE/Kurzmeldungen/pressepapier_beschaeftigtendaten-schutz.html;jsessionid=F4BB129B5A85382F8D2BBD9A2F496FC9.1_cid165?nn=109628. Letzter Abruf am 01.07.2012.

339 Dies ausdrücklich anerkennend etwa *Mengel*, S. 194 f.; auch BerlKommTKG-*Säcker*, § 3 Rn. 20 f.; dies entspricht der herrschenden Meinung, siehe Fn. 377.

340 Beispielsweise gehen die Datenschutzvorschriften des TKG davon aus, dass jeder Dienstanbieter zu Abrechnungszwecken einen Grunddatenstamm anlegen kann. Im Arbeitsverhältnis erfolgt die Dienstleistung jedoch regelmäßig unentgeltlich, dazu exemplarisch Preis-*Preis*, Der Arbeitsvertrag, II I 10 Rn. 28; dazu S. 101 ff.

341 Vgl. *Däubler*, Rn. 339; *Thüsing*, Rn. 235 ff.; Preis-*Preis*, Der Arbeitsvertrag, II I 10 Rn. 28 f.; *Wybitul*, ZD 2011, 69 (72); *Lindemann/Simon*, BB 2001, 1950 (1956).

342 Vgl. zu den ursprünglichen Zwecken des TKG: BT-Drs. 13/3609, S. 33 ff.; erst auf S. 53 wird die Anwendbarkeit im Arbeitsverhältnis überhaupt angerissen.

teressen des Arbeitgebers sei eine Einordnung als Anbieter im Sinne des § 3 Nr. 6 TKG und der damit einhergehenden, starken Einschränkung seiner Kontrollmöglichkeiten systemwidrig.[343] Die bestehenden systematischen Ungereimtheiten könnten nach teilweise vertretener Ansicht nur durch die völlige Ablehnung der Anwendbarkeit des Gesetzes im Arbeitsrecht aufgelöst werden. Der Arbeitgeber dürfe eben kein Anbieter im Sinne des § 3 Nr. 6 TKG sein.[344]

Dass diese Argumentationsansätze nicht völlig von der Hand zu weisen sind, wird im späteren Verlauf dieser Arbeit noch ausführlich dargelegt. In der Tat liegen hier durchaus nachvollziehbare Denkanstöße zu einer ablehnenden Haltung begründet.[345] Nach der Ansicht des Verfassers kann hieran aber nicht die Notwendigkeit eines pauschalen Anwendungsausschlusses sämtlicher Vorschriften des TKG festgemacht werden.[346] Die Anwendbarkeit eines Gesetzes kann schließlich nicht allein aufgrund als ungerecht oder unpassend empfundener Rechtsfolgen abgelehnt werden. Solange der einzelne Arbeitgeber das Entstehen eines Anbieter-Nutzer-Verhältnisses im Sinne des TKG selbst in der Hand hält – wie noch zu zeigen ist, hängt dies maßgeblich von der Erteilung einer Erlaubnis zur Privatnutzung der betrieblichen Kommunikationsmittel ab[347] – so kann ein möglicherweise damit einhergehender Ausschluss jeglicher Kontrollmöglichkeit[348] nicht die abstrakte Unanwendbarkeit des TKG begründen. Aus parlamentarischer Sicht werden systematische Bedenken darüber hinaus nicht geteilt, was bereits die Konzeption des § 32 Abs. 1 BDSG andeutet, die sich stark an § 100 Abs. 3 TKG orientiert und dessen Systematik zum Vorbild nimmt.[349]

Daneben wird vorgebracht, dass ein mit der Anwendung des TKG im Arbeitsverhältnis in der Regel einhergehender, faktischer Ausschluss von Kontrollmöglichkeiten im Widerspruch zur handelsrechtlichen Dokumentationspflicht nach § 257 Abs. 1 Nr. 2 und Nr. 3 HGB sowie zur steuerrechtlichen Auf-

343 *Deutsch/Diller*, DB 2009, 1462 (1465) erkennen hierin eines der dringendsten Probleme des Beschäftigtendatenschutzes; vgl. *Schimmelpfennig/Wenning*, DB 2006, 2290 (2294); *Ernst*, NZA 2002, 585 (587).

344 Ausdrücklich auf systematische Bedenken Bezug nehmend *Thüsing*, Rn. 235 ff.; im Ergebnis *Wybitul*, ZD 2011, 69 (73); *Schimmelpfennig/Wenning*, DB 2006, 2290 (2294); *Ernst*, NZA 2002, 585 (587).

345 Im Ergebnis lösen die Regelungen des TKG den grundlegenden Interessenkonflikt nicht verfassungskonform auf. Zudem steht der mit der Anwendung des TKG regelmäßig einhergehende Kontrollausschluss im Widerspruch zur Compliance-Verpflichtung des Arbeitgebers und zu den Vorgaben der europäischen Datenschutzrichtlinie. Siehe insgesamt S. 139 ff.

346 Vgl. *Mengel*, S. 194 f.

347 Dazu S. 70 ff.

348 Siehe 148 ff.

349 Dies erkennt *Schmidt*, RDV 2009, 193 (197) mit Verweis auf die Gesetzesbegründung BT.-Drs. 16/13657, S. 36.

bewahrungspflicht gem. § 147 Abs. 1 Nr. 2 und Nr. 3 AO stünde.[350] Hieraus folge systematisch zwingend die Unanwendbarkeit des TKG im Arbeitsverhältnis. Beide Vorschriften zwingen Kaufleute zur temporären Aufbewahrung von versendeten und empfangenen Handels- und (im Falle der AO zudem von) Geschäftsbriefen, die nach zutreffender Ansicht auch elektronisch in Form von E-Mails vorliegen können.[351] Dieses Argument zur Ablehnung der Anwendbarkeit des TKG im Arbeitsverhältnis greift allerdings nur, solange bestehende Widersprüche nicht auf anderem Wege ausgeräumt werden können. Hier böte sich aber ein arbeitsvertragliches Delegieren der Archivierungspflicht auf den Arbeitnehmer an, denn dieser ist als Kommunikationsteilnehmer nicht an die Wahrung des § 88 TKG gebunden.[352]

Aus systematischer Sicht ist die Einordnung des Arbeitgebers als Dienstanbieter im Sinne des § 3 Nr. 6 TKG zwar nicht unproblematisch, da mit der Anwendbarkeit der Vorschriften diverse Widersprüche einhergehen, wie noch ausführlich darzustellen sein wird.[353] Da dem Arbeitgeber jedoch Möglichkeiten offen stehen, sich dem Anwendungsbereich der Vorschriften des TKG vollumfänglich zu entziehen, vermögen diese Widersprüche allein die Anwendbarkeit des Gesetzes nicht auszuschließen.

d) Teleologische Argumente

Schlussendlich bleibt der Ansatz zu prüfen, ob aus dem Sinn und Zweck des TKG Rückschlüsse auf dessen generelle Anwendbarkeit im Arbeitsverhältnis zu ziehen sind.

In seiner Ursprungskonzeption sollte das TKG im Zuge der Auflösung der staatlichen Monopole der deutschen Bundespost den Zweck erfüllen, einen funktionierenden Telekommunikationsmarkt ohne direkte staatliche Beteiligung in allen Bereichen zu gewährleisten.[354] Der Datenschutz war dabei nur eine Facette von vielen unter dem Dach der Wettbewerbsregulierung, die gem. § 1 TKG als Kernzweck ausgerufen wird.[355]

Kritische Stimmen greifen jedoch, wie bereits im Zusammenhang mit den Wortlautargumenten dargestellt, zu kurz, wenn sie die Bedeutung des TKG auf die wettbewerbsrechtliche Dimension zu beschränken versuchen.[356] Die bereits

350 So *Thüsing*, S. 110 f.; vgl. *Schimmelpfennig/Wenning*, DB 2006, 2290 (2291).

351 *Oberwetter*, NZA 2008, 609 (611); *Eckhardt*, DuD 2008, 103 (103).

352 Eine solche Konstruktion empfiehlt *Eckhardt*, DuD 2008, 103 (105) in Anlehnung an die Situation der Auftragsdatenverarbeitung.

353 Siehe S. 139 ff.

354 *Mengel*, S. 194; vgl. *Röger*, DVBl 2005, 143 (145 ff.).

355 Vgl. BerlKommTKG-*Säcker*, § 1 Rn. 1; BeckTKG-*Schuster*, § 1 Rn. 10.

356 BerlKommTKG-*Säcker*, § 1 Rn. 1 betont, dass der Zweck über das allgemeine Wettbewerbsrecht hinausgeht; Arndt/Fetzer/Scherer-*Fetzer*, § 1 Rn. 23 ff.

im Gesetzestext angelegten Nebenziele (§ 2 Abs. 2 TKG) legen nahe, dass der Normenkomplex des TKG nach der gesetzgeberischen Intention eben nicht ausschließlich als Spezialregelung zum GWB erlassen worden ist.[357]

Vielmehr sind das TMG und das TKG als Einheit hinsichtlich ihrer Zwecksetzung zu verstehen. Beide dienen zwar vordergründig, aber nicht ausschließlich wirtschaftlichen Zwecken, also der gesamtheitlichen Marktregulierung im Bereich der Telekommunikation.[358] Das wesentlich neuere TMG, welches erst im Jahre 2007 verabschiedet wurde, nimmt an mehreren Stellen Bezug auf die fortbestehenden Regelungen des TKG, beispielsweise in § 1 Abs. 1 und Abs. 3 TMG oder § 7 Abs. 2 S. 2 TMG. Es wahrt damit dessen Schutzwirkung und schärft mit Subsidiaritätsregeln wie etwa § 11 Abs. 3 TMG sogar dessen Anwendungsbereich.[359] Dies verdeutlicht bereits die konzeptionelle Nähe beider Texte, insbesondere im Bereich des Datenschutzes.[360] Das TMG ist als Ergänzung bzw. spezialgesetzliche Fortgestaltung der Schutz- und Regelungszwecke des TKG für einen abgegrenzten Bereich der Telekommunikation zu verstehen, der so genannten Interaktionsebene. Diese erfasst alle Leistungen im Bereich der Telekommunikation, die über die bloß technische Übermittlung im Sinne des TKG hinaus inhaltliche Ausgestaltung erfahren haben.[361] Wenn nun das TMG, angedeutet in § 11 Abs. 1 Nr. 1 TMG, fast schon selbstverständlich auf bestimmte Kommunikationsvorgänge innerhalb des Arbeitsverhältnis Anwendung finden soll, so spricht vieles dafür, dass auch das mehrfach in Bezug genommene Pendant diesen Bereich erfasst.[362] Andernfalls ergäben sich dem Zweck der gesamtheitlichen Marktregulierung widersprechende und Umgehungsmöglichkeiten eröffnende datenschutzrechtliche Lücken, sollte sich die Dienstleistung innerhalb des Arbeitsverhältnisses auf die technische Übermittlung beschränken, die zugleich aber auch wesentliches Element eines Telemediendienstes ist.[363] Die Anbieterstellung des Arbeitgebers stünde und fiele mit einer Mehrleistung in Form der inhaltlichen Einflussnahme auf die Kommunikation. Dass auch eine bloße Übermittlungsleistung geeignet ist, den Markt zu beeinflussen, wurde ebenfalls bereits dargestellt.[364] Eine Differenzierung nur aufgrund dieser Mehr-

357 *Mengel*, S. 194 f. sieht die Wettbewerbsorientierung als vordergründig, aber nicht abschließend; so aber *Thüsing*, S. 112, der Parallelen zu einem Vertrag zugunsten Dritter zieht und unter Betonung der wettbewerbsrechtlichen Zwecksetzung die Anwendbarkeit des TKG (auch) aus teleologischen Gründen ablehnt.

358 Vgl. Gesetzesbegründung zum TMG, BT.-Drs. 16/3078, S. 11.

359 Zur Regelung des § 11 Abs. 3 TMG Taeger/Gabel-*Moos*, § 11 TMG Rn. 28 ff.

360 Vgl. hierzu ausdrücklich die Gesetzesbegründung zum TMG, BT.-Drs. 16/3078, S. 12.

361 Dazu S. 73 ff.

362 Vgl. Simitis-*Seifert*, § 32 Rn. 87, der im Umkehrschluss aus § 11 Abs. 1 Nr. 1 TMG die Anwendbarkeit des TMG und des TKG ableitet.

363 Zum Begriff der Telemedien: Taeger/Gabel-*Moos*, TMG Einf., Rn. 4 ff.; Spindler/Schuster-*Holznagel/Ricke*, § 1 TMG Rn. 2 ff.; *Müller-Broich*, § 1 Rn. 6 ff.

364 Siehe S. 57.

leistung ist nach der hier vertretenen Ansicht nicht als gesetzgeberisch intendiert zu erkennen.[365]

Somit spricht die gemeinsame Zweckrichtung von TKG und TMG dafür, den Arbeitgeber nicht nur als potentiellen Anbieter von Telemediendiensten sondern auch im Sinne des § 3 Nr. 6 TKG als Anbieter von Telekommunikationsdiensten anzusehen.

e) Zwischenergebnis

In der Zusammenschau der Argumente muss festgehalten werden, dass der Arbeitgeber ein Anbieter von Telekommunikationsdiensten im Sinne des § 3 Nr. 6 TKG sein kann.

Der Wortlaut der ineinander verschachtelten Definitionen des § 3 Nr. 6, Nr. 10 und Nr. 24 TKG lässt eine Subsumtion des Arbeitgebers unter den Begriff des Dienstanbieters zu. Weder setzt die Begriffsdefinition der geschäftsmäßigen Erbringung von Telekommunikationsdiensten im Sinne des § 3 Nr. 10 TKG die Entgeltlichkeit der Dienstleistung zwingend voraus[366] noch kann der Dienstleistung des Arbeitgebers die erforderliche Nachhaltigkeit abgesprochen werden[367].

Die Gesetzeshistorie nicht nur des TKG sondern auch des BDSG lässt darauf schließen, dass der Gesetzgeber von einer Anwendbarkeit des TKG auf das Arbeitsverhältnis und damit der Subsumtionsfähigkeit des Arbeitgebers unter den Begriff des Dienstanbieters im Sinne des § 3 Nr. 6 TKG ausgeht und dies auch gutheißt.[368] Die Gesetzesbegründung zum TKG enthält ausdrückliche Anknüpfungspunkte.[369] Im Rahmen der mehrfachen Novellierung des subsidiären BDSG wurde diese gesetzgeberische Interpretation mehrfach bestätigt. Trotz vielseitiger Kritik wird daran im laufenden Gesetzgebungsverfahren zum Beschäftigtendatenschutzgesetz bisher festgehalten.[370] Der Wille des Gesetzgebers spricht gewichtig dafür, den Arbeitgeber als potentiellen Telekommunikationsdienstleister zu verstehen.[371]

Dieses Ergebnis stützt auch der Gesetzeszweck. Das TKG ist mit dem TMG als Zweckeinheit zur gesamtheitlichen Marktregulierung im Bereich der Telekommunikation zu verstehen. Dass ein Arbeitgeber als Anbieter eines Tele-

---

365 Entsprechend *Koch*, NZA 2008, 911 (913).

366 Vgl. BerlKommTKG-*Säcker*, § 3 Rn. 12; Arndt/Fetzer/Scherer-*Fetzer*, § 3 Rn. 41; Scheurle/Mayen-*Lünenbürger*, § 3 Rn. 13; Besgen/Prinz-*Busse*, § 10 Rn. 17; *Vietmeyer/Byers*, MMR 2010, 807 (808); *Kratz/Gubbels*, NZA 2009, 652 (655); *Koch*, NZA 2008, 911 (913); *Wolf/Mulert*, BB 2008, 442 (445); *Mengel*, BB 2004, 1445 (1450); *Ernst*, NZA 2002, 585 (587).

367 Vgl. *Panzer*, S. 173; *Hilber/Frik*, RdA 2002, 89 (93); *Schmidt*, BB 2009, 1295 (1297).

368 Dazu etwa *Vietmeyer/Byers*, MMR 2010, 807 (809).

369 BT-Drs. 13/3609, S. 53.

370 Vgl. *Kort*, MMR 2011, 294 (294 f.); *Beckschulze/Natzel*, BB 2010, 2368 (2374).

371 Ausdrücklich etwa *Mengel*, S. 194 f.; vgl. BerlKommTKG-*Säcker*, § 3 Rn. 20 f.

mediendienstes angesehen werden kann, wird in § 11 Abs. 1 Nr. 1 TMG ausdrücklich festgeschrieben.[372] Ein Telemediendienst stellt *per definitionem* einen speziellen Telekommunikationsdienst dar, vgl. § 11 Abs. 3 TMG.[373] Es wäre in höchstem Maße unverständlich, wenn dem TKG ein differenziertes Verständnis des für die Anwendbarkeit beider Gesetze notwendigen Anbieter-Nutzer-Verhältnisses zugrunde läge. Auch aus teleologischer Sicht muss der Arbeitgeber als potentieller Dienstanbieter im Sinne des § 3 Nr. 6 TKG verstanden werden.[374]

Verbleibende systematische Bedenken fallen vor diesem Hintergrund nicht mehr ins Gewicht.[375] Ungewollte oder als unpassend empfundene Rechtsfolgen können nicht alleiniger Grund für die Ablehnung der Anwendbarkeit eines kompletten Gesetzeskörpers sein, insbesondere nicht, wenn das Eintreten dieser Rechtsfolgen weiterhin in Gestalt der Erlaubnis der Privatnutzung der betrieblichen Kommunikationsmedien in den Händen des Rechtsunterworfenen liegt.[376]

Der Arbeitgeber kann folglich als potentieller Dienstanbieter im Sinne des § 3 Nr. 6 TKG verstanden werden.[377]

2. Der Arbeitnehmer als Nutzer im Sinne des TKG

Ein weiterer neuralgischer Punkt in Bezug auf die Anwendbarkeit des TKG im Arbeitsverhältnis ist die Frage, ob bzw. wann der Arbeitnehmer als Nutzer im Sinne des § 3 Nr. 14 TKG angesehen werden kann. Ansatzpunkte für Diskussionen bieten sich, da eine § 11 Abs. 1 Nr. 1 TMG entsprechende Regelung im TKG nicht existiert.

Nutzer im Sinne des § 3 Nr. 14 TKG ist „jede Person, die einen Telekommunikationsdienst für private oder geschäftliche Zwecke nutzt, ohne notwendigerweise Teilnehmer zu sein“. Die Definition erweist sich als unergiebig, weil

---

372 Vgl. *Däubler*, Rn. 343; *Spanke*, S. 133; *Eckhardt*, DuD 2008, 103 (106).

373 Vgl. Spindler/Schuster-*Holznagel/Ricke*, § 1 TMG Rn. 5; *Kümpers*, S. 144 f.

374 Explizit gegen eine Unanwendbarkeit des TKG bei gleichzeitiger Anwendbarkeit des TMG *Koch*, NZA 2008, 911 (913); siehe auch die Gesetzesbegründung zum TMG, BT.-Drs. 16/3078, S. 11.

375 Vgl. *Mengel*, S. 194 f.; *Vogel/Glas*, DB 2009, 1747 (1752); *Schmidt*, RDV 2009, 193 (197).

376 Dazu sogleich ab S. 76.

377 So auch Besgen/Prinz-*Busse*, § 10 Rn. 15 ff.; Hümmerich/Reufels-*Mengel*, § 1 Rn. 2385; *Däubler*, Rn. 365 ff.; *Spanke*, S. 121; *Mengel*, S. 194 f.; *Kümpers*, S. 151; *Panzer*, S. 171; *Höld*, S. 130 f.; *Behling*, BB 2010, 892 (892); *Kratz/Gubbels*, NZA 2009, 652 (654 f.); *Schmidt*, BB 2009, 1295 (1297); *Deutsch/Diller*, DB 2009, 1462 (1465); *Wolf/Mulert*, BB 2008, 442 (445); *Koch*, NZA 2008, 911 (913); *Kömpf/Kunz*, NZA 2007, 1341 (1344); *Barton*, NZA 2006, 460 (461); *Mengel*, BB 2004, 1445 (1450); *Beckschulze*, DB 2003, 2777 (2003); *Ernst*, NZA 2002, 585 (587); *Lindemann/Simon*, BB 2001, 1950 (1951) jeweils mit weiteren Nachweisen.

sie zu offen formuliert ist.[378] Sie erlaubt lediglich die Ableitung, dass keine Beschränkung derart besteht, dass „Nutzer" zwingend Teil der Öffentlichkeit sein müssen, denn das Gesetz unterscheidet zwischen einer „normalen" Telekommunikationsdienstleistung und einer solchen an die Öffentlichkeit, zu sehen etwa an § 109 Abs. 1 und 2 TKG.[379] Ein Erkenntnisgewinn kann erneut § 3 Nr. 10 TKG entnommen werden, denn dieser fordert für das Vorliegen eines Angebots dessen Adressierung an „Dritte". Der Arbeitnehmer muss folglich eine gewisse Eigenständigkeit gegenüber dem Arbeitgeber in Bezug auf die Telekommunikationsdienste aufweisen.[380]

Teilweise wird unter Rückgriff auf bereits dementierte Argumente hinsichtlich der fehlenden Wettbewerbsorientierung des Arbeitgebers eine solche Eigenständigkeit des Arbeitnehmers generell abgelehnt.[381] Ihn pauschal dem Lager des Arbeitgebers zuzurechnen würde wiederum zur gesetzgeberisch nicht intendierten Negierung der Anwendbarkeit des TKG im Arbeitsverhältnis führen.[382]

Demgegenüber kann auch einer pauschalen und ausnahmslosen Einstufung des Arbeitnehmers als „Dritten" nicht gefolgt werden.[383] Die Nutzung von betrieblichen Kommunikationsmitteln kann vom Arbeitgeber ausdrücklich im Arbeitsvertrag oder auf dem Wege des Direktionsrechts nach § 106 GewO als Teil der Arbeitsleistung angeordnet werden.[384] In einem solchen Fall handelt der Arbeitnehmer in ausschließlich betrieblichem Interesse. Er hat keinerlei Einflussmöglichkeiten auf die Nutzungsmodalitäten, eine Nutzungsverweigerung entspräche einer vertraglichen Pflichtverletzung.[385] Darüber hinaus hat der Beschäftigte als Besitzdiener im Sinne des § 855 BGB gar keine eigene Besitzposition an den Kommunikationsanlagen.[386] Er tritt keinesfalls als eigener, sprich „drit-

378 Die Definition ist zurückzuführen auf den Nutzerbegriff der europäischen Datenschutzrichtlinie, vgl. die Gesetzesbegründung BT-Drs. 15/2316, S. 58. BerlKommTKG-*Säcker*, § 3 Rn. 55 begrüßt die Definition, da sie das bis zu seiner Implementierung bestehende „Begriffswirrwarr" durch die unterschiedliche Verwendung des Nutzungsbegriffes auflöst.

379 Hierauf weist BerlKommTKG-*Säcker*, § 3 Rn. 21 und 56 hin; gleicher Ansicht Arndt/Fetzer/Scherer-*Fetzer*, § 3 Rn. 43.

380 Vgl. BerlKommTKG-*Säcker*, § 3 Rn. 21; Arndt/Fetzer/Scherer-*Fetzer*, § 3 Rn. 23; *Spanke*, S. 119.

381 Vgl. etwa *Schimmelpfennig/Wenning*, DB 2006, 2290 (2293), der sowohl den Anbieterstatus des Arbeitgebers als auch den Nutzerstatus des Arbeitnehmers pauschal ausschließt; entsprechend argumentiert *Haußmann/Krets*, NZA 2005, 259 (260).

382 Siehe S. 56 ff.

383 So etwa *Kieper*, DuD 1998, 583 (585 f.) und *Bizer*, DuD 2001, 618 (618 f.).

384 Preis-*Preis*, Der Arbeitsvertrag, II I 10, Rn. 1; zum Umfang des Direktionsrechts und dessen Verhältnis zu arbeitsvertraglichen Bestimmungen ausführlich Preis-*Preis*, Der Arbeitsvertrag, II D 30, Rn. 1 ff.

385 Mit dem Direktionsrecht konkretisiert der Arbeitgeber die geschuldete Arbeitsleistung in den arbeitsvertraglich festgesteckten Grenzen, dazu MünchArbR-*Reichold*, § 36 Rn. 20 ff.

386 Preis-*Preis*, Der Arbeitsvertrag, II I 10 Rn. 3; Schaub-*Koch*, § 113 Rn. 5.

ter" Nutzer in Erscheinung, sofern der Arbeitgeber ihm keine eigenen Nutzungsrechte zugesteht.[387]

Eigene Rechte hinsichtlich der betrieblichen Telekommunikationsanlagen kann der Arbeitgeber nur in der Form gewähren, als dass er eine Privatnutzung der Anlagen durch den jeweiligen Arbeitnehmer erlaubt.[388] Welche Erscheinungsformen eine solche Erlaubnis haben kann, wird nachfolgend erläutert.[389] Sollte eine Erlaubnis fehlen, so liegt keinerlei Zugeständnis an die Belegschaft vor, welches als Angebot interpretiert werden kann. Dies ist aber Grundvoraussetzung jedes Vertrags oder vertragsähnlichen Verhältnisses. Ohne einen Vertrag jedweder Form kann kein Anbieter-Nutzer-Verhältnis bestehen[390]; das TKG wäre nicht anwendbar. Daran ändert sich auch nichts, wenn der Arbeitnehmer die Kommunikationsmittel ohne Erlaubnis privat nutzt oder etwa Anrufe oder E-Mails von außerhalb des Betriebes empfängt. Denn abredewidriges Verhalten eines Mitarbeiters kann den Arbeitgeber nicht in ein ungewolltes Vertragsverhältnis zwingen.[391]

Andererseits ist der Arbeitnehmer allein durch das Vorliegen einer arbeitgeberseitigen Erlaubnis der Privatnutzung nicht automatisch bei jedem Kommunikationsvorgang als „dritter" Nutzer anzusehen. Nur sofern er die Betriebsmittel im konkreten Einzelfall tatsächlich privat nutzt, erfährt seine Position die zur Entstehung eines Anbieter-Nutzer-Verhältnisses notwendige Eigenständigkeit. Eindeutig als solche identifizierbare betriebliche Kommunikation ist auch bei Vorliegen einer abstrakten Erlaubnis zur Privatnutzung der Kommunikationsmittel nicht anders zu beurteilen als im Fall ihres Fehlens; der Status des Arbeitnehmers ändert sich nicht.[392] Problematisch sind in diesem Zusammenhang teils schwer zu verhindernde Vermischungen betrieblicher und privater Kommunikation, was nachfolgend noch zu erörtern sein wird.[393]

Somit bleibt festzuhalten, dass die Erlaubnis der Privatnutzung der betrieblichen Kommunikationseinrichtungen eine maßgebliche Voraussetzung für die

---

387 Vgl. BerlKommTKG-*Säcker*, § 3 Rn. 21; Arndt/Fetzer/Scherer-*Fetzer*, § 3 Rn. 23; *Schmidt*, BB 2009, 1295 (1297); *Kratz/Gubbels*, NZA 2009, 652 (653); *Beckschulze/Henkel*, DB 2001, 1491 (1495 f.).

388 Arndt/Fetzer/Scherer-*Fetzer*, § 3 Rn. 23 und 72.

389 Dazu ausführlich S. 76 ff.

390 Vgl. *Hanau/Hoeren*, S. 45; *Vogel/Glas*, DB 2009, 1747 (1754); *Beckschulze/Henkel*, DB 2001, 1491 (1496); *Kratz/Gubbels*, NZA 2009, 652 (654); *Wolf/Mulert*, BB 2008, 442 (445).

391 Vgl. *Schmidt*, RDV 2009, 1295 (1297).

392 Vgl. *Däubler*, Rn. 339 f. und 342; *Kümpers*, S. 151; *Kratz/Gubbels*, NZA 2009, 652 (653); *Ernst*, NZA 2002 585 (587); diese Annahme stützen im Ergebnis alle Literaturquellen, die sich mit Differenzierungsmöglichkeiten auseinandersetzen, exemplarisch Preis-*Preis*, Der Arbeitsvertrag, II I 10 Rn. 32.

393 Zur Behandlung einer Mischnutzung siehe S. 95 ff.

Anwendung nicht nur des TMG sondern auch des TKG auf Kommunikationsvorgänge im Rahmen des Arbeitsverhältnisses darstellt.[394]

III. Abgrenzung der Anwendungsbereiche anhand des ISO-Schichtenmodells

Die richtige Handhabung der teils konkurrierenden, teils sich ergänzenden Datenschutzgesetze im Bereich der Telekommunikation erfordert die genaue Absteckung der Anwendungsbereiche.

Zur Verdeutlichung der Gesetzessystematik kann das 1983 von der International Standard Organisation (ISO) entwickelte ISO-Schichtenmodell herangezogen werden, welches exemplarisch für den Bereich des Internets den Vorgang der Datenübertragung schematisiert.[395] Dem gesetzgeberisch angelegten Modell der Trennung von Übertragungsleistung und inhaltlichen Diensten[396] konsequent folgend, kann den einzelnen Gesetzen jeweils ein Teil des gesamten Datenübertragungsvorgangs, eine oder mehrere so genannter Schichten zugeordnet werden.

Die grundlegenden ersten Schichten der Datenübertragung, hier vereinfacht bezeichnet als Transportebene, sind dem TKG zugeordnet.[397] Sie umfassen allein die technische Seite des Übertragungsvorgangs, also der reinen und inhaltlich unberührten Verbindungs- und Übertragungsleistung[398], gespiegelt auf den Bereich der Briefpost vergleichbar mit einem reinen Botendienst. Telekommunikation als solche wird in § 3 Nr. 22 TKG definiert als „der technische Vorgang des Aussendens, Übermittelns und Empfangen von Signalen mittels Telekommunikationsanlagen“. Telekommunikationsanlagen werden wiederum in § 3 Nr. 23 TKG näher bestimmt, sinngemäß als technische Infrastruktur der Telekommunikation.[399] Im Bereich des Arbeitsverhältnisses ist die Transportebene bereits grundsätzlich erreicht, wenn dem Arbeitnehmer ein Telefon oder ein Inter-

394 Vgl. Preis-*Preis*, Der Arbeitsvertrag, II I 10, Rn. 27; ErfK-*Wank*, § 32 BDSG Rn. 23 f.; Simitis-*Seifert*, § 32 Rn. 92; Taeger/Gabel-*Moos*, § 11 TMG Rn. 16; BerlKommTKG-*Säcker*, § 3 Rn. 20; Besgen/Prinz-*Busse*, § 10 Rn. 74; *Däubler*, Rn. 338; *Kümpers*, S. 151; *Spanke*, S. 119.

395 Dazu Hoeren/Sieber-*Sieber*, Teil 1 Rn. 31 ff.; Scheurle/Mayen-*Büttgen*, § 91 Rn. 25; *Kümpers*, S. 144.

396 Hoeren/Sieber-*Holznagel/Nolden*, Teil 5 Rn. 89 ff.; Arndt/Fetzer/Scherer-*Fetzer*, § 1 Rn. 19 führt dies auf europarechtliche Vorgaben und verfassungsrechtliche Kompetenzprobleme zurück.

397 *Däubler*, Rn. 327; Scheurle/Mayen-*Büttgen*, § 91 Rn. 25.

398 Preis-*Preis*, Der Arbeitsvertrag, II I 10 Rn. 27; Scheurle/Mayen-*Lünenbürger*, § 3 Rn. 55; BerlKommTKG-*Säcker*, § 1 Rn. 2.

399 *Kümpers*, S. 144.

netzugang bereitgestellt wird.[400] Die Anwendbarkeit des TKG fordert allerdings zusätzlich, wie dargestellt, die Erlaubnis der Privatnutzung dieser Telekommunikationsmittel.

Die darauf aufbauenden Schichten, vereinfacht zusammengefasst unter den Begriff der Interaktionsebene, stecken den Anwendungsbereich des TMG ab.[401] Diese Ebene erfasst alle Leistungen im Bereich der Telekommunikation, die über die rein technische Übermittlung hinaus inhaltliche Ausgestaltung erfahren haben.[402] Mit anderen Worten sind dies Leistungen, bei denen der Anbieter inhaltlich mit dem Nutzer in Verbindung tritt.[403] Dies wird deutlich anhand des § 1 Abs. 1 TMG, welcher den Anwendungsbereich auf alle elektronischen Informations- und Kommunikationsdienste erstreckt, soweit diese sich nicht erschöpfen in einer reinen Übertragungsleistung nach § 3 Nr. 24 und Nr. 25 TKG im Sinne der Transportebene. § 1 Abs. 1 TMG definiert somit den Begriff des Telemediums.[404] Der Verweis auf den Rundfunkstaatsvertrag spielt für die Mitarbeiterkontrolle keine Rolle, da im Rahmen der zu untersuchenden Arbeitsverhältnisse und unter Berücksichtigung des Kontrollzwecks der Strafbarkeitsprävention und Strafbarkeitsaufdeckung Rundfunkangeboten nahezu keine Bedeutung zukommt.[405] Im Arbeitsverhältnis liegt ein Telemediendienst etwa vor, wenn der Arbeitgeber für den Internetzugang der Beschäftigten ein eigenes „Portal" betreibt. Auch die Bereitstellung einer speziell firmenbezogenen E-Mail-Adresse zur Privatnutzung kann schon unter die Definition fallen, wenn zusätzliche Programmfunktionen wie „Spam-Filter" oder Archivierungssysteme daran geknüpft sind.[406] Es wird jedoch auch deutlich, dass im Bereich der Telefonie eine solche Interaktion zumindest derzeit schwer denkbar ist.[407] Die Regelungen des TMG und des TKG stehen in einem Spezialitätsverhältnis. Ihre Anwendbarkeit bestimmt der Schwerpunkt der Dienstleistung, vgl. § 11 Abs. 3 TMG.[408]

---

400 Preis-*Preis*, Der Arbeitsvertrag, II I 10 Rn. 27; BerlKommTKG-*Säcker*, § 3 Rn. 70; weitere Beispiele bei Besgen/Prinz-*Busse*, § 10 Rn. 75.

401 Scheurle/Mayen-*Büttgen*, § 91 Rn. 25.

402 Vgl. Preis-*Preis*, Der Arbeitsvertrag, II I 10 Rn. 27; *Mengel*, BB 2004, 1445 (1450); Besgen/Prinz-*Busse*, § 10 Rn. 119.

403 Vgl. *Däubler*, Rn. 328 f.; BerlKommTKG-*Säcker*, § 3 Rn. 70; Arndt/Fetzer/Scherer-*Fetzer*, § 3 Rn. 85; Scheurle/Mayen-*Lünenbürger*, § 3 Rn. 58.

404 Hoeren/Sieber-*Holznagel/Nolden*, Teil 5 Rn. 82; Spindler/Schuster-*Holznagel/Ricke*, § 1 TMG Rn. 2 f.; *Müller-Broich*, § 1 Rn. 6 ff.; *Kümpers*, S. 144; *Hoeren*, NJW 2007, 801 (802).

405 *Däubler*, Rn. 330; dazu ausführlich *Hoeren*, NJW 2007, 801 (803 ff.).

406 Preis-*Preis*, Der Arbeitsvertrag, II I 10 Rn. 27; weitere Beispiele bei Besgen/Prinz-*Busse*, § 10 Rn. 120; Arndt/Fetzer/Scherer-*Fetzer*, § 3 Rn. 85 unter Hinweis auf die Gesetzesbegründung BT.-Drs. 16/3078, S. 11.

407 Preis-*Preis*, Der Arbeitsvertrag, II I 10 Rn. 27; *Mengel*, BB 2004, 1445 (1450); zum problematischen Fall der Internettelefonie siehe ausführlich BerlKommTKG-*Säcker*, § 3 Rn. 72 f.

408 Dazu Taeger/Gabel-*Moos*, § 11 TMG Rn. 28; *Müller-Broich*, § 11 Rn. 7.

Flankiert werden diese Schichten von einem Bereich, der vereinfacht als Inhaltsebene bezeichnet werden kann.[409] Dieser wird der konkrete Inhalt einer jeden Kommunikation zugeordnet. Streng genommen gehört dieser Bereich nicht mehr zum Telekommunikationsrecht[410], denn die Inhaltsebene umfasst auch Vorgänge im Vorfeld, im Anschluss oder gar völlig losgelöst von jeglicher kommunikativen Übertragung[411]; im ursprünglichen ISO-Modell findet sie deswegen keine Verankerung. Dennoch spielt sie im Gesamtgefüge eine wichtige Rolle, da eine trennscharfe Differenzierung zwischen den Schichten häufig nicht möglich ist.[412] Man denke in diesem Zusammenhang etwa an eine E-Mail, die sowohl im Sinne der Transport- als auch der Inhaltsebene schutzwürdig ist.[413] Primär letzterer zugeordnet ist das BDSG[414], welches aber aufgrund der Öffnungsklausel in § 1 Abs. 3 S. 1 BDSG nur subsidiär hinter den speziellen Rechtsvorschriften des Bundes bezüglich personenbezogener Daten zur Anwendung kommt, namentlich insbesondere den Vorschriften des TKG und TMG. Das BDSG dient mithin als Auffanggesetz für den Fall des Nichtgreifens speziellerer Gesetze[415], hat darüber hinaus allerdings einen erweiterten Anwendungsbereich im Bezug auf von der konkreten Telekommunikation losgelöste Datenkontrollen, im Arbeitsverhältnis etwa die Kontrolle der auf der Festplatte des Arbeitsplatzcomputers gespeicherten Daten.[416]

IV. Zwischenergebnis

Aus den vorangegangenen Ausführungen bleibt festzuhalten, dass sowohl das TMG als auch das TKG[417] im Arbeitsverhältnis grundsätzlich nur dann Anwendung finden, wenn der Arbeitgeber die Privatnutzung der betrieblichen Kommunikationsmittel erlaubt hat. Auch wenn jeder Arbeitgeber Dienstanbieter im Sinne des TKG und des TMG sein kann, entsteht nur im Fall einer Erlaubniserteilung das für die Anwendung beider Gesetze unerlässliche Anbieter-Nutzer-

409 Scheurle/Mayen-*Büttgen*, § 91 Rn. 25.
410 Vgl. Arndt/Fetzer/Scherer-*Fetzer*, § 1 Rn. 19; *Kümpers*, S. 144.
411 DKWW-*Weichert*, § 1 Rn. 7.
412 Hoeren/Sieber-*Holznagel/Nolden*, Teil 5 Rn. 89 ff.
413 So etwa Taeger/Gabel-*Moos*, § 11 TMG Rn. 30; Spindler/Schuster-*Spindler/Nink*, § 11 TMG Rn. 14; *Müller-Broich*, § 11 Rn. 7.
414 Scheurle/Mayen-*Büttgen*, § 91 Rn. 25.
415 Simitis-*Simitis*, § 1 Rn. 158; *Gola/Schomerus*, § 1 Rn. 23 f.
416 DKWW-*Weichert*, § 1 Rn. 12 f.; zur Kontrolle von auf der Festplatte des Arbeitsplatzrechners oder betriebseigenen Servern gespeicherten Daten siehe S. 228 ff.
417 Vgl. Holzhauser/Sutter-*Weber* S. 95.

Verhältnis.[418] Ausschließlich in diesem Falle kann der Arbeitnehmer als eigenständiger Nutzer im Sinne der §§ 11 Abs. 1 Nr. 1 TMG, 3 Nr. 10 und 14 TKG auftreten. Gem. § 1 Abs. 3 BDSG gehen die telekommunikationsrechtlichen Spezialgesetze dem BDSG in deren gesamtem Anwendungsbereich vor.[419] Das TKG erfasst alle Dienstleistungen, die sich auf die rein technische Datenübermittlung beschränken[420], das TMG alle solchen Leistungen, die durch den Arbeitgeber inhaltliche Ausgestaltung in irgendeiner Form erfahren haben[421]. Sollten die betrieblichen Kommunikationsmittel hingegen ausschließlich zur betrieblichen Nutzung durch die Belegschaft freigegeben worden sein, so findet das subsidiäre BDSG Anwendung.[422]

---

418 Vgl. Preis-*Preis*, Der Arbeitsvertrag, II I 10 Rn. 27; ErfK-*Wank*, § 32 BDSG Rn. 23 f.; Simitis-*Seifert*, § 32 Rn. 92; Taeger/Gabel-*Moos*, § 11 TMG Rn. 16; BerlKommTKG-*Säcker*, § 3 Rn. 20; Besgen/Prinz-*Busse*, § 10 Rn. 74; *Däubler*, Rn. 338; *Kümpers*, S. 151; *Spanke*, S. 119.

419 Zur Subsidiarität des BDSG ausführlich Simitis-*Dix*, § 1 Rn. 162 ff. m.w.N.

420 *Däubler*, Rn. 327; Scheurle/Mayen-*Büttgen*, § 91 Rn. 25; Preis-*Preis*, Der Arbeitsvertrag, II I 10 Rn. 27; *Kümpers*, S. 144.

421 Preis-*Preis*, Der Arbeitsvertrag, II I 10 Rn. 27; *Kümpers*, S. 144; *Mengel*, BB 2004, 1445 (1450).

422 Preis-*Preis*, Der Arbeitsvertrag, II I 10 Rn. 27; Simitis-*Seifert*, § 32 Rn. 91 f. Besgen/Prinz-*Busse*, § 10 Rn. 24.

B. Die Erlaubnis der Privatnutzung technischer Einrichtungen im Betrieb

Da die Anwendbarkeit der telekommunikationsrechtlichen Spezialgesetze maßgeblich von der arbeitgeberseitigen Erlaubnis der Privatnutzung der technischen Einrichtungen im Betrieb abhängt, stellt sich für die Beurteilung der Rechtmäßigkeit von Mitarbeiterkontrollen die Frage, wie eine solche Erlaubnis ausgestaltet sein kann. Nachfolgend wird erörtert, ob und inwieweit ein Arbeitgeber die Nutzung ausdrücklich oder konkludent erlauben oder verbieten kann, welche Aspekte er bei dieser grundsätzlichen Entscheidung zu beachten hat und welche Möglichkeiten bestehen, um sich von einer einmal getroffenen Entscheidung wieder zu distanzieren. Nicht zuletzt beeinflusst die Entscheidung schließlich eine gegebenenfalls anzustellende Verhältnismäßigkeitsabwägung zugunsten des Arbeitnehmers,[423] da der Arbeitgeber durch Zugeständnisse im Kommunikationsbereich seine betrieblichen Interessen partiell hinter die privaten Interessen der Beschäftigten zurückstellt, zumindest sofern der kontrollierte Mitarbeiter die technischen Einrichtungen tatsächlich privat nutzt.[424]

Nicht zu verwechseln ist die Erlaubnis der privaten Nutzung mit dem tatsächlichen Charakter jedes einzelnen zu kontrollierenden Vorgangs, welchem ebenfalls Bedeutung zukommt, allerdings unabhängig von der Vorfrage der Erlaubnis.[425] Denn beispielsweise ist eine *erlaubte* private Nutzung einer technischen Einrichtung anders zu beurteilen als eine *unerlaubte* private Nutzung.[426]

---

423 Vgl. etwa *Hanau/Hoeren*, S. 21; Besgen/Prinz-*Besgen/Prinz*, § 1 Rn. 59; MünchArbR-*Reichold*, § 86 Rn. 9 ff.; insbesondere im Falle einer Einsichtnahme in auf der lokalen Festplatte oder betriebseigenen Servern gespeicherte Dateien ist dies von Bedeutung, dazu 228 ff.

424 Vgl. *Thüsing*, Rn. 276; auch *Weißgerber*, NZA 2003, 1005 (1006) sieht in der Bereitstellung eines persönlichen, passwortgeschützten Bereichs auf der Festplatte des Arbeitsplatzrechners ein Zugeständnis des Arbeitgebers an den Persönlichkeitsschutz der Beschäftigten.

425 Vgl. etwa Besgen/Prinz-*Busse*, § 10 Rn. 14; Preis-*Preis*, Der Arbeitsvertrag, II I 10, Rn. 5; anschaulich trennt beide Aspekte *Kramer*, NZA 2004, 457 (458 ff.); *Kömpf/Kunz*, NZA 2007, 1341 (1345); *Vehslage*, AnwBl 2001, 145 (146 ff.).

426 Eine unerlaubte Privatnutzung kann den Arbeitgeber nicht in ein Anbieter-Nutzer-Verhältnis zwingen. Die Vorschriften des TKG und TMG sind entsprechend nicht anwendbar, vgl. exemplarisch *Schmidt*, RDV 2009, 1295 (1297).

I. Ausdrückliche Erlaubnis der Privatnutzung

Dem Arbeitgeber steht als Eigentümer grundsätzlich die alleinige Entscheidungsbefugnis hinsichtlich des Umgangs mit den Betriebsmitteln zu.[427] Er kann folglich die private Nutzung im Rahmen seiner unternehmerischen Entscheidungsfreiheit vorbehaltlos erlauben oder in einer Nutzungsordnung bestimmten Regeln unterwerfen[428], neben der klassischen Festlegung bestimmter Nutzungszeiten beispielsweise auch in Form eines Verbots des Abrufens bestimmter Inhalte im Internet oder des Verbots von Auslandsgesprächen mit dem Telefon am Arbeitsplatz.[429] Zu beachten ist allerdings, dass eine solche Nutzungsregelung, also die Entscheidung über das „Wie" der Privatnutzung, gemäß § 87 Abs. 1 Nr. 1 BetrVG dem Mitbestimmungsrecht des Betriebsrats unterliegt, sofern ein solcher besteht.[430] Die Grundsatzentscheidung bezüglich des „Ob" der Privatnutzung ist hingegen mitbestimmungsfrei, da sie nicht das Ordnungs-, sondern das Arbeitsverhalten der Mitarbeiter betrifft.[431] Nicht betroffen ist hingegen das Mitbestimmungsrecht des § 87 Abs. 1 Nr. 6 BetrVG, da die Entscheidungen über die Erlaubnis und Ausgestaltung der Privatnutzung unabhängig von den Entscheidungen hinsichtlich der mitbestimmungspflichtigen Einführung der Kommunikationsmittel und deren Anwendung zur Datenerhebung gegenüber den Beschäftigten sind.[432]

Eine ausdrückliche Erlaubnis der Privatnutzung kann auf verschiedenen Wegen ausgesprochen werden. Neben einzelvertraglichen Regelungen kommen

---

427 *Hanau/Hoeren*, S. 20; Preis-*Preis*, Der Arbeitsvertrag, II I 10, Rn. 3; *Vietmeyer/Byers*, MMR 2010, 807 (808); *Kratz/Gubbels*, NZA 2009, 652 (652); *Kramer*, NZA 2004, 457 (458); *Dickmann*, NZA 2003, 1009 (1010); *Mengel*, BB 2004, 1445 (1446); *Ernst*, NZA 2002, 585 (585).

428 Besgen/Prinz-*Busse*, § 10 Rn. 10; Hoeren/Sieber-*Elschner*, Teil 22.1 Rn. 30; *Schimmelpfennig/Wenning*, DB 2006, 2290 (2290); *Lindemann/Simon*, BB 2001, 1950 (1953); *Beckschulze/Henkel*, DB 2001, 1491 (1491 f.).

429 Preis-*Preis*, Der Arbeitsvertrag, II I 10, Rn. 10 ff.; Hoeren/Sieber-*Elschner*, Teil 22.1 Rn. 30; *Beckschulze*, DB 2003, 2777 (2777); *Kratz/Gubbels*, NZA 2009, 652 (652).

430 Hierzu *Hanau/Hoeren*, S. 117; ErfK-*Kania*, § 87 BetrVG Rn. 19; *Kümpers*, S. 103 f.; *Ernst*, NZA 2002, 585 (587); GK-BetrVG-*Wiese*, § 87 Rn. 188 ff.; Richardi-*Richardi*, § 87 Rn. 186; *Fitting*, § 87 Rn. 71; a. A. *Dickmann*, NZA 2003, 1009 (1010), der auch Nutzungsregelungen vom Mitbestimmungsrecht ausnehmen möchte.

431 LAG Nürnberg 29.01.1987, LAGE Nr. 9 zu § 87 BetrVG 1972 Kontrolleinrichtung, S. 2 f.; vgl. GK-BetrVG-*Wiese*, § 87 Rn. 188; *Hanau/Hoeren*, S. 20 und 117; Preis-*Preis*, Der Arbeitsvertrag, II I 10, Rn. 9, der zutreffend auch die Herleitung eines Mitbestimmungsrechts aus § 87 Nr. 10 BetrVG ablehnt; Besgen/Prinz-*Besgen/Prinz*, § 1 Rn. 13; HWK-*Lembke*, Vorb. BDSG Rn. 93; *Ernst*, NZA 2002, 585 (585).

432 Im Einzelnen ErfK-*Kania*, § 87 BetrVG Rn. 62; *Hanau/Hoeren*, S. 117; zum Umfang des Mitbestimmungsrechts aus § 87 Abs. 1 Nr. 6 BetrVG GK-BetrVG-*Wiese*, § 87 Rn. 482 ff.

Aushänge am schwarzen Brett, Mitteilungen im Intranet oder per E-Mail[433], Betriebsvereinbarungen und auch Tarifverträge in Betracht.[434] Die mitbestimmungsfreie Grundsatzentscheidung ermöglicht dem Arbeitgeber sogar eine Erlaubnis per Einzelweisung auf Basis des Direktionsrechts gemäß § 106 GewO.[435] Allerdings bieten Einzelweisungen und einzelvertragliche Vereinbarungen nicht die häufig vom Arbeitgeber angestrebte Flexibilität, da in der Regel bereits der arbeitsrechtliche Gleichbehandlungsgrundsatz zu einer einheitlichen Regelung zwingen wird.[436] Sollte eine Ungleichbehandlung ausnahmsweise gerechtfertigt werden können, so stellt eine einzelvertragliche Regelung potentiell eine Allgemeine Geschäftsbedingung im Sinne der §§ 305 ff. BGB dar. Da die Grenzen des § 106 GewO mit einer Erlaubnis der Privatnutzung ohne Nutzungsausgestaltung nicht gesprengt werden, ist eine solche Klausel gemäß § 307 Abs. 3 S. 1 BGB als deklaratorische Klausel nicht inhaltskontrollfähig und unterliegt allein der Transparenzkontrolle nach §§ 307 Abs. 3 S. 2 i.V.m. 307 Abs. 1 S. 2 BGB.[437] Etwas anderes gilt jedoch, wenn die Erlaubnis mit einer Einwilligung in eine arbeitgeberseitige Datenerhebung bzw. -verarbeitung im Sinne des § 4a BDSG, § 13 Abs. 2 TMG oder § 94 TKG verbunden wird.[438]

Will der Arbeitgeber den Nutzungsumfang der Privatnutzung über deren bloße Erlaubnis hinaus weiter ausgestalten, so zwingt § 87 Abs. 1 Nr. 1 BetrVG zu einer Beteiligung des Betriebsrats an der konkreten Ausgestaltung.[439] Eine solche Nutzungsregelung ist bei positiver Entscheidung hinsichtlich der Erlaubnis der Privatnutzung schon deshalb empfehlenswert, um einer Beeinträchtigung der Arbeitsleistung der Mitarbeiter entgegenzuwirken und ihnen (auch für den möglichen Streitfall) ihre Rechte und Pflichten im Umgang mit den technischen Einrichtungen des Betriebs zu verdeutlichen.[440] Diesbezüglich bietet sich nicht

---

433 Dazu Hoeren/Sieber-*Elschner*, Teil 22.1 Rn. 40.

434 Vgl. Besgen/Prinz-*Besgen/Prinz*, § 1 Rn. 6; *Beckschulze*, DB 2003, 2777 (2777); *Kramer*, NZA 2004, 457 (458); *Dickmann*, NZA 2003, 1009 (1010); speziell zu Tarifverträgen *Kümpers*, S. 107 f.

435 Vgl. *Kümpers*, S. 106.

436 Dieses Problem sehen auch Besgen/Prinz-*Besgen/Prinz*, § 1 Rn. 3; Hoeren/Sieber-*Elschner*, Teil 22.1 Rn. 37; demgegenüber verneint einen Anspruch auf Gleichbehandlung hinsichtlich der Telekommunikationsmittel *Mengel*, BB 2004, 1445 (1446).

437 BAG 13.04.2010, DB 2010, 2805 (2806); vgl. Preis-*Preis*, Der Arbeitsvertrag, II D 30, Rn. 4 und 119; Ulmer/Brandner/Hensen-*Fuchs*, § 310 BGB Rn. 192; DBD-*Bonin*, § 307 BGB Rn. 183; ausführlich *Preis/Genenger*, NZA 2008, 969 (970 ff.).

438 Vgl. Besgen/Prinz-*Besgen/Prinz*, § 1 Rn. 8; *Beckschulze*, DB 2003, 2777 (2777).

439 GK-BetrVG-*Wiese*, § 87 Rn. 188 ff.; Richardi-*Richardi*, § 87 Rn. 186.; siehe auch Fn. 430

440 Dies empfehlen aus Rechtssicherheitsgründen etwa Besgen/Prinz-*Besgen/Prinz*, § 1 Rn. 18; Preis-*Preis*, Der Arbeitsvertrag, II I 10, Rn. 57; *Holzner*, ZRP 2011, 12 (13); *Kratz/Gubbels*, NZA 2009, 652 (656); *Waltermann*, NZA 2007, 529 (530); *Dickmann*, NZA 2003, 1009 (1010); *Ernst*, NZA 2002, 585 (585 f.); *Lindemann/Simon*, BB 2001,

nur der Abschluss einer Betriebsvereinbarung, sondern auch eines Tarifvertrags an. Letzterer sperrt eine Betriebsvereinbarung nach den §§ 77 Abs. 3, 87 Abs. 1 BetrVG, wobei die Betriebsbezogenheit der Entscheidung über die Erlaubnis der Privatnutzung praktisch wohl nur die Regelung in einem Haus- oder Firmentarifvertrag ermöglicht.[441]

II. Konkludente Erlaubniserteilung

Problematischer ist die Rechtslage immer dann, wenn keine ausdrückliche Regelung hinsichtlich der Privatnutzung der technischen Einrichtungen im Betrieb vorliegt, etwa weil der Arbeitgeber in der Vergangenheit keine Notwendigkeit einer solchen Regelung gesehen oder die Bedeutung der Grundsatzentscheidung schlicht verkannt hat.[442] Allerdings kann in einem solchen Fall der Arbeitgeber zumindest in der Theorie eine Erlaubnis auch über konkludentes Handeln erteilen, denn sie ist nicht an bestimmte Formerfordernisse geknüpft.[443]

Praktisch schwierig erscheint es jedoch, Fallgruppen ausfindig zu machen, in denen der einzelne Mitarbeiter aus einem Verhalten des Arbeitgebers unzweideutig auf dessen Erlaubnis bezüglich der Privatnutzung der Kommunikationsmittel schließen kann und darf.[444] Teilweise wird vertreten, dass bereits mit der Installation eines Internetzugangs oder der Einrichtung eines eigenen E-Mail-Accounts am persönlichen Arbeitsplatz die Privatnutzung desselben konkludent erlaubt würde.[445] Diese Annahme untergrübe jedoch die Eigentümerbefugnisse des Arbeitgebers, welche auch die Bestimmung über den Umgang mit den Betriebsmitteln umfassen, und ließe schlicht außer Acht, dass eine dienstliche Internetnutzung in bestimmten Berufen durchaus zur Erbringung der Arbeitsleistung notwendig ist.[446] In der vorbehaltlosen Bereitstellung etwa von Maschinen zur Arbeitsleistung sieht auch niemand eine Erlaubnis der Privatnutzung dersel-

---

1950 (1950); eine Muster-Betriebsvereinbarung findet sich beispielsweise bei *Thüsing*, Rn. 583 oder *Pröpper/Römermann*, MMR 2008, 514 (514 ff.).

441 Vgl. zur Regelbarkeit in Tarifverträgen *Kümpers*, S. 108.

442 Vgl. *Böker/Kamp*, S. 33 f.

443 Zur Möglichkeit einer konkludenten Erlaubniserteilung *Hanau/Hoeren*, S. 21 f.; *Kratz/Gubbels*, NZA 2009, 652 (652); *Kramer*, NZA 2004, 457 (458); *Ernst*, NZA 2002, 585 (586).

444 So *Kramer*, NZA 2004, 457 (459); vgl. Preis-*Preis*, Der Arbeitsvertrag, II I 10, Rn. 10.

445 Liberal in dieser Hinsicht *Vehslage*, AnwBl 2001, 145 (146), der etwa schon in der Bereitstellung von Internetzugängen in der Kantine auf eine allgemeine Erlaubnis schließen will.

446 So auch *Kratz/Gubbels*, NZA 2009, 652 (652); *Mengel*, BB 2004, 1445 (1446).

ben.[447] Von einer gewissen Sozialadäquanz der Privatnutzung der Kommunikationsmittel kann nicht ausgegangen werden.[448]

Anders kann der Fall liegen, wenn dem Arbeitnehmer eine E-Mail-Adresse mit und eine weitere ohne Betriebsbezug zugewiesen werden, zwei voneinander unabhängige Internetzugänge am Arbeitsplatz eingerichtet werden oder ihm eine eigene Vorwahl für Privattelefonate bekannt gegeben wird.[449] In diesen Fällen kann das Handeln des Arbeitgebers auch ohne einen ausdrücklichen Hinweis gem. §§ 133, 157 BGB kaum anders verstanden werden als eine partielle Erlaubnis der Privatnutzung. Eine Differenzierung der Kommunikationsvorgänge ergäbe andernfalls wenig Sinn. Auch die Abrechnung von Privatkommunikation gegenüber dem Arbeitnehmer ist selbst ohne ausdrückliche Regelung kaum anders interpretierbar.[450] Möglich ist zudem, aus der Voreinstellung der Kommunikationsmittel – etwa dem Bestehen eines eigenen Mail-Ordners für Privatkommunikation oder der Festlegung bestimmter Internetseiten als Bookmarks, die keinen Bezug zur Arbeitsleistung aufweisen – eine entsprechende Erlaubnis des Arbeitgebers abzuleiten.[451] Sofern dem nicht besondere Umstände des Einzelfalls entgegenstehen, kann der Arbeitnehmer aus der unproblematisch möglichen Änderung solcher Voreinstellungen auf einen entsprechenden Willen des Arbeitgebers schließen.[452]

Eine Erlaubnis der Privatnutzung kann folglich durch konkludentes Handeln des Arbeitgebers erteilt werden.[453] Die Voraussetzungen einer solchen Erlaubnis sind stark einzelfallabhängig. Rechtssicherheit kann hierüber jedenfalls nicht gewonnen werden.[454]

---

447 Vgl. Besgen/Prinz-*Besgen/Prinz*, § 1 Rn. 13; *Beckschulze*, DB 2003, 2777 (2779).

448 BAG 07.07.2005, NZA 2006, 98 (100); zustimmend Besgen/Prinz-*Besgen/Prinz*, § 1 Rn. 86; a.A. LAG Köln, 11.02.2005, RDV 2006, 83 (83); ArbG Frankfurt am Main, 02.01.2002, NZA 2002, 1093 (1095); ArbG Wesel, 21.03.2001, NZA 2001, 786 (786).

449 Besgen/Prinz-*Besgen/Prinz*, § 1 Rn. 6; *Hanau/Hoeren*, S. 21; *Kratz/Gubbels*, NZA 2009, 652 (652).

450 Vgl. *Kramer*, NZA 2004, 457 (459); *Ernst*, NZA 2002, 585 (586).

451 Hoeren/Sieber-*Elschner*, Teil 22.1 Rn. 41; *Däubler*, Internet und Arbeitsrecht, Rn. 184.

452 Hoeren/Sieber-*Elschner*, Teil 22.1 Rn. 41; *Däubler*, Internet und Arbeitsrecht, Rn. 184; a.A. ohne weitere Begründung *Beckschulze*, DB 2003, 2777 (2778); *Dickmann*, NZA 2003, 1009 (1010) sieht – schwer nachvollziehbar – wegen der Erfordernis eines nachträglichen, von der Standardinstallation abweichenden Löschens hierin keine rechtserhebliche Erklärung.

453 Vgl. *Hanau/Hoeren*, S. 21; *Kratz/Gubbels*, NZA 2009, 652 (652); *Kramer*, NZA 2004, 457 (458); *Ernst*, NZA 2002, 585 (586).

454 Vgl. *Kramer*, NZA 2004, 457 (459); *Pröpper/Römermann*, MMR 2008, 514 (515 f.); zu den Gefahren einer fehlenden Nutzungsregelung siehe Preis-*Preis*, Der Arbeitsvertrag, II I 10, Rn. 56 f.

III. Erlaubniserteilung durch Betriebliche Übung

Noch schwieriger wird die Sachlage, wenn keine ausdrückliche Regelung hinsichtlich der Erlaubnis der Privatnutzung der betrieblichen Kommunikationsmittel besteht und auch nicht aus einem Handeln des Arbeitgebers konkludent darauf geschlossen werden kann. In einem solchen Fall kann nach in der Literatur verbreiteter Ansicht aus einer arbeitgeberseitigen Duldung der Privatnutzung eine konkludente Erlaubniserteilung nach den Grundsätzen der Betrieblichen Übung entstehen.[455]

Das in jüngerer Vergangenheit zunehmender Kritik ausgesetzte Rechtsinstitut[456] wurde ursprünglich richterrechtlich entwickelt, um Arbeitnehmer vor der willkürlichen und überraschenden Streichung von Entgeltbestandteilen durch den Arbeitgeber zu schützen.[457] Das BAG versteht hierunter „die regelmäßige Wiederholung bestimmter Verhaltensweisen des Arbeitgebers [...], aus denen die Arbeitnehmer schließen können, ihnen solle eine Leistung oder eine Vergünstigung auf Dauer eingeräumt werden“.[458] Hinsichtlich des klassischen Anwendungsfalls der Weihnachtsgratifikation entwickelte die Arbeitsgerichtsbarkeit die Faustformel, dass eine dreimalige, jährlich in gleicher Höhe an die gesamte Belegschaft ausgezahlte Gratifikation die Voraussetzungen einer Betrieblichen Übung erfüllen solle.[459]

Zur Entstehung einer Betrieblichen Übung werden heute im Wesentlichen zwei Theorien vertreten. Zum einen die in der Rechtsprechung des Bundesarbeitsgerichts favorisierte Vertragstheorie[460], nach der die wiederholte Leistungsgewährung des Arbeitgebers ein Vertragsangebot darstellt, welches der Arbeit-

455 Vgl. Besgen/Prinz-*Besgen/Prinz*, § 1 Rn. 9; *Hanau/Hoeren*, S. 22; *Barton*, NZA 2006, 460 (461); *Kramer*, NZA 2004, 457 (459); *Beckschulze*, DB 2003, 2777 (2778); *Dickmann*, NZA 2003, 1009 (1010); *Ernst*, NZA 2002, 585 (586); *Beckschulze/Henkel*, DB 2001, 1491 (1492); *Vehslage*, AnwBl 2001, 145 (146).

456 Nach ErfK-*Preis*, § 611 BGB Rn. 220e und JbArbR-*Preis/Genenger*, Band 47, S. 93 ff. ist das Rechtsinstitut überflüssig. Alle Probleme seien über rechtsgeschäftliche Prinzipien und den Gleichbehandlungsgrundsatz lösbar; kritisch bereits *Hanau*, ZfA 2003, 735 (753 f.).

457 Zur historischen Entwicklung der Betrieblichen Übung ausführlich *Picker*, S. 5 ff.; den ursprünglichen Sinn anreißend Tschöpe-*Schmalenberg*, Teil 2 A Rn. 815; *Waltermann*, RdA 2006, 257 (258).

458 BAG 20.5.2008, NZA 2008, 1233 (1234).

459 Vgl. statt vieler BAG 14.08.1996, NZA 1996, 1323 (1323); zur Faustformel und ihrer Übertragbarkeit auf andere Fallgruppen als Gratifikationen *Waltermann*, RdA 2006, 257 (259 f.); zur Übertragbarkeit auf die Erlaubnis der Privatnutzung betrieblicher Kommunikationsanlagen etwa Schaub-*Koch*, § 110 Rn. 11.

460 Ständige Rechtsprechung, vgl. exemplarisch BAG 14.08.1996, NZA 1996, 1323 (1323); 21.01.1997, NZA 1997, 1007 (1009).

nehmer durch tatsächliche Inanspruchnahme konkludent annimmt.[461] Zum anderen die in der Literatur vertretene Vertrauenstheorie, welche in einer bewussten und wiederholten Leistungsgewährung einen schutzwürdigen Vertrauenstatbestand sieht.[462]

Losgelöst von dogmatischen Unterschieden setzen beide Theorien ein Verhalten des Arbeitgebers voraus, das seitens des einzelnen Arbeitnehmers als Vertragsangebot gedeutet werden oder einen hinreichenden Vertrauenstatbestand erzeugen kann.[463] Eine einseitige Inanspruchnahme der betrieblichen Telekommunikationseinrichtungen durch den Arbeitnehmer zu privaten Zwecken kann also ohne ein entsprechend interpretierbares Verhalten des Arbeitgebers keinesfalls zur Etablierung einer Betrieblichen Übung ausreichen.[464] Allerdings soll nach verbreiteter Ansicht in einer arbeitgeberseitigen, bewussten Duldung des Arbeitnehmerhandelns eine solche gesehen werden können.[465] Da in einer Duldung jedoch kein aktives Handeln zu sehen ist, kann auf die vom BAG entwickelte Faustformel nicht zurückgegriffen werden.[466] Hierdurch wird bereits die Festlegung des für das Entstehen einer Betrieblichen Übung notwendigen zeitlichen Rahmens der Duldung maßgeblich erschwert.[467] In der Literatur werden hier Zeiträume von sechs bis zwölf Monaten vorgeschlagen.[468] Eine Mehrgewichtung des Zeitmomentums vermag jedoch nicht darüber hinwegzuhelfen, dass der Anwendungsbereich des Rechtsinstituts nicht ohne weiteres auf passive Verhaltensweisen des Arbeitgebers ausgeweitet werden kann. Mit einer aktiven Leistungsgewährung kann eine Duldung nicht verglichen werden.[469]

---

461 Vgl. ErfK-*Preis*, § 611 BGB Rn. 221 f.; *Waltermann*, RdA 2006, 257 (259 ff.); ähnlich bereits *Hueck/Nipperdey*, Band I S. 152 ff.

462 Grundlegend zur Theorie der Vertrauenshaftung *Canaris*, Vertrauenshaftung, S. 387 ff.; dem folgend etwa *Singer*, ZfA 1993, 487 (494 ff.).

463 Vgl. Besgen/Prinz-*Besgen/Prinz*, § 1 Rn. 9; eine Betriebliche Übung sichert dem Arbeitnehmer schließlich den Anspruch auf eine Leistung des Arbeitgebers, siehe HWK-*Thüsing*, § 611 BGB Rn. 228; Schaub-*Koch*, § 110 Rn. 3 und 5; *Hueck/Nipperdey*, Band I S. 150 f.

464 Insbesondere *Waltermann*, NZA 2007, 529 (530 ff.) legt zustimmungswürdig dar, warum ein bloßes „Geschehenlassen der Internetnutzung“ keine Grundlage für die Etablierung einer Betrieblichen Übung sein kann; zustimmend ErfK-*Preis*, § 611 BGB Rn. 222.

465 Vgl. Besgen/Prinz-*Besgen/Prinz*, § 1 Rn. 9; *Koch*, NZA 2008, 911 (912); *Barton*, NZA 2006, 460 (461); *Kramer*, NZA 2004, 457 (459); *Beckschulze*, DB 2003, 2777 (2778); *Beckschulze/Henkel*, DB 2001, 1491 (1492).

466 Vgl. *Waltermann*, NZA 2007, 529 (531); Schaub-*Koch*, § 110 Rn. 11.

467 Vgl. Schaub-*Koch*, § 110 Rn. 11; aus diesem Grund gegen die Möglichkeit der Etablierung einer Betriebliche Übung in diesem Kontext *Mengel*, BB 2004 1445 (1447); ausführlich *Waltermann*, NZA 2007, 529 (530 ff.).

468 Vgl. *Barton*, NZA 2006, 460 (461); *Dickmann*, NZA 2003, 1009 (1010); *Ernst*, NZA 2002, 585 (586); *Beckschulze/Henkel*, DB 2001, 1491 (1492).

469 Unter Rückgriff auf die Vertragstheorie *Waltermann*, NZA 2007, 529 (532); *Schmidt*, BB 2009, 1295 (1297); *Bloesinger*, BB 2007, 2177 (2180 f.).

Darüber hinaus sprechen weitere Argumente gegen die Möglichkeit der Etablierung eines Rechtsanspruchs auf Privatnutzung der betrieblichen Kommunikationsmittel aus einer Betrieblichen Übung. Während des Entstehungszeitraums der Betrieblichen Übung ist das private Telefonieren oder die private Nutzung des Internets durch einen Arbeitnehmer als Vertragsverletzung anzusehen.[470] Es erscheint widersinnig, einen Rechtsanspruch aus der Duldung eines wiederholten, vertragswidrigen Verhaltens ableiten zu wollen.[471] In der Duldung kann schwerlich ein Angebot zur Abänderung der Vertragsbedingungen gesehen werden.[472] Dieses Angebot ließe zudem jede Konkretisierung hinsichtlich Art und Umfang der entsprechend erlaubten Privatnutzung vermissen.[473]

Unabhängig von diesen Bedenken sieht die noch als vorherrschend zu betrachtende Ansicht eine Erlaubnis der Privatnutzung auf dem Wege der Betrieblichen Übung als möglich an.[474] Um jeden Rechtsstreit in diesem Zusammenhang zu vermeiden, sollte sich der Arbeitgeber ausdrücklich mit dem Problemkreis befassen und entsprechende Regeln aufstellen. Eine unbewusst etablierte Betriebliche Übung führt schließlich zur Anwendbarkeit der telekommunikationsrechtlichen Spezialgesetze, was sich massiv auf seine Kontrollbefugnisse auswirkt.[475] Die Tatsache, dass für den Arbeitgeber die gravierenden Konsequenzen einer passiven Duldung kaum überblickt werden können, spricht erneut dagegen, eine Erlaubnis der Privatnutzung auf dem Wege einer Betrieblichen Übung anzuerkennen.[476]

Des Weiteren bestehen erhebliche Schwierigkeiten, sich von einer einmal etablierten Betrieblichen Übung wieder zu lösen.[477] Einzig gangbarer Weg wäre

---

470 Das BAG hat beispielsweise mehrfach die private Internetnutzung während der Arbeitszeit als gegebenenfalls kündigungsrelevante Pflichtverletzung deklariert: BAG 07.07.2005, NZA 2006, 98 (99 f.); 12.01.2006, NZA 2006, 980 (984); 27.04.2006, NZA 2006, 977 (978); vgl. APS-*Dörner/Vossen*, § 626 BGB Rn. 285g; *Waltermann*, NZA 2007, 529 (531); *Bloesinger*, BB 2007, 2177 (2182); *Mengel*, NZA 2005, 752 (753); *Kramer*, NZA 2004, 457 (461).

471 Unter Hinweis auf mögliche unbedachte Rechtsverstöße des Arbeitgebers gegen die Vorschriften des TKG *Schmidt*, BB 2009, 1295 (1297); *Koch*, NZA 2008, 911 (911 f.).

472 Hierauf stützt seine ablehnende Haltung maßgeblich *Waltermann*, NZA 2007, 529 (531 f.); *Bloesinger*, BB 2007, 2177 (2182).

473 Dazu ausführlich *Bloesinger*, BB 2007, 2177 (2179 ff.); *Schmidt*, BB 2009, 1295 (1297).

474 Vgl. Besgen/Prinz-*Besgen/Prinz*, § 1 Rn. 9; *Hanau/Hoeren*, S. 22; *Barton*, NZA 2006, 460 (461); *Kramer*, NZA 2004, 457 (459); *Beckschulze*, DB 2003, 2777 (2778); *Dickmann*, NZA 2003, 1009 (1010); *Ernst*, NZA 2002, 585 (586); *Beckschulze/Henkel*, DB 2001, 1491 (1492); *Vehslage*, AnwBl 2001, 145 (146).

475 Auf die Probleme ausdrücklich hinweisend Besgen/Prinz-*Besgen/Prinz*, § 1 Rn. 142; *Schmidt*, BB 2009, 1295 (1297).

476 Vgl. Preis-*Preis*, Der Arbeitsvertrag, II I 10, Rn. 10 f.; *Koch*, NZA 2008, 911 (912 f.).

477 Dies gilt spätestens seit der Aufgabe der Rechtsprechung zur so genannten „gegenläufigen betrieblichen Übung", BAG 18.03.2009, NZA 2009, 601, bestätigt etwa durch 25.11.2009, NZA 2010, 283 (285).

der aufwändige und kostenintensive Ausspruch von Änderungskündigungen gegenüber jedem einzelnen Beschäftigten.[478]

IV. Umfang der Erlaubnis der Privatnutzung

Sollte der Arbeitgeber sich im Grundsatz für die Erlaubnis der Privatnutzung der betrieblichen Kommunikationsanlagen entschieden haben, allerdings über die positive Entscheidung hinsichtlich des „Ob“ der Privatnutzung hinaus keine weitere inhaltliche Ausgestaltung vorgenommen haben, so stellt sich das Problem der Bestimmung des Umfangs der Erlaubnis.[479] Da es sich dabei um eine Willenserklärung des Arbeitgebers handelt, ist diese einer Auslegung nach §§ 133, 157 BGB zugänglich.[480] Maßgeblich ist hierfür der Empfängerhorizont.[481]

Dabei verbietet es sich zunächst, dass der Arbeitnehmer aus seinem eigenen Nutzungsverhalten Rückschlüsse auf den Umfang der Erlaubnis zieht, da er sich im Spannungsfeld von privaten Interessen und arbeitsvertraglichen Pflichten befindet. Weil für die Zeit der Privatnutzung die Arbeit zwangsweise ruht, stehen beide Elemente grundsätzlich in Konflikt miteinander.[482] Der Arbeitnehmer kann nicht davon ausgehen, dass der Arbeitgeber jeglichen Nutzungsumfang billigt, sondern nur in einem Maße, welches die vertraglich festgelegte Arbeitsleistung nicht oder zumindest nicht wesentlich beeinträchtigt.[483] Aufgrund der

---

478 Vgl. ErfK-*Preis*, § 611 BGB Rn. 225; Schaub-*Koch*, § 110 Rn. 26; KZD-*Deinert*, § 11 Rn. 143; HWK-*Thüsing*, § 611 BGB Rn. 233.

479 Vgl. Hoeren/Sieber-*Elschner*, Teil 22.1 Rn. 54 ff.; Besgen/Prinz-*Besgen/Prinz*, § 1 Rn. 84 ff.; ein ähnliches Problem besteht, wenn man die Erlaubnis auf dem Wege der Betrieblichen Übung für möglicht hält.

480 Besgen/Prinz-*Besgen/Prinz*, § 1 Rn. 19; *Vehslage*, AnwBl 2001, 145 (146).

481 Zur Auslegung empfangsbedürftiger Willenserklärungen MüKoBGB-*Busche*, § 133 Rn. 12 ff.; Bamberger/Roth-*Wendtland*, § 133 Rn. 27 ff.; allgemein *Medicus*, Rn. 307 ff.

482 BAG 07.07.2005, NZA 2006, 98 (99 f.); Hoeren/Sieber-*Elschner*, Teil 22.1 Rn. 56; *Dann/Gastell*, NJW 2008, 2945 (2947); *Waltermann*, NZA 2007, 529 (531); *Kramer*, NZA 2004, 457 (460); *Vehslage*, AnwBl 2001, 145 (146); anders ArbG Frankfurt a.M. 14.7.1999, NZA-RR 2000, 135 (136), welches bei erlaubten Privattelefonaten im „normalen Rahmen“ keine Beeinträchtigung der Arbeitsleistung erkennt.

483 BAG 07.07.2005, NZA 2006, 98 (100); Besgen/Prinz-*Besgen/Prinz*, § 1 Rn. 25 und 84; *Beckschulze*, DB 2003, 2777 (2778); *Ernst*, NZA 2002, 285 (586); andere Ansätze in der Rechtsprechung zur Feststellung des Umfangs der Erlaubnis haben sich als zu unkonkret und nicht praktikabel erwiesen, etwa LAG Köln 2.7.1998, LAGE § 1 KSchG Verhaltensbedingte Kündigung Nr. 66, welches ein „ausschweifendes Gebrauchmachen“ als nicht mehr von einer Erlaubnis erfasst ansah, oder LAG Hannover 13.1.1998, NZA-RR 1998, 259 (260), welches dem Arbeitnehmer nur die maßvolle Privatnutzung in „üblichem Rahmen“ zusprach; zu diesen Ansätzen Hoeren/Sieber-*Elschner*, Teil 22.1 Rn. 55.

vertraglich fixierten Verpflichtung[484] und der Treuepflicht gemäß §§ 241 Abs. 2, 242 BGB gegenüber dem Arbeitgeber bezüglich des Unterlassens unternehmensschädigenden Verhaltens[485] kann ein schutzwürdiger Vertrauenstatbestand im Sinne der Vertrauenstheorie genauso wenig angenommen werden wie ein Angebot zur Abänderung der Primärpflichten im Sinne der Vertragstheorie. Vielmehr kann eine Erlaubnis hinsichtlich ihres Umfangs nur beschränkt auf Notfälle, Pausenzeiten und Zeiten ohne Arbeitsanfall angenommen werden, sofern nicht im Rahmen eines Vertrauens- oder Gleitzeitmodells ein kurzfristiges Aussetzen der Arbeitsleistung jederzeit nachgeholt werden kann.[486] Keinesfalls kann aus dem Fehlen ausdrücklich genannter Grenzen auf eine allumfassende Erlaubnis geschlossen werden.[487]

Entsprechendes muss auch gelten für die Art der Nutzung. Nicht jede Nutzung kann im Fall fehlender ausdrücklicher Beschränkungen als erlaubt angesehen werden. Der Arbeitnehmer kann beispielsweise nicht davon ausgehen, dass ein Aufrufen pornographischer Internetseiten grundsätzlich erlaubt ist, denn dies kann sich rufschädigend auf das Unternehmen auswirken.[488]

In der Literatur unterschiedlich beantwortet wird die Frage, wie konkret eine Erlaubnis sich auf das jeweils erfasste Kommunikationsmedium beziehen muss. Teilweise wird eine auf ein Medium beschränkte Erlaubnis übertragen auf sämtliche Kommunikationsanlagen, insbesondere die Erlaubnis der privaten Telefonnutzung auf die private Nutzung des Internets.[489] Eine solche Interpretation lässt aber die teils gravierenden Unterschiede der betroffenen Medien außer Acht. Während ein Telefonanruf außer möglicherweise erhöhten Kosten kaum Risiken für den Arbeitgeber birgt, können E-Mail- und Internetnutzung zwar in der Regel keine zusätzlichen Kosten, aber jeweils gravierende Schäden verursa-

---

484 Diese berechtigt den Arbeitgeber, eine Unterbrechung privater Kommunikation zur Erfüllung vertraglicher Pflichten zu verlangen, dazu bereits BAG 1.3.1973, BB 1973, 704 (704); Besgen/Prinz-*Besgen/Prinz*, § 1 Rn. 25.

485 Vgl. *Kratz/Gubbels*, NZA 2009, 652 (653); Hoeren/Sieber-*Elschner*, Teil 22.1 Rn. 59 ff.; *Hueck/Nipperdey*, Band I S. 242; ausführlich zu Herleitung und Umfang der Nebenpflichten des Arbeitnehmers MünchArbR-*Reichold*, § 47 Rn. 1 ff. m.w.N., der zwischen Verletzungen des Wettbewerbsverhaltens (§ 48) und des Arbeits- und Ordnungsverhaltens (§ 49) unterscheidet.

486 Vgl. Besgen/Prinz-*Besgen/Prinz*, § 1 Rn. 19 ff.; *Kratz/Gubbels*, NZA 2009, 652 (653); *Kramer*, NZA 2004, 457 (460); *Vehslage*, AnwBl 2001, 145 (146); *Ernst*, NZA 2002, 585 (568) sieht eine Beschränkung allein auf die Pausenzeiten.

487 Mit Bezug auf mögliche Kündigungen Besgen/Prinz-*Besgen/Prinz*, § 1 Rn. 89; *Hanau/Hoeren*, S. 24; Preis-*Preis*, Der Arbeitsvertrag, II I 10, Rn. 12.

488 Vgl. *Hanau/Hoeren*, S. 30; *Kratz/Gubbels*, NZA 2009, 652 (653); *Vehslage*, AnwBl 2001, 145 (145); Einzelfälle bei Besgen/Prinz-*Besgen/Prinz*, § 1 Rn. 90 ff.; a.A. *Panzer*, S. 267 f.

489 KZD-*Becker*, § 53 Rn. 79b; *Hanau/Hoeren*, S. 21; *Ernst*, NZA 2002, 585 (586); *Balke/Müller*, DB 1997, 326.

chen.[490] In Betracht kommen hier die Infektion des Betriebsnetzwerkes mit Viren, Reputationsverlust in Bezug auf strafrechtlich relevante Inhalte aufgerufener Internetseiten, Urheberrechtsverletzungen im Internet oder Industriespionage durch Einschleusung von Spähprogrammen.[491] Aufgrund der unterschiedlichen Gefährdungslagen kann dem Arbeitgeber nicht ohne Weiteres unterstellt werden, er wolle alle Kommunikationsmedien gleich behandeln.[492] Vielmehr muss ihm die Möglichkeit zugestanden werden, die Erlaubnis bewusst nur auf einen bestimmten Bereich zu konkretisieren.[493]

Vor dem Hintergrund des intransparenten Umfangs einer pauschalen Erlaubnis empfiehlt sich eine konkrete Ausgestaltung der Grenzen des erlaubten Nutzungsverhaltens, sofern der Arbeitgeber die Privatnutzung der betrieblichen Kommunikationsmittel – entgegen der ausdrücklichen Empfehlung des Verfassers[494] – nicht verbieten will. Auf diese Weise kann zumindest Auslegungsstreitigkeiten vorgebeugt werden.[495]

V. Ausdrückliches Verbot der Privatnutzung

Die aus der Eigentümerstellung des Arbeitgebers erwachsende alleinige Entscheidungsbefugnis hinsichtlich des Umgangs mit den Betriebsmitteln bedingt, dass der Arbeitnehmer ohne eine arbeitgeberseitige Erlaubnis der Privatnutzung keinen grundsätzlichen Anspruch hierauf haben kann.[496] Entsprechend muss dem Arbeitgeber auch ein ausdrückliches Verbot möglich sein.[497] Problematisch

---

490 Besgen/Prinz-*Besgen/Prinz*, § 1 Rn. 22; *Kratz/Gubbels*, NZA 2009, 652 (652); *Kramer*, NZA 2004, 457 (459); *Beckschulze/Henkel*, DB 2001, 1491 (1492); *Dickmann*, NZA 2003, 1009 (1010).

491 Insoweit auch KZD-*Becker*, § 53 Rn. 78; weitere Beispiele bei *Kümpers*, S. 93.

492 Im Ergebnis zustimmend, teilweise zum gleich gelagerten Problem des notwendigen Bezugs zu bestimmten Medien hinsichtlich einer Betrieblichen Übung: *Kümpers*, S. 93; *Kratz/Gubbels*, NZA 2009, 652 (652); *Kramer*, NZA 2004, 457 (459); *Beckschulze/Henkel*, DB 2001, 1491 (1492); a.A. *Ernst*, NZA 2002, 585 (568), der eine Übertragbarkeit zumindest nicht ausschließt.

493 Vgl. *Beckschulze/Henkel*, DB 2001, 1491 (1492).

494 Dazu S. 279 ff.

495 Vgl. *Holzner*, ZRP 2011, 12 (13); *Kratz/Gubbels*, NZA 2009, 652 (656); *Waltermann*, NZA 2007, 529 (530); *Dickmann*, NZA 2003, 1009 (1010); *Ernst*, NZA 2002, 585 (585 f.); vor dem Hintergrund möglicher betriebsbedingter Kündigungen Besgen/Prinz-*Besgen/Prinz*, § 1 Rn. 86; zu beachten ist jedoch das Mitbestimmungsrecht gem. § 87 Abs. 1 Nr. 1 BetrVG, siehe S. 77 ff.

496 Vgl. *Gola/Wronka*, Rn. 734; *Kratz/Gubbels*, NZA 2009, 652 (652); *Beckschulze*, DB 2003, 2777 (2778); *Vehslage*, AnwBl 2001, 145 (145); *Grobys/v.Steinau-Steinrück*, NJW-Spezial 2008, 402 (402); a.A. *Weißnicht*, MMR 2003, 448 (448).

497 Vgl. *Mengel*, BB 2004, 1445, (1446); Rolfs/Giesen/Kreikebohm/Udsching-*Rolfs*, § 1 KSchG Rn. 286; Moll-*Reinfeld*, § 31 Rn. 34.

ist hingegen die Frage, wie weit ein solches Verbot reichen kann, anders formuliert, ob der Arbeitgeber tatsächlich sämtliche privat motivierten Nutzungen der Kommunikationsmittel ausschließen kann.

Dies wird man sicherlich verneinen müssen für den Fall von Notfallsituationen, man denke an die telefonische Information über den versehentlich nicht ausgeschalteten Herd.[498] Zumindest, sofern ein Rückgriff auf im Eigentum des Arbeitnehmers stehende Kommunikationsmittel nicht möglich oder nicht zumutbar ist[499], folgt die Pflicht des Arbeitgebers zur Gestattung einer solchen Privatnutzung bereits aus seiner aus §§ 242, 241 Abs. 2 BGB herleitbaren Fürsorgepflicht.[500] Auch aus § 904 BGB folgt, dass der Arbeitgeber solche Privatnutzungen in Notsituationen, die aufgrund des weit auszulegenden Begriffs der Norm „Einwirkungen" auf sein Eigentum in Gestalt der Telekommunikationsanlagen darstellen[501], nicht mit einem ausdrücklichen Verbot ausschließen kann.

Daneben können aus betrieblichen Gründen private Kommunikationsbedürfnisse ausgelöst werden, etwa kann die Verlegung eines betrieblichen Meetings oder aufgrund eines nicht vorhersehbaren Ereignisses notwendige Mehrarbeit die Absage eines familiären Termins erfordern.[502] Ähnlich gelagert sind beispielsweise Behördenanrufe oder Vereinbarungen von Arztterminen, solange diese nicht außerhalb der Arbeitszeit erfolgen können. In solchen Fällen wird dem Arbeitnehmer im Hinblick auf die Fürsorgepflicht des Arbeitgebers zumindest in den Grenzen der Verhältnismäßigkeit[503] ein Rückgriff auf die betrieblichen Kommunikationsmittel nicht verwehrt werden können.[504] Da der Grund für das Kommunikationsbedürfnis der betrieblichen Sphäre entspringt, wird diese spezielle Fallgruppe teilweise sogar der dienstlichen Nutzung zugerechnet.[505] Dies überzeugt jedoch nicht, da der betriebliche Grund für die Notwendigkeit die prägende Privatmotivation zur Kommunikation nicht aufzuwiegen vermag.[506] Unabhängig von der konkreten Einstufung des Vorgangs als privat oder

---

498 Vgl. *Vehslage*, AnwBl 2001, 145 (145); im Ergebnis *Mengel*, BB 2004, 1445, (1446); *Lindemann/Simon*, BB 2001, 1950 (1953).

499 Darauf hinweisend *Kramer*, NZA 2004, 457 (458).

500 So auch *Kümpers*, S. 91; zur allgemeinen Definition und Herleitung der Fürsorgepflicht des Arbeitgebers MünchArbR-*Reichold*, § 83 Rn. 1 ff. m.w.N.

501 Eine Beschädigung der Sache ist dabei nicht erforderlich, vgl. Bamberger/Roth-*Fritzsche*, § 904 Rn. 10; Erman-*Wilhelmi*, § 904 Rn. 3.

502 *Ernst*, NZA 2002, 585 (588); *Dickmann*, NZA 2003, 1009 (1009 f.); *Vehslage*, AnwBl 2001, 145 (145).

503 *Dickmann*, NZA 2003, 1009 (1009 f.) verlangt eine gewisse Dringlichkeit und Unaufschiebbarkeit.

504 Vgl. zu dieser Fallgruppe *Kramer*, NZA 2004, 457 (458); *Vehslage*, AnwBl 2001, 145 (145).

505 So etwa *Hanau/Hoeren*, S. 20; eine andere Ansicht vertrat hingegen das BAG in seinem Beschluss vom 27.05.1986, DB 1986, 2080 (2084).

506 So auch Hoeren/Sieber-*Elschner*, Teil 22.1 Rn. 52; *Kramer*, NZA 2004, 457 (458); *Bloesinger*, BB 2007, 2177 (2177).

betrieblich wäre ein Verbot solcher Kommunikation mit der Fürsorgepflicht des Arbeitgebers nicht zu vereinbaren.[507]

Problematisch ist der Fall der innerbetrieblichen Kommunikation über betriebsinterne Netzwerke, beispielsweise die Verabredung unter Kollegen zum gemeinsamen Mittagessen in der Kantine per E-Mail oder Telefonanruf.[508] Der Aspekt der Fürsorge verliert zusammen mit der schwindenden Dringlichkeit gegenüber den anderen Fallgruppen an Gewicht. In der Regel wird der Arbeitgeber jedoch vor dem Hintergrund der Wahrung eines leistungssteigernden, positiven Betriebsklimas ein Eigeninteresse an der Erlaubnis solcher Kommunikation haben.[509] Kosten entstehen bei betriebsinterner Kommunikation über betriebseigene Netze regelmäßig nicht.[510] Die Alternative zur Nutzung der betrieblichen Kommunikationsanlagen wäre der persönliche Kontakt, der in der Regel schon aufgrund der Laufwege mehr Zeit kostet und eine längere Unterbrechung der Arbeitsleistung zur Folge hat. Ein Totalverbot jeglicher Kommunikation kann vor dem Hintergrund des Persönlichkeitsschutzes kaum gerechtfertigt werden. In der Zusammenschau wird der Arbeitgeber solche Kommunikation wiederum in den Grenzen der Verhältnismäßigkeit nicht verbieten können, in der Regel aber auch nicht wollen.[511]

Zu Recht nicht gefolgt ist das BAG[512] der Ansicht einiger Instanzgerichte, die einen gewissen Umfang an Privatnutzung generell als sozialadäquate Erscheinung angesehen haben.[513] Motiviert aus denselben Gründen, die auch die Annahme der oben genannten Ausnahmefallgruppen untermauern, schufen die Instanzgerichte einen in seiner Herleitung nicht überzeugenden und in seinem Umfang nicht beherrschbaren Begründungsansatz. Außerhalb der genannten Ausnahmefallgruppen gibt es keine gesetzliche oder vertragliche Grundlage für

507 Im Ergebnis *Mengel*, BB 2004, 1445, (1446); *Ernst*, NZA 2002, 585 (588); *Gola/Wronka*, Rn. 737.

508 Für eine Zuordnung der Fallgruppe Preis-*Preis*, Der Arbeitsvertrag, II I 10 Rn. 5 unter Rückgriff auf die Rechtsprechung des BAG zur Telefonnutzung, BAG 27.05.1986, NJW 1987, 674 (678).

509 Ähnlich argumentiert *Dickmann*, NZA 2003, 1009 (1009 f.).

510 *Holzner*, ZRP 2011, 12 (13).

511 *Mengel*, BB 2004, 1445 (1446); *Ernst*, NZA 2002, 585 (588); a.A. Hoeren/Sieber-*Elschner*, Teil 22.1 Rn. 30, der ausschweifende Inanspruchnahme befürchtet und solche Kommunikation nur bei Erlaubnis des Arbeitgebers zulässt.

512 BAG 07.07.2005, NZA 2006, 98 (100); zustimmend Besgen/Prinz-*Besgen/Prinz*, § 1 Rn. 86; *Schimmelpfennig/Wenning*, DB 2006, 2290 (2290); *Beckschulze*, DB 2003, 2777 (2777).

513 So LAG Köln, 11.02.2005, RDV 2006, 83 (83); ArbG Frankfurt am Main, 02.01.2002, NZA 2002, 1093 (1095); ArbG Wesel, 21.03.2001, NZA 2001, 786 (786).

einen Anspruch auf oder eine Rechtfertigung von Privatnutzung von Kommunikationsanlagen in fremdem Eigentum.[514]

Festgehalten werden kann also, dass ein Totalverbot der Privatkommunikation über die betrieblichen Anlagen nicht ausgesprochen werden kann.[515] Genannte Kommunikationsfälle können nicht wirksam verboten werden. Aus der Eigentümerstellung des Arbeitgebers folgt allerdings bereits, dass der Arbeitnehmer ohne eine ausdrückliche Erlaubnis über diese Fälle hinaus keinen Anspruch auf eine Privatnutzung hat.[516] Sofern also keine Distanzierung von einer vorangegangenen Erlaubnis erfolgt, hat ein ausdrückliches Verbot der Privatnutzung dementsprechend lediglich deklaratorischen Charakter.[517]

VI. Rücknahme einer erteilten Erlaubnis

Sollte der Arbeitgeber sich von einer bereits erteilten Erlaubnis der Privatnutzung wieder distanzieren wollen, so stellt sich die Frage, ob an eine solche Rücknahme besondere rechtliche Anforderungen zu stellen sind.

Grundsätzlich handelt es sich bei der isolierten Erlaubnis um eine freiwillige Leistung des Arbeitgebers, die prinzipiell auch frei widerruflich ist.[518] Eine Direktionsrechtsausübung nach § 106 GewO kann auf demselben Wege wieder beseitigt werden. Dem stehen aber in der Regel die geschlossenen Arbeitsverträge, Betriebsvereinbarungen oder gar Tarifregelungen entgegen, die jeweils nur unter zusätzlichen Voraussetzungen kündbar beziehungsweise auflösbar sind.[519]

Im Falle einer einzelvertraglich fixierten Erlaubnis kommen neben stets möglichen, individuellen Vereinbarungen mit der gesamten Belegschaft insbe-

514 BAG 07.07.2005, NZA 2006, 98 (100); vgl. Preis-*Preis*, Der Arbeitsvertrag, II I 10, Rn. 4; im Ergebnis *Kratz/Gubbels*, NZA 2009, 652 (652), obwohl sie eine gewisse Sozialadäquanz anerkennen.

515 Vgl. *Holzner*, ZRP 2011, 12 (12 f.); *Mengel*, BB 2004, 1445, (1446); *Ernst*, NZA 2002, 585 (588); a.A. *Oberwetter*, NZA 2008, 609 (611).

516 *Hanau/Hoeren*, S. 20; Preis-*Preis*, Der Arbeitsvertrag, II I 10, Rn. 3; *Vietmeyer/Byers*, MMR 2010, 807 (808); *Kratz/Gubbels*, NZA 2009, 652 (652); *Bloesinger*, BB 2007, 2177 (2183); *Kramer*, NZA 2004, 457 (458); *Dickmann*, NZA 2003, 1009 (1010); *Mengel*, BB 2004, 1445 (1446); *Ernst*, NZA 2002, 585 (585).

517 So ausdrücklich Preis-*Preis*, Der Arbeitsvertrag, II I 10, Rn. 57; *Dann/Gastell*, NJW 2008, 2945 (2947); *Ernst*, NZA 2002, 585 (586).

518 Vgl. *Hanau/Hoeren*, S. 22; Hoeren/Sieber-*Elschner*, Teil 22.1 Rn. 30; Besgen/Prinz-*Besgen/Prinz*, § 1 Rn. 26.

519 Darauf hinweisend *Hanau/Hoeren*, S. 22; Besgen/Prinz-*Besgen/Prinz*, § 1 Rn. 26; zu den Möglichkeiten und Voraussetzungen der Beendigung: einer Betriebsvereinbarung GK-BetrVG-*Kreutz*, § 77 Rn. 351 ff.; eines Tarifvertrages Wiedemann-*Wank*, § 4 Rn. 10 ff.

sondere Änderungskündigungen in Betracht.[520] Aufgrund des Charakters der Erlaubnis, die eine bloße Nebenabrede mit geringem Bezug zum synallagmatischen Leistungsverhältnis darstellt, sind hieran keine allzu hohen Anforderungen zu stellen.[521]

Schwieriger ist der Weg über die in der Praxis verbreitete Vereinbarung von Widerrufs- oder Freiwilligkeitsvorbehalten. Da ein individuelles Aushandeln der Vorbehalte mit allen Beschäftigten praktisch ausscheidet, stellen die §§ 305 ff. BGB hohe Anforderungen an beide Klauseltypen, insbesondere hinsichtlich deren Transparenz im Sinne des § 307 Abs. 1 S. 2 BGB.[522] Zudem müssen beide bereits im Rahmen der Erteilung der Erlaubnis in den Arbeitsvertrag einbezogen worden sein, die Möglichkeit einer später notwendigen Rücknahme also von Anfang an bedacht worden sein.

Der Widerruf der Erlaubnis der Privatnutzung als geldwerte Leistung sprengt zwar praktisch nie den von der Rechtsprechung aufgestellten Schwellenwert in Höhe von 25 – 30 % des Gesamtverdienstes des einzelnen Arbeitnehmers[523], sodass ein Widerrufsvorbehalt grundsätzlich denkbar ist. Allerdings fordert eine transparente Vertragsgestaltung die Festlegung von Gründen, die zur Ausübung des Widerrufsvorbehalts ermächtigen.[524] Die vorherige und abschließende Festlegung von nachvollziehbaren Gründen dürfte aber selbst dann Schwierigkeiten aufwerfen, wenn an deren Konkretisierung keine hohen Anforderungen gestellt würden.[525] Erneut gilt: Um im Falle der Feststellung blockierter Kontrollbefugnisse durch die Anwendbarkeit von TKG und TMG die Erlaubnis der Privatnutzung zu widerrufen, müsste der Arbeitgeber diese Möglichkeit bereits im Vorfeld bedacht und als Widerrufsgrund zumindest angedeutet haben.

---

520 Vgl. Besgen/Prinz-*Besgen/Prinz*, § 1 Rn. 26; *Kramer*, NZA 2004, 457 (459).

521 BAG 27.8.2003, NZA 2003, 1029 (1031); Besgen/Prinz-*Besgen/Prinz*, § 1 Rn. 26; *Beckschulze*, DB 2003, 2777 (2778).

522 Zum Transparenzerfordernis BAG 12.01.2005, NZA 2005, 465 (467); 01.03.2006, NZA 2006, 746 (748 f.); Preis-*Preis*, Der Arbeitsvertrag, II V 70 Rn. 11; Besgen/Prinz-*Besgen/Prinz*, § 1 Rn. 27; DBD-*Bonin*, § 307 BGB Rn. 165 ff.; allgemein zu den Anforderungen des Transparenzgebots Ulmer/Brandner/Hensen-*Fuchs*, § 307 BGB Rn. 323 ff.

523 BAG 11.10.2006, NZA 2007, 87 (89); Schaub-*Linck*, § 35 Rn. 84; HWK-*Thüsing*, § 611 BGB Rn. 512; Küttner-*Kania*, Änderungsvorbehalte Rn. 5.

524 Das BAG lässt dabei genügen, wenn zumindest die Art der Widerrufsgründe benannt werden, BAG 12.01.2005, NZA 2005, 465 (467); vgl. ErfK-*Preis*, § 305-310 BGB Rn. 61; HWK-*Thüsing*, § 611 BGB Rn. 512; hinsichtlich des Konkretisierungsgrades ist weiter zu differenzieren zwischen Widerrufsvorbehalten, die sich auf synallagmatische Leistungen beziehen, und solchen, die sich auf nicht im Gegenleistungsverhältnis stehende Leistungen beziehen, vgl. Preis-*Preis*, Der Arbeitsvertrag, II V 70 Rn. 21 und 25.

525 Zu den Anforderungen der Rechtsprechung BAG 12.01.2005, NZA 2005, 465 (467); ein pauschales Abstellen auf „wirtschaftliche Gründe“ genügt jedenfalls nicht, BAG 13.04.2010, NZA-RR 2010, 457 (459 f.).

Ähnliche Probleme stellen sich bei der Implementierung eines Freiwilligkeitsvorbehalts in den Arbeitsvertrag. In Anbetracht der neueren Rechtsprechung[526] sind diese – wenn überhaupt – nur noch bezogen auf Leistungen zulässig, die nicht als Gegenleistung für die Arbeitsleistung des Arbeitnehmers angesehen werden können.[527] Als solche kann die grundsätzlich echte, freiwillige Erlaubnis der Privatnutzung der betrieblichen Kommunikationsanlagen zwar angesehen werden[528], allerdings dürfen über Freiwilligkeitsvorbehalte nicht die Grundsätze ausgehebelt werden, die die Rechtsprechung für Widerspruchsvorbehalte aufgestellt hat, arg. ex § 306a BGB, denn die faktischen Unterschiede beider Klauseltypen sind marginal.[529] Entsprechend bestehen auch in dieser Hinsicht Schwierigkeiten im Hinblick auf eine transparente Formulierung.[530]

Die Rücknahme einer durch Betriebsvereinbarung festgeschriebenen Erlaubnis ist hingegen vor Ablauf der vereinbarten Geltungsdauer ohne eine Beteiligung des Betriebsrates nicht möglich, sofern nicht ausdrückliche Kündigungsmöglichkeiten für den Arbeitgeber vereinbart wurden.[531] Nicht ohne Weiteres möglich ist die Lösung von einer tarifvertraglich fixierten Erlaubnis.[532] Da die Betriebsbezogenheit der Entscheidung bereits die Vereinbarungsebene auf Firmentarifverträge beschränkt[533], kommt eine Distanzierung über die Ablösung des ungewollten Tarifwerkes mit einem spezielleren Tarifvertrag nicht in Betracht.

526 Vgl. dazu die Entscheidungen BAG 25.04.2007, NZA 2007, 853 und insbesondere 08.12.2010, NZA 2011, 628. In Letzterer hält das BAG einen Freiwilligkeitsvorbehalt zur Verhinderung einer Betrieblichen Übung zwar grundsätzlich noch für möglich, stellt an eine transparente Formulierung jedoch enorme Anforderungen, dazu ErfK-*Preis*, § 305-310 BGB Rn. 68.

527 Ausdrücklich Preis-*Preis*, Der Arbeitsvertrag, II V 70 Rn. 63 ff., der Freiwilligkeitsvorbehalte insgesamt nicht mehr für empfehlenswert hält (Rn. 48); unentschieden Bauer/Lingemann/Diller/Haußmann-*Lingemann*, Kap. 2 Rn. 104; a.A. etwa Schaub-*Linck*, § 35 Rn. 67.

528 LAG Nürnberg, 29.1.1987, LAGE Nr. 9 zu § 87 BetrVG 1972, Kontrolleinrichtung S. 2; Hoeren/Sieber-*Elschner*, Teil 22.1 Rn. 30.

529 Preis-*Preis*, Der Arbeitsvertrag, II V 70 Rn. 46; ebenso beispielsweise *Bayreuther*, ZIP 2007, 2009 (2011 ff.) und *Schramm*, NZA 2007, 1325 (1328); ausführlich zum Maßstab der Inhaltskontrolle von Freiwilligkeitsvorbehalten *Preis*, Vertragsgestaltung, S. 414 ff.; a.A. MünchArbR-*Krause*, § 56 Rn. 10 f. m.w.N.

530 Vgl. die Darstellung bei *Kramer*, NZA 2004, 457 (459), der gleichwohl einen Freiwilligkeitsvorbehalt ausdrücklich empfiehlt; ebenso *Beckschulze*, DB 2003, 2777 (2778); Besgen/Prinz-*Besgen/Prinz*, § 1 Rn. 27; Preis-*Preis*, Der Arbeitsvertrag, II V 70 Rn. 50; Küttner-*Kania*, Änderungsvorbehalte Rn. 13; auch Schaub-*Linck*, § 35 Rn. 68, der Freiwilligkeitsvorbehalte ansonsten befürwortet.

531 *Kramer*, NZA 2004, 457 (459); zu den Möglichkeiten und Voraussetzungen der Beendigung einer Betriebsvereinbarung GK-BetrVG-*Kreutz*, § 77 Rn. 351 ff.

532 Zu den Möglichkeiten und Voraussetzungen der Beendigung eines Tarifvertrages ausführlich Wiedemann-*Wank*, § 4 Rn. 10 ff.

533 Dazu allein *Kümpers*, S. 114 f.

Festzuhalten bleibt, dass die Lösung von einer einmal erteilten Erlaubnis der Privatnutzung der betrieblichen Kommunikationsmittel trotz der grundsätzlich freiwilligen Gewährung in allen Fallgruppen nicht unerhebliche Schwierigkeiten bereitet. Es empfiehlt sich auch vor diesem Hintergrund, die möglichen Konsequenzen einer Erlaubnis im Vorfeld zu überdenken.

VII. Zwischenergebnis

Die Zusammenschau der Ergebnisse zeigt, dass der Arbeitnehmer ohne eine Erlaubnis des Arbeitgebers keinen Anspruch auf eine private Nutzung der betrieblichen Kommunikationsanlagen hat. Dem Arbeitgeber steht als Eigentümer der Betriebsmittel die Entscheidung über die Erteilung einer solchen Erlaubnis frei.[534] Möchte er darüber hinaus die Privatnutzungsbefugnisse inhaltlich ausgestalten, so unterliegt dies dem Mitbestimmungsrecht des Betriebsrats gem. § 87 Nr. 1 BetrVG.[535] Fehlt eine Ausgestaltung, so kann der Arbeitnehmer nur von einer auf die Pausen und auf Zeiten ohne Arbeitsanfall beschränkten Erlaubnis ausgehen.[536]

Ein ausdrückliches Verbot der Privatnutzung hat lediglich deklaratorischen Charakter[537], denn ein Totalverbot ist aufgrund verschiedener, nicht auszuschließender Ausnahmesituationen nicht durchsetzbar.[538] Da eine Erlaubniserteilung allerdings auch konkludent durch ein entsprechendes Verhalten des Arbeitgebers möglich ist[539], kann ein ausdrückliches Verbot Auslegungsschwierigkeiten entgegenwirken.[540] Nicht möglich ist hingegen die Herleitung einer Betrieb-

534 *Hanau/Hoeren*, S. 20; Preis-*Preis*, Der Arbeitsvertrag, II I 10, Rn. 3; *Vietmeyer/Byers*, MMR 2010, 807 (808); *Kratz/Gubbels*, NZA 2009, 652 (652); *Kramer*, NZA 2004, 457 (458); *Dickmann*, NZA 2003, 1009 (1010); *Mengel*, BB 2004, 1445 (1446); *Ernst*, NZA 2002, 585 (585).

535 *Hanau/Hoeren*, S. 117; GK-BetrVG-*Wiese*, § 87 Rn. 188 ff.; Richardi-*Richardi*, § 87 Rn. 186; *Fitting*, § 87 Rn. 71; ErfK-*Kania*, § 87 BetrVG Rn. 19; *Kümpers*, S. 103 f.; *Ernst*, NZA 2002, 585 (587).

536 Vgl. Besgen/Prinz-*Besgen/Prinz*, § 1 Rn. 19 ff.; *Kratz/Gubbels*, NZA 2009, 652 (653); *Kramer*, NZA 2004, 457 (460); *Vehslage*, AnwBl 2001, 145 (146).

537 Vgl. Preis-*Preis*, Der Arbeitsvertrag, II I 10, Rn. 57; *Dann/Gastell*, NJW 2008, 2945 (2947); *Ernst*, NZA 2002, 585 (586).

538 Vgl. *Holzner*, ZRP 2011, 12 (12 f.); *Mengel*, BB 2004, 1445 (1446); *Ernst*, NZA 2002, 585 (588).

539 Hoeren/Sieber-*Elschner*, Teil 22.1 Rn. 41; *Däubler*, Internet und Arbeitsrecht, Rn. 184; *Hanau/Hoeren*, S. 21; *Kratz/Gubbels*, NZA 2009, 652 (652); *Kramer*, NZA 2004, 457 (458).

540 Vgl. ausdrücklich Preis-*Preis*, Der Arbeitsvertrag, II I 10, Rn. 57.

lichen Übung über eine Duldung des Arbeitgebers, denn hiermit würde das dogmatische Grundkonzept des Rechtsinstituts gesprengt.[541]

Unabhängig davon sei erneut darauf hingewiesen, dass die Kontrollbefugnisse des Arbeitgebers maßgeblich von der Entscheidung über die Erlaubnis der Privatnutzung der betrieblichen Telekommunikationsanlagen abhängen, denn hieran geknüpft ist die Anwendbarkeit von TKG und TMG.[542] Die Bedeutung der Entscheidung kann vom Arbeitgeber kaum überschätzt werden. Im späteren Verlauf dieser Arbeit wird sich zeigen, dass von einer Erlaubniserteilung insgesamt nur abgeraten werden kann.[543] Vor dem Hintergrund der nicht ganz unproblematischen Distanzierung von einer erteilten Erlaubnis[544] ist es für jeden einzelnen Arbeitgeber von immenser Wichtigkeit, sich die Konsequenzen seines Handelns bewusst zu machen. Häufig bleibt nur der aufwändige und kostenintensive Weg über Änderungskündigungen.[545]

541 Vgl. *Waltermann*, NZA 2007, 529 (532); *Schmidt*, BB 2009, 1295 (1297); *Koch*, NZA 2008, 911 (912); *Bloesinger*, BB 2007, 2177 (2183); *Mengel*, NZA 2004, 1445 (1447).

542 Preis-*Preis*, Der Arbeitsvertrag, II I 10, Rn. 27; ErfK-*Wank*, § 32 BDSG Rn. 23 f.; Simitis-*Seifert*, § 32 Rn. 92; Taeger/Gabel-*Moos*, § 11 TMG Rn. 16; BerlKommTKG-*Säcker*, § 3 Rn. 20; Besgen/Prinz-*Busse*, § 10 Rn. 74; *Däubler*, Rn. 338; *Kümpers*, S. 151; *Spanke*, S. 119.

543 Siehe S. 279 ff.

544 Vgl. Besgen/Prinz-*Besgen/Prinz*, § 1 Rn. 27; Preis-*Preis*, Der Arbeitsvertrag, II I 10, Rn. 10 f.; *Hanau/Hoeren*, S. 22.

545 Insbesondere, sofern mit der noch als herrschend zu betrachtenden Meinung die Etablierung einer Betrieblichen Übung für möglich gehalten wird. Hiervon kommt der Arbeitgeber meist nur mit Änderungskündigungen los, vgl. ErfK-*Preis*, § 611 BGB Rn. 225; Schaub-*Koch*, § 110 Rn. 26; KZD-*Deinert*, § 11 Rn. 143; HWK-*Thüsing*, § 611 BGB Rn. 233.

C. Mitarbeiterkontrolle bei erlaubter Privatnutzung der technischen Einrichtungen

Vorangegangene Erläuterungen unterstreichen die Bedeutung der Grundsatzentscheidung über die Erlaubnis der Privatnutzung der betrieblichen Kommunikationsmittel für die Beurteilung der arbeitgeberseitigen Kontrollbefugnisse. Nachfolgend sollen Mitarbeiterkontrollen bei erlaubter Privatnutzung, die zumindest potentiell anhand der Vorschriften des TKG und TMG zu beurteilen sind[546], fokussiert und mit Bezug auf die Kommunikationsmedien Telefon, Internet und E-Mailing die arbeitgeberseitigen Möglichkeiten zur Prävention und Aufdeckung von Straftaten im Arbeitsverhältnis erörtert werden.

Dazu muss für jedes Kontrollmedium zunächst festgestellt werden, ob und inwieweit der Arbeitgeber damit überhaupt einen Telemediendienst oder einen Telekommunikationsdienst erbringen kann bzw. welche Einflussmöglichkeiten er auf diese Einstufung hat. Anschließend können die in den gebildeten Fallgruppen konkret einschlägigen Rechtsgrundlagen identifiziert und ausgewertet werden.

I. Differenzierung im Falle einer Mischnutzung

Im Zusammenhang mit den Voraussetzungen eines Anbieter-Nutzer-Verhältnisses im Sinne von TKG und TMG wurde bereits angedeutet, dass mit der Erlaubnis allein noch nicht jeder Kommunikationsvorgang automatisch deren Anwendungsbereich unterfällt. Nur sofern der Arbeitnehmer im konkret zu überwachenden Fall die betrieblichen Kommunikationseinrichtungen auch tatsächlich privat nutzt, nimmt er eine gegenüber dem Arbeitgeber eigenständige Position als „dritter“ Nutzer ein.[547] Im Falle der lediglich betrieblichen Nutzung handelt er seinen vertraglichen Pflichten entsprechend für bzw. anstelle des Ar-

546 Deren Anwendbarkeit wurde bereits ausführlich dargelegt, siehe S. 54 ff.

547 Dazu S. 70 ff.; die Bedeutung des Charakters jeder einzelnen Mediennutzung neben der Erlaubnis der Privatnutzung betonen *Däubler*, Rn. 338 ff. und 342; *Kümpers*, S. 151; *Koch*, NZA 2008, 911 (913); *Grobys/von Steinau-Steinrück*, NJW-Spezial 2008, 402 (402 f.); *Mengel*, BB 2004, 1445 (1449); *Ernst*, NZA 2002 585 (587); *Lindemann/Simon*, BB 2001, 1950 (1951); zum wesentlichen Aspekt bei der Feststellung der arbeitgeberseitigen Kontrollbefugnisse machen dies etwa *Wolf/Mulert*, BB 2008, 442 (442 ff.).

beitgebers.[548] Ihm fällt als Besitzdiener zudem keine eigene Besitzposition zu.[549] Die rein dienstliche Nutzung gilt entsprechend unabhängig vom Vorliegen der abstrakten Erlaubnis einer Privatnutzung der betrieblichen Kommunikationsmittel nicht als Telekommunikations- bzw. Telemediendienstleistung im Sinne von TKG und TMG, eine Überwachung solcher Kommunikationsvorgänge richtet sich vielmehr nach dem subsidiären BDSG.[550] Für diese Kommunikationsvorgänge gelten dieselben Grundsätze wie für die Kontrolle bei nicht erfolgter Erlaubnis der Privatnutzung, die im weiteren Verlauf dieser Arbeit noch Gegenstand der Untersuchung sein wird.[551]

Sofern der Arbeitgeber einen Kommunikationsvorgang folglich eindeutig als dienstlich veranlasst identifizieren kann, so richten sich seine Kontrollbefugnisse trotz ausgesprochener Erlaubnis der Privatnutzung nach den Regelungen des BDSG.[552] Problematisch gestaltet sich in diesem Zusammenhang jedoch die Differenzierung zwischen privater und dienstlicher Kommunikation. Die Differenzierung müsste jeder Form der Datenerhebung im Sinne des Datenschutzrechts zwingend vorgeschaltet sein, denn jegliche Datenerhebung ist schon selbst an den datenschutzrechtlichen Vorschriften zu messen, deren Anwendbarkeit kann damit also nicht ermittelt werden.[553] Das Lesen der Betreffzeile einer E-Mail zur Einstufung der Mail als privat oder dienstlich stellt beispielsweise bereits eine Erhebung von Verbindungsdaten dar, deren Zulässigkeit sich je nach Einstufung des Kommunikationsvorgangs selbst an BDSG, TKG oder TMG messen lassen muss.[554] Die sich einem Arbeitgeber bietenden Möglichkeiten einer Differenzierung werden im weiteren Verlauf dieses Abschnitts mit Blick auf jedes einzelne Medium noch erörtert.

Unabhängig vom einzelnen Kontrollmedium und deswegen vor die Klammer zu ziehen ist die Frage, wie mit Kommunikationsvorgängen umzugehen ist, die nicht nach vorstehend geschildertem Muster eindeutig dem dienstlichen oder privaten Bereich zugeordnet werden können. Aufgrund der schwierigen Durch-

548 Ohne eigene Nutzungsrechte tritt er nicht als eigenständiger Nutzer auf, vgl. Berl-KommTKG-*Säcker*, § 3 Rn. 21; Arndt/Fetzer/Scherer-*Fetzer*, § 3 Rn. 23; *Schmidt*, BB 2009, 1295 (1297); *Beckschulze/Henkel*, DB 2001, 1491 (1495 f.).

549 Preis-*Preis*, Der Arbeitsvertrag, II I 10 Rn. 3; Hümmerich/Reufels-*Mengel*, § 1 Rn. 2366; Schaub-*Koch*, § 113 Rn. 5.

550 Vgl. *Däubler*, Rn. 338 ff. und 342; *Kümpers*, S. 151; *Kömpf/Kunz*, NZA 2007, 1341 (1344 f.); *Kratz/Gubbels*, NZA 2009, 652 (653); *Vehslage*, AnwBl 2001, 145 (147).

551 Vgl. etwa Besgen/Prinz-*Busse*, § 10 Rn. 88; siehe S. 151 ff.

552 Vgl. Preis-*Preis*, Der Arbeitsvertrag, II I 10 Rn. 32; *Ernst*, NZA 2002 585 (587).

553 Vgl. *Mengel*, BB 2004, 2014 (2018); *Vogel/Glas*, DB 2009, 1747 (1753); das Problem angerissen, aber nicht konsequent zu Ende gedacht haben *Vogel/Glas*, DB 2009, 1747 (1753), die verkennen, dass bereits das Sichten einer Betreffzeile eine rechtfertigungsbedürftige Datenerhebung darstellt; vgl. auch *Koch*, NZA 2008, 911 (913).

554 Vgl. Simitis-*Seifert*, § 32 Rn. 92; *Mengel*, BB 2004, 2014 (2018); a.A. *Hanau/Hoeren*, S. 61.

führung einer Differenzierung ohne jede Datenerhebung kommt es in der Praxis häufig zu einer so genannten Mischnutzung. Kann der Arbeitgeber eine rechtssichere Differenzierung nicht gewährleisten, was in der Regel auf das vorwerfbare Nichtergreifen entsprechender organisatorischer Maßnahmen zurückzuführen ist, so muss er im Einzelfall stets davon ausgehen, einen Kommunikationsvorgang zu überwachen, welchem die Rechtslage das höchste Schutzniveau zuspricht.[555] Für die Gesamtmenge aller Kommunikationsvorgänge ist somit der strengstmögliche Maßstab anzulegen, in diesem Fall – soviel sei vorweggenommen – derjenige des TKG bzw. des TMG.[556] Mit anderen Worten: Die Erlaubnis der privaten Nutzung „infiziert" im Fall der Mischnutzung den Gesamtbestand aller Kommunikationsvorgänge[557], da andernfalls das gesetzlich für die private Kommunikation vorgeschriebene Schutzniveau nicht aufrechterhalten werden kann.[558]

II. Die Kontrolle des Telefons

Die wohl klassischste Form elektronischer Kommunikation, die im heutigen Berufsalltag noch eine entscheidende Rolle spielt, ist diejenige der Telefonie. Allein ihre lange Historie bedingt bereits eine verglichen mit anderen Kommunikationsarten hohe Dichte an gerichtlicher[559] und literarischer[560] Auseinanderset-

555 Vgl. Besgen/Prinz-*Busse*, § 10 Rn. 88; *Däubler*, Rn. 340; *Heldmann*, DB 2010, 1235 (1239); a.A. *Kratz/Gubbels*, NZA 2009, 652 (655), die von einer Kennzeichnungspflicht des Arbeitnehmers ausgehen, die deren Treuepflicht gegenüber dem Arbeitgeber entspringen soll. Kommunikationsvorgänge ohne Kennzeichnung könne der Arbeitgeber stets als betriebliche Nutzung ansehen.

556 Vgl. Besgen/Prinz-*Busse*, § 10 Rn. 88; Simitis-*Seifert*, § 32 Rn. 92; *Beckschulze*, DB 2003, 2777 (2780).

557 Ausdrücklich *Schimmelpfennig/Wenning*, DB 2006, 2290 (2291); *Beckschulze/Henkel*, DB 2001, 1491 (1494).

558 Dieses Ergebnis empfinden *Kratz/Gubbels*, NZA 2009, 652 (655) als unangemessene Benachteiligung des Arbeitgebers. Sie legen den Beschäftigten die Pflicht auf, private Kommunikation als solche zu kennzeichnen; ebenso *Wuttke*, S. 176 und *Lindemann/Simon*, BB 2001, 1950 (1953). Eine Kennzeichnungspflicht kann nach Ansicht des Verfassers zwar vereinbart werden, dazu S. 100 f., aus dem Gesetz ergibt sie sich jedoch nicht.

559 Juris listet seit der Jahrtausendwende allein von BVerfG, BGH und BAG mehr als 300 Urteile mit dem Stichwort „Telefon" in einem Leitsatz; eine ausführliche Darstellung der Rechtsprechung zur Telefonkontrolle bis zum Jahre 2002 bietet *Höld*, S. 138 (Fn. 432).

560 Mit einem Schwerpunkt auf Kontrollmöglichkeiten beispielsweise: *Beise*, DB 1978, 106; *Moll*, DB 1982, 1722; *Zehner*, DB 1984, 666; *Färber/Kappes*, BB 1986, 520; *Eickhoff/Kaufmann*, BB 1990, 914; *Mengel*, BB 2004, 1445; *Hilbrans*, AuR 2010, 424; zuletzt speziell zur Internettelefonie *Heine/Pröpper*, BB 2010, 2113.

zung. Hinsichtlich des in dieser Arbeit untersuchten Kontrollzwecks verspricht die Überwachung mündlicher Kommunikation potentieller Straftäter aus den Reihen der Belegschaft eine wichtige Informationsquelle für den Arbeitgebers über bevorstehende oder bereits begangene Straftaten. Viele Deliktstypen basieren schließlich auf einem kommunikativen Element, außerdem muss zu Planungszwecken kommuniziert werden, sobald an einer Straftat mehrere Personen zusammenwirken.[561]

Die Einordnung einer telefonischen Kommunikation als Telekommunikation im Sinne des § 3 Nr. 22 TKG bedarf nur eines geringen Argumentationsaufwands. Telekommunikation wird dort definiert als Datenverbreitung mittels Telekommunikationsanlagen, die wiederum gem. § 3 Nr. 23 TKG solche Systeme darstellen, die elektromagnetische oder optische Signale übertragen und empfangen können.[562] Im Falle des Telefons werden akustische Signale elektromagnetisch von einem Gerät zum nächsten transferiert. Mit der Erlaubnis der Privatnutzung des Telefons erbringt der Arbeitgeber in jedem Fall der privaten Nutzung des Telefons eine Telekommunikationsdienstleistung im Sinne des TKG.[563]

Weniger einfach zu beantworten ist die Frage, ob ein Telefonat die zusätzlichen Voraussetzungen eines Telemediendienstes zu erfüllen vermag. Dazu müsste der Arbeitgeber die Kommunikation inhaltlich beeinflussen und über die Kommunikationsanlage mit dem Nutzer interagieren. Ein Telefon bietet hierzu allerdings nur wenige Möglichkeiten.[564] Zu denken wäre in diesem Zusammenhang an elektronische Weiterleitungs- und Empfangssysteme, über die eine Sortierung, Ausscheidung oder Bündelung von Anrufen vorgenommen werden kann. Solche Systeme betreffen jedoch in aller Regel nur eingehende Anrufe, mit dem betriebsangehörigen Nutzer wird nicht interagiert; den Schwerpunkt der gegenüber dem Arbeitnehmer angebotenen Dienstleistung bildet weiterhin die Datenübermittlung.[565] Verbleibende inhaltliche Auswirkungen überschreiten ebenso wenig die für die Anwendbarkeit des TMG notwendige Erheblichkeitsschwelle des § 11 Abs. 3 TMG wie die Möglichkeit der Speicherung von Num-

561 Vgl. *Behling*, BB 2010, 892 (892); zur Bedeutung der Überwachung der Telekommunikation auch *Wybitul*, ZD 2011, 69 (69).

562 Arndt/Fetzer/Scherer-*Fetzer*, § 3 Rn. 82 f.; Scheurle/Mayen-*Lünenbürger*, § 3 Rn. 51 f.; BerlKommTKG-*Säcker*, § 3 Rn. 67 f.

563 Vgl. Simitis-*Seifert*, § 32 Rn. 88; Taeger/Gabel-*Zöll*, § 32 BDSG Rn. 35; *Wellhöner/Byers*, BB 2009, 2310 (2312); *Mengel*, BB 2004, 1445 (1445).

564 Vorsichtig formuliert Preis-*Preis*, Der Arbeitsvertrag, II I 10 Rn. 27; *Mengel*, BB 2004, 1445 (1450) schließt dies gänzlich aus.

565 Vgl. *Schmitz*, ZD. 2011, 104 (105), der eine Reihe weiterer Telefonfunktionen in die Überlegungen einbezieht. In komplexen IVR-Plattformen („Interactive Voice Response") sieht er einen Telemediendienst. Er differenziert jedoch ebenfalls zwischen der Dienstleistung an Betriebsangehörige und an Außenstehende.

mern auf Kurzwahltasten, der Zu- bzw. Abschaltung einer Rufnummernausblendung oder die Verpflichtung zur Kategorisierung aller Anrufe durch Auswahl bestimmter Vorwahlen. „Überwiegend" sind Telekommunikationselemente im Sinne der Vorschrift, wenn deren Anteil an der Gesamtleistung 50% oder mehr ausmachen.[566] Eine inhaltliche Einflussnahme, welche gegenüber der reinen Datenübertragung einen gewichtigeren Anteil an der Gesamtdienstleistung einnähme, ist auch unter Berücksichtigung der rasanten technischen Entwicklung derzeit nur schwer vorstellbar.[567] Dies gilt gleichermaßen für fest installierte wie für mobile Telefone, selbst unter Einbezug der Internettelefonie.[568] Entsprechend sind für Telefondienstleistungen aller Art gem. § 11 Abs. 3 TMG mit Ausnahme der Spezialvorschriften §§ 15 Abs. 8 und 16 Abs. 2 Nr. 4 TMG, die den Umgang mit Daten solcher Nutzer regeln, die nachweislich ein für die Dienstleistung geschuldetes Entgelt nicht vollständig erbringen wollen[569], allein die Normen des TKG zur Beurteilung der gesetzlichen Kontrollbefugnisse des Arbeitgebers relevant.[570]

1. Differenzierungsmöglichkeiten zwischen dienstlicher und privater Kommunikation

Zur Verhinderung einer Mischnutzung, welche im Fall des Telefons die umfassende Anwendbarkeit des TKG auf sämtliche Telekommunikationsvorgänge nach sich zöge, steht dem Arbeitgeber eine durchaus als verbreitet anzusehende Möglichkeit offen, zwischen dienstlichen und privaten Telefonaten zu differenzieren. Die Telefonie bietet die Möglichkeit, über eine bestimmte Taste oder Tastenkombination ein einzelnes Telefonat als privat zu kennzeichnen.[571] Wird

566 Taeger/Gabel-*Moos*, § 11 TMG Rn. 28; BeckTKG-*Wittern/Schuster*, § 3 Rn. 48; Arndt/Fetzer/Scherer-*Fetzer*, § 3 Rn. 85 sieht die Frage, woran ein Überwiegen festgemacht werden kann, noch nicht als geklärt an.

567 Preis-*Preis*, Der Arbeitsvertrag, II I 10 Rn. 27; *Mengel*, BB 2004, 1445 (1450).

568 Vgl. BT-Drs. 16/3078, S. 13 mit der ausdrücklichen Einstufung der Internettelefonie als Telekommunikations- und nicht als Telemediendienst. Vgl. Arndt/Fetzer/Scherer-*Fetzer*, § 3 Rn. 86; *Hoeren*, NZA 2007, 801 (802); differenzierend BerlKomTKG-*Säcker*, § 3 Rn. 73.

569 Vgl. Tager/Gabel-*Moos*, § 12 TMG Rn. 33; zu § 15 Abs. 8 TMG: Tager/Gabel-*Zscherpe*, § 15 TMG Rn. 88 ff.; Spindler/Schuster-*Spindler/Nink*, § 15 TMG Rn. 13; *Müller-Broich*, § 15 Rn. 7; zum Ordnungswidrigkeitenkatalog des § 16 Abs. 1 und 2 TMG: Tager/Gabel-*Moos*, § 16 TMG Rn. 7 ff.

570 Vgl. Preis-*Preis*, Der Arbeitsvertrag, II I 10 Rn. 27; *Wuttke*, S. 175; *Arnold*, S. 164; *Schmitz*, ZD. 2011, 104 (105); *Rudkowski*, ZfA 2011, 287 (292); *Wellhöner/Byers*, BB 2009, 2310 (2312); *Mengel*, BB 2004, 1445 (1450); *Ernst*, NZA 2002, 585 (587).

571 Diese Möglichkeit erkennt auch das BAG an, BAG 27.05.1986, NZA 1986, 643 (649); nach *Wuttke*, S. 176 ist der Arbeitgeber sogar dazu verpflichtet, in den technischen Grenzen des Kommunikationsmediums Differenzierungsmöglichkeiten zu schaffen.

der Arbeitnehmer zu einer solchen selbstständigen Kennzeichnung verpflichtet[572], wäre eine automatische Datenerfassung in der Lage, als privat gekennzeichnete Gespräche bei der Datenerhebung auszusparen bzw. solche Datensätze unkenntlich zu machen. Die Differenzierung zwischen dienstlicher und privater Kommunikation würde dem Arbeitnehmer selbst überantwortet und erfolgte im Vorfeld jeder den datenschutzrechtlichen Regelungen selbst unterworfenen Datenerhebung. Zu einer solchen Verpflichtung ist der Arbeitgeber kraft seiner Eigentümerstellung hinsichtlich der betrieblichen Kommunikationsmittel befugt; sie stellt eine Einschränkung seines Dienstleistungsangebots dar.[573] Die Kennzeichnung kann bei vom Arbeitnehmer initiierten und ebenso bei eingehenden Telefonaten durchgeführt werden. Im Bereich des technisch Möglichen liegt sowohl die Zuweisung einer bestimmten Vorwahl für private Gespräche als auch die Kennzeichnung bei laufender Kommunikation durch Tastendruck.[574]

Sollte der Arbeitnehmer einer ihm obliegenden Kennzeichnungspflicht – die letztlich auch in seinem eigenen Interesse liegt, da er selbst das arbeitgeberseitige Schutzniveau für bestimmte Inhalte verschärfen kann – im Einzelfall nicht nachgekommen sein, so darf der Arbeitgeber von einem dienstlichen Charakter des Kommunikationsvorgangs ausgehen.[575] Eine Privatnutzung ohne Kennzeichnung stellt eine Nutzung dar, die nicht mehr vom Dienstleistungsangebot des Arbeitgebers umfasst ist; eine solche läge mithin außerhalb des zur Anwendbarkeit des TKG notwendigen Anbieter-Nutzer-Verhältnisses.[576] Nicht als solche gekennzeichnete Privatkommunikation unterfiele folglich dem subsidiär anwendbaren BDSG und nicht dem TKG.[577] Eine mögliche Unterschreitung des gesetzlichen Schutzniveaus basiert bei entsprechendem Vorgehen über eine Verpflichtung der Arbeitnehmer nicht länger auf einem Unterlassen arbeitgeberseitiger Differenzierungsmaßnahmen, sondern auf einem Fehlverhalten des Arbeitnehmers. Die Konsequenz einer fehlenden Kennzeichnung ist auch keine

---

572 Dies empfehlen Preis-*Preis*, Der Arbeitsvertrag, II I 10 Rn. 32; vgl. auch *Däubler*, Rn. 340; *Lindemann/Simon*, BB 2001, 1950 (1953).

573 Dem Arbeitgeber steht als Eigentümer der Betriebsmittel die alleinige Entscheidungsbefugnis über den Umgang mit selbigen zu, vgl. *Hanau/Hoeren*, S. 20; Preis-*Preis*, Der Arbeitsvertrag, II I 10, Rn. 3; *Vietmeyer/Byers*, MMR 2010, 807 (808); *Kratz/Gubbels*, NZA 2009, 652 (652); *Kramer*, NZA 2004, 457 (458); *Dickmann*, NZA 2003, 1009 (1010); *Mengel*, BB 2004, 1445 (1446); *Ernst*, NZA 2002, 585 (585).

574 *Beckschulze/Henkel*, DB 2001, 1491 (1494) sehen im Bezug auf die E-Mail-Kommunikation eine Kennzeichnungspflicht als einzige Differenzierungsmöglichkeit, die sich auch in der Praxis durchgesetzt hat.

575 Vgl. *Kratz/Gubbels*, NZA 2009, 652 (655); *Beckschulze/Henkel*, DB 2001, 1491 (1494).

576 Siehe S. 95 ff.

577 Vgl. *Kratz/Gubbels*, NZA 2009, 652 (655, Fußnote 47).

vollständige – einer unzulässigen konkludenten Einwilligung angenäherte[578] – Disposition über die schützenswerten Grundrechtspositionen des Arbeitnehmers, sondern nur eine partielle Herabsetzung des Schutzniveaus auf dasjenige des BDSG.[579] Der Arbeitgeber hat zur Wahrung der Rechte des Arbeitnehmers alles ihm Mögliche veranlasst. Verbleibende Fälle ungekennzeichneter Privatkommunikation werden durch seine berechtigten Kontrollinteressen im Rahmen der Verhältnismäßigkeit aufgewogen.[580]

2. Kontrollmöglichkeiten nach der Systematik des TKG

Zunächst soll der Blick auf diejenigen Kommunikationsvorgänge gerichtet werden, die sämtliche Kriterien der Anwendbarkeit des TKG erfüllen oder von solchen Kommunikationsvorgängen nicht unterschieden werden können und denen deswegen dasselbe Schutzniveau anzulegen ist. Zentrale Norm zur Absteckung der arbeitgeberseitigen Kontrollbefugnisse ist zunächst § 88 TKG.

§ 88 Abs. 2 S. 1 TKG erstreckt zunächst das im Grundsatz nur zwischen Staat und Bürger geltende Fernmeldegeheimnis des Art. 10 Abs. 1 GG auf Anbieter-Nutzer-Verhältnisse im Sinne des TKG, also auch auf Rechtsverhältnisse zwischen Privaten.[581] Jeder Dienstanbieter ist zu seiner Wahrung verpflichtet, also auch der private Arbeitgeber. Die Norm entstand im Kontext der Privatisierung des Fernmeldewesens. Mit der Aufgabe des staatlichen Monopols sah sich der Gesetzgeber zu Recht in der Pflicht, seiner von der Verfassung auferlegten und in Art. 10 GG verkörperten Schutzpflicht nachkommen zu müssen.[582] § 88 Abs. 1 TKG konkretisiert die vom Fernmeldegeheimnis umfassten Aspekte der Telekommunikation. Erfasst sind demnach nicht nur die Inhalte, sondern auch die Umstände eines Kommunikationsvorgangs, also maßgeblich der Zeitpunkt und die Dauer des Telefonats sowie die Identität der Beteiligten.[583] § 88 Abs. 1 S. 2 TKG fasst zudem ausdrücklich bloße Kommunikationsversuche, bei denen es noch gar nicht zu einen Datenaustausch gekommen ist, unter den Schutzbe-

---

578 Simitis-*Simitis*, § 4a Rn. 44; *Grimm/Schiefer*, RdA 2009, 329 (336) unter Hinweis auf BVerfG 23.2.2007, RDV 2007, 115 ff.; *Müller*, S. 37 f.; *Zscherpe*, MMR 2004, 723 (724); vgl. 235 ff.

579 Vgl. *Däubler*, Rn. 341.

580 Zur im Rahmen von § 32 Abs. 1 BDSG anzustellenden Interessenabwägung ausführlich S. 167 ff.

581 Vgl. BerlKommTKG-*Klesczewski*, § 88 Rn. 1; Scheurle/Mayen-*Zerres*, § 88 Rn. 1; *Mengel*, BB 2004, 1445 (1450); *Barton*, NZA 2006, 460 (461).

582 Taeger/Gabel-*Munz*, § 88 TKG Rn. 4; Arndt/Fetzer/Scherer-*Ellinghaus*, § 88 Rn. 6 f.; BerlKommTKG-*Klesczewski*, § 88 Rn. 2.

583 Ausführlich BerlKommTKG-*Klesczewski*, § 88 Rn. 11 ff.; Arndt/Fetzer/Scherer-*Ellinghaus*, § 88 Rn. 13 ff.; *Däubler*, Rn. 367; *Vogel/Glas*, DB 2009, 1747 (1752 f.); *Wolf/Mulert*, BB 2008, 442 (446); *Schimmelpfennig/Wenning*, DB 2006, 2290 (2291); *Barton*, NZA 2006, 460 (461).

reich.[584] § 88 Abs. 2 S. 2 TKG schreibt zusätzlich eine über die Dauer des Anbieter-Nutzer-Verhältnisses hinausgehende Geheimhaltungspflicht fest.[585]

Von der Bindung des privaten Arbeitgebers an das Fernmeldegeheimnis ausgehend normiert § 88 Abs. 3 TKG das präventive Verbot, sich oder dritten Personen von Inhalten oder Umständen eines Telekommunikationsvorganges „Kenntnis zu verschaffen". Damit sind präventiv nicht nur sämtliche Datenerhebungen verboten, welche die Kenntnisnahme einer beliebigen Person beinhalten oder nach sich ziehen.[586] Auch eine nachträgliche Sichtung zunächst rein automatisch erfasster Daten muss sich an denselben Maßstäben messen lassen, die Kenntnisnahme ist hier lediglich zeitlich verschoben. Grundsätzlich sind also alle Formen der Datenerhebung über die Telekommunikation von Arbeitnehmern verboten.[587] Allerdings ermöglicht § 88 Abs. 3 TKG Ausnahmen, wobei sich das TKG dabei stärker als andere datenschutzrechtliche Gesetze an den Zwecken einer Datenerhebung orientiert. Nach § 88 Abs. 3 S. 1 TKG sind zunächst nur diejenigen Datenerhebungen zulässig, die zum Zwecke der geschäftsmäßigen Erbringung der vertraglich geschuldeten Dienstleistungen erforderlich sind.[588] Zusätzlich enthält § 88 Abs. 3 S. 3 TKG eine Öffnung für Zwecke, die in anderen Vorschriften des TKG oder in anderen gesetzlichen Vorschriften mit ausdrücklichem Bezug auf Telekommunikationsvorgänge geregelt sind. Ob unter „gesetzliche Vorschriften" auch Betriebsvereinbarungen oder Tarifverträge subsumiert werden können und inwieweit diese als Rechtfertigungsgrundlage für Mitarbeiterkontrollen geeignet sind, wird später noch Gegenstand der Untersuchung sein.[589] Gleiches gilt für die in § 94 TKG angedeutete Möglichkeit, Kontrollmaßnahmen über Einwilligungen zu rechtfertigen.[590]

An dieser Stelle sollen zunächst nur die unmittelbar von den Regelungen des TKG eingeräumten Kontrollbefugnisse zum Zwecke der Aufdeckung und Prävention von Straftaten durch Mitarbeiter erörtert werden.

584 Dazu Arndt/Fetzer/Scherer-*Ellinghaus*, § 88 Rn. 17; BeckTKG-*Bock*, § 88 Rn. 14; Spindler/Schuster-*Eckhardt*, § 88 TKG Rn. 10.

585 Statt vieler BerlKommTKG-*Klesczewski*, § 88 Rn. 22, der das zeitlich unbegrenzte Bestehen der Geheimhaltungspflicht betont.

586 Scheurle/Mayen-*Zerres*, § 88 Rn. 24; Taeger/Gabel-*Munz*, § 88 TKG Rn. 13; Preis-*Preis*, Der Arbeitsvertrag, II I 10 Rn. 28; *Kratz/Gubbels*, NZA 2009, 652 (655).

587 Vgl. zur Systematik des § 88 Abs. 3 TKG: Preis-*Preis*, Der Arbeitsvertrag, II I 10 Rn. 28; *Schmidt*, BB 2009, 1295 (1296); *Kratz/Gubbels*, NZA 2009, 652 (655); *Vogel/Glas*, DB 2009, 1747 (1753); *Koch*, NZA 2008, 911 (913); *Wolf/Mulert*, BB 2008, 442 (445); *Barton*, NZA 2006, 460 (461); *Mengel*, BB 2004, 1445 (1450); *Vehslage*, AnwBl 2001, 145 (146 f.).

588 Dazu ausführlicher Arndt/Fetzer/Scherer-*Ellinghaus*, § 88 Rn. 25 f.; BerlKommTKG-*Klesczewski*, § 88 Rn. 23; Taeger/Gabel-*Munz*, § 88 TKG Rn. 15; Scheurle/Mayen-*Zerres*, § 88 Rn. 24.

589 Siehe S. 265 ff.

590 Siehe S. 248 ff.

a) Spezielle Voraussetzungen für Kontrollen zur Aufdeckung und Prävention von Straftaten

Der angesprochene und in dieser Arbeit untersuchte Kontrollzweck wird in § 100 Abs. 3 S. 1 TKG aufgegriffen. Dort wird unter anderem der Zweck der Aufdeckung und Unterbindung von „rechtswidrigen Inanspruchnahmen“ der Telekommunikationsnetze als legitim eingestuft.[591] Der Begriff ist weit zu verstehen, bereits eine rein zivilrechtliche Rechtswidrigkeit reicht aus.[592] Nicht ausreichend sind jedoch lediglich vertragswidrige Nutzungen, da sie die Stufe der Rechtswidrigkeit, also des Gesetzesverstoßes, nicht erreichen.[593] Wenn das Vorliegen einer strafbaren Handlung demnach nicht zwingend gefordert ist, genügt im Umkehrschluss eine solche aber in jedem Fall für die Annahme einer „rechtswidrigen Inanspruchnahme“ im Sinne der Vorschrift.[594]

Teilweise wird die Auffassung vertreten, § 100 Abs. 3 TKG sei nur zur Rechtfertigung „telekommunikationsspezifischer Missbräuche“ heranzuziehen.[595] Diese Interpretation findet aber keinen Rückhalt im Wortlaut oder in der Gesetzesbegründung.[596] Der Gesetzgeber schuf in § 100 Abs. 3 S. 1 TKG bewusst einen offenen, über den explizit genannten Missbrauchsfall der Leistungserschleichung hinausgehenden Anknüpfungspunkt.[597] Eine präzise Begriffsdefinition des „telekommunikationsspezifischen Missbrauchs“ bleiben die Vertreter dieser Ansicht schuldig.

Im nächsten Schritt werden die besonderen Voraussetzungen der Rechtfertigung einer Überwachungsmaßnahme zum Zwecke der Prävention und Aufde-

---

591 Vgl. *Kratz/Gubbels*, NZA 2009, 652 (655); *Wolf/Mulert*, BB 2008, 442 (446); *Barton*, NZA 2006, 460 (461 f.). Teilweise wird dem Wortlaut „Aufdecken sowie Unterbinden“ bereits ein Verbot jeglicher präventiver Kontrolle entnommen, so etwa Taeger/Gabel-*Braun*, § 100 TKG Rn. 14. Richtigerweise folgt dieses jedoch allenfalls aus der Dokumentationspflicht, dazu S. 107 ff.

592 Vgl. Arndt/Fetzer/Scherer-*Fetzer*, § 100 Rn. 15; Taeger/Gabel-*Braun*, § 100 TKG Rn. 12; Scheurle/Mayen-*Kannenberg*, § 100 Rn. 26; a.A. *Thüsing*, Rn. 309 f.

593 Vgl. Scheurle/Mayen-*Kannenberg*, § 100 Rn. 26; a.A. BeckTKG-*Wittern*, § 100 Rn. 10; liberal hingegen Besgen/Prinz-*Busse*, § 10 Rn. 93.

594 Vgl. Arndt/Fetzer/Scherer-*Fetzer*, § 100 Rn. 15; Taeger/Gabel-*Braun*, § 100 TKG Rn. 12; Scheurle/Mayen-*Kannenberg*, § 100 Rn. 26.

595 So Hoeren/Sieber-*Elschner*, Teil 22.1 Rn. 108 und *Hoppe/Braun*, MMR 2010, 80 (81).

596 Vgl. dazu die dünnen Ausführungen der Gesetzesbegründung BT-Drs. 15/2316, S. 90; a.A. *Thüsing*, Rn. 310, der hierüber die Heranziehung des § 100 Abs. 3 TKG zur allgemeinen Missbrauchskontrolle ausschließen möchte.

597 Vgl. gegen eine Beschränkung auf „telekommunikationsspezifische Missbräuche“ die weiten Interpretationen der Kommentarliteratur: Arndt/Fetzer/Scherer-*Fetzer*, § 100 Rn. 15; Taeger/Gabel-*Braun*, § 100 TKG Rn. 12; BerlKommTKG-*Klesczewski*, § 100 Rn. 15 ff.; *Vietmeyer/Byers*, MMR 2010, 807 (808 f.) erkennen, dass bei einer engen Auslegung des Missbrauchsbegriffs die paradoxe Situation entstünde, dass missbräuchliche Nutzungen gegebenenfalls als außerordentlicher Kündigungsgrund anerkannt sind, dessen Feststellung im Anwendungsbereich des TKG allerdings gar nicht möglich wäre.

ckung von Straftaten über § 100 Abs. 3 TKG zum Gegenstand der Untersuchung gemacht.

(1) Beschränkung auf bestimmte Datentypen

Anders als im Rahmen des BDSG verzichtete der Gesetzgeber bei der Normierung des TKG auf eine Verankerung einer zentralen Verhältnismäßigkeitsabwägung im Gesetzestext als wesentliche Voraussetzung einer jeden Datenerhebung. Vielmehr wird der Ansatz verfolgt, verschiedene Datenerhebungen zu kategorisieren und deren Zulässigkeit unter bestimmten Auflagen konkret zu erlauben oder zu verbieten.[598] Diesem Bestreben geschuldet ist nicht zuletzt die begriffliche Differenzierung einzelner Datentypen. Das TKG unterscheidet zwischen Bestandsdaten im Sinne des § 3 Nr. 3 TKG, Verkehrsdaten im Sinne des § 3 Nr. 30 TKG und Standortdaten im Sinne des § 3 Nr. 19 TKG. § 100 Abs. 3 S. 1 TKG beschränkt Datenerhebungen zum Zwecke der Aufdeckung und Verhinderung von Missbräuchen nur auf die beiden erstgenannten Datentypen.[599] Dies hat bedeutende Folgen für eine Mitarbeiterkontrolle.

Bestandsdaten gem. § 3 Nr. 3 TKG umfassen alle Daten, die zur Begründung, Gestaltung oder Beendigung des dem Anbieter-Nutzer-Verhältnis zugrunde liegenden Vertragsverhältnisses benötigt werden. Im Wesentlichen sind dies Name und Anschrift des Nutzers, Rufnummer, gegebenenfalls Kontodaten oder Informationen zu den überlassenen Kommunikationseinrichtungen.[600] Bestandsdaten haben jedoch keinen Bezug zu konkreten Kommunikationsvorgängen.[601] Isoliert betrachtet sind sie folglich für einen Erkenntnisgewinn über bevorstehende oder begangene Straftaten ungeeignet.[602] Die Identität eines Nutzers allein lässt noch keine Rückschlüsse auf sein Verhalten zu.

Einen Bezug zu konkreten Kommunikationsvorgängen haben lediglich Verkehrsdaten im Sinne des § 3 Nr. 30 TKG, die entsprechend einen Rückschluss auf das Verhalten des jeweiligen Nutzers erlauben.[603] Der allgemeinen Definiti-

598 Vgl. *Mengel*, BB 2004, 1445 (1450); das in §§ 88 Abs. 1 und Abs. 3 TKG verankerte System wird in der Kommentarliteratur „Zweckbindungsgrundsatz“ genannt, dazu Scheurle/Mayen-*Zerres*, § 88 Rn. 27 ff.; BerlKommTKG-*Klesczewski*, § 88 Rn. 26 ff.; Taeger/Gabel-*Munz*, § 88 TKG Rn. 15 f.

599 Vgl. Scheurle/Mayen-*Kannenberg*, § 100 Rn. 31 f.; Arndt/Fetzer/Scherer-*Fetzer*, § 100 Rn. 13; *Kratz/Gubbels*, NZA 2009, 652 (655); *Barton*, NZA 2006, 460 (462); *Vietmeyer/Byers*, MMR 2010, 807 (809);

600 Scheurle/Mayen-*Lünenbürger*, § 3 Rn. 9; Arndt/Fetzer/Scherer-*Fetzer*, § 3 Rn. 14 ff.

601 BerlKommTKG-*Säcker*, § 3 Rn. 9.

602 Vgl. *Hilber/Frik*, RdA 2002, 89 (93).

603 Vgl. BerlKommTKG-*Säcker*, § 3 Rn. 97, der aber zu Recht darauf hinweist, dass streng genommen nur das Verhalten eines anonymen Nutzers an einem identifizierbaren Telefonanschluss erfasst wird. Im Arbeitsleben ist jedoch ein Rückschluss von einer Tele-

on des § 3 Nr. 30 TKG folgend versteht das Gesetz unter Verkehrsdaten alle Informationen, die im Zusammenhang mit der Erbringung der Dienstleistung durch den Dienstanbieter erhoben werden.[604] Die zunächst umfassende Ermächtigung des § 100 Abs. 3 S. 1 TKG zur Erhebung sämtlicher Verkehrsdaten wird jedoch durch § 96 Abs. 1 TKG eingeschränkt. Letzterer begrenzt abschließend den Kreis derjenigen Verkehrsdaten, die zu nach Teil 7 Abschnitt 2 des TKG zulässigen Zwecken erhoben werden dürfen.[605] Der Katalog zulässig zu erhebender Daten umfasst im Grundsatz auch genau diejenigen Verkehrsdaten, die mit Blick auf eine mögliche Straffälligkeit des Nutzers für den Arbeitgeber von Interesse sind. Zu nennen wären hier insbesondere die beteiligten Anschlüsse und Personen nach § 96 Abs. 1 Nr. 1 TKG sowie Beginn und Dauer der einzelnen Kommunikationsvorgänge nach § 96 Abs. 1 Nr. 2 TKG. Zu beachten ist außerdem, dass über § 96 Abs. 1 Nr. 1 TKG für den Fall der Kommunikation über Mobiltelefone sogar die Erhebung von Standortdaten im Sinne der §§ 3 Nr. 19, 98 TKG möglich wäre, zu denen § 100 Abs. 3 TKG allein nicht ermächtigt.[606]

Demgegenüber sieht das TKG keine Möglichkeit vor, konkrete Inhalte eines Kommunikationsvorgangs zur Prävention oder Aufdeckung von Straftaten zu überwachen.[607] Die §§ 91 ff. TKG setzen keinerlei Befugnisse zur Erhebung solcher Daten fest, auf eine Definition verzichtet das Gesetz völlig. Einzig § 88 Abs. 3 S. 1 TKG nimmt Bezug auf Kommunikationsinhalte, ermöglicht eine Datenerhebung allerdings nur, sofern diese zur geschäftsmäßigen Erbringung der Telekommunikationsdienstleistungen erforderlich ist, nicht jedoch zur Missbrauchskontrolle im weiteren Sinne.[608] Ohne die Möglichkeit eines Rückgriffs

---

fonanlage auf einen Mitarbeiter aufgrund der Zuordnung der Anschlüsse in der Regel wenig problematisch.

604 Vgl. Scheurle/Mayen-*Lünenbürger*, § 3 Rn. 81; BerlKommTKG-*Säcker*, § 3 Rn. 96; Arndt/Fetzer/Scherer-*Fetzer*, § 96 Rn. 3.

605 Vgl. BerlKommTKG-*Klesczewski*, § 96 Rn. 4; Taeger/Gabel-*Munz*, § 96 TKG Rn. 5; Scheurle/Mayen-*Büttgen*, § 96 Rn. 6 f.; Arndt/Fetzer/Scherer-*Fetzer*, § 96 Rn. 3 mahnt eine partielle Aufweichung des abschließenden Charakters durch § 96 Abs. 1 Nr. 5 TKG an.

606 Ausführlich dazu BerlKommTKG-*Klesczewski*, § 96 Rn. 6 f., allerdings ohne Bezug zum speziellen Zweck der Missbrauchskontrolle, den er in Rn. 4 noch anerkennt; vgl. *Arnold*, S. 159.

607 Preis-*Preis*, Der Arbeitsvertrag, II I 10 Rn. 30; Besgen/Prinz-*Busse*, § 10 Rn. 99; *Kratz/Gubbels*, NZA 2009, 652 (655); *Oberwetter*, NZA 2008, 609 (611); *Beckschulze/Henkel*, DB 2001, 1491 (1496); *Mengel*, BB 2004, 1445 (1451) stimmt dem grundsätzlich zu, verweist aber auf Ausnahmen in Notwehr- und Notstandslagen; dies schließt hingegen *Barton*, NZA 2006, 460 (462) mangels entsprechender Öffnung des § 88 TKG aus; ebenfalls für Ausnahmen in Extremfällen *Vietmeyer/Byers*, MMR 2010, 807 (809).

608 Vgl. BerlKommTKG-*Klesczewski*, § 88 Rn. 23; Scheurle/Mayen-*Zerres*, § 88 Rn. 25; *Lindemann/Simon*, BB 2001, 1950, (1953); *Wolf/Mulert*, BB 2008, 442 (446), die jedoch im Falle eines konkreten Straftatverdachts ausnahmsweise eine Einsicht in die Kommunikationsinhalte als zulässig erachten.

auf Gesprächsinhalte, also die Kommunikation im engeren Sinne, ist die Erlangung von stichhaltigen Beweisen für eine begangene oder geplante Straftat allerdings schwierig[609], weswegen speziell im Falle des Straftatverdachts über Ausnahmen diskutiert wird.[610] Für solche Ausnahmen findet sich jedoch keine ausdrückliche Stütze im Gesetzeswortlaut.[611] Bereits aus diesem Grund gestaltet sich die Konzeption effektiver Kontrollen im Sinne der Compliance-Verpflichtung schwierig.[612]

Mit Verkehrsdaten allein ließen sich aber zumindest Indizien zusammentragen, beispielsweise in Form einer auffälligen Häufung oder ungewöhnlichen Dauer von Kommunikationsvorgängen zwischen zwei Personen. Diese können in anderem Zusammenhang entstandene Vermutungen be- oder entkräften.[613] Eine dennoch notwendige Inhaltsdatenerhebung obläge dann den vom Arbeitgeber einzuschaltenden Ermittlungsbehörden.[614] Dies steht jedoch unter der Bedingung, dass eine Erhebung von Verbindungsdaten durch den Arbeitgeber überhaupt möglich ist.

(2) Dokumentation von Verdachtsmomenten

An Schärfe gewinnt das zuvor geschilderte Problem durch eine weitere Voraussetzung des § 100 Abs. 3 S. 1 TKG. Dieser ermöglicht eine Datenerhebung bzw. Verwendung bereits erhobener Daten nur, sofern der Arbeitgeber zuvor Anhaltspunkte für eine rechtswidrige Inanspruchnahme dokumentiert hat. Die Erlangung solcher Verdachtsmomente gestaltet sich hingegen speziell innerhalb eines Arbeitsverhältnisses besonders schwierig.[615]

Es ist bereits unklar, wie konkret die Verdachtsmomente im Sinne des § 100 Abs. 3 S. 1 TKG auf einen drohenden oder bereits stattgefundenen Missbrauch hindeuten müssen. Einerseits bedarf es einer gewissen Tatsachengrundlage, um

609 Ein Problem im Zusammenhang mit der Compliance-Verpflichtung des Arbeitgebers erkennt *Behling*, BB 2010, 892 (892); Besgen/Prinz-*Busse*, § 10 Rn. 100 befürwortet dieses Ergebnis mit dem Argument, der Arbeitgeber sei keine Ermittlungsbehörde.

610 *Beckschulze/Henkel*, DB 2001, 1491 (1494); *Lindemann/Simon*, BB 2001, 1950, (1953); *Raffler/Hellich*, NZA 1997, 862 (863 f.); *Vietmeyer/Byers*, MMR 2010, 807 (809); strenger Hoeren/Sieber-*Elschner*, 22.1. Rn. 110, der eine Ausnahme nur für den Fall des Bestehens einer Anzeigepflicht gem. § 138 StGB zulässt.

611 Anders nur die Ansicht von *Mengel*, BB 2004, 1445 (1451), die auf strafrechtliche Rechtfertigungstatbestände hinweist. Demgegenüber *Barton*, NZA 2006, 460 (462).

612 Dazu S. 143 ff.

613 Vgl. *Heinson*, DB 2010, 3084 (3084).

614 Vgl. Besgen/Prinz-*Busse*, § 10 Rn. 100.

615 Vgl. *Spanke*, S. 127 ff.; *Vietmeyer/Byers*, MMR 2010, 807 (808); *Wolf/Mulert*, BB 2008, 442 (446); *Barton*, NZA 2006, 460 (462); *Mengel*, BB 2004, 1445 (1450 f.).

einen Verdacht von einer schlichten Vermutung abgrenzen zu können.[616] Andererseits erscheint die teilweise in älterer Literatur zu findende Forderung, die Verdachtsmomente müssten einen dringenden Tatverdacht begründen, zu streng.[617] Durch die Beschränkung der Datenerhebung gem. § 96 TKG auf spezielle Verkehrsdaten ist der Eingriff in die Rechte der Kommunikationspartner als vergleichsweise gering einzustufen. Flankiert von den schützenswerten Interessen des Arbeitgebers stünde er nicht mehr im Verhältnis zur Wahrscheinlichkeitsschwelle der Tatbegehung, ab der eine solche Maßnahme erst durchgeführt werden könnte. Nachvollziehbarer erscheint eine Anlehnung an einen Anfangsverdacht im Sinne des § 152 Abs. 2 StPO.[618] Dieser liegt bereits vor, wenn Tatsachen eine Straftatbegehung zumindest möglich erscheinen lassen.[619] Selbst ein Anfangsverdacht, der nur eines vergleichsweise geringen Konkretisierungsgrades bedarf, erfordert einen gewissen Bezug zu der Person, die zum Ziel einer Ermittlungsmaßnahme gemacht wird.[620] Aus vollständig anonymisierten Daten, gegen deren Erhebung datenschutzrechtlich aufgrund der fehlenden Rückführbarkeit auf einzelne Personen keine Bedenken bestehen, kann sich entsprechend allein kein im Sinne des § 100 Abs. 3 S. 1 TKG ausreichender Verdacht ergeben.[621]

Vom zu fordernden Verdachtsgrad unabhängig ist darüber hinaus die Frage, wie ein Arbeitgeber überhaupt Verdachtsmomente im Sinne des TKG erlangen kann. Auf der einen Seite könnte er sich auf die Sondierung von oder Zufallsfunde aus anderen Quellen als der Telekommunikationskontrolle verlassen. Damit genügt er allerdings nicht den Anforderungen seiner Compliance-Verpflichtung, denn eine ausreichend strukturierte Strafbarkeitsprävention kann

616 Eine Tatsachengrundlage verlangen BerlKommTKG-*Klesczewski* § 100 Rn. 15; Arndt/Fetzer/Scherer-*Fetzer*, § 100 Rn. 13; moderater Scheurle/Mayen-*Kannenberg*, § 100 Rn. 30, der nur eine „ansatzweise" Stütze durch Tatsachen verlangt.

617 Vgl. Arndt/Fetzer/Scherer-*Fetzer*, § 100 Rn. 13; a.A. noch BeckTKG-*Büchner*, 2. Aufl. Anh. § 98, § 7 TDSV Rn. 3.

618 Arndt/Fetzer/Scherer-*Fetzer*, § 100 Rn. 13; ebenso, allerdings ohne Bezug auf den strafrechtlichen Begriff des Anfangsverdachts BerlKommTKG-*Klesczewski* § 100 Rn. 16.

619 Vgl. statt vieler *Meyer-Goßner*, § 152 Rn. 4; KK StPO-*Schoreit*, § 152 Rn. 28.

620 Sobald sich eine Ermittlungsmaßnahme gegen eine bestimmte Person richtet, zwingt bereits der Verhältnismäßigkeitsgrundsatz die Staatsanwaltschaft dazu, eine Verbindung zwischen Zielperson und Straftat herzustellen, vgl. KK StPO-*Schoreit*, § 152 Rn. 30. Den Verdacht auf eine Beschäftigtengruppe zu beziehen ist unzulässig, vgl. *Meyer-Goßner*, § 152 Rn. 5, nach dem es nicht angängig ist, ein Verfahren ohne nähere Konkretisierung „gegen die Verantwortlichen einer Firma" zu führen.

621 Sollte sich tatsächlich ein Verdacht gegen eine bestimmte Person oder Personengruppe ergeben, dann handelte es sich von vornherein nicht um anonymisierte Daten; a.A. *Beckschulze*, DB 2003, 2777 (2779), allerdings bezogen auf Verdachtsmomente im Sinne des BDSG; mit Bezug auf das TKG ebenso *Barton*, NZA 2006, 460 (462), der allerdings das Problem häufig fehlender Entgeltlichkeit der Dienstleistungen des Arbeitgebers sieht; vgl. auch *Spanke*, S. 126.

hierüber nicht gewährleistet werden.[622] Da eine Vielzahl von Delikten aufgrund eines mehr oder minder bedeutsamen kommunikativen Tatbestandselements allein oder zumindest überwiegend auf der Kommunikationsebene für den Arbeitgeber erkennbare Spuren hinterlassen, bliebe im Ergebnis jede Sondierung anderer Quellen nach Verdachtsmomenten effektiv hinter der Sondierung der Telekommunikation zurück oder wäre gänzlich ohne Erfolgsaussichten.[623] Zu nennen wären hier beispielsweise die Straftatbestände der Bestechung und Bestechlichkeit, Geheimnisverrat, aber auch Erpressung, Bedrohung oder verschiedene Formen der Beleidigung. Völlig ohne Rückgriff auf Telekommunikationsdaten ließe sich ein ausreichender Verdacht für solche Straftaten in der Regel nicht erlangen. Die Compliance-Verpflichtung umfasst allerdings die gesamte Bandbreite möglicher Straftaten.[624] Folglich kann eine Organisation der Kontrolle des Arbeitnehmerverhaltens über dritte Quellen den Anforderungen einer umfassenden Compliance allein nicht genügen.[625]

Auf der anderen Seite wäre es grundsätzlich möglich, Verdachtsmomente vollständig oder zumindest teilweise aus der Telekommunikation der zu überwachenden Zielgruppe selbst zu erlangen. Allerdings handelt es sich bei diesen Verdachtsmomenten auch um personenbezogene Daten, die in den Grenzen der anzuwendenden datenschutzrechtlichen Vorschriften zulässig erhoben worden sein müssen.[626] Im Falle der Telefonkontrolle müsste also das TKG selbst die Möglichkeit bieten, Daten zur Begründung eines Verdachtsmoments im Sinne des § 100 Abs. 3 S. 1 TKG erheben zu können. Fraglich ist also, welche Norm des TKG einem Arbeitgeber die Befugnis zur Anlegung eines Datenstamms zur Begründung eines Verdachts erteilt.

Ausgangspunkt dieser Überlegung muss erneut § 88 Abs. 3 S. 1 TKG sein, der den Kernzweck einer Datenerhebung normiert, den der Gesetzgeber bei der Verabschiedung des Gesetzes im Blick hatte: Die Erhebung solcher Daten, die zur „geschäftsmäßigen Erbringung der Telekommunikationsdienste" erforderlich sind.[627] Insbesondere werden dabei Daten zum Schutz der technischen Sys-

622 Dazu ausführlich S. 143 ff.

623 Vgl. ausdrücklich *Behling*, BB 2010, 892 (892); vgl. auch *Thüsing*, Rn. 264 im Bezug auf E-Mails; eine Pflicht zur Überwachung der Telekommunikation im Zusammenhang mit Compliance andeutend Preis-*Preis*, Der Arbeitsvertrag, II I 10 Rn. 18; die Bedeutung der Überwachung der Telekommunikation zur Strafbarkeitsbekämpfung verdeutlichen etwa *Wybitul*, ZD 2011, 69 (69) oder *Hoppe/Braun*, MMR 2010, 80 (80).

624 Auf einen Konflikt zwischen Compliance-Pflichten und den Beschränkungen des TKG weist plakativ *Behling*, BB 2010, 892 (893 f.) hin; vgl. dazu auch *Thüsing*, NZA 2011, 16 (19); *de Wolf*, NZA 2010, 1206 (1206).

625 Der Konflikt zwischen den Regelungen des TKG und der Compliance-Verpflichtung wird an anderer Stelle umfassend dargestellt: S. 143 ff.

626 Preis-*Preis*, Der Arbeitsvertrag, II I 10 Rn. 29; Besgen/Prinz-*Busse*, § 10 Rn. 95; *Spanke*, S. 126; *Barton*, NZA 2006, 460 (462).

627 Vgl. die Gesetzesbegründung zur Ursprungsfassung des heutigen § 88 TKG (§ 85 TKG a.F.): BT-Drs. 13/3609, S. 54.

teme ausdrücklich erfasst. § 100 Abs. 1 TKG enthält zudem eine ausdrückliche Ermächtigung zur Erhebung von Verkehrsdaten zum Erkennen, Eingrenzen oder Beseitigen von Störungen oder Fehlern" an den Kommunikationsanlagen. Da allerdings auf dem heutigen technischen Stand der Telefonie auch bei intensiv pflichtwidriger Nutzung durch einzelne oder auch mehrere Arbeitnehmer die abstrakte Funktionsfähigkeit des betrieblichen Telefonnetzes nicht gefährdet wird, ist die Erforderlichkeit einer Datenerhebung zu diesem Zweck schlicht nicht gegeben.[628] Eine Netzüberlastung oder ähnliche Systemgefahr, zu deren Verhinderung der Rückgriff auf im Vorfeld erhobene Daten erforderlich wäre, ist nahezu ausgeschlossen.

Neben dem Systemschutz gehört maßgeblich auch die Abrechnung der Dienstleistungen zu deren geschäftsmäßiger Erbringung. Diesen Ansatz greift § 97 Abs. 2 TKG auf, der Datenerhebungen zu diesem Zweck zusätzlichen Voraussetzungen unterwirft.[629] Sowohl Anbieter als auch Nutzer haben ein Interesse an einer korrekt erstellten Rechnung, dem Anbieter muss zu diesem Zweck ein ausreichender Datenstamm zur Verfügung stehen. Im Wesentlichen muss er Anzahl, Dauer und gegebenenfalls Art der Einzelverbindungen nachvollziehen können.[630] Die genaue Identifikation externer Anschlüsse ist hierzu allerdings nicht erforderlich.[631] Auch ohne diese Information können in den Regelanwendungsfällen des TKG über § 88 Abs. 3 S. 1 TKG ausreichende Verdachtsmomente erlangt werden, die zu einer gezielteren Überwachung im Sinne des § 100 Abs. 3 S. 1 TKG berechtigen.[632] Im Arbeitsverhältnis besteht jedoch das Problem, dass dem Arbeitnehmer eine Telefonnutzung regelmäßig gar nicht in Rechnung gestellt wird.[633] Diese ist schließlich häufig Teil seiner arbeitsvertraglich

---

628 Vgl. Preis-*Preis*, Der Arbeitsvertrag, II I 10 Rn. 28; *Spanke*, S. 128, stellt zustimmungswürdig fest, dass ein Arbeitnehmer, der IT-Systeme zwar nicht den arbeitgeberseitigen Vorgaben entsprechend, aber insgesamt ordnungsgemäß nutzt, keine Störung der Kommunikationsanlagen verursacht.

629 Vgl. Arndt/Fetzer/Scherer-*Fetzer*, § 97 Rn. 8 ff.; BerlKommTKG-*Klesczewski* § 97 Rn. 7; *Barton*, NZA 2006, 460 (461); Besgen/Prinz-*Busse*, § 10 Rn. 80 ff.

630 Vgl. *Däubler*, Rn. 367; grundsätzlich ermöglicht § 97 Abs. 2 TKG die Erhebung aller personenbezogenen Daten, sofern sie nur die Erforderlichkeitsschwelle überschreiten. Die Aufzählung des Abs. 2 ist wegen der offenen Formulierung des § 97 Abs. 2 Nr. 3 TKG nicht abschließend; Scheurle/Mayen-*Büttgen*, § 97 Rn. 4; Arndt/Fetzer/Scherer-*Fetzer*, § 97 Rn. 8; a.A. BerlKommTKG-*Klesczewski* § 97 Rn. 7.

631 *Vietmeyer/Byers*, MMR 2010, 807 (809); *Mengel*, BB 2004, 1445 (1451); *Lindemann/Simon*, BB 2001, 1950 (1953); a.A. *Hilber/Frik*, RdA 2002, 89 (93).

632 Vgl. *Spanke*, S. 131; Besgen/Prinz-*Busse*, § 10 Rn. 95 f.

633 Vgl. Preis-*Preis*, Der Arbeitsvertrag, II I 10 Rn. 28; *Barton*, NZA 2006, 460 (462); *Mengel*, BB 2004, 1445 (1451); *Ernst*, NZA 2002, 585 (587); *Lindemann/Simon*, BB 2001, 1950 (1953); *Vehslage*, AnwBl 2001, 145 (147); *Vietmeyer/Byers*, MMR 2010, 807 (808 f.).

geschuldeten Leistung.[634] Sofern der Arbeitgeber keine geeigneten Differenzierungsmöglichkeiten ergreift, kann er auch nicht allein die Privatnutzung in Rechnung stellen. Eine Abrechnung erfolgt in diesen Fällen gar nicht, eine Datenerhebung zu diesem Zweck wäre entsprechend nicht erforderlich.[635]

Die verbleibenden, zur Erbringung einer unentgeltlichen Leistung erforderlichen Daten sind Bestandsdaten im Sinne des § 3 Nr. 3 TKG, was auch § 95 TKG andeutet, die allerdings keinen Rückschluss auf das Verhalten des Nutzers erlauben und deswegen zur Prävention oder Aufdeckung von Straftaten ungeeignet sind.[636]

Über die vorstehenden Ansatzpunkte hinaus finden sich im TKG keine Regelungen, die einem Arbeitgeber die Erhebung von im Hinblick auf die Erlangung eines Verdachtsmoments im Sinne des § 100 Abs. 3 S. 1 TKG aussagekräftigen Daten ermöglichen.[637] Auch der Vorschlag, der Arbeitgeber könne bei entsprechenden Verdachtsmomenten auf den Datenstamm des externen Telekommunikationsdienstleisters zurückgreifen, welcher zu Abrechnungszwecken gegenüber dem Arbeitgeber schließlich die seinerseits erforderlichen Verkehrsdaten erheben dürfe[638], schafft diesbezüglich keine Abhilfe. Ein solcher Rückgriff entbindet den Arbeitgeber nämlich ebenfalls nicht von der Pflicht zur vorherigen Dokumentation von Verdachtsmomenten, die wiederum nicht über eine Telefonkontrolle zu erlangen sind. Der Konflikt mit den Compliance-Anforderungen bestünde unverändert fort.[639]

Im Ergebnis ist festzuhalten, dass das TKG im Regelfall der unentgeltlichen Dienstleistung des Arbeitgebers in seinem gesamten Anwendungsbereich jeglicher Überwachung der telefonischen Kommunikation der Belegschaft entgegensteht.[640]

---

634 Im Extremfall liegt die geschuldete Leistung sogar ausschließlich in der Telefonnutzung, etwa bei Mitarbeitern in einem Call-Center. Zu den Besonderheiten in diesem Bereich ausführlich *Jordan/Bissels/Löw*, BB 2008, 2626 (2626 ff.).

635 Vgl. Besgen/Prinz-*Busse*, § 10 Rn. 81; *Mengel*, BB 2004, 1445 (1451); das Problem erkennen auch *Wolf/Mulert*, BB 2008, 442 (445), beziehen sich allerdings auf E-Mails.

636 Vgl. *Kümpers*, S. 154; zum geringen Nutzen einer Erhebung von Bestandsdaten im Sinne des TMG auch Besgen/Prinz-*Busse*, § 10 Rn. 124.

637 Vgl. Preis-*Preis*, Der Arbeitsvertrag, II I 10 Rn. 28; Hoeren/Sieber-*Elschner*, Kapt. 22.1 Rn. 106; *Spanke*, S. 131; *Wolf/Mulert*, BB 2008, 442 (446); *Barton*, NZA 2006, 460 (462); *Mengel*, BB 2004, 1445 (1450 f.).

638 So *Mengel*, BB 2004, 1445 (1451), deren Ansicht letztlich ebenfalls auf Bedenken gegen den Ausschluss jeglicher Missbrauchskontrolle durch den Arbeitgeber im Anwendungsbereich des TKG zurückzuführen ist.

639 Siehe S. 262 f. und S. 271 f.

640 Einen Kontrollausschluss als Konsequenz der Anwendung des TKG erkennen etwa Preis-*Preis*, Der Arbeitsvertrag, II I 10 Rn. 32; *Mattl*, S. 83 ff.; *Däubler*, Rn. 366 ff.; *Gola/Wronka*, Rn. 331; HK-ArbR-*Hilbrans*, § 32 BDSG Rn. 22; *Spanke*, S. 131; *Thüsing*, NZA 2011, 16 (19); *Vogel/Glas*, DB 2009, 1747 (1753); *Oberwetter*, NZA 2008, 609 (611); *Schimmelpfennig/Wenning*, DB 2006, 2290 (2291); *Ernst*, NZA 2002, 585

b) Zwischenergebnis

Sofern der Arbeitgeber die Privatnutzung der betrieblichen Telefone erlaubt, ist eine Kontrolle der telefonischen Privatkommunikation der Arbeitnehmer an den Maßstäben des TKG zu messen.[641] Wenn er darüber hinaus keine Maßnahmen ergreift, um private von betrieblicher Nutzung im Vorfeld einer Datenerhebung unterscheiden zu können, gilt das hohe Schutzniveau des TKG für sämtliche Verbindungen.[642] Dessen Regelungen werden den Besonderheiten des Arbeitsverhältnisses jedoch nicht gerecht.[643] Die Überwachung der Telefonkommunikation eines Mitarbeiters unterliegt einer Vielzahl von Beschränkungen.[644] Die Kenntnisnahme von Gesprächsinhalten sieht das TKG in keinem Fall als zulässig an, auch nicht zum Zwecke der Prävention oder Aufdeckung von Straftaten durch die Beschäftigten.[645] Die Erhebung von Verkehrsdaten, die zumindest Hinweise auf bereits begangene oder zukünftige Straftaten enthalten könnten, wird aufgrund zusätzlicher Voraussetzungen nahezu unmöglich. Speziell die für Missbrauchskontrollen jeder Art in § 100 Abs. 3 S. 1 TKG statuierte Pflicht, ausreichende Verdachtsmomente zu dokumentieren, erweist sich bei wortlautgetreuer Anwendung der Vorschrift häufig als unüberwindliches Hindernis.[646] Der Gesetzgeber übersieht, dass in der Praxis private Telefonnutzungen dem Arbeitnehmer selten tatsächlich in Rechnung gestellt werden.[647] Sofern zu Abrech-

---

(587); *Lindemann/Simon*, BB 2001, 1950 (1953); a.A. etwa *Lunk*, NZA 2009, 457 (460).

641 Vgl. Preis-*Preis*, Der Arbeitsvertrag, II I 10 Rn. 27; *Wuttke*, S. 175; *Arnold*, S. 164; *Schmitz*, ZD. 2011, 104 (105); *Rudkowski*, ZfA 2011, 287 (292); *Wellhöner/Byers*, BB 2009, 2310 (2312); *Mengel*, BB 2004, 1445 (1450); *Ernst*, NZA 2002, 585 (587).

642 Vgl. *Ernst*, NZA 2002, 585 (587).

643 Vgl. *Haußmann/Krets*, NZA 2005, 259 (261); deswegen fordern zu Recht den Ausschluss der Anwendbarkeit des TKG auf das Arbeitsverhältnis im Rahmen des Entwurfs zum Beschäftigtendatenschutzgesetz etwa *Thüsing*, NZA 2011, 16 (19); *Beckschulze/Natzel*, BB 2010, 2368 (2374); *de Wolf*, NZA 2010, 1206 (1210).

644 Vgl. speziell zu Beschränkungen der Kontrolle telefonischer Kommunikation: *Wellhöner/Byers*, BB 2009, 2310 (2312); *Mengel*, BB 2004, 1445 (1450 f.). Bezogen auf andere Kommunikationsmedien etwa: *Vietmeyer/Byers*, MMR 2010, 807 (808 f.); *Kratz/Gubbels*, NZA 2009, 652 (655); *Wolf/Mulert*, BB 2008, 442 (445); *Barton*, NZA 2006, 460 (461).

645 Preis-*Preis*, Der Arbeitsvertrag, II I 10 Rn. 30; Besgen/Prinz-*Busse*, § 10 Rn. 99; *Kratz/Gubbels*, NZA 2009, 652 (655); *Oberwetter*, NZA 2008, 609 (611); *Barton*, NZA 2006, 460 (462); *Beckschulze/Henkel*, DB 2001, 1491 (1496); exemplarisch für Ausnahmen über den Gesetzeswortlaut hinaus: *Mengel*, BB 2004, 1445 (1451) und *Vietmeyer/Byers*, MMR 2010, 807 (809).

646 Vgl. Preis-*Preis*, Der Arbeitsvertrag, II I 10 Rn. 28; *Spanke*, S. 127 ff.; *Wolf/Mulert*, BB 2008, 442 (446); *Barton*, NZA 2006, 460 (462); *Mengel*, BB 2004, 1445 (1450 f.).

647 Dies erkennen Preis-*Preis*, Der Arbeitsvertrag, II I 10 Rn. 28; *Barton*, NZA 2006, 460 (462); *Mengel*, BB 2004, 1445 (1451); *Ernst*, NZA 2002, 585 (587); *Lindemann/Simon*,

nungszwecken damit keine Datenerhebung erforderlich ist, fehlt dem Arbeitgeber eine Möglichkeit, einen ausreichenden Datenstamm anzulegen, aus dem sich Verdachtsmomente als Voraussetzung einer gezielteren Überwachung ergeben können. Er bleibt auf die Erlangung von Verdachtsmomenten aus anderen Quellen angewiesen, über die er seiner Compliance-Verpflichtung jedoch kaum gerecht werden kann.[648]

Im Ergebnis schließen die Regelungen des TKG eine arbeitgeberseitige Kontrolle der telefonischen Kommunikation der Beschäftigten regelmäßig aus.[649] Den berechtigten Interessen des Arbeitgebers aus dem jeder Mitarbeiterkontrolle zugrunde liegenden Interessenkonflikt verweigert das TKG bei wortlautgetreuer Anwendung jegliche Bedeutung. Inwieweit diese Rechtslage hinzunehmen ist oder korrigiert werden kann, bedarf noch ausführlicher Erörterung.[650] Nachfolgend soll zunächst die Ausgangslage bei Mitarbeiterkontrollen über andere Kommunikationsmedien untersucht werden.

III. Die Kontrolle des Internetverhaltens

Kein anderes Informationsmedium prägte das gesellschaftliche Leben der Neuzeit intensiver als das Internet. Das Symbol technischen Fortschritts bestimmt seit geraumer Zeit den Arbeitsalltag zumindest aller Arbeitnehmer in Bürotätigkeiten. Längst hat ein Internetanschluss den Charakter eines Luxusguts verloren. Die Gewährung eines Zugangs zur Vereinfachung der Erfüllung arbeitsvertraglicher Pflichten kann mittlerweile durchaus als üblich angesehen werden, sein dienstlicher Gebrauch wird vielfach vom Arbeitgeber sogar vorausgesetzt.[651]

Mit zunehmender Verbreitung des Mediums entwickelt sich auch der Variantenreichtum seines Missbrauchs. Das Internet bietet in einem scheinbar anonymen Umfeld nahezu unbegrenzte Möglichkeiten, Informationen jeder Art zu erlangen oder zu verbreiten. Leider umfasst diese Informationsvielfalt auch strafbare Inhalte. Für den Arbeitgeber besteht beispielsweise die latente Gefahr

BB 2001, 1950 (1953); *Vehslage*, AnwBl 2001, 145 (147); *Vietmeyer/Byers*, MMR 2010, 807 (808 f.).

648 Siehe S. 143 ff.

649 Vgl. Fn. 640.

650 Ausführlich S. 139 ff.

651 Nach Angaben des Statistischen Bundesamtes nutzten im Jahr 2011 63% aller Erwerbstätigen mindestens einmal pro Woche während der Arbeitszeit einen Computer (im Jahre 2003 waren es noch 46%). 54 % der Erwerbstätigen waren im Jahre 2011 über den Arbeitsplatzcomputer mit dem Internet verbunden (31 % im Jahre 2003). Informationen abrufbar unter: „https://www.destatis.de/DE/Publikationen/Thematisch/Informationsgesellschaft/Unternehmen/InformationstechnologieUnternehmen.html“. Letzter Abruf am 01.07.2012.

der Verbreitung von Geschäftsgeheimnissen, der Verletzung von Urheberrechten durch Mitarbeiter, der Computersabotage durch Einschleusen von Viren oder das Verbreiten beleidigender Inhalte.[652] Jede Onlineaktivität hinterlässt Spuren, weswegen eine Rückführbarkeit auf den genutzten Rechner und damit auch auf das Arbeitsverhältnis stets möglich ist.[653] Dem Arbeitgeber drohen neben direkten Vermögensschäden mittelbare Reputationsschäden.[654] Internetforen bieten zudem die Möglichkeit eines kommunikativen Austausches über geplante oder bereits begangene Straftaten oder zur Vorbereitung von diversen Anschlussdelikten. Bereits anhand dieses knappen Aufrisses verschiedener Missbrauchsmöglichkeiten wird deutlich, dass der Arbeitgeber neben der Wahrnehmung seiner Compliance-Verpflichtung auch erhebliche Eigeninteressen an einer Überwachung des Internetverhaltens seiner Beschäftigten hat.[655]

Zwei Sonderformen der Internetnutzung sollen in nachfolgender Erörterung unbeachtet bleiben: Zum einen der gesamte Bereich des „E-Mailings", welcher noch gesondert untersucht wird.[656] Zum anderen der Bereich der Internettelefonie, welcher an denselben Maßstäben zu messen ist wie die klassische Telefonnutzung, die vorstehend bereits Gegenstand der Untersuchung gewesen ist.[657]

1. Telekommunikations- oder Telemediendienst

Zunächst bedarf der Erörterung, anhand welchen Gesetzes sich die Kontrollbefugnisse des Arbeitgebers bestimmen lassen. Dies wiederum ist davon abhängig,

---

652 Vgl. *Wuttke*, S. 189; *Wellhöner/Byers*, BB 2009, 2310 (2310); *Rath/Karner*, K&R 2007, 446 (450); ausführlich zum Bereich der Computer- und Internetkriminalität *Beukelmann*, NJW-Spezial 2004, 135 (135 ff.); *Spanke*, S. 27 f. liefert weitere Zahlen zur privaten Internetnutzung durch Beschäftigte.

653 Vgl. *Vehslage*, AnwBl 2001, 145 (145); *Spanke*, S. 221; *Höld*, S. 185 f.; dass derzeit eine Anonymität im Netz derzeit nur schwer bis gar nicht zu gewährleisten ist, zeigt etwa der Beitrag von *Hoeren*, ZRP 2010, 251 (253); demgegenüber eine Anmerkung von *Henrichs*, ZRP 2011, 155 (155 f.).

654 Plakativ *Wybitul*, BB 2009, 1582 (1582); *Thüsing*, Rn. 40; *Passarge*, NZI 2009, 86 (86); *v.Hehn/Hartung*, DB 2006, 1909 (1911); *Lindemann/Simon*, BB 2001, 1950 (1950); ausführlich zur Dimension von *Strothmeyer*, S. 42 ff.

655 Vgl. exemplarisch *Behling*, BB 2010, 892 (892); zur Compliance-Verpflichtung des Arbeitgebers siehe S. 25 ff.

656 Dazu S. 125 ff.

657 Die Gleichbehandlung von VoIP-Diensten und klassischer Telefonie in datenschutzrechtlicher Hinsicht betont die Gesetzesbegründung zum TMG BT-Drs. 16/3078, S. 13; *Hoeren*, NJW 2007, 801 (802); *Heine/Pröpper*, BB 2010, 2113 (2113 ff.); *Spanke*, S. 245 ff., differenziert zwischen der Überwachung von Verbindungsdaten, für die die Grundsätze der E-Mail-Kontrolle gelten sollen, und Inhaltsdaten, für die die Grundsätze der Telefonkontrolle gelten sollen; zu VoIP im Allgemeinen ausführlich *Holznagel/Bonnekoh*, MMR 2005, 585 (585) und *Meinberg/Grabe*, K&R 2004, 409 (409 ff.).

ob der Arbeitgeber mit der Bereitstellung eines Internetzugangs einen Telekommunikations- oder Telemediendienst erbringt.

Das „Surfen" im Internet unterscheidet sich auf den ersten Blick von der klassisch unmittelbaren Kommunikation, bei der zwischen zwei oder mehr Parteien gegenseitig Informationen ausgetauscht werden. Allerdings unterfällt sie dennoch der Definition der Telekommunikation im Sinne des § 3 Nr. 22 TKG, da elektromagnetische Daten zwischen Computern übertragen und empfangen werden.[658] Informationen in Form von Texten, Bildern, Videos oder sonstigen Anwendungen werden über eine Internetseite einer in der Regel unbegrenzten Vielzahl von Personen dauerhaft und zur wiederholten Nutzung zur Verfügung gestellt. Es sind somit immer zwei Parteien beteiligt: Der Ersteller und ein Nutzer der konkret abgerufenen Information. Jede Nutzung eines betrieblichen Internetanschlusses unterfällt als Telekommunikation folglich potentiell dem Anwendungsbereich des TKG, sofern durch eine vorangegangene Erlaubnis der Privatnutzung ein Anbieter-Nutzer-Verhältnis zwischen Arbeitgeber und Arbeitnehmer entstanden ist.[659]

Im Gegensatz zur telefonischen Kommunikation bestehen bei der Bereitstellung eines Internetanschlusses jedoch zahlreiche Möglichkeiten, auf die angebotene Dienstleistung inhaltlich einzuwirken. Wenn der Arbeitgeber in dieser Hinsicht Einfluss auf die Dienstleistung nimmt, erfüllt diese die zusätzlichen Voraussetzungen eines Telemediums. Wenn die Erheblichkeitsschwelle des § 11 Abs. 3 TMG überschritten wird, wäre das TMG maßgeblich für seine Kontrollbefugnisse.[660] Eine typische Form der inhaltlichen Einflussnahme ist etwa die Gestaltung eines betriebseigenen Internetportals, welches für jede Internetnutzung zunächst passiert werden muss.[661] Dem Arbeitgeber steht die inhaltliche Gestaltung dieses Portals offen. Er bestimmt gezielt, mit welchen Informationen seine Arbeitnehmer im Zusammenhang mit der Nutzung des Internetanschlusses konfrontiert werden. Eine weitere Möglichkeit der inhaltlichen Einflussnahme bietet die Konfiguration des Browsers. Beispielhaft wirkt der Arbeitgeber mit

---

658 Vgl. Arndt/Fetzer/Scherer-*Ellinghaus*, § 88 Rn. 37; BerlKommTKG-*Säcker*, § 3 Rn. 67; Scheurle/Mayen-*Zerres*, § 88 Rn. 6.

659 Vgl. Besgen/Prinz-*Busse*, § 10 Rn. 75; Preis-*Preis*, Der Arbeitsvertrag, II I 10 Rn. 27; *Spanke*, S. 121; *Vietmeyer/Byers*, MMR 2010, 807 (808); *Wellhöner/Byers*, BB 2009, 2310 (2310); *Kratz/Gubbels*, NZA 2009, 652 (654); *Barton*, NZA 2006, 460 (461); *Lindemann/Simon*, BB 2001, 1950 (1951); *Vehslage*, AnwBl 2001, 145 (146); *Beckschulze/Henkel*, DB 2001, 1491 (1496).

660 Vgl. Besgen/Prinz-*Busse*, § 10 Rn. 119; Taeger/Gabel-*Moos*, § 11 TMG Rn. 31; *Beckschulze/Henkel*, DB 2001, 1491 (1495); Spindler/Schuster-*Holznagel/Ricke*, § 10 TMG Rn. 10; das TMG bzw. seine Vorgänger für unanwendbar halten etwa *Hanau/Hoeren*, S. 43 f.; *Mengel*, BB 2004, 1445 (1450); so auch *Ernst*, NZA 1997, 585 (587); *Vehslage*, AnwBl 2001, 145 (146).

661 Vgl. Besgen/Prinz-*Busse*, § 10 Rn. 119; *Kümpers*, S. 146; etwas umständlich formuliert Taeger/Gabel-*Moos*, § 11 TMG Rn. 15 f.; nach *Spanke*, S. 133 f., überschreiten arbeitgeberseitige Internetdienstleistungen die Schwelle des § 11 Abs. 3 TMG nie.

einer Beschränkung der Nutzung auf bestimmte Internetseiten, einem Ausschluss des Aufrufs bestimmter Inhalte und Dateiformate, einer Begrenzung der Downloadmengen bis hin zur vollständigen Verhinderung des Downloads bestimmter Dateiformate oder der Festlegung fixer Zeitfenster für eine Nutzung des Anschlusses erheblich auf die praktischen Nutzungsmöglichkeiten der Arbeitnehmer ein. Nicht selten dürfte im Einzelfall die reine Übertragungsleistung im Vergleich zur selektiven Einschränkung der nahezu unbegrenzten Nutzungsmöglichkeiten in den Hintergrund treten, die Dienstleistung des Arbeitgebers sich also nicht mehr überwiegend im Telekommunikationsangebot erschöpfen.[662] Es bedarf einer Abwägung im konkreten Einzelfall, ob die inhaltliche Einflussnahme im Sinne des § 11 Abs. 3 TMG für eine Anwendbarkeit des TMG ausreicht.[663] Die bloße Bereitstellung eines Browsers ohne besondere zwingende Voreinstellungen genügt hierzu jedenfalls nicht.[664]

Hinsichtlich der Anwendbarkeit der telekommunikationsrechtlichen Gesetze kommt es folglich auf die Ausgestaltung der Dienstleistung im Einzelfall an. Im weiteren Verlauf sollen nach einem kurzen Blick auf Separationsmöglichkeiten die Konsequenzen der Anwendung sowohl des TKG als auch des TMG auf die Kontrollbefugnisse des Arbeitgebers erörtert werden.

2. Differenzierungsmöglichkeiten zwischen dienstlicher und privater Nutzung

Verglichen mit der Telefonnutzung gestaltet sich die effektive Trennung von dienstlicher und privater Nutzung des betrieblichen Internetzugangs für den Arbeitgeber wesentlich problematischer.[665] Eine Internetnutzung lässt sich nur schwer in einzelne private oder dienstliche Einheiten einteilen. Eine Vermischung in einem einzelnen Anwendungsvorgang, etwa durch schnelle Wechsel zwischen verschiedenen Inhalten oder gar durch eine zeitliche Überlappung in

662 Vgl. Besgen/Prinz-*Busse*, § 10 Rn. 122; Preis-*Preis*, Der Arbeitsvertrag, II I 10 Rn. 27; Hoeren/Sieber-*Elschner*, Kapitel 22.1 Rn. 120 ff.

663 Nach der Rechtsprechung des OVG Münster, 19.03.2003, NJW 2003, 2183 (2185) ist die Vermittlung eines Internetzugangs zwar grundsätzlich als Telekommunikationsdienst anzusehen, dies schließt eine abweichende Interpretation im Einzelfall aber nicht aus; vgl. Besgen/Prinz-*Busse*, § 10 Rn. 122.

664 Die Gesetzesbegründung zu § 11 Abs. 3 TMG führt das „Access-Providing" ausdrücklich als Beispiel einer überwiegenden Übertragungsleistung an, BT-Drs. 16/3078, S. 15; vgl. Taeger/Gabel-*Moos*, § 11 TMG Rn. 31; *Kümpers*, S. 145 f.; *Hoeren*, NJW 2007, 801 (802).

665 Vgl. *Kümpers*, S. 192, der in der Zuweisung getrennter Accounts die einzige Möglichkeit der Differenzierung sieht. *Gola/Schomerus*, § 32 Rn. 18 deuten eine technische Unmöglichkeit an; *Vietmeyer/Byers*, MMR 2010, 807 (809); *Wellhöner/Byers*, BB 2009, 2310 (2310).

Form der parallelen Öffnung mehrerer Internetseiten wird hier der Regelfall sein.

In der Literatur wird vereinzelt vorgeschlagen, dem Arbeitnehmer zwei separate Internetzugänge bereitzustellen, einen für private und einen für dienstliche Nutzung.[666] Die Verpflichtung, Privatnutzungen nur über einen bestimmten Zugang zu beschränken, enthöbe zumindest den anderen Zugang aus dem Anwendungsbereich des TKG und des TMG. Zur Begründung kann auf die Ausführungen zur Telefonie verwiesen werden.[667]

Ungeachtet der rechtlichen Vorteile, die eine Anwendbarkeit des BDSG auf betriebliche Internetnutzung verspricht, hat sich diese Vorgehensweise in der Praxis jedoch nicht durchgesetzt. Viele Arbeitgeber scheuen den organisatorischen (und damit auch finanziellen) Mehraufwand oder sind sich der zugrunde liegenden Problematik gar nicht bewusst.[668] Im Falle der Internetnutzung wird es entsprechend regelmäßig zu einer undifferenzierbaren Mischnutzung kommen, folglich eine Kontrolle der gesamten Nutzung an den Maßstäben der telekommunikationsrechtlichen Spezialgesetze zu messen sein.[669]

3. Kontrollmöglichkeiten nach der Systematik des TKG

Sofern der Arbeitgeber sich auf die Bereitstellung eines Internetzugangs beschränkt und seine Kontrollbefugnisse den Regelungen des TKG zu entnehmen sind, ergeben sich nur wenige Unterschiede im Vergleich zu den Befugnissen zur Telefonüberwachung.

Wiederum unterliegen sämtliche anfallenden Daten dem Telekommunikationsgeheimnis des § 88 Abs. 3 S. 3 TKG. Die Rechtfertigung einer Überwachung zum Zwecke der Aufdeckung und Prävention von Straftaten kann sich nur aus § 100 Abs. 3 TKG ergeben.[670] Erneut stellen sich Probleme aufgrund der Beschränkung einer Datenerhebung auf bestimmte Datentypen und der Pflicht zur vorherigen Dokumentation von Verdachtsmomenten.[671]

---

666 *Kümpers*, S. 192; *Koch*, NZA 2008, 911 (913); *Beckschulze*, DB 2003, 2777 (2779); *Dickmann*, NZA 2003, 1009 (1011).

667 Siehe S. 100 f.; exemplarisch am Beispiel der E-Mail *Kratz/Gubbels*, NZA 2009, 652 (655) und *Beckschulze/Henkel*, DB 2001, 1491 (1494).

668 Vgl. Preis-*Preis*, Der Arbeitsvertrag, II I 10 Rn. 32; Besgen/Prinz-*Busse*, § 10 Rn. 89; *Beckschulze*, DB 2003, 2777 (2779).

669 Vgl. Besgen/Prinz-*Busse*, § 10 Rn. 88; Simitis-*Seifert*, § 32 Rn. 92; Preis-*Preis*, Der Arbeitsvertrag, II I 10 Rn. 32; *Schimmelpfennig/Wenning*, DB 2006, 2290 (2291); *Beckschulze*, DB 2003, 2777 (2780); *Beckschulze/Henkel*, DB 2001, 1491 (1494).

670 Vgl. Besgen/Prinz-*Busse*, § 10 Rn. 75 ff.; Preis-*Preis*, Der Arbeitsvertrag, II I 10 Rn. 29; *Spanke*, S. 125; *Kümpers*, S. 155; *Kratz/Gubbels*, NZA 2009, 652 (655); teilweise wird dessen Anwendbarkeit auf telekommunikationsspezifische Missbräuche beschränkt, dazu *Vietmeyer/Byers*, MMR 2010, 807 (808 f.).

671 Siehe insgesamt die Ausführungen zur Telefonkontrolle, S. 101 ff.

Die Kenntnisnahme von konkreten Inhalten, also von allen Daten mit Bezug zur Interaktion des Mitarbeiters mit den von ihm geöffneten Internetseiten, ermöglicht das TKG auch hinsichtlich der Internetnutzung nicht.[672] Eine Datenerhebung durch den Arbeitgeber bliebe in jedem Fall beschränkt auf Verbindungs- und zur Zweckerreichung ungeeignete Bestandsdaten.[673] Die Titel der besuchten Internetseiten können grundsätzlich ebenfalls nicht erfasst werden. Sie sind nicht ohne weiteres mit den Rufnummern von Telefonanschlüssen gleichzusetzen, da sich aus den Titeln regelmäßig Hinweise auf Nutzungsinhalte ergeben.[674] Der Katalog des § 96 Abs. 1 TKG sieht eine entsprechende Datenerhebung auch nicht vor. Unter § 96 Abs. 1 Nr. 5 TKG lässt sich eine Erfassung der Titel nicht subsumieren, denn von ihnen hängt das für die Telekommunikationsdienstleistung anfallende Entgelt nicht ab.[675]

Eines besonderen Augenmerks bedarf die in § 96 Abs. 1 Nr. 2 und Nr. 4 TKG erwähnte Erhebung der übermittelten Datenmengen. Diese können in Kombination mit weiteren Verdachtsmomenten durchaus Hinweise auf eine illegale Aktivität eines Nutzers geben.[676] Allerdings wird die Erhebung der übermittelten Datenmengen an die Voraussetzung der Erforderlichkeit allein zu Abrechnungszwecken gebunden.[677] In Zeiten von Flatrates und Standleitungen ist eine Abrechnung jedoch regelmäßig davon nicht mehr abhängig, ein Festhalten der übermittelten Datenmengen also auch nicht erforderlich.[678]

Aus gleichem Grund ist die Erlangung eines ausreichenden Datenstammes, um Verdachtsmomente im Sinne des § 100 Abs. 3 S. 1 TKG dokumentieren zu

672 Vgl. Besgen/Prinz-*Busse*, § 10 Rn. 100; Preis-*Preis*, Der Arbeitsvertrag, II I 10 Rn. 30; *Wellhöner/Byers*, BB 2009, 2310 (2310); *Kratz/Gubbels*, NZA 2009, 652 (655); *Weißnicht*, MMR 2003, 448 (449); *Vehslage*, AnwBl 2001, 145 (146 f.).

673 Vgl. Besgen/Prinz-*Busse*, § 10 Rn. 78; *Kratz/Gubbels*, NZA 2009, 652 (655); *Barton*, NZA 2006, 460 (461 f.).

674 Vgl. *Altenburg/v.Reinersdorff/Leister*, MMR 2005, 135 (137); *Weißnicht*, MMR 2003, 448 (449); am Beispiel der Betreffzeile einer E-Mail Besgen/Prinz-*Besgen/Prinz*, § 1 Rn. 46.

675 § 96 Abs. 1 Nr. 5 TKG dient als entwicklungsoffener Auffangtatbestand für nach zukünftigen Abrechnungssystemen erforderliche Daten, vgl. BerlKommTKG-*Klesczewski*, § 96 Rn. 11; Arndt/Fetzer/Scherer-*Fetzer*, § 96 Rn. 11.

676 Vgl. Besgen/Prinz-*Busse*, § 10 Rn. 94; nach *Weißnicht*, MMR 2003, 448 (451) ist die Kenntnis der angewählten Internetadressen zur Feststellung von Pflichtverletzungen ausreichend; dem entgegnet *Spanke*, S. 226 zustimmungswürdig, dass allein anhand der Adressen die Schwere möglicher Pflichtverletzungen nicht abschließend bestimmt werden kann.

677 Das LG Darmstadt stellte in seinem Urteil vom 25.01.2006, MMR 2006, 330 (331) zutreffend fest, dass eine Erhebung der übermittelten Datenmenge bei „Flatrate"-Tarifen nicht erforderlich ist; vgl. BerlKommTKG-*Klesczewski*, § 96 Rn. 7; Scheurle/Mayen-*Büttgen*, § 96 Rn. 8; Arndt/Fetzer/Scherer-*Fetzer*, § 96 Rn. 8.

678 Vgl. Besgen/Prinz-*Busse*, § 10 Rn. 84; Scheurle/Mayen-*Büttgen*, § 96 Rn. 8.

können, kaum möglich.[679] Grundsätzlich kommt es – verglichen mit der Telefonnutzung – praktisch noch seltener dazu, dass einem Arbeitnehmer die Privatnutzung des Internetanschlusses tatsächlich in Rechnung gestellt wird[680], nicht zuletzt aufgrund der bereits angesprochen schwierigen bzw. unüblichen Differenzierung zwischen privater und betrieblicher Kommunikation. Der Arbeitgeber ist auf zu dokumentierende Verdachtsmomente aus anderen Quellen angewiesen. Sollte ausnahmsweise doch eine Abrechnung gegenüber dem Arbeitnehmer erfolgen, so verbleiben erhebliche Zweifel an der Erforderlichkeit der Verbindungsdaten, da kaum ein Anbieter seine Dienstleistungen über Zeiteinheiten abrechnet. Festpreise oder allenfalls Abrechnungen auf Basis der bereits angesprochenen Datenübertragungsmengen dominieren den Markt. Selbst im unwahrscheinlichen Falle einer individuellen Abrechnung gegenüber dem einzelnen Mitarbeiter kann deswegen kein ausreichender Datenstamm angelegt werden, aus dem sich Verdachtsmomente im Sinne des § 100 Abs. 3 S. 1 TKG ergeben könnten.[681]

Im Falle der Internetnutzung gewinnt der Zweck des Schutzes der Funktionsfähigkeit der Internetverbindung im Sinne des § 88 Abs. 3 S. 1 TKG leicht an Gewicht. Einzelne Computersysteme oder gar ganze Serversysteme können theoretisch unter großen Downloadmengen oder Virenbefall temporär zusammenbrechen.[682] Jedoch unterliegen auch Datenerhebungen mit dieser Zweckrichtung der Grenze der Erforderlichkeit, was die Begründung einer dauerhaften Protokollierung von Verbindungsdaten erschwert, insbesondere da durch partielle Überlastung keine bleibenden Netzwerkschäden drohen.[683] Viren können hingegen durch Scan- und Filterprogramme ohne eine Datenerhebung mit ausreichender Effektivität bekämpft werden.[684]

---

679 *Spanke,* S. 131 stellt fest, dass eine Erlangung von Verdachtsmomenten nur möglich ist, sofern eine Abrechnung nach Zeiteinheiten erfolgt; vgl. *Barton*, NZA 2006, 460 (462).

680 Vgl. *Däubler*, Rn. 369; Preis-*Preis*, Der Arbeitsvertrag, II I 10 Rn. 28; *Spanke*, S. 124; *Vietmeyer/Byers*, MMR 2010, 807 (808); *Altenburg/v.Reinersdorff/Leister*, MMR 2005, 135 (137); *Lindemann/Simon*, BB 2001, 1950 (1953); kein Problem sieht hingegen *Weißnicht*, MMR 2003, 448 (449).

681 Vgl. Hoeren/Sieber-*Elschner*, Kapitel 22.1 Rn. 97; *Spanke*, S. 124; *Lindemann/Simon*, BB 2001, 1950 (1953) wollen dem Arbeitgeber eine Kapazitätsüberwachung ermöglichen, die ihrer Ansicht nach schlussendlich der Kostenkontrolle dient. Die Daten werden für eine Abrechnung jedoch selten erforderlich sein; *Vehslage*, AnwBl 2001, 145 (147) erkennt das Problem, setzt sich jedoch über den Gesetzeswortlaut hinweg und erlaubt ihm trotzdem eine Missbrauchskontrolle; dagegen zutreffend *Spanke*, S. 127 f.

682 Vgl. Besgen/Prinz-*Busse*, § 10 Rn. 90; *Panzer*, S, 256; *Höld*, S. 190; *Vehslage*, AnwBl 2001, 145 (145) verweist auf möglicherweise entstehende „Engpässe" auf firmeneigenen Servern.

683 *Spanke*, S. 128 erkennt, dass eine unberechtigte, aber insgesamt widmungsgemäße Nutzung der Telekommunikationseinrichtung keine Störung im Sinne des § 100 Abs. 1 TKG sein kann; entsprechend Preis-*Preis*, Der Arbeitsvertrag, II I 10 Rn. 28.

684 Vgl. Preis-*Preis*, Der Arbeitsvertrag, II I 10 Rn. 28; *Spanke*, S. 128; *Vietmeyer/Byers*, MMR 2010, 807 (808).

Im Ergebnis lassen die Regelungen des TKG eine arbeitgeberseitige Überwachung des Internetverhaltens der Mitarbeiter in der weit überwiegenden Zahl der Fälle nicht zu.[685] Die Dokumentation von ausreichenden Verdachtsmomenten für eine Überwachung gem. § 100 Abs. 3 TKG erweist sich zumindest im Falle der unentgeltlichen Dienstleistung des Arbeitgebers als nahezu unmöglich.[686]

4. Kontrollmöglichkeiten nach der Systematik des TMG

Sofern der Arbeitgeber in nach § 11 Abs. 3 TMG ausreichendem Maße inhaltlich auf die Internetnutzung der Mitarbeiter einwirkt, er mithin einen Telemediendienst anbietet, verdrängen die datenschutzrechtlichen Regelungen des TMG diejenigen des TKG.[687] Zu untersuchen bleibt, ob dem Arbeitgeber zumindest in diesem Fall Kontrollbefugnisse verbleiben.

Das TMG statuiert in Form von § 12 Abs. 1 TMG ebenfalls ein präventives Verbot mit Erlaubnisvorbehalt jeglicher Erhebung personenbezogener Daten.[688] Erfasst sind somit alle Daten, die im Zusammenhang mit der Bereitstellung oder Nutzung des Telemediums anfallen und mit einem bestimmten Nutzer in Verbindung stehen. Datenerhebungen können nach § 12 Abs. 1 TMG nur über die Normen des TKG, andere Rechtsvorschriften mit Bezug zu Telemedien oder über eine individuelle Einwilligung der Betroffenen gerechtfertigt werden.[689] Außerhalb des TMG findet sich keine gesetzliche Regelung mit ausreichendem Bezug auf Telemedien.[690] Die Möglichkeit der Rechtfertigung über Betriebsver-

685 So im Ergebnis *Däubler*, Rn. 369; *Wuttke*, S. 192; *Vietmeyer/Byers*, MMR 2010, 807 (808 f.); *Wellhöner/Byers*, BB 2009, 2310 (2310 f.); *Schimmelpfennig/Wenning*, DB 2006, 2290 (2290 f.); *Altenburg/v.Reinersdorff/Leister*, MMR 2005, 135 (137); *Ernst*, NZA 2002, 585 (587); *Lindemann/Simon*, BB 2001, 1950 (1953).

686 Vgl. Besgen/Prinz-*Busse*, § 10 Rn. 93 ff.; *Spanke*, S. 131; Preis-*Preis*, Der Arbeitsvertrag, II I 10 Rn. 32; *Barton*, NZA 2006, 460 (462).

687 Vgl. Besgen/Prinz-*Busse*, § 10 Rn. 123; Taeger/Gabel-*Moos*, Einf. TMG Rn. 9; a.A. *Kümpers*, S. 157, nach dem beide Gesetze „funktionsbezogen differenziert nebeneinander zur Anwendung kommen"; ähnlich *Spanke*, S. 133. Diese Interpretation hätte jedoch die Bedeutungslosigkeit der Vorrangregelung des § 11 Abs. 3 TMG zur Folge und kann entsprechend nicht als gesetzlich intendiert angesehen werden. Dessen Bedeutung zur Vermeidung von Kollisionen der verschiedenen Datenschutzvorschriften betonen Spindler/Schuster-*Spindler/Nink*, § 12 TMG Rn. 14. Vgl. zur Spezialität der Regelungen des TMG gegenüber dem TKG auch die Argumentation auf S. 267 ff.

688 Preis-*Preis*, Der Arbeitsvertrag, II I 10 Rn. 31; *Müller-Broich*, § 12 Rn. 1; Spindler/Schuster-*Spindler/Nink*, § 12 TMG Rn. 2; *Kümpers*, S. 157; *Hoeren*, NJW 2007, 801 (804); *Roßnagel*, NVwZ 2007, 743 (747).

689 *Müller-Broich*, § 12 Rn. 1; Spindler/Schuster-*Spindler/Nink*, § 12 TMG Rn. 2.

690 Ausdrücklich *Spanke*, S. 135; allenfalls die Anwendbarkeit der §§ 32, 34 StGB wird diskutiert, vgl. exemplarisch *Wuttke*, S. 25 ff. oder *Barton*, NZA 2006, 460 (462); diese erfüllen jedoch nicht das Zitiergebot des § 12 Abs. 1 TMG; siehe zu den strafrechtlichen Rechtfertigungstatbeständen S. 42 ff.

einbarungen, Tarifverträge oder Einwilligungen wird noch gesondert untersucht.[691]

Die Systematik des TMG unterscheidet – anders als die des TKG – primär nicht nach Erhebungszwecken, sondern nach der Art der zu erhebenden Daten.[692] Differenziert wird zwischen Bestandsdaten gem. § 14 Abs. 1 TMG und Nutzungsdaten gem. § 15 Abs. 1 TMG. Die Begriffsdefinition der „Bestandsdaten" im Sinne des § 14 Abs. 1 TMG lehnt sich an die des § 3 Nr. 3 TKG an.[693] Auch im Anwendungsbereich des TMG weisen Bestandsdaten allerdings keinen Bezug zum Nutzungsverhalten der Mitarbeiter auf und sind deshalb zur Erlangung von Hinweisen auf begangene oder bevorstehende Straftaten allein ungeeignet.[694]

Zweckdienlich wäre allein eine Erhebung von Nutzungsdaten im Sinne des § 15 Abs. 1 TMG. Die explizite Aufzählung verschiedener Informationen, die nach der Vorschrift zulässigerweise erhoben werden können, ist beispielhaft und nicht abschließend.[695] Nutzungsdaten im Sinne der Vorschrift sind alle Informationen, die mit der Interaktion des Nutzers mit dem vom Arbeitgeber angebotenen Telemedium in Zusammenhang stehen.[696] Die Gesamtmasse aller Nutzungsdaten ergibt eine vollständige Protokollierung jedes einzelnen Nutzungsschrittes.[697] Nicht zu den Nutzungsdaten im Sinne des § 15 Abs. 1 TMG gehören hingegen die vom Arbeitnehmer zur Verfügung gestellten oder von ihm gesichteten konkreten Kommunikationsinhalte, die so genannten Inhaltsdaten.[698] Die Erhebung von Inhaltsdaten sieht das TMG insgesamt nicht vor. Hieraus folgt jedoch nicht die Zulässigkeit eines Rückgriffs auf die Regelungen des BDSG.[699] Die Datenschutzvorschriften des TMG sind als abschließender Regelungskomplex zu begreifen.[700] Eine partielle Anwendbarkeit des BDSG würde zu dem pa-

---

691 Siehe S. 233 ff.

692 Vgl. zur Struktur der Erlaubnistatbestände des TMG Taeger/Gabel-*Moos*, § 12 TMG Rn. 12; Spindler/Schuster-*Spindler/Nink*, § 12 TMG Rn. 4; *Roßnagel*, NVwZ 2007, 743 (747).

693 Zum Begriff der Bestandsdaten Taeger/Gabel-*Zscherpe*, § 14 TMG Rn. 12 ff.; Spindler/Schuster-*Spindler/Nink*, § 12 TMG Rn. 3 f.; *Hoeren*, NJW 2007, 801 (805).

694 Besgen/Prinz-*Busse*, § 10 Rn. 124 bezweifelt deren praktische Relevanz insgesamt.

695 Vgl. BT-Drs. 14/6098, S. 29; Spindler/Schuster-*Spindler/Nink*, § 15 TMG Rn. 2; *Müller-Broich*, § 15 Rn. 1.

696 *Müller-Broich*, § 15 Rn. 1; ausführlich zum Begriff der Nutzungsdaten Taeger/Gabel-*Zscherpe*, § 15 TMG Rn. 12 ff.

697 Vgl. Taeger/Gabel-*Zscherpe*, § 15 TMG Rn. 16.

698 Vgl. Taeger/Gabel-*Zscherpe*, § 15 TMG Rn. 25 unter Verweis auf § 14 TMG Rn. 19 ff.; Preis-*Preis*, Der Arbeitsvertrag, II I 10 Rn. 31; *Müller-Broich*, § 15 Rn. 3 sieht Inhaltsdaten dann als erfasst ab, wenn sie zur Erbringung der Dienstleistung erforderlich sind.

699 So aber Spindler/Schuster-*Spindler/Nink*, § 15 TMG Rn. 3 und Taeger/Gabel-*Zscherpe*, § 14 TMG Rn. 26.

700 Entsprechend gegen eine ergänzende Anwendbarkeit der Erlaubnistatbestände des BDSG Hoeren/Sieber-*Elschner*, Teil 22.1 Rn. 152; Besgen/Prinz-*Busse*, § 10 Rn. 123; *Spanke*, S. 135; *Kratz/Gubbels*, NZA 2009, 652 (654).

radoxen Ergebnis führen, dass das hohe Schutzniveau des TMG auf persönlichkeitsrechtlich brisante Inhaltsdaten gar keine Wirkung entfaltet, obwohl die inhaltliche Einflussnahme eine Telemediendienstleistung gerade charakterisiert.[701] Über den Ausschluss der Erhebung von Inhaltsdaten wird ein Gleichlauf mit den Regelungen des TKG erzielt, die eine solche zur Aufdeckung und Prävention von Straftaten ebenfalls nicht ermöglichen.[702]

Unabhängig davon, ob § 15 Abs. 1 TMG Inhaltsdaten erfasst, erweist sich als problematisch, dass das TMG die Erhebung von Nutzungsdaten insgesamt stark einschränkt.[703] Eine Datenerhebung ist ausschließlich zum Zwecke der Abrechnung zulässig, die wiederum, wie bereits mehrfach angedeutet, zwischen Arbeitgeber und Arbeitnehmer regelmäßig gar nicht stattfindet.[704] Die Möglichkeit einer Datenerhebung zum Zwecke der allgemeinen oder speziell auf Straftaten bezogenen Missbrauchskontrolle sieht § 15 TMG nicht vor. Selbst die Sonderregelung des § 15 Abs. 8 TMG überbrückt diese Problematik nicht. Der Rechtfertigungstatbestand ist begrenzt auf den Umgang mit Daten zahlungsunwilliger Nutzer, ermächtigt also nicht zur allgemeinen Strafbarkeitsprävention oder Strafbarkeitsaufdeckung und setzt logisch zwingend ebenfalls eine Abrechnung voraus.[705] Zudem wird die Dokumentation von kaum zu erlangenden Verdachtsmomenten vorausgesetzt.[706]

Zusammenfassend ist dem Arbeitgeber also auch im Anwendungsbercich des TMG in der weit überwiegenden Zahl der Fälle jede Missbrauchskontrolle untersagt. Der Zweck der Strafbarkeitsaufdeckung oder Strafbarkeitsprävention wird überhaupt nicht als zulässiger Untersuchungszweck anerkannt.[707] Berechtigte Kontrollinteressen des Arbeitgebers werden vollständig ausgeblendet. Immerhin wird ein Dienstanbieter im Sinne des TMG über § 7 Abs. 2 S. 1 TMG von einer Überwachungspflicht hinsichtlich der von den Nutzern übermittelten Informationsinhalte freigesprochen und in den §§ 8 ff. TMG von der Verant-

---

701 Siehe S. 73 ff.

702 Auch nach *Kümpers*, S. 157 und *Spanke*, S. 133, die eine parallele Anwendbarkeit des TKG befürworten, wäre eine Inhaltsdatenerhebung im Falle einer Telemediendienstleistung folglich nicht möglich.

703 Vgl. *Kümpers*, S. 160.

704 Vgl. Besgen/Prinz-*Busse*, § 10 Rn. 125 und 80 ff.; Preis-*Preis*, Der Arbeitsvertrag, II I 10 Rn. 31; *Däubler*, Rn. 375 und 368.

705 Vgl. Besgen/Prinz-*Busse*, § 10 Rn. 126; *Spanke*, S. 135; *Kümpers*, S. 160; Spindler/Schuster-*Spindler/Nink*, § 15 TMG Rn. 13; noch zur Vorgängervorschrift des § 6 Abs. 8 TDDSG *Hilber/Frik*, RdA 2002 89 (92); für eine enge Auslegung der Vorschrift *Müller-Broich*, § 15 Rn. 7.

706 Dasselbe Problem stellt sich auch im Zusammenhang mit § 100 Abs. 3 TKG. Dazu S. 107 ff.

707 Vgl. Preis-*Preis*, Der Arbeitsvertrag, II I 10 Rn. 31; Besgen/Prinz-*Busse*, § 10 Rn. 126; *Däubler*, Rn. 378; *Kümpers*, S. 160; *Spanke*, S. 134 f.

wortlichkeit für deren Handeln zumindest partiell entbunden.[708] Dies nimmt dem Konflikt des umfassenden Kontrollausschlusses mit der allgemeinen Compliance-Verpflichtung des Arbeitgebers etwas an Schärfe, kann ihn allerdings nicht lösen.[709] Geeignete Überwachungs- und Kontrollmaßnahmen muss er entsprechend auf anderem Wege organisieren.

5. Zwischenergebnis

Vorstehende Ausführungen machen deutlich, dass die Überwachung des Internetverhaltens der Mitarbeiter im Falle einer vorangegangenen Erlaubnis der Privatnutzung durch den Arbeitgeber verglichen mit der Überwachung des Telefons noch schwerer durchführbar ist. Unabhängig davon, wie der Arbeitgeber seine Dienstleistung konkret ausgestaltet bzw. welches der telekommunikationsrechtlichen Gesetze Anwendung findet, sind präventive und repressive Missbrauchskontrollen im weit überwiegenden Regelfall unzulässig. Das TMG verweigert allgemeinen Missbrauchskontrollen und damit auch Kontrollen zur Aufdeckung und Prävention von Straftaten insgesamt die Zulässigkeit.[710] Im Rahmen des TKG erweist sich die Pflicht zur Dokumentation von Verdachtsmomenten als schier unüberwindliche Hürde.[711] Die zunehmende Verbreitung von pauschalen Vergütungsformen bedingt, dass selbst im unwahrscheinlichen Falle einer Abrechnung der Privatnutzung gegenüber den Beschäftigten zum Zwecke der Rechnungserstellung kaum noch Datenerhebungen erforderlich sind. Über den Zweck des Systemschutzes kann ebenfalls kein ausreichender Datenstamm angelegt werden, aus dem sich Verdachtsmomente ergeben könnten.

Berechtigte Kontrollinteressen des Arbeitgebers finden im konkreten Einzelfall bereits nach der Gesetzeskonzeption keine Berücksichtigung. Sofern der Arbeitgeber die Privatnutzung der betrieblichen Kommunikationsmittel erlaubt und keine – praktisch kaum umzusetzenden – Separationsmaßnahmen ergreift[712], bleibt ihm eine Überwachung des Internetverhaltens der Beschäftigten mitsamt seiner spezifischen Gefahren für das Unternehmen in aller Regel vollumfänglich

---

708 Vgl. Taeger/Gabel-*Moos*, Einf. TMG Rn. 17; Spindler/Schuster-*Hoffmann*, § 7 TMG Rn. 38; *Müller-Broich*, § 7 Rn. 4; *Roßnagel*, NVwZ 2007, 743 (747). Nach der Rechtsprechung des BGH bezieht sich die Haftungsprivilegierung jedoch nicht auf zivilrechtliche Unterlassungsansprüche, BGH 11.03.2004, NJW 2004, 3102 (3103); 19.04.2007, NJW 2007, 2636 (2637); 12.07.2007, NJW 2008, 758 (759).

709 Siehe S. 143 ff.

710 Vgl. Preis-*Preis*, Der Arbeitsvertrag, II I 10 Rn. 31; Besgen/Prinz-*Busse*, § 10 Rn. 126; *Däubler*, Rn. 378; *Kümpers*, S. 160; *Spanke*, S. 134 f.

711 Vgl. Preis-*Preis*, Der Arbeitsvertrag, II I 10 Rn. 32; Besgen/Prinz-*Busse*, § 10 Rn. 93 ff.; *Spanke*, S. 131; *Barton*, NZA 2006, 460 (462).

712 Vgl. *Kümpers*, S. 192; *Gola/Schomerus*, § 32 Rn. 18; *Vietmeyer/Byers*, MMR 2010, 807 (809); *Wellhöner/Byers*, BB 2009, 2310 (2310).

verwehrt. Die bereits am Beispiel des Telefons dargestellte Konfliktlage findet auch hier ihre Entsprechung.

IV. Kontrolle des E-Mail-Verkehrs

Eine spezielle Form der Internetnutzung wurde in der bisherigen Erörterung aufgrund ihrer speziellen Besonderheiten ausgespart: Die Kommunikation via E-Mail. Angesiedelt zwischen Telefonanruf und Briefwechsel verspricht diese Kommunikationsform einerseits die Geschwindigkeit und Einfachheit eines nahezu unmittelbaren Informationsaustausches, andererseits die Beständigkeit einer temporären schriftlichen Fixierung.[713] Das E-Mailing verbindet hinsichtlich der Begehung von Straftaten durch Nutzer die Gefährdungspotenziale sowohl der telefonischen Kommunikation als auch der Internetnutzung.[714] Ähnlich der telefonischen Kommunikation können Straftaten mit kommunikativen Elementen begangen werden, häufig unter Ausnutzung der scheinbaren Seriosität des betrieblichen Ursprungs versandter Mails. Gleichermaßen besteht die Möglichkeit eines reinen Informationsaustauschs über begangene oder geplante Straftaten jeglicher Art.[715] Zudem können alle Formen elektronisch gesicherter Informationen, von Dokumenten bis hin zu ganzen Programmen, in beliebigen Dateiformaten an Dritte übermittelt werden.[716]

Im folgenden Abschnitt soll untersucht werden, welche Kontrollbefugnisse dem Arbeitgeber hinsichtlich dieser speziellen Kommunikationsform zustehen. Dabei ist zu unterscheiden, wann und wie der Arbeitgeber Daten hinsichtlich des Kommunikationsvorgangs zu erheben gedenkt. Erstens ist es ihm möglich, unmittelbar während der Datenübertragung Informationen über den jeweiligen Vorgang zu erlangen, was zunächst Gegenstand der Untersuchung sein soll. Ein besonderes Augenmerk wird zweitens auf den Sonderfall der Datenerhebung über zwischengespeicherte oder archivierte E-Mails zu legen sein, die möglicherweise dem Telekommunikationsgeheimnis und damit der Anwendbarkeit der telekommunikationsrechtlichen Spezialgesetze gar nicht mehr unterfallen.

---

713 Vgl. *Ernst*, NZA 2002, 585 (585); *Balke/Müller*, DB 1997, 326 (326).

714 Eine Vergleichbarkeit mit beiden Kommunikationsformen stellt her: *Spanke*, S. 234; siehe auch *Wolf/Mulert*, BB 2008, 442 (444).

715 Vgl. *Behling*, BB 2010, 892 (892); *Dann/Gastell*, NJW 2008, 2945 (2945).

716 Vgl. *Wuttke*, S. 183; *Thüsing*, Rn. 199; *Behling*, BB 2010, 892 (892).

1. Telekommunikations- oder Telemediendienst

Als klassisch zweiseitige Kommunikation, bei der auf elektronischem Wege zwischen zwei Computern Informationen ausgetauscht werden, unterfällt der E-Mail-Verkehr dem Telekommunikationsbegriff des § 3 Nr. 22 TKG.[717] Unterschiedlich beurteilt wird hingegen die Frage, ob beziehungsweise wie der Arbeitgeber durch inhaltliche Einflussnahme auf die Kommunikation seine Dienstleistung als Telemedienangebot ausgestalten kann.

Teilweise wird argumentiert, dass bereits die Speicherung eingehender E-Mails für die Qualifikation der Dienstleistung als Telemediendienstleistung ausreiche, sofern hierfür auf einen betrieblichen Server zurückgegriffen werde.[718] Mit einer temporären Speicherung ohne jegliche Bearbeitung, welche zudem zur Gewährleistung einer tatsächlichen Verfügbarkeit der E-Mails bis zum Abruf durch den Adressaten notwendig ist, wird zwar nicht – im Sinne der Wesentlichkeitsschwelle des § 11 Abs. 3 TMG – ausreichend inhaltlich auf die Kommunikation Einfluss genommen.[719] Allerdings beschränkt sich das betriebliche Angebot meist nicht auf den bloßen Datenversand und Empfang. In der Regel wird dem Arbeitnehmer eine betriebliche E-Mail-Adresse zugewiesen und ein bestimmter E-Mail-Client auf dem betrieblichen Rechner vorinstalliert. Der Client bietet zumeist umfangreiche Sortierungs-, Filter- und Archivierungssysteme, Möglichkeiten zur Erstellung persönlicher Adressverzeichnisse oder zur Einrichtung einer Auto-Forward- oder Auto-Reply-Funktion, um nur einige Beispiele zu nennen.[720] Teilweise werden solche Funktionen sogar durch den Arbeitgeber festgesetzt. Er kann aufgrund der Vielfalt der Funktionen und Einstellungsmöglichkeiten in mannigfaltiger Art und Weise inhaltlichen Einfluss nehmen. Bereits die Auswahl des E-Mail-Clients beinhaltet eine Fülle von Entscheidungen über technische Möglichkeiten und Grenzen der Kommunikation, sodass in aller Regel das Angebot des Arbeitnehmers als Telemedienangebot

---

717 Arndt/Fetzer/Scherer-*Fetzer*, § 3 Rn. 86; BerlKommTKG-*Säcker*, § 3 Rn. 67; Besgen/Prinz-*Busse*, § 10 Rn. 75; *Hoppe/Braun*, MMR 2010, 80 (81 ff.); *Kratz/Gubbels*, NZA 2009, 652 (653 ff.); *Rudkowski*, ZfA 2011, 287 (292, 293); *Behling*, BB 2010, 892 (892); *Wellhöner/Byers*, BB 2009, 2310 (2310); ebenfalls davon ausgehend *Vietmeyer/Byers*, MMR 2010, 807 (807 ff.).

718 So etwa *Däubler*, Rn. 378; an anderer Stelle Däubler, Internet und Arbeitsrecht, Rn. 286; ebenso *Kümpers*, S. 147.

719 Die Gesetzesbegründung zum TMG sieht die E-Mail-Übertragung als klassisches Beispiel für eine überwiegende Übertragungsleistung im Sinne des § 11 Abs. 3 TMG, BT-Drs. 16/3078, S. 15; dem folgend *Spanke*, S. 133; trotzdem für die Anwendbarkeit des TMG: Besgen/Prinz-*Busse*, § 10 Rn. 120.

720 Vgl. ausführlich Besgen/Prinz-*Busse*, § 10 Rn. 120; Preis-*Preis*, Der Arbeitsvertrag, II I 10, Rn. 27; auch *Kümpers*, S. 147 sieht erhebliche Einflussmöglichkeiten des Arbeitgebers.

auszulegen sein wird und damit seine Kontrollmöglichkeiten nach dem TMG zu bestimmen sind.[721]

Anders zu beurteilen ist die Dienstleistung des Arbeitgebers, wenn die Arbeitnehmer nicht auf einen lokal installierten Client, sondern auf Online-Angebote von Drittunternehmen zurückgreifen. Für deren Inhalte und Einflussnahmen ist der Arbeitgeber nicht verantwortlich, seine Dienstleistung beschränkt sich auf die Ermöglichung eines Online-Zugangs, insbesondere da die E-Mails meist in einem Online-Postfach auf einem betriebsfremden Server gespeichert werden. Inhaltliche Einflussnahmen durch Funktionen und Einstellungsmöglichkeiten sind nicht dem Arbeitgeber, sondern dem Drittanbieter zuzurechnen. Nur dieser erbringt gegenüber seinen Nutzern einen Telemediendienst.[722] Die Einstufung der Dienstleistung des Arbeitgebers als Telemedien- oder Telekommunikationsdienst, der für eine solche Kommunikation lediglich den notwendigen Internetzugang gewährt, richtet sich jedoch nach den für die allgemeine Internetnutzung dargestellten Grundsätzen.[723] Nachfolgend soll von der Nutzung eines lokal installierten E-Mail-Clients ausgegangen werden.

2. Differenzierungsmöglichkeiten zwischen dienstlicher und privater Nutzung

Erneut stellt sich die Frage, wie der Arbeitgeber zwischen betrieblicher und privater Kommunikation seiner Arbeitnehmer im Vorfeld jeder Datenerhebung differenzieren kann. Der Vorschlag, über eine Sichtung der Betreffzeilen die E-Mail-Korrespondenz der Belegschaft kategorisieren zu wollen[724], stellt bereits selbst eine Datenerhebung dar, die an den einschlägigen datenschutzrechtlichen

721 Vgl. Besgen/Prinz-*Busse*, § 10 Rn. 120; *Kümpers*, S. 147 f. mit Darstellung des Streitstandes vor Inkrafttreten des TMG; *Däubler*, Rn. 378; auch *Ernst*, NZA 2002, 585 (587) erkennt E-Mail-Dienste als klassischen „Teledienst" im Sinne des weitgehend gleichlautenden TDDSG; ebenso *Beckschulze/Henkel*, DB 2001, 1491 (1495); *Hilber/Frik*, RdA 2002, 89 (91); das TMG überhaupt nicht in Betracht ziehend *Hoppe/Braun*, MMR 2010, 80 (81); ebenso *Thüsing*, Rn. 286 ff., der die Anwendbarkeit des TKG im Arbeitsverhältnis insgesamt anzweifelt, E-Mail-Kontrollen hilfsweise jedoch allein an dessen Vorschriften beurteilt; allein auf das TKG abstellend etwa *Kieper*, DuD 1998, 583 (584 f.).

722 Vgl. *Kümpers*, S. 151; Taeger/Gabel-*Moos*, § 11 TMG Rn. 17 empfehlen, die Erlaubnis der Nutzung des betrieblichen Internetzugangs zum Versand privater Mails auf Webmail-Accounts zu beschränken.

723 Dazu S. 113 ff.

724 So etwa *Hanau/Hoeren*, S. 61; *Beckschulze/Henkel*, DB 2001, 1491 (1494); *Lindemann/Simon*, BB 2001, 1950 (1953).

Vorschriften gemessen werden muss.[725] Deren Anwendbarkeit lässt sich also auf diesem Weg nicht bestimmen.[726]

Häufig wird verwiesen auf die Möglichkeit, zwei getrennte E-Mail-Adressen einzurichten, von denen lediglich eine zur Privatnutzung freigegeben wird.[727] Wie auch die Bereitstellung verschiedener Internetzugänge hat sich diese Separationsmöglichkeit in der Praxis nicht durchgesetzt.[728] Zudem besteht das Problem, dass zwar der Arbeitnehmer dazu verpflichtet werden kann, lediglich eine E-Mail-Adresse für Privatkommunikation zu nutzen, die betriebsfremden Kommunikationspartner allerdings nicht. Es kann nicht gewährleistet werden, dass eingehende, private E-Mails tatsächlich nur an die zur Privatkommunikation freigegebene Adresse gesendet werden. Der Arbeitgeber kann also selbst dann, wenn der Arbeitnehmer seiner Pflicht zur Differenzierung zwischen den beiden Mailadressen gewissenhaft nachkommt, speziell bei eingehenden E-Mails nicht davon ausgehen, dass über die allein zur betrieblichen Kommunikation vorgesehene Adresse tatsächlich nur betrieblich kommuniziert wird.[729] Eine Kategorisierung kann der Arbeitnehmer anders als beim Telefon nicht während der Kommunikation vornehmen, denn die beteiligten Parteien kommunizieren nicht simultan. Erst nach einer Sichtung der E-Mail, also erst im Anschluss an den eigentlichen Übertragungsvorgang, wäre dem Empfänger dies möglich. In diesem Stadium des Kommunikationsvorgangs könnte der Arbeitnehmer auch zu einer Kennzeichnung verpflichtet werden.[730] Ob eine Differenzierung dann überhaupt noch Sinn macht, bedarf anschließend der Erörterung.

---

725 Umstritten ist darüber hinaus, ob die Betreffzeile zu den Inhaltsdaten zu zählen ist. Zutreffend bejaht dies *Thüsing*, Rn.251.

726 Vgl. *Thüsing*, Rn. 294; Simitis-*Seifert*, § 32 Rn. 92; *Mengel*, BB 2004, 2014 (2018).

727 Vgl. Besgen/Prinz-*Busse*, § 10 Rn. 88; Preis-*Preis*, Der Arbeitsvertrag, II I 10, Rn. 32; *Wellhöner/Byers*, BB 2009, 2310 (2310); *Vietmeyer/Byers*, MMR 2010, 807 (809); *Schmidt*, BB 2009, 1295 (1297); *Koch*, NZA 2008, 911 (913); Taeger/Gabel-*Moos*, § 11 TMG Rn. 17 empfiehlt die Erlaubnis der Privatnutzung auf Webmail-Accounts zu beschränken.

728 Vgl. Besgen/Prinz-*Busse*, § 10 Rn. 89; Preis-*Preis*, Der Arbeitsvertrag, II I 10, Rn. 32; *Mengel*, NZA 2004, 2014 (2018).

729 Vgl. *Wuttke*, S. 187 f.; *Gola*, MMR 1999, 322 (328); zu weitgehend ist hingegen die Ansicht von *Beckschulze*, DB 2003, 2777 (2780), der im Versand einer E-Mail an eine erkennbar dienstliche Adresse eine Disposition über den Schutz des Fernmeldegeheimnisses erkennen will; vom betrieblichen Charakter einer eingehenden E-Mail darf der Arbeitgeber nur ausgehen, wenn ausschließlich die dienstliche Nutzung erlaubt ist, da eine pflichtwidrige Nutzung ihn nicht in ein Anbieter-Nutzer-Verhältnis zwingen kann, vgl. Besgen/Prinz-*Busse*, § 10 Rn. 40.

730 Vgl. *Kratz/Gubbels*, NZA 2009, 652 (655) und Besgen/Prinz-*Busse*, § 10 Rn. 89, die jedoch das Problem im Bezug auf eingehende E-Mails nicht erkennen; *Beckschulze/Henkel*, DB 2001, 1491 (1494) sehen in einer Verpflichtung zur Kennzeichnung von Privatkommunikation die einzig gangbare Differenzierungsmöglichkeit; dies empfehlen auch *Wybitul*, ZD 2011, 69 (73) und *Wellhöner/Byers*, BB 2009, 2310 (2310).

3. Kontrollmöglichkeiten nach der Systematik des TMG

Bestimmen sich den vorstehenden Ausführungen entsprechend die Kontrollbefugnisse des Arbeitgebers nach dem TMG, so ergeben sich keine wesentlichen Unterschiede im Vergleich zur Kontrolle des Internetverhaltens der Arbeitnehmer.[731] Ein Abrechnungssystem, welches auf der Zahl der versendeten E-Mails basiert, ist nicht ersichtlich. Allenfalls übermittelte Datenmengen werden hierfür genutzt. Selbst einer Erhebung dieser Daten steht jedoch die Tatsache entgegen, dass eine Abrechnung zwischen Arbeitgeber und Arbeitnehmer in den seltensten Fällen tatsächlich erfolgt.[732] Unabhängig davon ermöglicht das TMG keinerlei Kenntnisnahme von Inhaltsdaten und erkennt den Kontrollzweck der Strafbarkeitsaufdeckung oder Strafbarkeitsprävention nicht an.[733]

In diesem Zusammenhang wird teilweise angezweifelt, dass die Betreffzeile einer E-Mail als Inhaltsdatum angesehen werden muss.[734] Richtigerweise verkörpert die Betreff-Zeile einen vom Verfasser selbst gewählten Hinweis auf den Inhalt der E-Mail und ist deswegen von den rein technisch generierten Nutzungsdaten zu unterscheiden.[735] Sie darf folglich zumindest im Anwendungsbereich des TMG nicht Gegenstand einer Datenerhebung sein.

Im Ergebnis besteht auch hinsichtlich der Kontrolle von privater E-Mail-Kommunikation der Mitarbeiter zur Aufdeckung und Prävention von Straftaten im Anwendungsbereich des TMG ein faktisches Kontrollverbot.[736]

---

731 Bei der Feststellung der Kontrollbefugnisse im Anwendungsbereich des TMG differenzieren entsprechend nicht zwischen Internet- und E-Mail-Nutzung: Besgen/Prinz-*Busse*, § 10 Rn. 124 ff.; Preis-*Preis*, Der Arbeitsvertrag, II I 10, Rn. 31; *Spanke*, S. 133 ff.; *Kümpers*, S. 196 ff.; *Wuttke*, S. 192.

732 Preis-*Preis*, Der Arbeitsvertrag, II I 10, Rn. 31; so auch *Thüsing*, Rn. 306; *Däubler*, Rn. 368; *Vietmeyer/Byers*, MMR 2010, 807 (808); *Altenburg/v.Reinersdorff/Leister*, MMR 2005, 135 (137); *Lindemann/Simon*, BB 2001, 1950 (1953); kein Problem sieht hingegen *Weißnicht*, MMR 2003, 448 (449).

733 Vgl. Preis-*Preis*, Der Arbeitsvertrag, II I 10 Rn. 31; Besgen/Prinz-*Busse*, § 10 Rn. 126; *Däubler*, Rn. 378; *Kümpers*, S. 160; *Spanke*, S. 134 f.

734 So etwa *Hanau/Hoeren*, S. 64 ff.; auch *Beckschulze/Henkel*, DB 2001, 1491 (1494) und *Lindemann/Simon*, BB 2001, 1950 (1953) müssen hiervon ausgehen, wenn sie dem Arbeitnehmer eine Kennzeichnungspflicht in der Betreffzeile auferlegen wollen.

735 Ausführlich zur Einordnung der Betreffzeile allein *Thüsing*, Rn. 292 ff.; im Ergebnis Taeger/Gabel-*Munz*, § 88 Rn. 8; zum Gegenbegriff der Verkehrsdaten unter Betonung ihres technischen Charakters Scheurle/Mayen-*Büttgen*, § 96 Rn. 4.

736 Vgl. Besgen/Prinz-*Busse*, § 10 Rn. 126; Preis-*Preis*, Der Arbeitsvertrag, II I 10, Rn. 31; Hoeren/Sieber-*Elschner*, Kapitel 22.1 Rn. 148; *Däubler*, Rn. 378; *Spanke*, S. 135; *Kümpers*, S. 160 erkennt den Kontrollausschluss des TMG grundsätzlich an, spricht sich allerdings für eine subsidiäre Anwendung des TKG aus.

4. Der Sonderfall gespeicherter E-Mails

Charakteristisch für die Kommunikation via E-Mail ist eine gewisse Verstofflichung der Kommunikationsinhalte durch deren schriftliche Fixierung.[737] Erst durch diese Verstofflichung ist es dem Empfänger einer Nachricht möglich, diese auch nach einer theoretisch unbegrenzten Zeitspanne noch zur Kenntnis nehmen zu können. Hierzu müssen E-Mails bis zu ihrem Abruf durch den Empfänger auf einem Server - betriebseigen oder betriebsfremd - zwischengespeichert werden.[738]

Einer zwingenden Zwischenspeicherung der E-Mail bedarf es allerdings lediglich bis zu ihrem konkreten Abruf. Der weitere Umgang mit den Nachrichteninhalten obliegt dem Adressaten.[739] Ihm steht die Entscheidung über die Löschung der Inhalte zu. Alternativ könnte er sich auch für eine über den konkreten Abruf hinausgehende Speicherung entscheiden, entweder innerhalb des betrieblichen E-Mail-Systems, in einem Online-Postfach oder sogar auf seinem lokalen Rechner beziehungsweise auf einem betrieblichen Server. Inwieweit diese Entscheidung Auswirkungen auf die Kontrollbefugnisse des Arbeitgebers hat, soll nachfolgend untersucht werden.[740]

a) Reichweite des Fernmeldegeheimnisses

In diesem Zusammenhang bedarf zunächst die genaue Absteckung der Reichweite des Fernmelde- oder Telekommunikationsgeheimnisses hinreichender Klärung. Sollte sich herausstellen, dass mit der Speicherung einer E-Mail der Telekommunikationsvorgang beendet würde, so wären die telekommunikationsrechtlichen Spezialgesetze unter Umständen gar nicht mehr einschlägig.

Die exakte Bestimmung des Fernmeldegeheimnisses im Sinne des Art. 10 Abs. 1 GG beziehungsweise seinem einfachgesetzlichen Pendant in § 88 TKG

737 Vgl. *Kümpers*, S. 177; *Höld*, S. 197; *Panzer*, S. 273; *Wolf/Mulert*, BB 2008, 442 (443); *Oberwetter*, NZA 2008, 609 (611); *Dann/Gastell*, NJW 2008, 2945 (2947); *Kömpf/Kunz*, NZA 2007, 1341 (1344); *Altenburg/v.Reinersdorff/Leister*, MMR 2005, 135 (136); *Zilkens*, DuD 2005, 253 (260); *Beckschulze*, DB 2003, 2777 (2779); *Grosjean*, DB 2003, 2650 (2652); *Kliemt*, AuA 2001, 532 (535); *Beckschulze/Henkel*, DB 2001, 1491 (1492); *Lindemann/Simon*, BB 2001, 1950 (1952).

738 Vgl. zu den technischen Hintergründen der beiden gängigsten E-Mail-Verfahren „POP3" und „IMAP" *Hoppe/Braun*, MMR 2010, 80 (82).

739 Dieses Verständnis legt das Bundesverfassungsgericht seinem Verständnis von der Reichweite des Fernmeldegeheimnisses zugrunde, vgl. 2.3.2006, BVerfGE 115, 166 (184 ff.); 27.2.2008, BVerfGE 120, 274 (307 f.); ausdrücklich 16.6.2009, BVerfGE 124, 43 (52); vgl. *Hoppe/Braun*, MMR 2010, 80 (82); a.A. *de Wolf*, NZA 2010, 1206 (1209).

740 Diese Frage aufwerfend Preis-*Preis*, Der Arbeitsvertrag, II I 10, Rn. 31a; vgl. dazu auch *Vogel/Glas*, DB 2009, 1747 (1753); *Eckhardt*, DuD 2008, 103 (104 ff.); *Schimmelpfennig/Wenning*, DB 2006, 2290 (2294).

war lange Zeit umstritten. In Anlehnung an das Verständnis vom ebenfalls in Art. 10 Abs. 1 GG verankerten Postgeheimnis wird vom Schutzbereich beider Freiheiten ausschließlich der für die Kommunizierenden unkontrollierbare Vorgang der reinen Datenübermittlung erfasst.[741] Während der Dauer dieses Vorgangs unterfällt die Nachricht keinem der Herrschaftsbereiche der kommunizierenden Parteien. Die Schutzwirkung des Postgeheimnisses erstreckt sich entsprechend auf den Zeitraum von der Aufgabe der Postsendung durch den Absender bis zum Einwurf im privaten Briefkasten des Empfängers, der seinem Herrschaftsbereich zuzurechnen ist.[742] Die Spiegelung dieser Grundsätze auf das Fernmeldegeheimnis bereitet jedoch Schwierigkeiten. Vereinzelt wurde vertreten, dass bereits mit jeder technisch notwendigen Zwischenspeicherung auf einem beliebigen Server die Nachricht im Herrschaftsbereich des Empfängers angekommen sei; der Schutzbereich ende entsprechend bereits vor der konkreten Kenntnisnahme durch den Empfänger.[743] Diese enge Interpretation des Übermittlungsvorgangs widerspräche allerdings dem Schutzzweck des Grundrechts, welches die Kommunikationspartner für die Zeitspanne der Datenübermittlung erfassen will, während der sie ohne eigene Einflussmöglichkeiten von der Dienstleistung der Telekommunikationsdienstleister abhängig sind.[744] Die Schutzbedürftigkeit der Kommunikationspartner endet noch nicht mit einer Zwischenspeicherung auf einem beliebigen Server.[745] Der Empfänger kann bis zum konkreten Abruf mangels Kenntnis von der Existenz der E-Mail darauf keinen

741 Das Postgeheimnis schützt vor den spezifischen Gefahren, die sich durch die „Einschaltung eines Übermittlers" ergeben, BVerfG 25.3.1992, BVerfGE 85, 386 (396); Maunz/Dürig-*Durner*, Art. 10 Rn. 49 und 43 betont dies als gemeinsames Strukturprinzip aller Freiheiten des Art. 10 Abs. 1 GG; diskutiert wird, ob das Postgeheimnis mit dem Wegfall der ursprünglich doppelten Gefährdungssituation, verkörpert durch die Monopolstellung der Bundespost und deren Staatsnähe, durch die Privatisierung im Rahmen der Postreform II seinen Gegenstand verloren hat. Dagegen Sachs-*Pagenkopf*, Art. 10 Rn. 13; Maunz/Dürig-*Durner*, Art. 10 Rn. 76; v.Mangoldt/Klein/Starck-*Gusy*, Art. 10 Rn. 36 f.; a.A. Dreier-*Hermes*, Art. 10 Rn. 46.

742 Vgl. Maunz/Dürig-*Durner*, Art. 10 Rn. 78 und 62; Jarass/Pieroth-*Jarass*, Art. 10 Rn. 4; v.Mangoldt/Klein/Starck-*Gusy*, Art. 10 Rn. 33, der zutreffend darauf hinweist, dass der Schutz der Vertraulichkeit des Beförderungsvorgangs auch nach der Zustellung noch fortwirkt. Eine nachträgliche Information Dritter vom Beförderungsvorgang ist unzulässig. Nicht dem Herrschaftsbereich des Empfängers zuzurechnen sind Postfächer, dazu BVerwG 15.3.1988, NJW 1988, 2752 (2753).

743 So etwa *Palm/Roy*, NJW 1996, 1791 (1792 f.); *Bizer*, DuD 1996, 627 (627).

744 BVerfG, 2.3.2006, BVerfGE 115, 166 (185 f.); vgl. Dreier-*Hermes*, Art. 10 Rn. 42; v.Mangoldt/Klein/Starck-*Gusy*, Art. 10 Rn. 41; BerlKommTKG-*Klesczewski*, § 88 Rn. 13; *Hoppe/Braun*, MMR 2010, 80 (81 f.); *Vogel/Glas,* DB 2009, 1747 (1753); ausführlich zur Bedeutung des Fernmeldegeheimnisses Maunz/Dürig-*Durner*, Art. 10 Rn. 81 ff.

745 BVerfG 2.3.2006, BVerfGE 115, 166, (185 ff.); sie endet nicht einmal zwingend mit der Kenntnisnahme des Empfängers, BVerfG 16.6.2009, BVerfGE 124, 43 (54 ff.); vgl. Maunz/Dürig-*Durner*, Art. 10 Rn. 97; Dreier-*Hermes*, Art. 10 Rn. 42.

Einfluss nehmen.[746] Auch dem Absender stehen mit dem Versand grundsätzlich keine Einflussmöglichkeiten mehr offen.[747] Vom Versand bis zum Abruf liegt eine E-Mail folglich in den Händen des Dienstleisters. Die Schutzbedürftigkeit der Parteien dauert entsprechend an, bis der Kommunikationsvorgang durch die Kenntnisnahme des Empfängers tatsächlich vollendet ist.[748] Überdies könnte der Schutzbereich des Fernmeldegeheimnisses leicht ausgehebelt werden, sofern er durch eine einfache Zwischenspeicherung bereits enden würde.[749]

Offen bleibt jedoch, ob auch solche E-Mails noch dem Fernmeldegeheimnis unterfallen, die bereits durch den Empfänger gelesen und im Anschluss nicht gelöscht, sondern in beliebiger Form gespeichert wurden. Die Speicherung oder Löschung basiert auf der autonomen Entscheidung des Empfängers.[750] Der Umgang mit der Nachricht obliegt vom Zeitpunkt der Speicherung an nicht mehr allein dem Dienstleister, sondern maßgeblich dem Empfänger.[751] Der Kommunikationsvorgang im engeren Sinne, also der Akt der Informationsübermittlung, ist mit der Kenntnisnahme abgeschlossen.[752] Zustimmungswürdig erscheint folglich die Ansicht des zweiten Senats des Bundesverfassungsgerichts aus dem Jahre 2006, nach der solche Daten nicht mehr dem Fernmeldegeheimnis, sondern allenfalls noch dem Recht auf informationelle Selbstbestimmung oder dem Recht auf Integrität informationstechnischer Systeme unterfallen.[753]

Die Entscheidung des zweiten Senats vom 16.6.2009 steht dem nicht entgegen. Die bisherige Rechtsprechung wurde dahingehend präzisiert, dass bei der Nutzung eines E-Mail-Postfaches, auf das der Nutzer nur über eine Internetver-

---

746 Vgl. *Vietmeyer/Byers*, MMR 2010, 807 (809); er kann bis zu diesem Zeitpunkt auch keine Maßnahmen zur Verhinderung eines Zugriffs des Arbeitgebers ergreifen, vgl. *Hoppe/Braun*, MMR 2010, 80 (81 f.).

747 Vgl. *Kempermann*, ZD 2012, 12 (14).

748 Vgl. BVerfG, 2.3.2006, BVerfGE 115, 166 (185); BGH 31.7.1995, NJW 1997, 1934 (1935); BerlKommTKG-*Klesczewski*, § 88 Rn. 13; Scheurle/Mayen-*Zerres*, § 88 Rn. 9; *Löwisch*, DB 2009, 2782 (2782); noch weitergehend *de Wolf*, NZA 2010, 1206 (1209), der auch nach der Kenntnisnahme die faktische Herrschaft des Arbeitnehmers über seine betriebliches E-Mail-Postfach verneint.

749 Scheurle/Mayen-*Zerres*, § 88 Rn. 9; Arnd/Fetzer/Scherer-*Ellinghaus*, § 88 Rn. 23.

750 Vgl. Maunz/Dürig-*Durner*, Art. 10 Rn. 99; *Schimmelpfennig/Wenning*, DB 2006, 2290 (2293).

751 Vgl. BVerfG, 2.3.2006, BVerfGE 115, 166 (185); *Beckschulze*, DB 2009, 1747 (1753).

752 *Vietmeyer/Byers*, MMR 2010, 807 (809); *Hoppe/Braun*, MMR 2010, 80 (82); gegen diese Auffassung äußert *Thüsing*, Rn. 296 ff. Bedenken, die sich jedoch mit der Anerkenntnis der Anwendung des TMG lösen ließen, was er überhaupt nicht in Betracht zieht; differenzierend *Rath/Karner*, K&R 2010, 469 (472 f.).

753 BVerfG 2.3.2006, BVerfGE 115, 166 (186 f.). Das Urteil erging im Zusammenhang mit einer staatlichen Beschlagnahme, ist als konsequente Fortentwicklung des Schutzbereiches des Fernmeldegeheimnisses nach Art. 10 Abs. 1 GG jedoch übertragbar auf § 88 TKG. Dem folgend VG Frankfurt a.M. 6.11.2008, CR 2009, 125 (126); *Vietmeyer/Byers*, MMR 2010, 807 (809); *Beckschulze*, DB 2009, 2097 (2098); *Schimmelpfennig/Wenning*, DB 2006, 2290 (2293 f.).

bindung zugreifen kann, der Schutz des Fernmeldegeheimnisses mit einer Kenntnisnahme des Empfängers noch nicht ende.[754] Begründet wurde dies mit der fortdauernden, kommunikationsspezifischen Gefährdungslage. Der Nutzer müsse stets eine Internetverbindung herstellen, um die Inhalte lesbar machen zu können, und sei bei der Archivierung auf den Provider angewiesen. Seine Tätigkeit sei keinesfalls beendet, er bleibe dauerhaft in seiner Funktion als Provider in die E-Mail-Verwaltung eingebunden und behalte entsprechend dauerhaft besondere Zugriffsmöglichkeiten.[755] Anders als teilweise in der Literatur behauptet[756], ist die Gefährdungslage bei der Nutzung eines Online-Postfaches nicht mit derjenigen bei der Nutzung eines betrieblichen E-Mail-Clients zu vergleichen. Die erweiterten Zugriffsmöglichkeiten des Arbeitgebers auf die betrieblichen Rechner und Server nach Abschluss des Übertragungsvorgangs, die auf eine vergleichbare Schutzbedürftigkeit hindeuten, basieren nicht auf seiner Tätigkeit als Provider, sondern auf seiner Stellung als Eigentümer der Betriebsmittel.[757] Zugriffsmöglichkeiten auf die zur Kommunikation genutzte Hardware sind keine medienspezifische Gefahr, die über eine Ausweitung des Schutzbereiches des Fernmeldegeheimnisses aufgefangen werden können.[758] Die von der Rechtsprechung zu Online-Postfächern entwickelten Grundsätze sind im Arbeitsverhältnis entsprechend lediglich dann relevant, wenn der Arbeitnehmer über den betrieblichen Internetzugang auf Online-Angebote Dritter zugreift.[759]

Fraglich ist, welche Auswirkungen diese Feststellung auf die Kontrollbefugnisse des Arbeitgebers in den einzelnen Fallgruppen einer Speicherung hat, insbesondere hinsichtlich der Anwendbarkeit der telekommunikationsrechtlichen Spezialgesetze.

754 BVerfG 16.6.2009, BVerfGE 124, 43 (55).

755 BVerfG 16.6.2009, BVerfGE 124, 43 (55 f.).

756 So etwa *Hoppe/Braun*, MMR 2010, 80 (82); *de Wolf*, MMR 2010, 1206 (1209); ähnlich *Deiters*, ZD 2012, 109 (111).

757 Dies erkennt auch *de Wolf*, MMR 2010, 1206 (1209).

758 Vgl. *Vogel/Glas*, DB 2009, 1747 (1753); *Eckhardt*, DuD 2008, 103 (105); da im Falle einer Erlaubnis der privaten Nutzung des betrieblichen E-Mail-Accounts regelmäßig von einer Telemediendienstleistung auszugehen ist [vgl. Besgen/Prinz-*Busse*, § 10 Rn. 120; *Kümpers*, S. 147 f.; *Däubler*, Rn. 378; *Ernst*, NZA 2002, 585 (587); *Beckschulze/Henkel*, DB 2001, 1491 (1495); *Hilber/Frik*, RdA 2002, 89 (91)], fällt der Wegfall des Fernmeldegeheimnisses aufgrund der fortdauernden Anwendbarkeit der Schutznormen des TMG nicht ins Gewicht.

759 Aus Sicht des Absenders einer E-Mail an eine betriebliche E-Mail-Adresse im Ergebnis zustimmend *Kempermann*, ZD 2012, 12 (14); differenzierend nach dem eingesetzten Verfahren *Hoppe/Braun*, MMR 2010, 80 (82); a.A. *Behling*, BB 2010, 892 (894), der die Rechtsprechung so interpretiert, dass der Schutzbereich des § 88 TKG hinter dem des Art. 10 Abs. 1 GG zurückbleibt.

b) Speicherung innerhalb des betrieblichen E-Mail-Systems

Grundsätzlich bietet jedes E-Mail-Programm die Möglichkeit, empfangene E-Mails zu archivieren. Die einzelnen Nachrichten verbleiben mit der Entscheidung gegen eine Löschung innerhalb des betrieblichen E-Mail-Systems[760]; häufig gilt dies sogar für den Fall der Löschung, sofern eine „Papierkorb"-Funktion implementiert ist und die Inhalte trotz Löschung noch zugänglich bleiben.[761]

Eingehende E-Mails unterfallen nach vorangegangener Darstellung mit der Kenntnisnahme des Arbeitnehmers nicht mehr dem Fernmeldegeheimnis. § 88 TKG, der hierauf zurückgreift, erfasst diese Nachrichten nicht mehr. Der daran anknüpfende Datenschutz des TKG greift nicht über das Ende des Kommunikationsvorgangs hinaus.[762] Dies gilt jedoch nicht für den Datenschutz des TMG. Anknüpfungspunkt ist hier nicht der konkrete Kommunikationsvorgang, sondern die Einstufung der Dienstleistung als Telemedium, wovon im Falle der Einrichtung eines betrieblichen E-Mail-Clients regelmäßig ausgegangen werden kann.[763] Der Nutzer soll geschützt werden vor jeglicher Datenerhebung im Zusammenhang mit dieser Dienstleistung, die bereits per definitionem über die bloße Datenübertragung im Sinne der Telekommunikation hinausgeht.[764] Erfolgt eine Speicherung innerhalb dieses E-Mail-Systems, so löst allein das Ende des Kommunikationsvorgangs diese noch nicht vom Telemedium. Der Arbeitnehmer nutzt mit der Speicherung vielmehr eine das Angebot prägende Funktion.[765] Die Kontrollbefugnisse des Arbeitgebers richten sich auch nach dem Abschluss des Kommunikationsvorgangs weiterhin nach den Vorschriften des TMG.[766]

760 *Hoppe/Braun*, MMR 2010, 80 (82); *Vogel/Glas*, DB 2009, 1747 (1753).

761 Eine Gefahr erkennt hierin auch das Bundesverfassungsgericht, vgl. BVerfG 2.3.2006, BVerfGE 115, 166 (184, 185); *Deiters*, ZD 2012, 109 (111) weist auf die Möglichkeit einer zentralen Speicherung des E-Mail-Bestands auf dem betriebseigenen Server hin.

762 BVerfG 2.3.2006, BVerfGE 115, 166 (184, 187); VG Frankfurt a.M. 6.11.2009, CR 2009, 125 (126); vgl. Preis-*Preis*, Der Arbeitsvertrag, II I 10 Rn. 31a; BerlKommTKG-*Klesczewski*, § 88 Rn. 13; Maunz/Dürig-*Durner*, Art. 10 Rn. 97; *Vietmeyer/Byers*, MMR 2010, 807 (809); *Eckhardt*, DuD 2008, 103 (105); a.A. *Hoppe/Braun*, MMR 2010, 80 (82), die jedoch den Schutz des TMG in ihren Überlegungen nicht berücksichtigen.

763 Vgl. Besgen/Prinz-*Busse*, § 10 Rn. 120; *Kümpers*, S. 147 f.; *Däubler*, Rn. 378; zur Rechtslage nach dem TDDSG: *Ernst*, NZA 2002, 585 (587); *Beckschulze/Henkel*, DB 2001, 1491 (1495); *Hilber/Frik*, RdA 2002, 89 (91).

764 Vgl. zur Definition des Telemediums Preis-*Preis*, Der Arbeitsvertrag, II I 10 Rn. 27; *Mengel*, BB 2004, 1445 (1450); Besgen/Prinz-*Busse*, § 10 Rn. 119.

765 Vgl. *Kümpers*, S. 147 f.; Besgen/Prinz-*Busse*, § 10 Rn. 120.

766 Vgl. Preis-*Preis*, Der Arbeitsvertrag, II I 10 Rn. 31a; *Vogel/Glas*, DB 2009, 1747 (1753) erkennen trotz des Wegfalls des Fernmeldegeheimnisses eine fortdauernde Schutzbedürftigkeit auch nach dem Ende des Übertragungsvorgangs, bringen aber ohne Erörterung des TMG das subsidiäre BDSG zur Anwendung; ähnlich *de Wolf*, MMR 2010, 1206 (1209), der allerdings die Reichweite des Fernmeldegeheimnisses ausdehnen will.

Gleiches gilt für vom Arbeitnehmer versendete E-Mails, die häufig als Kopie vom E-Mail-Client automatisch gespeichert werden.[767] Auch diese Kopien werden nicht gelöst vom betrieblichen E-Mail-System; ihre Überwachung richtet sich ebenfalls nach dem TMG.

c) Speicherung in einem betriebsfremden Online-Postfach

Etwas komplizierter ist die Sachlage, wenn der Arbeitnehmer zur Speicherung seiner E-Mail-Korrespondenz ein Online-Postfach auf einem betriebsfremden Server nutzt. Für Dienstleistungsangebote Dritter ist der Arbeitgeber unabhängig von Ihrer Ausgestaltung grundsätzlich nicht verantwortlich. Seine Dienstleistung beschränkt sich auf die Bereitstellung des Internetzugangs. Abhängig davon, wie er diesen ausgestaltet hat, erbringt er eine Telekommunikations- oder Telemediendienstleistung im Verhältnis zu seinen Mitarbeitern.[768]

Speichert der Arbeitnehmer empfangene E-Mails auf einem betriebsfremden Server, so ist auch hier mit der Kenntnisnahme des Empfängers der Kommunikationsvorgang mit dem Absender grundsätzlich beendet. Allerdings bedarf jeder Zugriff auf Inhalte einer E-Mail, die allein in einem Online-Postfach gespeichert ist, einer erneuten Verbindung mit dem Internet.[769] Für einen Datenzugriff auf die außerhalb seines Herrschaftsbereiches gespeicherten E-Mails ist auch der Arbeitgeber auf diese Verbindung angewiesen.[770] Die den Zugriff erst ermöglichende Internetnutzung stellt jeweils einen eigenen Kommunikationsvorgang dar, der an den telekommunikationsrechtlichen Vorschriften zu messen ist und in den Schutzbereich des Telekommunikationsgeheimnisses fällt.[771] Im Verhältnis zwischen Arbeitgeber und Arbeitnehmer ist es folglich unerheblich, ob eine im Online-Postfach gespeicherte E-Mail bereits gelesen wurde, denn jeder Zugriff über einen betrieblichen Internetzugang ist eine erneute Telekommunikationsdienstleistung des Arbeitgebers und löst als solche die Anwendbarkeit der

767 Vgl. *Hoppe/Braun*, MMR 2010, 80 (82); *Deiters*, ZD 2012, 109 (111) sieht eine zentrale Speicherung ab einer gewissen Unternehmensgröße als üblich an; angedeutet bei Preis-*Preis*, Der Arbeitsvertrag, II I 10 Rn. 31a.

768 Zur Abgrenzung etwa Besgen/Prinz-*Busse*, § 10 Rn. 122; Preis-*Preis*, Der Arbeitsvertrag, II I 10 Rn. 27; Taeger/Gabel-*Moos*, § 11 TMG Rn. 17 empfehlen zur Differenzierung von betrieblicher und privater Kommunikation, die Erlaubnis der Privatnutzung allein auf Webmail-Accounts zu beschränken.

769 Vgl. BVerfG 16.6.2009, BVerfGE 124, 43 (55).

770 Zu den auf der Protokollierung der besuchten Internetseiten basierenden Möglichkeiten einer Auswertung der Internetnutzung eines Beschäftigten Besgen/Prinz-*Busse*, § 10 Rn. 3; *Hanau/Hoeren*, S. 14 ff.

771 Vgl. BVerfG 16.6.2009, BVerfGE 124, 43 (55 ff.), welches den Grundrechtsschutz des Art. 10 Abs. 1 GG gegenüber dem betriebsfremden Telemediendienstanbieter und dem Staat aufgrund der fortdauernden, medienspezifischen Gefahren über das Ende des Telekommunikationsvorgangs hinaus erstreckt.

telekommunikationsrechtlichen Spezialgesetze nach den für die Internetkontrolle aufgestellten Grundsätzen aus.[772]

d) Speicherung auf dem lokalen Betriebssystem

Von beiden dargestellten Fallgruppen zu unterscheiden ist eine Speicherung auf dem lokalen Betriebssystem. Mit einer solchen Speicherung löst der Arbeitnehmer eine E-Mail nicht nur völlig vom betrieblichen E-Mail-System, sondern ermöglicht zudem einen jederzeitigen Zugriff darauf, ohne eine Internetverbindung herstellen zu müssen.[773] Ohne Verbindung zu einem Telemedium werden die Nachrichteninhalte und -umstände dem Schutzbereich des TMG entzogen. Mit der Speicherung ist der Kommunikationsvorgang abgeschlossen, dem Fernmeldegeheimnis und damit auch dem Schutzbereich des § 88 TKG unterfallen die gespeicherten Daten ebenfalls nicht mehr. Eine Internetverbindung, deren Nutzung selbst einen Kommunikationsvorgang darstellt, ist für einen Zugriff auf die Inhalte nicht notwendig. Somit finden auch die Regelungen des TKG keine Anwendung auf lokal gespeicherte E-Mails.[774]

Vollkommen losgelöst von jedem Kommunikationsvorgang unterscheiden sich solche E-Mails nicht von anderen auf dem PC gespeicherten Daten.[775] Diesbezügliche Kontrollbefugnisse werden im weiteren Verlauf dieser Arbeit noch Gegenstand der Erörterung sein.[776] TMG und TKG sind jedenfalls nicht darauf anwendbar.

5. Zwischenergebnis

Die Kontrollbefugnisse des Arbeitgebers hinsichtlich der Kommunikation der Mitarbeiter über betriebliche E-Mail-Clients richten sich bei erlaubter Privatnut-

---

772 Sämtliche Daten im Zusammenhang mit der Nutzung des Online-Postfaches sind im Verhältnis zum Arbeitgeber als Inhaltsdaten der Internetnutzung zu bewerten. Die Zugangsvermittlung zum Internet ist typischer Anwendungsfall einer überwiegenden Telekommunikationsdienstleistung im Sinne des § 11 Abs. 3 TMG, vgl. Taeger/Gabel-*Moos*, § 11 TMG Rn. 31; *Kümpers*, S. 145 f.; *Hoeren*, NJW 2007, 801 (802). Zu den (kaum bestehenden) Kontrollmöglichkeiten siehe S. 113 ff.

773 „Die gespeicherten Inhalte und Verbindungsdaten unterscheiden sich dann nicht mehr von Dateien, die der Nutzer selbst angelegt hat", BVerfG 2.3.2006, BVerfGE 115, 166 (185); *Eckhardt*, DuD 2008, 103 (105).

774 Vgl. Preis-*Preis*, Der Arbeitsvertrag, II I 10 Rn. 31a; *Behling*, BB 2010, 892 (893); *Vogel/Glas*, DB 2009, 1747 (1753); *Höld*, S. 200; insoweit konform auch mit der strengeren Ansicht des VG Frankfurt a.M. 6.11.2008, CR 2009, 125 (126) und *Hoppe/Braun*, MMR 2010, 80 (82), die eine „Aktivität des Arbeitnehmers" zur Beendigung des Kommunikationsvorgangs fordern; a.A. *de Wolf*, NZA 2010, 1206 (1209).

775 BVerfG 2.3.2006, BVerfGE 115, 166 (185).

776 Siehe S. 228 ff.

zung in den weit überwiegenden Fällen nach den Vorschriften des TMG.[777] Die Vielfältigkeit der Funktionen und Einstellungsmöglichkeiten zeitgemäßer E-Mail-Clients ermöglichen im Regelfall eine erhebliche inhaltliche Einflussnahme durch den Dienstanbieter.[778] Da meist keine Abrechnung der E-Mail-Nutzung gegenüber dem Arbeitnehmer erfolgt, eröffnet das TMG auch hier keine Kontrollmöglichkeiten. Die Erhebung von Inhaltsdaten ist ohnehin nicht vorgesehen, der Untersuchungszweck der allgemeinen Strafbarkeitsaufdeckung oder -prävention wird nicht anerkannt.[779]

Eine Zäsur bildet jedoch die Kenntnisnahme des Empfängers einer E-Mail von deren Inhalt, denn damit enden der konkrete Kommunikationsvorgang und damit auch der Schutzbereich des Fernmeldegeheimnisses.[780] Es entstehen zwei Zeiträume, in denen Kontrollmaßnahmen des Arbeitgebers ansetzen können und die insbesondere für Separationsmaßnahmen zwischen privater und dienstlicher Kommunikation unterschiedliche Voraussetzungen bereithalten.[781] Solange der Kommunikationsvorgang noch andauert, kann der Arbeitgeber den Arbeitnehmer lediglich dazu verpflichten, von ihm selbst versandte Nachrichten zu klassifizieren, indem er private Inhalte nur über eine speziell dazu bestimmte Zweitadresse verschickt.[782] Bezüglich eingehender E-Mails kann der Nutzer eine Kategorisierung erst mit der Sichtung des Inhalts vornehmen, also nach dem Ende des Kommunikationsvorgangs. Auch in diesem Zeitraum machen solche Separationsmaßnahmen grundsätzlich noch Sinn, denn die Regelungen des TMG bleiben auf private Kommunikation anwendbar, solange die E-Mails nicht aus dem

777 Besgen/Prinz-*Busse*, § 10 Rn. 120; *Kümpers*, S. 147 f.; *Däubler*, Rn. 378; auch *Ernst*, NZA 2002, 585 (587) erkennt E-Mail-Dienste als klassischen „Teledienst“ im Sinne des weitgehend gleichlautenden TDDSG; ebenso *Beckschulze/Henkel*, DB 2001, 1491 (1495); *Hilber/Frik*, RdA 2002, 89 (91).

778 Vgl. Besgen/Prinz-*Busse*, § 10 Rn. 120; Preis-*Preis*, Der Arbeitsvertrag, II I 10, Rn. 27; auch *Kümpers*, S. 147.

779 Vgl. Besgen/Prinz-*Busse*, § 10 Rn. 126; Preis-*Preis*, Der Arbeitsvertrag, II I 10 Rn. 31; *Däubler*, Rn. 378; *Kümpers*, S. 160; *Spanke*, S. 134 f.

780 Nach Ansicht des BverfG 2.3.2006, BVerfGE 115, 166 (185) endet der Schutz des Fernmeldegeheimnisses mit dem Zugang der E-Mail beim Empfänger; dies konkretisiert BVerfG 16.6.2009, BVerfGE 124, 43 (55) dahingehend, dass diesen Zeitpunkt nicht in jedem Fall (das heißt aber, grundsätzlich schon!) die Kenntnisnahme des Empfängers verkörpert; vgl. *Vietmeyer/Byers*, MMR 2010, 807 (809); *Beckschulze*, DB 2009, 2097 (2098); *Schimmelpfennig/Wenning*, DB 2006, 2290 (2293); differenzierend *Hoppe/Braun*, MMR 2010, 80 (82).

781 Vgl. *Behling*, BB 2010, 892 (893); *Vietmeyer/Byers*, MMR 2010, 807 (809); *Vogel/Glas*, DB 2009, 1747 (1753); plakativ *Eckhardt*, DuD 2008, 103 (104).

782 Besgen/Prinz-*Busse*, § 10 Rn. 88; Preis-*Preis*, Der Arbeitsvertrag, II I 10, Rn. 32; *Wellhöner/Byers*, BB 2009, 2310 (2310); *Vietmeyer/Byers*, MMR 2010, 807 (809); *Schmidt*, BB 2009, 1295 (1297); *Koch*, NZA 2008, 911 (913); Taeger/Gabel-*Moos*, § 11 TMG Rn. 17 empfiehlt die Erlaubnis der Privatnutzung auf Webmail-Accounts zu beschränken.

betrieblichen E-Mail-System herausgelöst werden.[783] Nur sofern deren Speicherung auf dem lokalen Betriebssystem erfolgt, verlieren sie jeglichen Bezug zu den Schutzrichtungen sowohl des TMG als auch des TKG, weswegen ihre Überwachung fortan lediglich den Vorschriften des BDSG unterfällt.[784] Allerdings steht zu befürchten, dass E-Mails mit aussagekräftigen Hinweisen auf bevorstehende oder begangene Straftaten wohl kaum über die erstmalige Kenntnisnahme des Empfängers hinaus gespeichert werden.

Nutzt der Mitarbeiter hingegen einen Online-Dienst eines externen Dritten für seine E-Mail-Kommunikation, so handelt es sich im Verhältnis zum Arbeitgeber lediglich um eine Internetnutzung. Entsprechend der oben festgehaltenen Grundsätze für die Überwachung des Internetverhaltens eröffnen sich diesbezüglich in aller Regel sowohl im Anwendungsbereich des TMG als auch des TKG keine Kontrollmöglichkeiten.[785]

V. Reflexion einer misslichen Gesetzeslage

Die vorstehenden Ausführungen machen deutlich, wie schwierig es für einen Arbeitgeber ist, die Telekommunikation seiner Mitarbeiter zu überwachen, sofern er die Privatnutzung der Kommunikationseinrichtungen im Betrieb erlaubt hat. Unabhängig von der Kommunikationsart stehen die Regelungen des TKG und des TMG, deren Anwendbarkeit auf das Arbeitsverhältnis nicht angezweifelt werden kann, in der weit überwiegenden Zahl der Fälle jeder Kontrolle zum Zwecke der Aufdeckung oder Prävention von Straftaten durch Beschäftigte im Wege. Diese Gesetzeslage kann und muss in mehrfacher Hinsicht als misslich angesehen werden.

1. Auflösung des verfassungsrechtlichen Interessenkonflikts

Sofern dem Arbeitgeber in der Regelkonstellation, in der er als unentgeltlicher Dienstanbieter auftritt und keine ausreichenden Separationsmaßmahmen zwischen betrieblicher und privater Kommunikation ergriffen hat[786], durch die ge-

783 Vgl. Preis-*Preis*, Der Arbeitsvertrag, II I 10 Rn. 31a; der Arbeitnehmer nutzt vielmehr eine die Dienstleistung des Arbeitgebers prägende Funktion, vgl. *Kümpers*, S. 147 f.; Besgen/Prinz-*Busse*, § 10 Rn. 120.

784 Die Daten unterscheiden sich insofern nicht mehr von auf der Festplatte gespeicherten Dateien, so BVerfG 2.3.2006, BVerfGE 115, 166 (185); Preis-*Preis*, Der Arbeitsvertrag, II I 10 Rn. 31a; *Behling*, BB 2010, 892 (893); *Vogel/Glas*, DB 2009, 1747 (1753); *Höld*, S. 200; *Hoppe/Braun*, MMR 2010, 80 (82).

785 Siehe S. 124 f.

786 Ohne Separationsmaßnahmen muss der Arbeitgeber bei jedem Kommunikationsvorgang von dessen privatem Charakter ausgehen, vgl. Preis-*Preis*, Der Arbeitsvertrag, II I

setzlichen Regelungen des TKG und des TMG ohne Ausnahme jede Kontrollmöglichkeit genommen wird, bleiben seine berechtigten und grundrechtlich gestützten Interessen aus dem jeder Überwachung zugrunde liegenden Interessenkonflikt[787] völlig unberücksichtigt.[788] Sein Eigeninteresse an der Aufrechterhaltung der Integrität seines Unternehmens kann im Einzelfall keinen Einfluss haben, da die telekommunikationsrechtlichen Spezialgesetze auf die Verankerung einer Verhältnismäßigkeitsprüfung als zentrale Voraussetzung im Gesetzestext verzichten.[789] Es existieren keine unbestimmten Rechtsbegriffe, die als Einfallstor für die grundrechtlich gestützten Interessen des Arbeitgebers fungieren könnten. Die gesetzlich angelegten, alternativen Rechtfertigungsmöglichkeiten in Gestalt von Einwilligungen der Betroffenen, Betriebsvereinbarungen oder Tarifverträgen schaffen hier keine Abhilfe, da sie teils aus praktischen[790], teils aus gesetzeskonzeptionellen Gründen[791] als Legitimationsgrundlagen für Kontrollmaßnahmen nicht in Betracht kommen, was an anderer Stelle noch dargelegt wird.

Demgegenüber erscheint die Annahme, der Gesetzgeber habe die Abwägung der grundrechtlichen Interessen der an einer Überwachungsmaßnahme beteiligten Parteien abstrakt und damit ohne jeden Bezug zum jeweiligen Einzelfall durchgeführt, in höchstem Maße bedenklich.[792] Im Ergebnis wird mit der Normierung von TKG und TMG bei wortlautgetreuer Anwendung ein umfassendes Kontrollverbot für den Arbeitgeber aufgestellt, welches seine Interessen vollständig hinter das Persönlichkeitsrecht seiner Mitarbeiter zurückstellt.[793] Anders als die Anwendbarkeit beider Gesetze kann dieses Kontrollverbot jedoch nicht als bewusste Entscheidung auf Basis einer abstrakten Abwägung angese-

---

10 Rn. 32; Besgen/Prinz-*Busse*, § 10 Rn. 88; Simitis-*Seifert*, § 32 Rn. 92. die Privatnutzung „infiziert" den gesamten Datenbestand, so *Schimmelpfennig/Wenning*, DB 2006, 2290 (2291); *Beckschulze/Henkel*, DB 2001, 1491 (1494).

787 Dazu S. 10 ff.; ausführliche Darstellungen des Interessenkonfliktes bieten *Spanke*, S. 76 ff. und *Arnold*, S. 15 ff.

788 Vgl. *Wybitul*, ZD 2011, 70 (73); *Holzner*, ZRP 2011, 12 (15); Das Spannungsfeld zwischen Compliance und Datenschutz betont *Kort*, DB 2011, 651 (653); *Hoppe/Braun*, MMR 2010, 80 (81); Bedenken formuliert *Behling*, BB 2010, 892 (892 f.).

789 Vgl. Besgen/Prinz-*Busse*, § 10 Rn. 85 f.; *Mengel*, BB 2004, 1445 (1450); das TKG folgt stattdessen dem engen „Zweckbindungsgrundsatz", dazu Scheurle/Mayen-*Zerres*, § 88 Rn. 27 ff.; BerlKommTKG-*Klesczewski*, § 88 Rn. 26 ff.; auf diesen stützt sich auch die Systematik des TMG, dazu Taeger/Gabel-*Moos*, § 12 TMG Rn. 12 f. und 19 f.

790 So die Einwilligung, siehe S. 253 f.

791 So die Rechtfertigung über Betriebsvereinbarungen und Tarifverträge, siehe S. 271 f.

792 Vgl. dazu *Thüsing*, Rn. 238 unter Hinweis auf die Pflicht des Gesetzgebers, zwischen den Interessenpolen eine praktische Konkordanz herzustellen.

793 Nach Ansicht von *Thüsing*, Rn. 242 müsste eine abstrakte Abwägung sogar stets zugunsten des Arbeitgebers ausfallen, da der Arbeitnehmer seine Interessen durch einfachen Verzicht auf den privaten Gebrauch der betrieblichen Kommunikationsanlagen wahren könne.

hen werden, sondern lediglich als Konsequenz allenthalben fehlender Abstimmung beider Gesetze auf die Sondersituation des Arbeitsverhältnisses.[794] Dieses wird zwar von den Regelungsbereichen des TKG und des TMG umfasst, kann aber keinesfalls als typischer Anwendungsfall bezeichnet werden.[795] Insbesondere wurde in beiden Gesetzen die regelmäßige Unentgeltlichkeit der Dienstleistung des Arbeitgebers beziehungsweise deren systematische Bedeutung nicht oder zumindest nicht ausreichend bedacht.[796] Ohne den bei unentgeltlicher Dienstleistung illegitimen Abrechnungszweck bricht die Systematik der Datenerhebung im Sinne beider Gesetze in sich zusammen, denn viele wesentliche Normen knüpfen genau daran an. Im Anwendungsbereich des TKG wird die Dokumentationspflicht des § 100 Abs. 3 TKG zur unüberwindlichen Hürde[797]. Im TMG erkennt der Gesetzgeber den legitimen Zweck der allgemeinen Missbrauchskontrolle erst überhaupt nicht an, sondern beschränkt sich auf die Datenerhebung zur Schutze vor Nutzern, welche das Entgelt für die Dienstleistung nicht oder nicht vollständig bezahlen, § 15 Abs. 8 TMG[798]. Diese Tatsache allein spricht bereits dagegen, dass der faktische Kontrollausschluss als Ergebnis einer abstrakten Interessenabwägung zu verstehen ist.

Darüber hinaus zeichnen viele weitere Ungenauigkeiten ein Bild davon, dass der Gesetzgeber die Konsequenzen der Anwendung des TKG und TMG auf das Arbeitsverhältnis zum Zeitpunkt ihrer Normierung nicht vollumfänglich durchdrungen hat.[799] Deren Anwendungsbereiche sind zwar einerseits eng miteinander verzahnt und lassen auf eine einheitliche Zielsetzung schließen, andererseits wird jedoch keine trennscharfe Grenze zwischen den Begriffen Telekommunikation und Telemedium gezogen. Sinnbild hierfür ist die diffuse Vorrangregelung

---

794 *Thüsing*, Rn. 235 ff. lehnt die Anwendbarkeit des TKG nicht zuletzt aufgrund systematischer Bedenken ab; im Ergebnis ebenso gegen eine Anwendbarkeit des TKG: *Wybitul*, ZD 2011, 69 (73); *Schimmelpfennig/Wenning*, DB 2006, 2290 (2294); *Ernst*, NZA 2002, 585 (587).

795 Vgl. zu den ursprünglichen Zwecken des TKG: BT-Drs. 13/3609, S. 33 ff.; erst auf S. 53 wird die Anwendbarkeit im Arbeitsverhältnis überhaupt angerissen; siehe S. 57 ff.

796 Dies erkennen etwa Preis-*Preis*, Der Arbeitsvertrag, II I 10 Rn. 28; *Däubler*, Rn. 369; *Spanke*, S. 124; *Vietmeyer/Byers*, MMR 2010, 807 (808 f.); *Barton*, NZA 2006, 460 (462); *Altenburg/v.Reinersdorff/Leister*, MMR 2005, 135 (137); *Mengel*, BB 2004, 1445 (1451); *Ernst*, NZA 2002, 585 (587); *Lindemann/Simon*, BB 2001, 1950, (1953); *Vehslage*, AnwBl 2001, 145 (147).

797 Vgl. Preis-*Preis*, Der Arbeitsvertrag, II I 10 Rn. 28; *Spanke*, S. 127 ff.; *Wolf/Mulert*, BB 2008, 442 (446); *Barton*, NZA 2006, 460 (462); *Mengel*, BB 2004, 1445 (1450 f.).

798 Eine allgemeine Missbrauchskontrolle erlaubt die Vorschrift nicht, vgl. Besgen/Prinz-*Busse*, § 10 Rn. 126; *Spanke*, S. 135; *Kümpers*, S. 160; Spindler/Schuster-*Spindler/Nink*, § 15 TMG Rn. 13; noch zur Vorgängervorschrift des § 6 Abs. 8 TDDSG *Hilber/Frik*, RdA 2002 89 (92); für eine enge Auslegung der Vorschrift *Müller-Broich*, § 15 Rn. 7.

799 Noch weitergehend *Mengel*, BB 2004, 1445 (1450), die bereits die Anwendbarkeit des TKG auf das Arbeitsverhältnis zum Zeitpunkt der Schaffung des TKG als nicht beabsichtigt angesehen hat.

des § 11 Abs. 3 TMG.[800] Der Wortlaut von erkennbar parallelen Zwecken folgenden Normen weicht teilweise kaum erklärbar vom jeweiligen Pendant des anderen Gesetzes ab. Beispielsweise lässt § 88 Abs. 3 S. 3 TKG abweichende Regelungen über eine andere „gesetzliche Vorschrift" zu, § 12 Abs. 1 TMG öffnet sich hingegen auch für eine „andere Rechtsvorschrift".[801] Zudem legt das Fehlen einer Härtefallregelung sowohl im TKG als auch im TMG nahe, dass der Gesetzgeber den mit ihrer Anwendbarkeit auf das Arbeitsverhältnis einhergehenden faktischen Kontrollausschluss selbst nicht erkannt hat, sondern davon ausging, einen gerechten Interessenausgleich im Einzelfall ermöglicht zu haben. Die §§ 32, 34 StGB können nicht in die Überlegungen mit eingeflossen sein, denn sie erfüllen nicht die Anforderung, ausdrücklich auf Telekommunikations- oder Telemediendienste Bezug zu nehmen.[802] Genau dies schreiben § 88 Abs. 3 S. 3 TKG und § 12 Abs. 1 TMG aber fest, was darauf schließen lässt, dass der Gesetzgeber Regelungen ohne diese Voraussetzung bei der Schaffung der telekommunikationsrechtlichen Spezialgesetze nicht im Blick hatte.[803]

Vor dem Hintergrund dieser Gegebenheiten stellt sich der faktische Ausschluss jeglicher Mitarbeiterkontrollen in der Regelkonstellation der Anwendungsfälle des TKG und TMG im Arbeitsleben als ungewollte und unbeabsichtigte Konsequenz, nicht als bewusste Entscheidung des Gesetzgebers dar. Im Einzelfall werden die Interessen des kontrollierenden Arbeitgebers nicht berücksichtigt. Ohne eine Abwägung kann von einer rechtmäßigen Auflösung des grundlegenden Interessenkonflikts nicht die Rede sein.[804]

2. Konflikt mit der Compliance-Verpflichtung des Arbeitgebers

Unabhängig davon lässt sich auch die seitens der Rechtsprechung zunehmend verschärft interpretierte Compliance-Verpflichtung des Arbeitgebers kaum mit

800 Kritisch zum gesetzlich angelegten Differenzierungssystem Arndt/Fetzer/Scherer-*Fetzer*, Vorb. §§ 91 ff. Rn. 9; Scheurle/Mayen-*Büttgen*, § 91 Rn. 23 ff.; *Roßnagel*, NVwZ 2007, 743 (745); zu § 11 Abs. 3 TMG: Taeger/Gabel-*Moos*, § 11 TMG Rn. 28 ff.; Spindler/Schuster-*Spindler/Nink*, § 11 TMG Rn. 14.

801 Vgl. exemplarisch Preis-*Preis*, Der Arbeitsvertrag, II I 10, Rn. 43 ff.; *Kümpers*, S. 208 f.; *Erfurth*, DB 2011, 1275 (1277). Zu diesem Widerspruch ausführlich S. 267 ff.

802 Zu den §§ 32, 34 StGB siehe S. 42 ff.; vgl. *Barton*, NZA 2006, 460 (462), der in diesem Zusammenhang ein Umdenken ausdrücklich begrüßen würde.

803 Aufgrund des Zitiergebots der genannten Vorschriften gegen eine Heranziehung der strafrechtlichen Rechtfertigungstatbestände Scheurle/Mayen-*Zerres*, § 88 Rn. 29; BerlKommTKG-*Klesczewski*, § 88 Rn. 29.

804 Vgl. *Thüsing*, Rn. 238; *Wybitul*, ZD 2011, 70 (73); unter Bezugnahme auf den Entwurf des Beschäftigtendatenschutzgesetzes sieht auch *Kort*, DB 2011, 651 (655) die Gefahr einer Überbetonung eines Interessenpols, ohne die Konsequenzen hieraus zu benennen.

einem faktischen Ausschluss jeglicher Überwachung von Privatkommunikation mit Bezug zum Arbeitsverhältnis in Einklang bringen.[805]

Unverständlich ist, wieso einerseits von einem Arbeitgeber präventiv wie repressiv ein Ergreifen zur Sicherstellung des rechtskonformen Verhaltens aller Betriebsteile mitsamt ihrer Belegschaft unter Androhung hoher Bußgelder, teilweise sogar strafrechtlicher Mitverantwortung im Falle des Unterlassens geeigneter Maßnahmen verlangt wird[806], andererseits mit dem dargestellten faktischen Ausschluss der Überwachung von Telekommunikation ein wesentlicher Ansatzpunkt für effektive Kontrollmaßnahmen zur Tabuzone erklärt wird.[807] Die Verhinderung und Aufdeckung von Straftaten durch Mitarbeiter, also die Verhinderung und Aufdeckung der schwerstmöglichen Verstöße gegen einfachgesetzliche Vorschriften, muss Kernanliegen einer Compliance-Verpflichtung sein, die auf umfassende Sicherstellung des rechtskonformen Verhaltens eines Unternehmens ausgerichtet ist.[808] Wie bereits dargestellt existieren diverse Deliktstypen, die ausschließlich auf der kommunikativen Ebene Spuren hinterlassen.[809] Das Nichtergreifen von Überwachungsmaßnahmen gegen solche Delikte kann dem Arbeitgeber nicht vorgeworfen werden, denn dies führt zwingend zu einem Verstoß gegen die telekommunikationsrechtlichen Spezialgesetze. Genau solche Deliktstypen aus der Verantwortung auszunehmen, konterkariert hingegen das Verständnis einer allgemeinen und umfassenden Compliance-Pflicht. Folglich stehen die einfachgesetzlichen Regelungen des TKG und TMG und die einfachgesetzlich hergeleitete Compliance-Pflicht im diametralen Gegensatz.[810]

Dieses Problem kann auch nicht mit dem Hinweis übergangen werden, dass der Kontrollausschluss sich grundsätzlich nur auf die private Kommunikation der Mitarbeiter bezöge und nur im Falle des Nichtergreifens von Separationsmaßnahmen auf die gesamte Kommunikation auszuweiten sei.[811] Das Nichtergreifen von Separationsmaßnahmen stellt selbst ein vorwerfbares Organisationsdefizit dar. Wenn hierdurch das Ergreifen im Sinne der Compliance-Pflicht

805 Diese Frage wirft auch *Behling*, BB 2010, 892 (892, 893 f.) im Bezug auf die E-Mail-Korrespondenz auf. Er zieht jedoch die Anwendbarkeit der Regelungen des TMG auf E-Mail-Kontrollen nicht in Betracht und erfasst die Problematik nicht zur Gänze; vgl. zur Problemdarstellung auch *de Wolf*, NZA 2010, 1206 (1206, 1210).

806 Siehe S. 25 ff.; plakativ *Wybitul*, BB 2009, 1582 (1582); *Kort*, DB 2011, 651 (651 f.).

807 Vgl. *Schmidt*, BB 2009, 1295 (1296); die gegensätzlichen Pole im Bezug auf interne Ermittlungen arbeiten auch *Vogel/Glas* DB 2009, 1747 (1753) heraus, ziehen daraus jedoch keine weiteren Schlüsse; so auch *Barton*, NZA 2006, 460 (462).

808 Vgl. *Moosmayer*, S. 95 f.; *Thüsing*, Rn. 12 ff.; *Kort*, DB 2011, 651 (651); *Franzen*, RdA 2010, 257 (260 f.); *Schneider*, NZG 2010, 1201 (1202).

809 Vgl. insbesondere *Behling*, BB 2010, 892 (892); zur Bedeutung der Überwachung der Telekommunikation auch *Wybitul*, ZD 2011, 69 (69); *Schmidt*, BB 2009, 1295 (1296).

810 *Behling*, BB 2010, 892 (893 f.); vgl. auch *Deiters*, ZD 2012, 109 (110); *Wybitul*, ZD 2011, 70 (71); *de Wolf*, NZA 2010, 1206 (1209 f.); *Holzner*, ZRP 2011, 12 (15) formuliert einen Auftrag an den Gesetzgeber zur Schaffung notwendiger Spielräume.

811 Vgl. *Heldmann*, DB 2010, 1235 (1239); *de Wolf*, NZA 2010, 1206 (1208).

zumutbarer und gebotener Überwachungsmaßnahmen verhindert würde, läge darin bereits ein Compliance-Verstoß begründet.[812]

Dass aber auch mit einer Einrichtung solcher Separationsmaßnahmen der Konflikt des Überwachungsausschlusses hinsichtlich privater Kommunikation der Mitarbeiter mit der Compliance-Verpflichtung nicht aufgelöst wird, zeigt folgende Überlegung: Solange ein Arbeitnehmer zur Kommunikation auf betriebliche Kommunikationsmittel zurückgreift, verliert selbst die rein private Kommunikation nicht automatisch jeden Bezug zum Arbeitsverhältnis, mithin auch nicht zur Compliance-Verpflichtung des Arbeitgebers. Demgegenüber kann die Kommunikation über begangene oder bevorstehende Straftaten oder die Verwirklichung von Tatbestandselementen auf kommunikativem Wege ebenso wenig wie die Begehung der Tat als betrieblich veranlasst angesehen werden, solange der Arbeitgeber nicht Täter oder Teilnehmer an der Straftat ist.[813] Gleiches gilt zumindest für bewusste Verstöße gegen sonstige einfachgesetzliche Verbotsnormen, soweit der Arbeitgeber keine Anweisung dazu gegeben hat. Entsprechend sind Tathandlungen in aller Regel privater Natur, genauso wie darauf bezogene Kommunikation. Dies löst für entsprechende Kommunikationsvorgänge jedoch nicht die Verbindung zur Compliance-Verantwortung des Arbeitgebers. Deren Wesen und der Sinn liegt gerade darin, einen Teil der Verantwortung für Rechtsverstöße auf den ansonsten unbeteiligten Arbeitgeber zu übertragen, was mit seinen Einflussmöglichkeiten auf das Tatumfeld (seinen Betrieb bzw. sein Unternehmen) begründet werden kann.[814] Ein wesentlicher Teil der Compliance-Pflicht umfasst also die Verhinderung von gesetzeswidrigen Privatmaßnahmen der Beschäftigten im betrieblichen Umfeld in Form von Gesetzesverstößen ohne ein Mitwissen des Arbeitgebers. Der Sinn einer Compliance-Verpflichtung würde folglich unterwandert, wenn diese sich nicht auch auf Privatmaßnahmen erstreckte, die in betrieblichem Umfeld erfolgt. Wenn man die Überwachung der Telekommunikation nicht vollständig aus der Compliance-Verpflichtung herausnehmen will, so muss logisch zwingend auch eine zumutbare Überwachung der Privatkommunikation mit einbezogen werden. Eine anderweitige Interpretation würde es einem Arbeitgeber ermöglichen, sich mit der Erlaubnis der Privatnutzung der betrieblichen Kommunikationseinrichtungen und der Ergreifung geeigneter Separationsmaßnahmen eines wesentlichen Teils seiner Überwachungspflicht im Rahmen seiner Compliance-Verantwortung zu entziehen.

---

812 Die Pflicht zur Schaffung organisatorischer Vorkehrungen als Teil der Compliance-Pflicht des Arbeitgebers betont *Thüsing*, Rn. 18 ff.

813 Zu beachten ist jedoch, dass der Bundesgerichtshof eine Mittäterschaft eines Comliance-Officers an einer durch Beschäftigte begangenen Straftat wegen eines Unterlassens erforderlicher Überwachungsmaßnahmen in Betracht gezogen hat, BGH 17.7.2009, NJW 2009, 3173 (3175).

814 Vgl. die Argumentation von *Dann/Gastell*, NJW 2008, 2945 (2945 f.); siehe auch *Salvenmoser/Hauschka*, NJW 2010, 331 (331 ff.).

Das Ergebnis eines Totalausschlusses der Überwachung privater Kommunikation durch Beschäftigte zur Aufdeckung und Prävention von Straftaten im Anwendungsbereich des TKG und des TMG ist mit dem Zweck der Compliance-Verpflichtung des Arbeitgebers nicht zu vereinbaren.[815] Sofern er im Anwendungsbereich des TKG und des TMG im Sinne der Compliance erforderliche Überwachungsmaßnahmen gar nicht ergreifen kann[816], bleibt ihm nichts anderes übrig, als deren Anwendung durch die Nichterteilung einer Erlaubnis der Privatnutzung von betrieblichen Kommunikationsmedien insgesamt zu verhindern.[817]

3. Konflikt mit der europäischen Datenschutzrichtlinie

Damit sind allerdings noch nicht alle problematischen Konsequenzen einer Anwendung der Vorschriften des TKG und TMG benannt worden. Über die dargestellten Konflikte hinaus bleibt noch zu untersuchen, ob ein Totalausschluss der Überwachung privater Kommunikation im Regelarbeitsverhältnis mit der europäischen Datenschutzrichtlinie in Einklang zu bringen ist.

Nach Art. 7 der Datenschutzrichtlinie 95/46/EG ist es Aufgabe der Mitgliedstaaten, mit einer geeigneten Ausgestaltung der nationalen Gesetzeslage dafür Sorge zu tragen, dass eine Verarbeitung personenbezogener Daten nur unter bestimmten, in Art. 7 lit. a) bis f) aufgezählten Voraussetzungen erfolgen kann. Eine Verarbeitung im Sinne der Richtlinie umfasst nach Art. 2 lit. b) jede Erhebung personenbezogener Daten. Nach Art. 7 lit. f) sollen die Voraussetzungen einer Verarbeitung personenbezogener Daten unter anderem dann vorliegen, wenn „zur Verwirklichung des berechtigten Interesses, das von dem Verantwortlichen für die Verarbeitung […] wahrgenommen wird, […] solange nicht das Interesse oder die Grundrechte und Grundfreiheiten der betroffenen Person […] überwiegen“. Nicht ganz einheitlich wurde bisher die Frage beantwortet, ob die Vorschriften der europäischen Datenschutzrichtlinie als Mindeststandard ver-

---

815 In dieser Hinsicht streng *Franzen*, RdA 2010, 257 (160 f.), der bereits die Dokumentation von Verdachtsmomenten kritisch sieht, da die Compliance-Pflicht auch verdachtsunabhängige Maßnahmen fordere; vgl. *Kort*, DB 2011, 651 (653, 654).

816 In dieselbe Richtung gehen auch die Literaturstimmen, die über den Gesetzeswortlaut hinaus zur Aufdeckung von Straftaten Ausnahmen vom Kontrollverbot zulassen wollen, etwa *Heldmann*, DB 2010, 1235 (1239); *Mengel/Ullrich*, NZA 2006, 240 (242); *Beckschulze/Henkel*, DB 2001, 1491 (1494); *Lindemann/Simon*, BB 2001, 1950 (1953); *Raffler/Hellich*, NZA 1997, 862 (863 f.).

817 Dies empfehlen etwa Preis-*Preis*, Der Arbeitsvertrag, II I 10 Rn. 56; *Hoppe/Braun*, MMR 2010, 80 (84); *Vietmeyer/Byers*, MMR 2010, 807 (810); *Wellhöner/Byers*, BB 2009, 2310 (2316); *Altenburg/v.Reinersdorff/Leister*, MMR 2005, 135 (139); *Beckschulze*, DB 2003, 2777 (2777); *Raffler/Hellich*, RdA 2002, 89 (97).

standen werden müssen, den es bei der Umsetzung der Richtlinie sicherzustellen gilt.[818]

Der europäische Gerichtshof hat jedoch jüngst in einem Vorabentscheidungsverfahren zu einem spanischen Rechtsstreit ein abweichendes Verständnis verlauten lassen.[819] Die Umsetzungsverpflichtung der Mitgliedstaaten sei nicht auf eine Mindest-, sondern eine Vollharmonisierung gerichtet.[820] Dies erkläre sich vor dem Zweck der Datenschutzrichtlinie, einerseits den freien Verkehr personenbezogener Daten zu sichern und andererseits ein hohes Datenschutzniveau zu gewährleisten. Vor diesem Hintergrund seien die in Art. 7 lit. a) bis f) „erschöpfend und abschließend" zu verstehen. Es dürften weder neue, eine Datenverarbeitung legitimierende Gründe eingeführt werden noch Voraussetzungen aufgestellt werden, welche die Tragweite der dort aufgezählten Gründe verändern würden.[821] Im zu entscheidenden Rechtsstreit ging es um die Frage, ob der spanische Gesetzgeber über nationale Regelungen die Verarbeitung personenbezogener Daten aus nicht öffentlich zugänglichen Quellen ohne eine vorherige Einholung der Einwilligung des Betroffenen ausnahmslos verbieten könne. Nach Ansicht des EuGH ist Art. 7 lit. f) der Datenschutzrichtlinie „dahin auszulegen, dass er einer nationalen Regelung entgegensteht, die für die Verarbeitung personenbezogener Daten [...] ohne Einwilligung der Betroffenen nicht nur verlangt, dass deren Grundrechte und Grundfreiheiten nicht verletzt werden, sondern auch, dass diese Daten in öffentlich zugänglichen Quellen enthalten sind, und damit kategorisch und verallgemeinernd jede Verarbeitung von Daten ausschließt, die nicht in solchen Quellen enthalten sind"[822]. Auch die den Mitgliedstaaten in Art. 5 der Datenschutzrichtlinie zugesprochene Befugnis, die Voraussetzungen unter anderem des Art. 7 näher ausgestalten zu dürfen, würde gesprengt, sofern eine nationale Regelung „das Ergebnis einer Abwägung der einander gegenüberstehenden Rechte und Interessen abschließend vorschreibt, ohne Raum für ein Ergebnis zu lassen, das auf Grund besonderer Umstände des Einzelfalls anders ausfällt"[823].

---

818 Beispielhaft für die vorherrschenden Gegenstimmen im Sinne der Interpretation des EuGH: Grabitz/Hilf-*Brühann*, Vorbem. A 30, Rn. 45; *Forst*, RDV 2010, 150 (151); *Rüpke*, EuZW 1993, 149 (152); a.A. etwa *Ehmann/Sutschet*, RDV 1997, 3 (4).

819 EuGH, 24.11.2011, NZA 2011, 1409.

820 EuGH, 24.11.2011, NZA 2011, 1409 (1410); so auch Grabitz/Hilf-*Brühann*, Vorbem. A 30, Rn. 45; vgl. auch *Forst*, RDV 2010, 150 (151).

821 EuGH, 24.11.2011, NZA 2011, 1409 (1411); *Forst*, RDV 2010, 150 (152).

822 EuGH, 24.11.2011, NZA 2011, 1409 (1411 f.); Grabitz/Hilf-*Brühann*, A 30, Art. 7 Rn. 20.

823 EuGH, 24.11.2011, NZA 2011, 1409 (1411); zu diesem Verhältnis allgemein Grabitz/Hilf-*Brühann*, A 30, Art. 7 Rn. 11 und im Speziellen A 30, Art. 7 Rn. 20 f., der einer abstrakten Abwägung durch den Gesetzgeber jedoch keine ausdrückliche Absage erteilt.

Dieses Ergebnis ist auf die Gesetzeskonzeption des TKG und des TMG hinsichtlich Ihrer Anwendung auf Arbeitsverhältnisse übertragbar. Ein Ausschluss jeglicher Kontrollen privater Kommunikation im Regelarbeitsverhältnis ohne die Möglichkeit, über eine Abwägung der widerstreitenden Interessen im Einzelfall zu einem gegensätzlichen Ergebnis kommen zu können, schafft gleichfalls Voraussetzungen, die in der Datenschutzrichtlinie nicht angelegt sind bzw. verhindert bestimmte Datenerhebungen, welche nach Art. 7 lit. f) zulässig wären. Im Gegensatz zum spanischen Rechtsstreit hat der deutsche Arbeitgeber in Form der Erteilung oder Nichterteilung der Erlaubnis zur Privatnutzung der betrieblichen Kommunikationsmittel die Anwendbarkeit des TKG und des TMG und damit auch die Herbeiführung des Kontrollausschlusses allerdings selbst in der Hand.[824] Da er nicht in ausweglose Situationen geraten kann, wären die Regelungen einerseits nicht zwingend als europarechtswidrig einzustufen.[825] Andererseits erscheint die Erhebung der Nichterteilung der Erlaubnis zur Privatnutzung zur zwingenden Voraussetzung einer Mitarbeiterkontrolle nicht nur aus nationaler Sicht unsinnig sondern auch aus europäischer Sicht fragwürdig. Es bestehen erhebliche Zweifel daran, dass diese unübersichtliche Gesetzeskonstruktion noch von den über Art. 5 der Datenschutzrichtlinie zugesprochenen Ausgestaltungsbefugnissen gedeckt ist.

4. Zusammenfassung

Die aufgezeigten Konflikte verdeutlichen, dass die durch eine Anwendung von TKG und TMG erzeugte Rechtslage in mehrfacher Hinsicht misslich ist. Es entsteht ein weitreichender Ausschluss sämtlicher arbeitgeberseitiger Kontrollbefugnisse hinsichtlich jedes untersuchten Kommunikationsmediums. Der grundrechtliche Interessenkonflikt wird über eine Ausblendung der berechtigten Kontrollinteressen nur aufgrund einer vormals erteilten Erlaubnis der Privatnutzung betrieblicher Kommunikationsmittel nicht nachvollziehbar aufgelöst. Seine Compliance-Verpflichtung kann der Arbeitgeber innerhalb des von TKG und TMG abgesteckten Rahmens nicht erfüllen. In diesem Sinne erforderliche Präventivmaßnahmen sind in aller Regel nicht möglich. Die für repressive Kontrollmaßnahmen wichtige Kenntnisnahme von Kommunikationsinhalten ist in keinem Falle zulässig. Mit Blick auf die Umsetzungsvorgaben der Datenschutz-

---

824 Als Eigentümer der Betriebsmittel steht dem Arbeitgeber die alleinige Entscheidungsbefugnis über die Erlaubnis der Privatnutzung zu, vgl. *Hanau/Hoeren*, S. 20; Preis-*Preis*, Der Arbeitsvertrag, II I 10, Rn. 3; *Vietmeyer/Byers*, MMR 2010, 807 (808); *Kratz/Gubbels*, NZA 2009, 652 (652); *Kramer*, NZA 2004, 457 (458); *Mengel*, BB 2004, 1445 (1446); *Ernst*, NZA 2002, 585 (585).

825 Rechtsfolge wäre eine Unanwendbarkeit der Vorschriften in nationalen Rechtsstreitigkeiten, vgl. *Forst*, RDV 2010, 150 (153).

richtlinie ist dieses Ergebnis ebenfalls äußerst bedenklich. Die arbeitgeberseitige Möglichkeit zur Selbsthilfe in Form der Nichterteilung bzw. Rücknahme der Erlaubnis einer Privatnutzung wird fragwürdig zur tragenden Säule einer Umsetzung der Vorgaben der Datenschutzrichtlinie in Form des TKG und des TMG.

Wie zu Beginn dieses Kapitels bereits dargestellt, kann die abstrakte Anwendbarkeit der beiden Gesetzeskörper auf das Arbeitsverhältnis nicht hinwegdiskutiert werden. Die vorstehend geschilderten Widersprüche könnten zwar als systematische Argumente gegen die Einstufung des Arbeitgebers als potentiellen Dienstanbieter vorgebracht werden, erweisen sich aber – wie gezeigt – nicht als tragend. Die Anwendbarkeit des TKG und des TMG auf das Arbeitsverhältnis muss nach derzeitigem Gesetzesstand hingenommen werden.[826]

Der einzelne Arbeitgeber ist vor diesem Hintergrund gut beraten, die Anwendungsvoraussetzungen der Vorschriften nicht zu erfüllen, also eine Erlaubnis der Privatnutzung der betrieblichen Telekommunikationsmedien nicht zu erteilen oder zurückzunehmen. Hierdurch wären seine Kontrollmaßnahmen an den subsidiären Vorschriften des BDSG zu messen, womit keine vergleichbaren Konflikte einhergehen, was noch zu zeigen sein wird.[827] Auf diesem Wege erlangt er den notwendigen Handlungsspielraum, um seine eigenen Kontrollinteressen befriedigen zu können und gleichzeitig den Compliance-Anforderungen gerecht zu werden.[828]

Die aktuelle Rechtslage fordert dringend Anpassungsmaßnahmen des Gesetzgebers. Der Anreiz, eine Erlaubnis der Privatnutzung der betrieblichen Kommunikationsmedien nicht zu erteilen, kann schwerlich in seinem Interesse liegen.[829] Er treibt den Arbeitgeber dazu, eine aus Sicht des – datenschutzrechtlich zu schützenden – Arbeitnehmers zu begrüßende Leistung nicht zu gewähren. Die Bedeutung der Entscheidung des Arbeitgebers über die Erlaubnis wird in völlig intransparenter Weise aufgebläht.[830] Der Gesetzgeber steht in der

---

826 So auch Besgen/Prinz-*Busse*, § 10 Rn. 15 ff.; *Däubler*, Rn. 365 ff.; *Spanke*, S. 121; *Mengel*, S. 194 f.; *Kümpers*, S. 151; *Panzer*, S. 171; *Höld*, S. 130 f.; *Behling*, BB 2010, 892 (892); *Kratz/Gubbels*, NZA 2009, 652 (654 f.); *Schmidt*, BB 2009, 1295 (1297); *Deutsch/Diller*, DB 2009, 1462 (1465); *Wolf/Mulert*, BB 2008, 442 (445); *Koch*, NZA 2008, 911 (913); *Kömpf/Kunz*, NZA 2007, 1341 (1344); *Barton*, NZA 2006, 460 (461); *Mengel*, BB 2004, 1445 (1450); *Beckschulze*, DB 2003, 2777 (2083); *Ernst*, NZA 2002, 585 (587); *Lindemann/Simon*, BB 2001, 1950 (1951).

827 Dazu sogleich, S. 151 ff.

828 Entsprechend die Empfehlungen von Preis-*Preis*, Der Arbeitsvertrag, II I 10 Rn. 56; *Hoppe/Braun*, MMR 2010, 80 (84); *Vietmeyer/Byers*, MMR 2010, 807 (810); *Wellhöner/Byers*, BB 2009, 2310 (2316); *Altenburg/v.Reinersdorff/Leister*, MMR 2005, 135 (139); *Beckschulze*, DB 2003, 2777 (2777); *Raffler/Hellich*, RdA 2002, 89 (97).

829 Vgl. insbesondere *Vietmeyer/Byers*, MMR 2010, 807 (810).

830 Insbesondere, sofern – entgegen der hier vertretenen Ansicht – eine Erlaubniserteilung durch Betriebliche Übung für möglich erachtet wird. Die Risiken verdeutlichen etwa

Pflicht, die Vorschriften umfangreich zu reformieren und auf die besonderen Gegebenheiten des Arbeitsverhältnisses anzupassen oder die Anwendbarkeit der Vorschriften einfachgesetzlich ganz auszuschließen. Letzteres verkörpert sicherlich die einfachere Lösung, da mit dem subsidiären BDSG bereits ein anwendbarer Regelungskomplex besteht, der zumindest deutlich weniger Konfliktpotential birgt. Die Konzentration des Themenkomplexes auf eine gesetzliche Grundlage trüge zudem erheblich dazu bei, den Arbeitnehmerdatenschutz verständlich und übersichtlich zu gestalten. Im Rahmen des Gesetzgebungsverfahrens zur Schaffung eines Beschäftigtendatenschutzgesetzes waren entsprechende Überlegungen bereits Gegenstand der Diskussionen.[831] Aus Sicht des Verfassers wäre ein Ausschluss der Anwendbarkeit der Vorschriften des TKG und des TMG auf das Arbeitsverhältnis in höchstem Maße zu begrüßen.[832]

Besgen/Prinz-*Besgen/Prinz*, § 1 Rn. 142 und *Schmidt*, BB 2009, 1295 (1297); zu diesem Themenbereich siehe S. 81 ff.

831 Dies zeigt die Regelung des § 32i Abs. 4 BDSG des Referentenentwurf eines Gesetzes zur Regelung des Beschäftigtendatenschutzes, abrufbar unter http://www.aus-portal.de/media/referentenentwurf_beschaeftigtendatenschutz%281%29.pdf. Letzter Abruf am 01.07.2012.

832 So auch *Thüsing*, NZA 2011, 16 (20); *Vietmeyer/Byers*, MMR 2010, 807 (810 f.); *Gola*, RDV 2010, 97 (99); *Franzen*, RdA 2010, 257 (263) fordert zumindest eine Klarstellung.

D. Mitarbeiterkontrolle ohne Erlaubnis der Privatnutzung der technischen Einrichtungen

Von den soeben dargestellten, durch die wortlautgetreue Anwendung von TKG und TMG verursachten Spannungen völlig unabhängig stellt sich die rechtliche Situation dar, sofern der Arbeitgeber seinen Beschäftigten die Privatnutzung der technischen Einrichtungen nicht erlaubt hat. Ohne eine ausdrückliche oder konkludente Erlaubnis der Privatnutzung tritt der Arbeitgeber mit dem Arbeitnehmer nicht in ein Anbieter-Nutzer-Verhältnis im Sinne der telekommunikationsrechtlichen Spezialgesetze; TKG und TMG sind folglich nicht anwendbar.[833] Ohne ein Anbieter-Nutzer-Verhältnis kann die Unterscheidung zwischen einer betrieblichen und privaten Nutzung keine Auswirkungen auf die anzuwendenden Gesetze haben. Der Arbeitnehmer nutzt die technischen Einrichtungen im Falle der betrieblichen Kommunikation ohnehin lediglich als Besitzdiener ausschließlich *für* den Arbeitgeber.[834] Mit einer trotzdem durchgeführten – vertragswidrigen! – Privatnutzung kann der einzelne Arbeitnehmer die Anwendbarkeit von TKG und TMG nicht herbeiführen.[835]

Finden infolgedessen die telekommunikationsrechtlichen Spezialgesetze keine Anwendung, so müssen Überwachungsmaßnahmen an den Regelungen des gem. § 1 Abs. 3 S. 1 subsidiären BDSG gemessen werden.[836] Sofern TKG und TMG nicht greifen, sind anderweitige gesetzliche Regelungen, die speziell Maßnahmen zur Überwachung der Telekommunikation von Mitarbeitern regeln,

---

833 Vgl. Preis-*Preis*, Der Arbeitsvertrag, II I 10 Rn. 21; Besgen/Prinz-*Busse*, § 10 Rn. 24; *Kümpers*, S. 161; *Wuttke*, S. 183; *Hoppe/Braun*, MMR 2010, 80 (80); *Kratz/Gubbels*, NZA 2009, 652 (653); *Wellhöner/Byers*, BB 2009, 2310 (2311); *Löwisch*, DB 2009, 2782 (2783); *Vogel/Glas*, DB 2009, 1747 (1754); *Kömpf/Kunz*, NZA 2007, 1341 (1344); *Mengel/Ullrich*, NZA 2006, 240 (242); *Barton*, NZA 2006, 460 (462); *Altenburg/v.Reinersdorff/Leister*, MMR 2005, 135 (136); *Haußmann/Krets*, NZA 2005, 259 (260); *Mengel*, BB 2004, 1445 (1447); *Weißnicht*, MMR 2003, 448 (450); *Ernst*, NZA 2002, 585 (588); *Lindemann/Simon*, BB 2001, 1950 (1951); *Beckschulze/Henkel*, DB 2001, 1491 (1495); *Vehslage*, AnwBl 2001, 145 (147); *Gola*, MMR 1999, 322 (323 ff.); *Versteyl*, NZA 1987, 7 (9).

834 Preis-*Preis*, Der Arbeitsvertrag, II I 10 Rn. 3; Schaub-*Koch*, § 113 Rn. 5.

835 Vgl. Besgen/Prinz-*Busse*, § 10 Rn. 20; *Schmidt*, RDV 2009, 1295 (1297); *Beckschulze/Henkel*, DB 2001, 1491 (1496); *Vehslage*, AnwBl 2001, 145 (147); *Gola*, MMR 1999, 322 (323).

836 Ausführlich zur Subsidiarität des BDSG Simitis-*Dix*, § 1 Rn. 155 ff. und Taeger/Gabel-*Schmidt*, § 1 BDSG Rn. 32 ff. jeweils m w.N.

nicht ersichtlich.[837] Der besonnen handelnde Arbeitgeber könnte also über die Weichenstellung, die Privatnutzung gerade nicht zu erlauben oder sogar ausdrücklich zu verbieten, die aus der Anwendung des TKG und des TMG entstehenden Schwierigkeiten umgehen.[838] Allerdings sagt dies nichts darüber aus, ob dem Rechtsrat suchenden Arbeitgeber eine solche Vorgehensweise in der Praxis empfohlen werden sollte, denn mit der Anwendung des BDSG könnten schließlich völlig andere Probleme einhergehen.

Im nachfolgenden Abschnitt ist deswegen zu untersuchen, welche Überwachungsmaßnahmen das BDSG zur Aufdeckung und Prävention von Straftaten im Arbeitsverhältnis zulässt bzw. welche Voraussetzungen an solche Maßnahmen gestellt werden und welche Schwierigkeiten sich daraus möglicherweise ergeben. Dabei wird zunächst eingegangen auf die allgemeine Systematik, nach der die Zulässigkeit von Überwachungsmaßnahmen mit der in dieser Arbeit untersuchten Zweckrichtung beurteilt werden. Anschließend werden die Besonderheiten der zu kontrollierenden Kommunikationsmedien fokussiert.

I. Die Systematik des BDSG

Wie bereits dargestellt unterwirft das BDSG über § 4 Abs. 1 BDSG jegliche Erhebung, Verarbeitung und Nutzung personenbezogener Daten einem präventiven Verbot mit Erlaubnisvorbehalt.[839] Die Erhebung jeglicher Daten, die einen Bezug zum Nutzer der kontrollierten Telekommunikationseinrichtung aufweisen bzw. auf diesen zurückgeführt werden können, ist grundsätzlich verboten, sofern das BDSG selbst oder eine „andere Rechtsvorschrift" dies nicht gestattet oder eine Einwilligung der betroffenen Arbeitnehmer eingeholt wurde.[840] Die Möglichkeit, einzelne Maßnahmen durch Einwilligungen oder selbst geschaffene Rechtfertigungsnormen zu legitimieren, wird später noch Schwerpunkt der Un-

837 Vgl. Preis-*Preis*, Der Arbeitsvertrag, II I 10 Rn. 21; *Kratz/Gubbels*, NZA 2009, 652 (653); *Altenburg/v.Reinersdorff/Leister*, MMR 2005, 135 (136); vereinzelt werden die §§ 32 und 34 StGB zur Anwendung gebracht, dazu etwa *Wölfl*, JURA 2000, 231 (233 f.).

838 Vgl. Preis-*Preis*, Der Arbeitsvertrag, II I 10, Rn. 56; *Wellhöner/Byers*, BB 2009, 2310 (2316); *Hoppe/Braun*, MMR 2010, 80 (84); *Beckschulze*, DB 2003, 2777 (2777); *Lindemann/Simon*, BB 2001, 1950 (1956).

839 Vgl. DKWW-*Weichert*, § 4 Rn. 1; *Gola/Schomerus*, § 4 Rn. 3; Taeger/Gabel-*Taeger*, § 4 BDSG Rn. 14 ff.; Simitis-*Sokol*, § 4 Rn. 3 hält die Terminologie „Verbot mit Erlaubnisvorbehalt" für missverständlich, da sie eine Vergleichbarkeit mit verwaltungsrechtlichen Konstruktionen suggeriert, die tatsächlich nicht gegeben ist.

840 Vgl. Simitis-*Sokol*, § 4 Rn. 2; DKWW-*Weichert*, § 4 Rn. 1; Taeger/Gabel-*Taeger*, § 4 BDSG Rn. 1 f.; *Gola/Schomerus*, § 4 Rn. 3 ff.

tersuchung sein.[841] An dieser Stelle wird zunächst erörtert, welche Maßnahmen nach den Regelungen des BDSG selbst für zulässig erklärt werden können.

Den nachfolgenden Ausführungen kann vorangestellt werden, dass Daten, die mit der Zweckrichtung erhoben werden, ein zurückliegendes oder noch bevorstehendes strafbares Verhalten einzelner Mitarbeiter aufzudecken, regelmäßig als personenbezogen im Sinne des § 3 Abs. 1 BDSG angesehen werden können.[842] Solche Daten sollen schließlich gerade Auskunft geben über das Verhalten des jeweiligen Nutzers einer Telekommunikationseinrichtung. Vollständig anonymisierte Daten wären zwar datenschutzrechtlich unbedenklich[843], allerdings zur Aufdeckung und Prävention von Straftaten unbrauchbar. Die einer bloßen Pseudonymisierung innewohnende potentielle Rückführbarkeit auf einzelne Nutzer reicht hingegen in der Regel bereits zur Annahme eines Personenbezuges aus.[844]

Der Anwendungsbereich des BDSG ist seinem Charakter als Auffanggesetz entsprechend von erheblichem Umfang. Der Umgang mit Telekommunikationsdaten ist nur ein Teilbereich davon. Das BDSG erfasst die gesamte Bandbreite der personenbezogenen Daten, von Videomaterial bis zu Ergebnissen ärztlicher Untersuchungen, vom Inhalt der Personalakten über Daten aus Mitarbeiterbefragungen oder sonstigen betriebsinternen Ermittlungen bis hin zum im Rahmen einer Torkontrolle festgestellten Tascheninhalt.[845] Nicht zuletzt dieser Tatsache geschuldet ist der wesentliche systematische Unterschied zu den telekommunikationsrechtlichen Spezialgesetzen: Das BDSG versucht weder die nach dem jeweiligen Gesetz zulässigen Kontrollzwecke konkret zu benennen noch die zulässigen Kontrollmaßnahmen auf die Erhebung bestimmter Datentypen zu fixieren. Einer Erhebung von Kommunikationsinhalten steht das BDSG etwa nicht im Wege. Vielmehr stützen sich viele der datenschutzrechtlichen Erlaubnistatbestände des BDSG auf eine Verhältnismäßigkeitsprüfung als zentrale Zulässig-

841 Siehe S. 233 ff.

842 Zum Begriff des Personenbezugs mit Blick auf Telekommunikationsdaten vgl. Bergen/Prinz-*Busse*, § 10 Rn. 25; *Spanke*, S. 102; *Arnold*, S. 43 f.; *Behling*, BB 2010, 892 (895); am Beispiel eines E-Mail-Logfiles weist *Thüsing*, Rn. 249 ff. nach, dass auch die Möglichkeit einer Nutzung des betrieblichen Kommunikationsmediums durch eine andere Person als den Arbeitnehmer den Personenbezug nicht auflöst.

843 Vgl. DKWW-*Weichert*, § 3a Rn. 138; Taeger/Gabel-*Zscherpe*, § 3a BDSG Rn. 44; Simitis-*Scholz*, § 3a Rn. 47.

844 Vgl. *Gola/Schomerus*, § 3a Rn. 10; *Spanke*, S. 103 f.; eine Ausnahme besteht dann, wenn der Arbeitgeber selbst unter keinen Umständen Zugang zur Verschlüsselungsfunktion erlangen kann, vgl. Simitis-*Scholz*, § 3a BDSG Rn. 48; zu den Begrifflichkeiten ausführlich *Roßnagel/Scholz*, MMR 2000, 721 (722 ff.).

845 Beispielhaft zu den verschiedenen Aspekten allein der Kontrolle des Beschäftigtenverhaltens Simitis-*Seifert*, § 32 Rn. 77 ff.; kritisch zur Ausweitung des Anwendungsbereiches auch auf nicht automatisierte Datenerhebungen durch § 32 Abs. 2 BDSG etwa *Joussen*, NZA 254 (254 ff.).

keitsvoraussetzung.[846] Auf diese Abwägung wird nur partiell und in Abhängigkeit von den besonderen Anforderungen der zu erhebenden Datentypen durch zusätzliche Voraussetzungen eingewirkt.[847] Mit dieser Vorgehensweise vermeidet der Gesetzgeber, im Einzelfall eine absolute Position im jeder Mitarbeiterkontrolle zugrunde liegenden Interessenkonflikt beziehen zu müssen, sondern überantwortet die konkrete Ausgestaltung der Kontrollbefugnisse den Gerichten.[848] Er umgeht die dem großen Anwendungsbereich des BDSG innewohnende Gefahr, den Besonderheiten jedes einzelnen Anwendungsfalls im Vorfeld seiner Verabschiedung des Gesetzes nicht gerecht werden zu können[849]. Gleichzeitig behält er sich vor, die richterliche Ausgestaltung durch die gesetzliche Fixierung des Entscheidungsspielraums zu kanalisieren. Als Kehrseite der Medaille leidet hierunter allerdings die Transparenz und Rechtssicherheit für die Rechtsunterworfenen, der allein anhand des Gesetzestextes seine daraus hervorgehenden Befugnisse und Rechte nicht mehr ermitteln kann.[850]

Auch das Privatrechtsverhältnis im Allgemeinen kann nicht als Kernanwendungsfall des BDSG angesehen werden. Erst im dritten Abschnitt des Gesetzes, §§ 27 ff. BDSG, finden sich über die allgemeinen Bestimmungen des ersten Abschnitts hinaus spezielle Regelungen für Datenerhebungen durch nicht öffentliche Stellen. Rechtfertigungstatbestände für Datenerhebungen im Privatrechtsverhältnis finden sich in den §§ 28 bis 32 BDSG. Im Zuge der umfassenden Novellierung des BDSG im Jahre 2009[851] wurde in Form des § 32 BDSG eine spezielle Rechtfertigungsnorm für Datenerhebungen im Zusammenhang mit einem Beschäftigungsverhältnis geschaffen. Inwieweit diese sich in die allgemeine Systematik einfügt, soll Ausgangspunkt der nachfolgenden Erörterung sein.

1. Die Einbettung des § 32 BDSG in die Gesetzessystematik

Im Jahre 2009 sah sich der Gesetzgeber durch öffentlichen Druck im Zusammenhang mit den eingangs erwähnten Datenskandalen[852] zum Handeln im Be-

846 Vgl. insbesondere *Franzen*, RdA 2010, 257 (261); *Kratz/Gubbels*, NZA 2009, 652 (653); *Schmidt*, BB 2009, 1295 (1298); *Mengel*, BB 2004, 1445 (1448); *Weißnicht*, MMR 2003, 448 (450); *Lindemann/Simon*, BB 2001, 1950 (1952).

847 So etwa in Form der Dokumentationspflicht gem. § 32 Abs. 1 S. 2 BDSG, dazu S. 163 ff.

848 Kritisch hierzu *Barton*, RDV 2009, 200 (202).

849 Vgl. *Franzen*, RdA 2010, 257 (261).

850 Vgl. *Franzen*, RdA 2010, 257 (261); *Wybitul*, BB 2010, 1085 (1089); *Schmidt*, RDV 2009, 193 (199 f.); *Deutsch/Diller*, DB 2009, 1462 (1465); *Vogel/Glas*, DB 2009, 1747 (1754); a.A. *Mähner*, MMR 2010, 379 (382).

851 Einen Gesamtüberblick über die BDSG-Novellen bieten exemplarisch *Gola/Klug*, RDV 2009, Sonderbeilage zu Heft 4, 1 (1 ff.), und *Abel*, RDV 2009, 147 (147 ff.).

852 Dazu S. 4 ff.

reich des Arbeitnehmerdatenschutzes gezwungen.[853] Die politische Brisanz der Materie verhinderte jedoch eine Einigung der beteiligten Gruppierungen auf eine gemeinsame inhaltliche Linie zur Schaffung eines umfassenden Arbeitnehmerdatenschutzgesetzes. Im Spannungsfeld der Interessen der Gewerkschaften und Arbeitgeberverbände wurde dieses Vorhaben auf die laufende Legislaturperiode vertagt und führte zur derzeit noch nicht abgeschlossenen Diskussion um den Entwurf eines Beschäftigtendatenschutzgesetzes.[854] Zur Bekräftigung des Vorhabens verankerte man bereits 2009 im Rahmen der so genannten „Kleinen Lösung“[855], die ausdrücklich als erster und nicht als abschließend zu betrachtender Ansatz deklariert wurde[856], in Form der Normierung des § 32 BDSG den Arbeitnehmerdatenschutz im BDSG. Ausweislich der Gesetzesbegründung sollte dieser nunmehr als zentraler Anknüpfungspunkt für Datenerhebungen im Zusammenhang mit dem Beschäftigungsverhältnis fungieren, ohne in die bestehende Rechtslage einzugreifen.[857]

In der arbeitsrechtlichen Literatur entfachte massive Kritik an der Norm. Die Wertungen schwankten zwischen der Befürchtung von erheblichen Beschränkungen der Befugnisse der Arbeitgeber[858] bis hin zur Enttäuschung über konzeptionelle Kurzatmigkeit des Gesetzgebers[859]. Die Literaturstimmen sahen in der „Kleinen Lösung“ teilweise einen positiven ersten Schritt in Richtung eines Beschäftigtendatenschutzgesetzes[860], teilweise einen misslungenen oder bestenfalls überflüssigen Schnellschuss[861]. Nachfolgend wird Gegenstand der Untersuchung sein, welche Auswirkungen die Implementierung des § 32 BDSG tatsächlich auf die geltende Rechtslage hat.

§ 32 Abs. 1 BDSG hat als zentraler Rechtfertigungstatbestand für den Umgang mit Beschäftigtendaten Einzug in den Gesetzestext gefunden.[862] Wie in den

853 Simitis-*Seifert*, § 32 Rn. 1; *Gola/Schomerus*, Einl. Rn. 24; *Gola/Klug*, NJW 2577 (2577 ff.); *Thüsing*, NZA 2009, 865 (865); *Barton*, RDV 2009, 200 (202).

854 Simitis-*Seifert*, § 32 Rn. 2 f.; der aktuelle Gesetzesentwurf vom 15.12.2010 findet sich unter BT-Drs. 17/4230; Beiträge zu diesem Entwurf: *Thüsing*, RDV 2010, 147 ff.; *Forst*, NZA 2010, 1043 ff.; *Körner*, AuR 2010, 416 ff.; *Beckschulze/Natzel*, BB 2010, 2368 ff.; *Hilbrans*, AuR 2010, 424 ff.; *Viotto*, AuR 2010, 422 ff.; *Kort*, MMR 2011, 294 ff.; *Rudkowski*, ZfA 2011, 287 ff.

855 *Barton*, RDV 2009, 200 (202).

856 BT-Drs. 16/13657, S. 21.

857 BT-Drs. 16/13657, S. 21; dazu auch *Schmidt*, RDV 2009, 193 (193).

858 So etwa *Wybitul*, BB 2009, 1582 (1584 f.).

859 Vgl. *Barton*, RDV 2009, 200 (204); *Schmidt*, RDV 2009, 193 (200).

860 So *Gola/Jaspers*, RDV 2009, 212 (214).

861 Beispielsweise *Deutsch/Diller*, DB 2009, 1462 (1465) oder *Thüsing*, NZA 2009, 865 (870).

862 Dazu die Gesetzesbegründung BT-Drs. 16/13657, S. 21; Preis-*Preis*, Der Arbeitsvertrag, II I 10 Rn. 23; ErfK-*Wank*, § 32 BDSG Rn. 1; Simitis-*Seifert*, § 32 Rn. 17; Taeger/Gabel-*Zöll*, § 32 BDSG Rn. 2; *Däubler*, Rn. 184; *Brink/Schmidt*, MMR 2010, 592

übrigen Rechtfertigungsvorschriften des BDSG wird in § 32 Abs. 1 BDSG auf die konkrete Festlegung zulässiger Datenerhebungszwecke verzichtet. Der Anwendungsbereich der Norm orientiert sich ausdrücklich nicht am konkreten Bestand des Beschäftigungsverhältnisses, sondern erfasst auch das Anbahnungsverhältnis, also den Zeitraum vor seiner eigentlichen Begründung.[863] Die Erhebung, Verarbeitung oder Nutzung personenbezogener Beschäftigtendaten unterwirft § 32 Abs. 1 S. 1 BDSG lediglich einer einzigen Voraussetzung, nämlich der Erforderlichkeit zum Zwecke der Begründung, Durchführung oder Beendigung eines Beschäftigungsverhältnisses.[864] Der Umgang mit Daten speziell zur Aufdeckung von Straftaten wird in § 32 Abs. 1 S. 2 BDSG der besonderen Voraussetzung der vorherigen Dokumentation von Verdachtsmomenten unterworfen.[865]

§ 32 Abs. 2 BDSG löst den Anwendungsbereich des Absatzes 1 vom Erfordernis einer automatisierten Erhebung, Verarbeitung oder Auswertung. Damit werden auch völlig untechnische Vorgänge wie etwa die Sichtung von Personalakten oder die Durchführung von Tor- und Taschenkontrollen erfasst, die vor der Novellierung noch nicht dem BDSG unterfielen.[866] Über § 32 Abs. 2 BDSG wird die hierzu bestehende Rechtsprechung in Bezug genommen, die sich bisher mangels einer speziellen gesetzlichen Grundlage an den Grundsätzen des Direktionsrechts orientieren musste.[867]

§ 32 Abs. 3 BDSG stellt noch einmal ausdrücklich klar, dass durch § 32 BDSG die Interessenvertretungen der Beschäftigten, insbesondere Betriebs- und Personalrat, keinesfalls in ihren Rechten beschränkt werden. Die Vorschrift hat rein deklaratorische Wirkung.[868]

Die Kritik der arbeitsrechtlichen Literatur an § 32 BDSG konzentriert sich maßgeblich auf vier Aspekte: Erstens der Annahme einer Sperrwirkung des § 32 Abs. 1 BDSG für die übrigen Regelungen des BDSG, insbesondere für § 28 Abs. 1 BDSG, zweitens dem anzulegenden Prüfungsmaßstab, drittens dem Verhältnis der beiden Sätze des Absatzes 1 zueinander und viertens der Ausweitung

---

(593); *Mähner*, MMR 2010, 397 (381); *Gola/Klug*, NJW 2009, 2577 (2580); *Abel*, RDV 2009, 147 (152).

863 Simitis-*Seifert*, § 32 Rn. 20 f.; *Gola/Schomerus*, § 32 Rn. 4; DKWW-*Däubler*, § 32 Rn. 13.

864 Simitis-*Seifert*, § 32 Rn. 9 ff.; DKWW-*Däubler*, § 32 Rn. 13; in zwei Voraussetzungen teilen dies auf: *Gola/Schomerus*, § 32 Rn. 10; *Spanke*, S. 109 f.

865 Simitis-*Seifert*, § 32 Rn. 101 ff.; Taeger/Gabel-*Zöll*, § 32 BDSG Rn. 38 ff.; DKWW-*Wedde*, § 32 Rn. 125 ff.; *Gola/Schomerus*, § 32 Rn. 24 ff.; *Schmidt*, RDV 2009, 193 (195 ff.).

866 DKWW-*Wedde*, § 32 Rn. 175 f.; Taeger/Gabel-*Zöll*, § 32 BDSG Rn. 47; ErfK-*Wank*, § 32 BDSG Rn. 2; kritisch *Deutsch/Diller*, DB 2009, 1462 (1462).

867 Dazu exemplarisch *Joussen*, NZA 2010, 254 (255 f.).

868 DKWW-*Wedde*, § 32 Rn. 177; *Gola/Schomerus*, § 32 Rn. 43; Simitis-*Seifert*, § 32 Rn. 145; ErfK-*Wank*, § 32 BDSG Rn. 31; *Thüsing*, NZA 2009, 865 (870).

des Anwendungsbereiches auf die nicht automatische Erhebung und Verarbeitung von Beschäftigtendaten durch § 32 Abs. 2 BDSG. Die Berechtigung der Kritik bezüglich dieser Aspekte soll nachfolgend untersucht werden.

2. Spezialität des § 32 Abs. 1 BDSG

Das Vorhaben des Gesetzgebers, mit § 32 Abs. 1 BDSG einen zentralen Rechtfertigungstatbestand für Datenerhebungen im Beschäftigungsverhältnis zu schaffen, wirft zwangsläufig Fragen zum weiteren Umgang mit vormals einschlägigen Vorschriften auf, insbesondere mit den verschiedenen Varianten des § 28 Abs. 1 BDSG.

Wegen des Fehlens einer ausdrücklichen Vorrangregelung muss zur Absteckung des Verhältnisses der Rechtfertigungstatbestände des BDSG untereinander auf den Spezialitätsgrundsatz zurückgegriffen werden. Verglichen mit § 28 Abs. 1 BDSG, der auf alle rechtsgeschäftlichen oder rechtsgeschäftsähnlichen Schuldverhältnisse Anwendung findet, erfasst § 32 Abs. 1 S. 1 BDSG allein Beschäftigungsverhältnisse und ist damit wesentlich spezieller.[869] Unklar bleibt, ob § 32 BDSG für Datenerhebungen mit Bezug zu einem Beschäftigungsverhältnis die Anwendbarkeit der übrigen Rechtfertigungstatbestände sperrt oder mit anderen Worten, ob er einem Rückgriff auf die §§ 28 ff. BDSG im Verhältnis zwischen Arbeitgeber und Beschäftigtem bzw. Bewerber entgegensteht.

Die Gesetzesbegründung formuliert diesbezüglich vorsichtig, dass mit Ausnahme von § 28 Abs. 1 S. 1 Nr. 1 und Abs. 1 S. 2 BDSG keine weiteren Vorschriften verdrängt würden. Sämtliche vormals unter § 28 Abs. 1 S. 1 Nr. 1 BDSG zu subsumierenden Fallgruppen würden nun unter gleichen Voraussetzungen von § 32 Abs. 1 S. 1 BDSG erfasst. Das Erfordernis einer konkreten Zweckbestimmung gem. § 28 Abs. 1 S. 2 BDSG gehe in der neuen Vorschrift auf.[870] Diese Ansicht ist insgesamt zustimmungswürdig.[871] Einerseits wird die Erhebung, Verarbeitung und Nutzung von Beschäftigtendaten einer eigenen Rechtsgrundlage zugeführt, die mit speziellen Voraussetzungen auf die Besonderheiten des Arbeitsverhältnisses eingeht[872], andererseits wird die fortdauernde

869 Vgl. Simitis-*Seifert*, § 32 Rn. 17; Taeger/Gabel-*Zöll*, § 32 BDSG Rn. 5; ErfK-*Wank*, § 32 BDSG Rn. 3; DKWW-*Däubler*, § 32 Rn. 7; *Kort*, DB 2011, 651 (652); *Schmidt*, DuD 2010, 207 (208); *Vogel/Glas*, DB 2009, 1747 (1750); *Wellhöner/Byers*, BB 2009, 2310 (2311); *Löwisch*, DB 2009, 2782 (2785).

870 BT-Drs. 16/13657, S. 20.

871 So auch *Schmidt*, RDV 2009, 193 (195); differenzierend *Thüsing*, NZA 2009, 865 (869), der sich für eine verbleibende Anwendbarkeit des § 28 Abs. 1 S. 2 BDSG ausspricht; nach *Kort*, DB 2011, 651 (652) besteht zwischen den Vorschriften ein „Gebot praktischer Konkordanz".

872 Insbesondere durch die Dokumentationspflicht des § 32 Abs. 1 S. 2 BDSG und die Ausweitung auf nicht automatisierte Datenerhebungen in § 32 Abs. 2 BDSG; ob diese als gelungen angesehen werden können, wird unterschiedlich beurteilt. Keine Probleme

Anwendbarkeit von auf bestimmte Datenerhebungszwecke oder bestimmte Datenarten spezialisierten Regelungen[873] nicht blockiert.[874] Das Fehlen der ausdrücklichen Normierung der Pflicht zur Zweckfestsetzung im Sinne des § 28 Abs. 1 S. 2 BDSG im Vorfeld einer über § 32 Abs. 1 BDSG zu rechtfertigenden Maßnahme hat demgegenüber keine praktischen Auswirkungen. Im Sinne des nunmehr maßgeblichen Kriteriums der Erforderlichkeit ist die Zweckeignung einer Maßnahme mit möglichen Alternativen zu vergleichen, mithin ihre Zulässigkeit abhängig vom Zweck der Maßnahme. Ohne eine Dokumentation dieses Zweckes im Vorfeld kann der beweispflichtige Arbeitgeber den Nachweis der Erforderlichkeit vor Gericht kaum erbringen. Eine faktische Pflicht zur Zweckfestsetzung besteht also nach wie vor.[875]

In der Literatur bestehen gegen diese Interpretation vereinzelt Bedenken. Es bestünden Fallgruppen, die einen Rückgriff gerade auf § 28 Abs. 1 S. 1 BDSG erforderten.[876] Dazu gehörten Datenerhebungen im Zusammenhang mit Compliance, speziell Datenerhebungen zu Strafbarkeitsprävention.[877] Letzteres vermag jedoch nicht zu überzeugen. Maßnahmen zur Aufdeckung von Straftaten durch Beschäftigte erkennt der Gesetzgeber ausdrücklich als von § 32 Abs. 1 BDSG erfassten Unterfall an. Andernfalls ließe sich die Normierung zusätzlicher Voraussetzungen in § 32 Abs. 1 S. 2 BDSG, der ausdrücklich auf S. 1 Bezug nimmt, nicht erklären. Die zwingenden Voraussetzungen des Satzes 2 („nur") dürfen schließlich nicht durch die Anwendung anderer Rechtfertigungsregelun-

---

erkennt *Schmidt*, RDV 2009, 193 (195 ff.); kritisch etwa *Deutsch/Diller*, DB 2009, 1462 (1462 f.).

873 Beispielsweise gilt § 28 Abs. 6 BDSG für im Rahmen des Beschäftigungsverhältnisses erhobene Gesundheitsdaten; vgl. etwa *Gola/Schomerus*, § 32 Rn. 40 f.

874 Letzteres führen *Gola/Jaspers*, RDV 2009, 212 (214) als tragendes Argument ihrer im Ergebnis allerdings die Spezialität nicht ausreichend achtenden Ansicht; vgl. *Schmidt*, RDV 2009, 193 (195); zu bereichsspezifischen Sonderregelungen außerhalb des BDSG Simitis-*Seifert*, § 32 Rn. 18.

875 Vgl. Taeger/Gabel-*Zöll*, § 32 BDSG Rn. 9; dies vertritt auch *Thüsing*, NZA 2009, 865 (869), der sich aber gegen eine Verdrängung des § 28 Abs. 1 S. 2 BDSG ausspricht; auch nach DKWW-*Däubler*, § 32 Rn. 9 berührt § 32 Abs. 1 BDSG die Pflicht zur vorherigen Zwecksetzung nicht. Er hält die Ausführungen in der Gesetzesbegründung für ein Versehen.

876 Die im Zuge der Novellierung durchgeführte Wortlautangleichung des § 28 Abs. 1 S. 1 Nr. 1 an § 32 Abs. 1 S. 1 BDSG verhinderte eine Inkongruenz der Anwendungsbereiche und entzog damit vereinzelten kritischen Stimmen den Argumentationsansatz, etwa *Deutsch/Diller*, DB 2009 1462 (1463, 1465) und *Thüsing*, NZA 2009, 865 (866 f.); vgl. auch *Vogel/Glas*, DB 2009, 1747 (1750); *Gola/Jaspers*, RDV 2009, 212 (213); dies erkennt auch DKWW-*Däubler*, § 32 Rn. 13.

877 So etwa *Gola/Jaspers*, RDV 2009, 212 (214); inkonsequent *Heldmann*, DB 2010, 1235 (1237 f.), der Maßnahmen zur Herstellung von Compliance § 28 Abs. 1 BDSG, Präventivmaßnahmen aber § 32 Abs. 1 BDSG unterwerfen will.

gen umgangen werden.[878] Geht man zudem mit der hier vertretenen Ansicht davon aus, dass die Rechtsordnung jeden Arbeitgeber einer Compliance-Verpflichtung unterwirft, die sich auf den gesamten Betrieb inklusive aller Beschäftigten bezieht, diese Verpflichtung mithin zwingend einzuhaltendes Element jedes Beschäftigungsverhältnisses ist, dann sind alle zur Erfüllung der Compliance-Pflicht erforderlichen Maßnahmen stets auch zur Durchführung des Beschäftigungsverhältnisses erforderlich im Sinne des § 32 Abs. 1 BDSG.[879] Zur Erfüllung der Compliance-Pflicht sind auch Präventivmaßnahmen erforderlich, die entsprechend ebenfalls in den Anwendungsbereich des § 32 Abs. 1 BDSG fallen müssen.[880] Eines Rückgriffs auf allgemeine Rechtfertigungsregelungen bedarf es zumindest für eine Überwachung der Telekommunikation zur Prävention und Aufdeckung von Straftaten durch Beschäftigte nicht.[881]

3. Der Prüfungsmaßstab der „Erforderlichkeit"

Zu untersuchen ist darüber hinaus, ob mit der Abkehr vom vormals im Falle von Mitarbeiterkontrollen einschlägigen § 28 Abs. 1 S. 1 Nr. 1 BDSG eine Änderung des grundlegenden Prüfungsmaßstabs einhergeht. Der Wortlaut der Vorschrift wurde im Zuge der Novellierung 2009 an denjenigen des § 32 Abs. 1 S. 1 BDSG angepasst, der eine Datenerhebung unter die Voraussetzung der *Erforderlichkeit* für Zwecke eines Beschäftigungsverhältnisses stellt. § 28 Abs. 1 S. 1 Nr. 1 BDSG a.F. ließ bisher eine Datenerhebung zu, sofern sie „der Zweckbestimmung eines Vertragsverhältnisses […] *dient*". Mit der Wortlautangleichung wurde zwar vermieden, dass Datenerhebungen im Anwendungsbereich der Vorschriften in ihrer jeweils aktuellen Fassung einem unterschiedlichen Prüfungsmaßstab unterliegen.[882] Dies bedeutet jedoch nicht zwingend, dass im Rahmen

878 Dies mahnt auch *Thüsing*, NZA 2009, 865 (869) an; kritisch *Franzen*, RdA 2010, 257 (260).

879 Vgl. *Löwisch*, DB 2009, 2782 (2785), der Mitarbeiterkontrollen insgesamt allein dem § 32 Abs. 1 BDSG zuordnet; im Ergebnis auch *Wybitul*, BB 2010, 1085 (1089); a.A. hingegen *Joussen*, NZA 2010, 254 (258), der nur Maßnahmen als von § 32 Abs. 1 BDSG erfasst ansieht, die erforderlich zur Erbringung der „Hauptpflichten" sind.

880 Im Ergebnis DKWW-*Wedde*, § 32 Rn. 130; *Kort*, DB 2011, 651 (651); *Wybitul*, BB 2009, 1582 (1583); *Schmidt*, RDV 2009, 193 (197); *Salvenmoser/Hauschka*, NJW 2010, 331 (333); so auch *Thüsing*, NZA 2009, 865 (868), der jedoch die Dokumentationspflicht des Satzes 2 sinngemäß auf Satz 1 übertragen will; a.A. *Brink/Schmidt*, MMR 2010, 592 (593 f.); *de Wolf*, NZA 2010, 1206 (1210).

881 Vgl. Taeger/Gabel-*Zöll*, § 32 BDSG Rn. 40 f.; *Schmidt*, RDV 2009, 193 (195); *Hoppe/Braun*, MMR 2010, 80 (80 f.); a.A. *Gola/Schomerus*, § 32 Rn. 31 ff.

882 Insofern unzutreffend *Deutsch/Diller*, DB 2009 1462 (1463, 1465) und *Thüsing*, NZA 2009, 865 (866 f.), die bei ihren Ausführungen genau diese Wortlautangleichung übersehen.

des neuen § 32 Abs. 1 S. 1 BDSG noch derselbe Prüfungsmaßstab anzusetzen ist, wie zuvor im Anwendungsbereich des § 28 Abs. 1 S. 1 Nr. 1 BDSG a.F.[883]

Allerdings ist der gesamte § 32 BDSG in dem Lichte zu interpretieren, dass der Gesetzgeber ausdrücklich nicht in die von der Rechtsprechung erarbeiteten Grundsätze eingreifen wolle.[884] Bereits zum Wortlaut des § 28 Abs. 1 S. 1 Nr. 1 BDSG hatte sich als herrschende Meinung in Literatur und Rechtsprechung durchgesetzt, dass es bei der Zulässigkeit von Überwachungsmaßnahmen auf die Gegenüberstellung der Interessen der Beteiligten ankäme.[885] Maßgeblich sei insbesondere die Erforderlichkeit der geplanten Maßnahme, also dem Verhältnis von Eingriffsintensität und verfolgtem Zweck. Mit der Verankerung dieses Begriffs im Gesetzeswortlaut beabsichtigte der Gesetzgeber keine Abkehr, sondern vielmehr einen Beitrag zur Sicherung des Status Quo.[886] Das grundrechtliche Spannungsverhältnis setzt sogar voraus, den Begriff der Erforderlichkeit im Sinne einer umfassenden Abwägung der widerstreitenden Interessen der Beteiligten auszulegen.[887] Denn es muss zwingendes Ziel jeder einfachgesetzlichen Vorschrift zur Reglementierung von Mitarbeiterkontrollen sein, dieses Spannungsverhältnis zu kanalisieren, indem sie einen Zustand praktischer Konkordanz festschreibt oder zumindest ermöglicht.[888]

Somit ist zu konstatieren, dass mit der Implementierung des § 32 BDSG der zentrale Prüfungsmaßstab unangetastet bleibt. Die Beurteilung der Zulässigkeit von Mitarbeiterkontrollen im Anwendungsbereich des § 32 Abs. 1 BDSG hängt – wie zuvor im Anwendungsbereich des § 28 Abs. 1 S. 1 Nr. 1 BDSG a.F. – maßgeblich von einer in den Begriff der Erforderlichkeit hineinzulesenden Abwägung der Interessen der Beteiligten ab.[889]

---

883 Vgl. hierzu ausführlich Simitis-*Seifert*, § 32 Rn. 9 ff. und *Thüsing*, Rn. 58 f.; auch DKWW-*Däubler*, § 32 Rn. 13 ff.

884 BT-Drs. 16/13657, S. 21; vgl. Simitis-*Seifert*, § 32 Rn. 1; Taeger/Gabel-*Zöll*, § 32 Rn. 16; *Hoppe/Braun*, MMR 2010, 80 (80); *Mähner*, MMR 2010, 379 (381); *Wybitul*, BB 2009, 1582 (1583); a.A. etwa *Brink/Schmidt*, MMR 2010, 592 (593).

885 Vgl. exemplarisch zum damaligen Meinungsstand Simitis-*Simitis*, 6. Auflage, § 28 Rn. 79 ff. m.w.N.

886 Vgl. Simitis-*Seifert*, § 32 Rn. 10; *Gola/Jaspers*, RDV 2009, 212 (214); *Vogel/Glas*, DB 2009, 1747 (1750 f.); *Deutsch/Diller*, DB 2009, 1462 (1463) sehen keine Änderung der Rechtslage; a.A. *Thüsing*, Rn. 59, der zwar keine umfassende Sicherung des Status Quo anerkennt, aber die Festlegung diesbezüglich als vertretbar und systemkonform einstuft.

887 Vgl. BAG 16.11.2010, 453 (456 f.); unter Hinweis auf die restriktiven Bedingungen, die das BVerfG am 23.10.2006, JZ 2007, 576 (577) im Zusammenhang mit der Zulässigkeit von Einwilligungen aufgestellt hat, DKWW-*Däubler*, § 32 Rn. 14; Simitis-*Seifert*, § 32 Rn. 10 f.; *Schmidt*, RDV 2009, 193 (198); *Barton*, RDV 2009, 200 (202).

888 *Thüsing*, Rn. 59 spricht insofern vom „Schicksal des Datenschutzes“.

889 Vgl. BAG 16.11.2010, 453 (456 f.); ausdrücklich insbesondere bei *Schmidt*, RDV 2009, 193 (198); Preis-*Preis*, Der Arbeitsvertrag, II I 10 Rn. 22; ErfK-*Wank*, § 32 BDSG Rn. 5 f.; ausführlich *Wybitul*, BB 2010, 1085 (1086 ff.); im Ergebnis Simitis-*Seifert*, § 32 Rn. 10 f.; *Wybitul*, ZD 2011, 69 (73); *Hoppe/Braun*, MMR 2010, 80 (80); *Mähner*,

4. Widersprüchliche Anwendungsbereiche der Satzvarianten des § 32 Abs. 1 BDSG

Daneben konzentriert sich die Kritik an der Konzeption des § 32 BDSG auf das Verhältnis der beiden Sätze des § 32 Abs. 1 BDSG zueinander.

Wie bereits angedeutet, erfasst § 32 Abs. 1 S. 2 BDSG nur den Umgang mit personenbezogenen Daten zur *Aufdeckung* von Straftaten durch Beschäftigte und damit zu repressiven Zwecken. Es mutet befremdlich an, dass der Gesetzgeber an *präventive* Maßnahmen nicht dieselben Maßstäbe anlegt.[890] Auf den ersten Blick erscheint sogar noch widersprüchlicher, dass § 32 Abs. 1 S. 2 BDSG explizit nur Maßnahmen zur Aufdeckung von Straftaten erfasst, nicht jedoch solche zur Aufdeckung von Vertragsverletzungen oder Gesetzesverstößen, die die Schwelle der Strafbarkeit nicht erreichen. Teilweise wird hierin eine Systemwidrigkeit gesehen, da im Vergleich zur Strafbarkeitsaufdeckung deutlich geringwertiger einzuschätzende Zwecke nur an den scheinbar milderen Anforderungen des § 32 Abs. 1 S. 1 BDSG zu messen sind.[891]

Eine solche Interpretation verkennt aber einen wesentlichen Punkt: Mit der Anwendbarkeit des § 32 Abs. 1 S. 2 BDSG, also mit der Zweckrichtung der Aufdeckung von Straftaten, geht auch eine Ausweitung der arbeitgeberseitigen Befugnisse im Umgang mit personenbezogenen Daten einher, auch wenn sich dies nicht direkt aus dem Wortlaut der Vorschrift ergibt.[892] Mit Ausnahme der Pflicht zur Dokumentation von Verdachtsmomenten – hierzu sogleich – nennt § 32 Abs. 1 S. 2 BDSG keine Voraussetzungen, die nicht auch in einer nach § 32 Abs. 1 S. 1 BDSG vorzunehmenden Erforderlichkeitsabwägung enthalten sind.[893] Zentrales Element bleibt die Frage, ob der Zweck der durchgeführten Datenerhebung noch im Verhältnis zu den gewählten Mitteln steht.[894] Die

---

MMR 2010, 379 (381); *Gola/Jaspers*, RDV 2009, 212 (214); *Vogel/Glas*, DB 2009, 1747 (1750 f.); *Deutsch/Diller*, DB 2009, 1462 (1463).

890 Vgl. *Barton*, RDV 2009, 200 (203); *Vogel/Glas*, DB 2009, (1751).

891 Vgl. *Deutsch/Diller*, DB 2009, 1462 (1464); *Barton*, RDV 2009, 200 (203); *Vogel/Glas*, DB 2009, 1747 (1751); *Franzen*, RdA 2010, 257 (260).

892 Dies zumindest anreißend Taeger/Gabel-*Zöll*, § 32 BDSG Rn. 41, der „eingriffsintensive" Maßnahmen nur über § 32 Abs. 1 S. 2 BDSG zulässt; ähnlich *Schmidt*, RDV 2009, 193 (196 f.).

893 Vgl. in diesem Sinne *Schmidt*, DuD 2010, 207 (211); *Wybitul*, BB 2010, 1085 (1089); *Mähner*, MMR 2010, 379 (381); *Thüsing*, NZA 2009, 865 (868 f.); *Schmidt*, RDV 2009, 193 (196, 198); *Barton*, RDV 2009, 200 (202) mahnt an, die Interessen des Arbeitgebers nicht zu vernachlässigen, auch wenn die Formulierung des § 32 Abs. 1 S. 2 BDSG die Interessen der Beschäftigten stark betone; *Kempermann*, ZD 2012, 12 (15) vergleicht die Voraussetzungen des § 32 Abs. 1 S. 2 BDSG mit denen des § 28 Abs. 1 Nr. 2 BDSG; ebenso *Deutsch/Diller*, DB 2009, 1462 (1462).

894 Vgl. Simitis-*Seifert*, § 32 Rn. 101; Taeger/Gabel-*Zöll*, § 32 BDSG Rn. 46; Preis-*Preis*, Der Arbeitsvertrag, II I 10, Rn. 25; *Gola/Schomerus*, § 32 Rn. 27; HK-ArbR-*Hilbrans*,

Zweckfestsetzung bestimmt also maßgeblich die Kontrollbefugnisse. Je hehrer der Zweck einer Datenerhebung zu bewerten ist bzw. je stärker die Grundrechte das Überwachungsinteresse des Arbeitgebers stützen, desto tiefer reichen seine Eingriffsbefugnisse in die schützenswerten Positionen der Belegschaft.[895] Der Gesetzgeber handelte bei der Normierung des § 32 Abs. 1 S. 2 BDSG in der Absicht, für den schwersten aller seitens des Arbeitgebers möglichen Vorwürfe, dem Strafbarkeitsvorwurf, durch explizite Niederschrift der Abwägungserfordernisse einem Missbrauch oder einem datenschutzrechtlichen Fehler vorzubeugen.[896] Die Erweiterung der Befugnisse in Abhängigkeit zur Zweckfestsetzung wohnt somit einer Erforderlichkeitsprüfung zwingend inne, völlig unabhängig von der Existenz des § 32 Abs. 1 S. 2 BDSG.

Ein Widerspruch ist vor diesem Hintergrund nicht festzustellen.[897]

5. Die Dokumentation von Verdachtsmomenten gem. § 32 Abs. 1 S. 2 BDSG

Die soeben ausgeklammerte Pflicht zur Dokumentation von Verdachtsmomenten für Maßnahmen zur Aufdeckung von Straftaten fügt sich widerspruchsfrei in das System. Es spricht grundsätzlich nichts dagegen, eine Ausweitung der Befugnisse von der Einhaltung zusätzlicher Voraussetzungen abhängig zu machen. Die gesetzgeberische Wertung ist durchaus nachvollziehbar: Aus Sicht der kontrollierenden Stelle ließe sich eine von den Betroffenen unbemerkte Präventivkontrolle im Falle einer zufällig aufgedeckten Straftat im Nachhinein leicht als repressiv deklarieren, mit dem Effekt, rückblickend wesentlich einschneidendere Eingriffe in die schützenswerten Rechtspositionen der Betroffenen rechtfertigen zu können, als zum Zeitpunkt der Planung der Kontrollmaßnahme.[898] Die Pflicht zur Dokumentation von Verdachtsmomenten wirkt einem solchen Missbrauch entgegen.

Über § 32 Abs. 1 S. 2 BDSG verankert der Gesetzgeber die aus § 100 Abs. 3 TKG bekannte Zweistufigkeit der Datenerhebung als zwingende Voraussetzung

---

§ 32 BDSG Rn. 17; *Wybitul*, BB 2010, 1085 (1089); *Löwisch*, DB 2009, 2782 (2785); *Thüsing*, NZA 2009, 865 (868 f.).

895 Vgl. *Thüsing*, NZA 2009, 865 (868 f.); *Gola/Jaspers*, RDV 2009, 212 (213); anklingend bei *Joussen*, NZA 2011, Beilage 1, 35 (42).

896 Vgl. *Schmidt*, RDV 2009, 193 (196 f.); *Mähner*, MMR 2010, 379 (381); ähnlich DFL-*Scholz*, § 32 BDSG Rn. 11.

897 Im Ergebnis *Gola/Schomerus*, § 32 Rn. 29; Taeger/Gabel-*Zöll*, § 32 BDSG Rn. 41; *Wybitul*, BB 2010, 1085 (1089); *Schmidt*, DuD 2010, 207 (212); *Behling*, BB 2010, 892 (895); *Schmidt*, RDV 2009, 193 (200); *Thüsing*, NZA 2009, 865 (868); *Löwisch*, DB 2009, 2782 (2785).

898 Dies erkennen insbesondere Taeger/Gabel-*Zöll*, § 32 BDSG Rn. 41 und *Schmidt*, RDV 2009, 193 (196 f.).

im BDSG.[899] Auch die Dokumentation von Verdachtsmomenten im Sinne des § 32 Abs. 1 S. 2 BDSG ist eine Datenerhebung, die an den Regelungen des BDSG zu messen ist.[900] Da das BDSG die zulässigen Kontrollzwecke nicht konkret festschreibt, entstehen allerdings auch nicht die aus der Anwendung des TKG resultierenden Probleme. Es ist durchaus möglich, zu Präventionszwecken über § 32 Abs. 1 S. 1 BDSG einen datenschutzrechtlich wenig bedenklichen Datenstamm anzulegen, aus dem sich die für eine tiefgreifendere Maßnahme nach § 32 Abs. 1 S. 2 BDSG notwendigen Verdachtsmomente ergeben können.[901] Das BDSG schließt, anders als TMG und TKG, die Erhebung von Kommunikationsinhalten nicht aus. Im Rahmen einer Telefonkontrolle könnten etwa zunächst Verbindungsdaten erhoben werden, aus denen sich die Verdachtsmomente für eine anschließende Inhaltsdatenerhebung ergeben können.[902] Verglichen mit einem einstufigen Datenerhebungssystem nimmt diese Vorgehensweise erheblich mehr Rücksicht auf die Interessen der Betroffenen, denn diese müssen die Erhebung brisanter Daten nur im Verdachtsfall befürchten.[903]

Die Form der Dokumentation ist gesetzlich nicht vorgeschrieben.[904] Dem Begriff selbst wohnen mehrere Elemente inne: Zum einen muss die zu dokumentierende Information in irgendeiner Form gespeichert oder aufbewahrt werden, zum anderen die gespeicherte Information den zugrunde liegenden Vorgang für einen unbeteiligten Dritten transparent machen. Darüber hinaus hat die Form der Dokumentation eine gewisse Manipulationsresistenz bzw. Nachprüfbarkeit zu gewährleisten. Dies kann in Bezug zu Telekommunikationskontrollen sowohl durch eine elektronische Speicherung als auch durch einen Ausdruck geschehen.[905] Empfehlenswert wäre eine Einschaltung des betrieblichen Datenschutz-

899 Vgl. Taeger/Gabel-*Zöll*, § 32 BDSG Rn. 40 f.; *Thüsing*, NZA 2009, 865 (868); *Salvenmoser/Hauschka*, NJW 2010, 331 (333); *Schmidt*, RDV 2009, 193 (196).

900 *Schmidt*, RDV 2009, 193 (197) verweist hier zu Recht auf § 32 Abs. 1 S. 1 BDSG; Präventivmaßnahmen – die schlussendlich stets der Erhebung von Verdachtsmomenten zum Ziel haben – ebenfalls unter § 32 Abs. 1 S. 1 BDSG fassen etwa Simitis-*Seifert*, § 32 Rn. 103; DKWW-*Wedde*, § 32 Rn. 130; Preis-*Preis*, Der Arbeitsvertrag, II I 10, Rn. 25; *Wybitul*, BB 2009, 1582 (1583); *Thüsing*, NZA 2009, 865 (868); a.A. *Kempermann*, ZD 2012, 12 (15); *Mähner*, MMR 2010, 379 (381); *Vogel/Glas*, DB 2009, 1747 (1751).

901 Vgl. Taeger/Gabel-*Zöll*, § 32 BDSG Rn. 42; *Schmidt*, RDV 2009, 193 (196).

902 Vgl. *Schmidt*, RDV 2009, 193 (196), der sich für ein zweistufiges Modell ausspricht.

903 So auch Taeger/Gabel-*Zöll*, § 32 BDSG Rn. 42.

904 Zu den Anforderungen einer Dokumentation DKWW-*Wedde*, § 32 Rn. 127; Taeger/Gabel-*Zöll*, § 32 BDSG Rn. 45; zur Dokumentationspflicht im Sinne des strukturell mit § 32 Abs. 1 S. 2 BDSG vergleichbaren § 100 Abs. 3 TKG: BerlKommTKG-*Klesczewski*, § 100 Rn. 17; Scheurle/Mayen-*Kannenberg*, § 100 Rn. 30.

905 Problematisch gesehen wird die Dokumentationspflicht für den Fall, dass sich ein die Kontrollmaßnahme rechtfertigender Verdacht gerade nicht erhärtet. Der Arbeitgeber würde zu einer Perpetuierung unbegründeter Verdachtsmomente gezwungen, um im Streitfall die Zulässigkeit der Kontrollmaßnahme zum Zeitpunkt ihrer Durchführung begründen zu können. Dazu Taeger/Gabel-*Zöll*, § 32 BDSG Rn. 45; *Deutsch/Diller*, DB

beauftragten, der als Kontrollinstanz eine manipulationsfreie Dokumentation im Gerichtsfall bezeugen kann.

Auch in Bezug auf § 32 Abs. 1 S. 2 BDSG ist umstritten, welches Konkretisierungsgrades ein Verdachtsmoment im Sinne der Vorschrift haben muss. Das Meinungsspektrum gleicht demjenigen zu § 100 Abs. 3 TKG.[906] Teilweise wird ein dringender Tatverdacht im Sinne des § 112 Abs. 1 S. 1 StPO gefordert[907], teilweise ein Anfangsverdacht im Sinne des § 152 Abs. 2 StPO für ausreichend erachtet[908]. Der Meinungsstreit ist jedoch von nachrangiger Relevanz. Anders als bei § 100 Abs. 3 TKG muss jede Maßnahme trotz Vorliegen eines Verdachts stets noch einer Verhältnismäßigkeitsprüfung standhalten. Der Grad dieses Verdachtes muss folglich nicht als steife Zulässigkeitsvoraussetzung, sondern kann vielmehr als Abwägungskriterium angesehen werden.[909]

6. Ausweitung auf nicht automatisierte Vorgänge über § 32 Abs. 2 BDSG

Das zweistufige System stößt allerdings dort an seine Grenzen, wo nicht mehr sinnvoll zwischen verschiedenen Datenkategorien mit graduell unterschiedlicher Eingriffsintensität unterschieden werden kann, eine Datenerhebungsbefugnis also schlicht besteht oder nicht besteht. Durch die Ausweitung auf nicht automatisierte Vorgänge über § 32 Abs. 2 BDSG wird der Anwendungsbereich auch auf in der Praxis gängige Taschenkontrollen an Werkstoren erstreckt.[910] Eine Tasche lässt sich aber nun entweder öffnen, oder eben nicht. Die Konzeption einer zweistufigen Datenerhebung bei einer Taschenkontrolle gestaltet sich schwierig.

2009, 1462 (1464); demgegenüber sieht *Schmidt*, RDV 2009, 193 (197) eine gegenteilige Wirkung der Vorschrift.

906 Siehe S. 107 ff.

907 In diese Richtung DKWW-*Wedde*, § 32 Rn. 127; zum Begriff des dringenden Tatverdachts *Meyer-Goßner*, § 112 Rn. 5 m.w.N.

908 So etwa Taeger/Gabel-*Zöll*, § 32 BDSG Rn. 43; wohl auch *Gola/Schomerus*, § 32 Rn. 26; zum Begriff des Anfangsverdachts *Meyer-Goßner*, § 152 Rn. 4 m.w.N.

909 Zustimmend Simitis-*Seifert*, § 32 Rn. 104 unter Hinweis auf die Gesetzesbegründung BT-Drs. 16/13657, S. 21; Taeger/Gabel-*Zöll*, § 32 BDSG Rn. 46.

910 So *Deutsch/Diller*, DB 2009, 1462 (1462, 1464), die zudem kritisieren, dass eine Gleichstellung automatisierter und nicht automatisierter Datenerhebungen über die zwingenden Vorgaben der Datenschutzrichtlinie hinausgehe; a.A. hingegen *Joussen*, NZA 2010, 254 (259), der das Problem umgehen will, indem er § 28 Abs. 1 S. 1 Nr. 1 BDSG zur Anwendung bringt; zu § 32 Abs. 2 BDSG allgemein DKWW-*Wedde*, § 32 Rn. 175 f.; Taeger/Gabel-*Zöll*, § 32 BDSG Rn. 47, für eine sinnvolle Klarstellung hält die Regelung *Schmidt*, RDV 2009, 193 (199); ebenso *Vogel/Glas*, DB 2009, 1747 (1749).

Solche Bedenken stellen sich allerdings bei der Telekommunikationskontrolle nicht, da hier über diverse Stellschrauben die Eingriffsintensität der Maßnahme bzw. die Brisanz der zu erhebenden Daten angepasst werden kann.[911] Überwachungsmaßnahmen ohne jedwede Automatisierung sind in diesem Bereich kaum denkbar.[912]

7. Zwischenergebnis

Aufgrund des in § 4 Abs. 1 BDSG verankerten präventiven Verbots mit Erlaubnisvorbehalt bedarf es für jedweden Umgang mit personenbezogenen Daten im Anwendungsbereich des BDSG eines Rechtfertigungstatbestandes.[913] Als Maßstab für die Überwachung der Telekommunikation der Beschäftigten zum Zwecke der Aufdeckung oder Prävention von Straftaten dient allein § 32 Abs. 1 BDSG.[914] Eines Rückgriffs auf andere Rechtfertigungstatbestände der §§ 27 ff. BDSG bedarf es grundsätzlich nicht.[915]

§ 32 Abs. 1 BDSG wurde als zentraler Rechtfertigungstatbestand im BDSG inkorporiert und soll nach gesetzgeberischer Absicht keine Auswirkungen auf die bestehende Rechtslage haben. Zuvor entwickelte Leitlinien, insbesondere hinsichtlich des anzulegenden Prüfungsmaßstabs, können von den Gerichten weitgehend unverändert in neuem Gewande zur Anwendung gebracht werden.[916]

§ 32 Abs. 1 S. 2 BDSG fügt sich insgesamt reibungslos in die Gesetzessystematik ein, sowohl hinsichtlich der Beschränkung seines Anwendungsbereiches auf Maßnahmen mit repressiver Zweckrichtung, als auch hinsichtlich der Ein-

---

911 *Thüsing*, NZA 2009, 865 (869) bezweifelt, ob mit der Einführung des § 32 Abs. 2 BDSG überhaupt materiellrechtliche Änderungen verbunden sind. Nach der Gesetzesbegründung, BT-Drs. 16/13657, S. 21, greift § 32 Abs. 2 nur bestehende Rechtsprechungsgrundsätze auf. Es wird verwiesen auf BAG 15.7.1987, NZA 1988, 53 (53 f.) und 12.9.2006, NZA 2007, 269 (271 f.).

912 Insofern fällt die durchaus nachvollziehbare Kritik von *Franzen*, RdA 2010, 257 (258 f.) nicht ins Gewicht, für den über § 32 Abs. 2 BDSG eine problematische Gleichstellung des Persönlichkeitsrechtsschutzes und des Datenschutzes im Arbeitsverhältnis erreicht wird.

913 Vgl. DKWW-*Weichert*, § 4 Rn. 1; *Gola/Schomerus*, § 4 Rn. 3; Taeger/Gabel-*Taeger*, § 4 BDSG Rn. 14 ff.; Preis-*Preis*, Der Arbeitsvertrag, II I 10 Rn. 21.

914 So im Ergebnis Preis-*Preis*, Der Arbeitsvertrag, II I 10 Rn. 22; *Hoppe/Braun*, MMR 2010 80 (80); *Behling*, BB 2010 892 (895); *Brink/Schmidt*, MMR 2010, 592 (594); *Wellhöner/Byers*, BB 2009, 2310 (2311); allgemein zur Spezialität des § 32 Abs. 1 BDSG *Schmidt*, RDV 2009, 193 (199); *Löwisch*, DB 2009, 2782 (2785); *Thüsing*, NZA 2009, 865 (868); *Wybitul*, BB 2009, 1582 (1583).

915 So Taeger/Gabel-*Zöll*, § 32 BDSG Rn. 40 f.; *Schmidt*, RDV 2009, 193 (195); *Hoppe/Braun*, MMR 2010, 80 (80 f.); a.A. etwa *Gola/Schomerus*, § 32 Rn. 31 ff.

916 BT-Drs. 16/13657, S. 21; vgl. Simitis-*Seifert*, § 32 Rn. 1; Taeger/Gabel-*Zöll*, § 32 Rn. 16; *Hoppe/Braun*, MMR 2010, 80 (80); *Mähner*, MMR 2010, 379 (381); *Wybitul*, BB 2009, 1582 (1583).

führung einer Pflicht zur Dokumentation von Verdachtsmomenten. Die Sinnhaftigkeit der Normierung des § 32 BDSG mag bezweifelt werden, da die gesetzgeberische Intention eher politisch als durch tatsächlichen Reformwillen geprägt war. Ein Bruch mit der sonstigen Rechtslage oder ein Widerspruch zwischen den beiden Satzvarianten kann allerdings nicht festgestellt werden.[917]

II. Einflussfaktoren der Verhältnismäßigkeitsprüfung

Vorangegangene Ausführungen zeigen, dass in beiden Satzvarianten des § 32 Abs. 1 BDSG, der für die Mitarbeiterüberwachung zur Prävention und Aufdeckung von Straftaten als alleinige Rechtfertigungsgrundlage im BDSG fungiert, die Abwägung der widerstreitenden grundrechtlichen Interessen der an einer Kontrollmaßnahme beteiligten Personen das zentrale Zulässigkeitskriterium darstellt.[918] Das Bundesverfassungsgericht hat klargestellt, dass auch bei rein betrieblicher Kommunikation die Persönlichkeitsrechte der Arbeitnehmer zu wahren sind.[919] Je stärker das Kontrollinteresse des Arbeitgebers grundrechtlich gestützt wird, desto intensiver darf er mit einer Kontrolle in die grundrechtlichen Interessen der Beschäftigten eingreifen. Gleichzeitig muss die Kontrollmaßnahme den Anforderungen der Erforderlichkeit genügen, also auf die Interessen aller Beteiligten so weit wie möglich Rücksicht nehmen.[920] Beweispflichtig ist hierbei der Arbeitgeber.[921] Sein Rechtfertigungsaufwand hängt also insgesamt von der Eingriffsintensität der Maßnahme ab.

917 Im Ergebnis *Gola/Schomerus*, § 32 Rn. 29; Taeger/Gabel-*Zöll*, § 32 BDSG Rn. 41; *Wybitul*, BB 2010, 1085 (1089); *Schmidt*, DuD 2010, 207 (212); *Behling*, BB 2010, 892 (895); *Schmidt*, RDV 2009, 193 (200); *Thüsing*, NZA 2009, 865 (868); *Löwisch*, DB 2009, 2782 (2785).

918 Für § 32 Abs. 1 S. 2 BDSG ergibt sich dies unmittelbar aus dem Wortlaut; als Voraussetzung des § 32 Abs. 1 S. 1 BDSG sehen dies Preis-*Preis*, Der Arbeitsvertrag, II I 10 Rn. 22; ErfK-*Wank*, § 32 BDSG Rn. 5 f.; ausführlich *Wybitul*, BB 2010, 1085 (1086 ff.); *Schmidt*, RDV 2009, 193 (198); im Ergebnis Simitis-*Seifert*, § 32 Rn. 10 f.; *Wybitul*, ZD 2011, 69 (73); *Hoppe/Braun*, MMR 2010, 80 (80); *Mähner*, MMR 2010, 379 (381); *Gola/Jaspers*, RDV 2009, 212 (214); *Vogel/Glas*, DB 2009, 1747 (1750 f.); *Deutsch/Diller*, DB 2009, 1462 (1463).

919 BVerfG 25.03.1992, BVerfGE 85, 386 (395 ff.); Simitis-*Seifert*, § 32 Rn. 88; DKWW-*Wedde*, § 32 Rn. 112; *Gola/Wronka*, Rn. 770 ff.; ErfK-*Wank*, § 32 BDSG Rn. 23.

920 Die Kontrollmaßnahme muss das mildeste unter gleich geeigneten Mitteln darstellen; vgl. Simitis-*Seifert*, § 32 Rn. 11; Taeger/Gabel-*Zöll*, § 32 BDSG Rn. 17; Preis-*Preis*, Der Arbeitsvertrag, II I 10 Rn. 22; *Gola/Schomerus*, § 32 Rn. 12; *Wybitul*, BB 2010, 1085 (1086); *Schmidt*, RDV 2009, 193 (198).

921 Der Arbeitgeber muss beweisen, dass die Maßnahme ursprünglich rechtswidrig war, Taeger/Gabel-*Zöll*, § 32 BDSG Rn. 45; aus diesem Grunde kritisch zur Dokumentationspflicht im Sinne des § 32 Abs. 1 S. 2 BDSG *Deutsch/Diller*, DB 2009, 1462 (1464), da sie zu einer Aufbewahrung von nicht erhärteten Verdachtsmomenten zwingt.

Die Verankerung der Verhältnismäßigkeit als zentralem Prüfungskriterium hat wiederum zur Folge, dass die arbeitgeberseitigen Kontrollbefugnisse nicht abstrakt bestimmt werden können, sondern maßgeblich von den jeweiligen Umständen abhängen.[922] Der Gesetzgeber nimmt selbst keine Positionierung zwischen den widerstreitenden Interessen vor[923], sondern überlässt eine Entscheidung den Gerichten im Einzelfall.[924] Eine absolute Aufstellung eines Katalogs zulässiger Maßnahmen ist folglich unmöglich. Vielmehr gilt es, die verschiedenen Faktoren darzustellen, die einen Einfluss auf das für die Rechtskonformität der Überwachung maßgebliche Abwägungsergebnis haben können. Diese Darstellung soll einem Arbeitgeber vor Augen führen, über welche Stellschrauben er bereits bei der Konzeption seines Vorhabens dessen Eingriffsintensität hinsichtlich der grundrechtlich geschützten Interessen der Beschäftigten abmildern und damit Einfluss auf die im Ernstfall notwendige gerichtliche Entscheidung nehmen kann. Auch den betroffenen Arbeitnehmern kommt schlussendlich ein rücksichtsvolles Vorgehen des Arbeitgebers zugute. Zudem sollten sie sich dieser Stellschrauben bewusst sein, um die Rechtmäßigkeit der Vorgehensweise des Arbeitgebers einschätzen und sich gegebenenfalls dagegen zur Wehr setzen zu können.[925]

Die Einflussfaktoren sind dabei keinesfalls isoliert zu betrachten. Erst eine Gesamtschau ermöglicht die abschließende Bewertung der Rechtmäßigkeit einer Maßnahme im Einzelfall. Die zweckbedingte Mehrgewichtung eines Faktors kann über andere Stellschrauben ausgeglichen werden.

Im weiteren Verlauf sollen die Einflussfaktoren und gestalterischen Möglichkeiten zunächst abstrakt dargestellt werden, um in einem zweiten Schritt auf die Besonderheiten der zu kontrollierenden Medien eingehen zu können.

1. Konkretisierung des Kontrollzwecks

Den Ausgangspunkt einer jeden Interessenabwägung bildet stets der von der kontrollierenden Stelle festzulegende Kontrollzweck. Zwar beschränkt sich diese Arbeit auf die Untersuchung von Überwachungsmaßnahmen zur Aufdeckung oder Prävention von Straftaten durch Mitarbeiter. Dass allerdings innerhalb dieses engen Rahmens noch zwischen Datenerhebungen zu präventiven oder repressiven Zwecken differenziert werden muss, deutet bereits das Verhältnis der

---

922 Unter Hinweis auf die Einzelfallabhängigkeit der anzustellenden Interessenabwägung Taeger/Gabel-*Zöll*, § 32 BDSG Rn. 18; Simitis-*Seifert*, § 32 Rn. 11; Preis-*Preis*, Der Arbeitsvertrag, II I 10 Rn. 22; *Löwisch*, DB 2009, 2782 (2785).

923 Vgl. *Franzen*, RdA 2010, 257 (261).

924 Kritisch hierzu *Barton*, RDV 2009, 200 (202).

925 Zu den Reaktionsmöglichkeiten der betroffenen Arbeitnehmer ausführlich *Däubler*, Rn. 508 ff. und 547 ff. und *Thüsing*, Rn. 251 ff.

beiden Satzvarianten des § 32 Abs. 1 BDSG an.[926] Bereits die Rechtfertigungsgrundlage hängt also von der Zweckrichtung ab.[927]

Es wurde bereits erörtert, dass mit der für repressive Kontrollen durch § 32 Abs. 1 S. 2 BDSG zusätzlich statuierten Voraussetzung der vorherigen Dokumentation von Verdachtsmomenten eine Ausweitung der Kontrollbefugnisse einhergeht.[928] Hierdurch wird dem Prinzip Rechnung getragen, dass bei der Beurteilung der Verhältnismäßigkeit einer Maßnahme im engeren Sinne stets der verfolgte Zweck mit den gewählten Methoden in vertretbarer Relation stehen muss.[929] Mit anderen Worten: Der Kontrollzweck bestimmt die Abwägungsposition der kontrollierenden Stelle und deren Eingriffsbefugnisse.

Der Zweck einer Maßnahme verkörpert darüber hinaus den Fixpunkt der Beurteilung, ob eine Mitarbeiterüberwachung den Anforderungen der Erforderlichkeit genügt. Schließlich ist zu erörtern, ob es mildere Maßnahmen oder Konzeptionsmöglichkeiten gibt, die gemessen am konkret durch den Arbeitgeber festgelegten Zweck als gleich geeignet angesehen werden können.[930] Je allgemeiner die Zwecksetzung, desto größer ist der Argumentationsspielraum hinsichtlich möglicher Alternativmaßnahmen.

Selbst für Kontrollmaßnahmen im engen Untersuchungsbereich dieser Arbeit macht es bezüglich der zulässigen Eingriffsintensität einen bedeutenden Unterschied, ob der Arbeitgeber im konkreten Einzelfall präventiv oder repressiv gegen Straftaten durch seine Mitarbeiter vorgeht.[931] Die nachfolgend dargestellten Einflussfaktoren beanspruchen allerdings für beide Satzvarianten des § 32 Abs. 1 BDSG gleichermaßen Geltung, da jeweils eine identische Verhältnismäßigkeitsprüfung vorzunehmen ist.[932]

---

926 Der gesetzgeberische Umgang mit den beiden unterschiedlichen Zweckrichtungen bildet die Basis für kritische Stimmen von *Deutsch/Diller*, DB 2009, 1462 (1464); *Barton*, RDV 2009, 200 (203); *Vogel/Glas*, DB 2009, 1747 (1751); *Franzen*, RdA 2010, 257 (260).

927 Dazu S. 161 ff.

928 Vgl. Taeger/Gabel-*Zöll*, § 32 BDSG Rn. 41, der „eingriffsintensive" Maßnahmen nur über § 32 Abs. 1 S. 2 BDSG zulässt; ähnlich *Schmidt*, RDV 2009, 193 (196 f.); siehe S. 163 ff.

929 Vgl. insbesondere *Schmidt*, RDV 2009, 193 (198); ausführlich *Wybitul*, BB 2010, 1085 (1086 ff.); Preis-*Preis*, Der Arbeitsvertrag, II I 10 Rn. 22; Simitis-*Seifert*, § 32 Rn. 101; *Hoppe/Braun*, MMR 2010, 80 (80); *Deutsch/Diller*, DB 2009, 1462 (1463); *Löwisch*, DB 2009, 2782 (2785); *Thüsing*, NZA 2009, 865 (868 f.).

930 Simitis-*Seifert*, § 32 Rn. 11; Taeger/Gabel-*Zöll*, § 32 BDSG Rn. 17; Preis-*Preis*, Der Arbeitsvertrag, II I 10 Rn. 22; *Gola/Schomerus*, § 32 Rn. 12; *Wybitul*, BB 2010, 1085 (1086); *Schmidt*, RDV 2009, 193 (198).

931 Vgl. *Schmidt*, DuD 2010, 207 (211); *Thüsing*, NZA 2009, 865 (868 f.).

932 Dazu S. 161 ff.; ausführlich *Wybitul*, BB 2010, 1085 (1086 ff.); auf die Dokumentation von Verdachtsmomenten im Sinne des § 32 Abs. 1 S. 2 BDSG sind die Ausführungen ebenso übertragbar, denn auch diese stellt eine Datenerhebung dar, die einer Interessenabwägung im Sinne des § 32 Abs. 1 S. 1 BDSG genügen muss.

2. Datenqualität

Neben der Zweckrichtung ist die Qualität bzw. Art der zu erhebenden Daten ein wichtiger Einflussfaktor. Anders ausgedrückt: Die Eingriffsintensität einer Kontrollmaßnahme hängt maßgeblich davon ab, welche Aussagekraft über die betroffenen Personen den erhobenen Daten zukommt.

Insbesondere ist zu unterscheiden zwischen der Erhebung von Kommunikationsinhalten und der von Verbindungsdaten.[933] Die Kenntnisnahme von Kommunikationsinhalten ist als tiefgreifenderer Eingriff in die grundrechtlichen Positionen der Betroffenen einzustufen als die Kenntnisnahme der Umstände der Kommunikation.[934] Der Inhalt einer Nachricht lässt weitaus stärkere Rückschlüsse auf die kommunizierende Person zu, als die zeitlichen und räumlichen Umstände der einzelnen Verbindung. Nur dem konkreten Kommunikationsinhalt können beispielsweise Hinweise auf höchstpersönliche Meinungen oder die konkrete Gemütslage der Kommunizierenden entnommen werden.[935] Ein über eine Kontrolle des Kommunikationsinhalts im Unklaren befindlicher Arbeitnehmer liefe permanent Gefahr, ungewollt Informationen zu offenbaren, an denen der Arbeitgeber kein berechtigtes Interesse hat.[936] Zwar lassen auch die Umstände einer Kommunikation – im Wesentlichen Zeitpunkt, Dauer und am jeweiligen Kommunikationsvorgang beteiligte Personen – Rückschlüsse auf das Nutzungsverhalten und damit auch die Persönlichkeit der Kommunizierenden zu. Darüber hinausgehende Informationen von besonderer Brisanz enthalten Verbindungsdaten jedoch nicht.[937]

Auch wenn das BDSG (anders als die telekommunikationsrechtlichen Spezialgesetze) eine Inhaltsdatenerhebung nicht generell untersagt, sieht die Rechtsprechung eine solche als besonders eingriffsintensiv und damit als besonders

933 Simitis-*Seifert*, § 32 Rn. 91; Preis-*Preis*, Der Arbeitsvertrag, II I 10 Rn. 23 f.; *Kümpers*, S. 173 ff.; *Wellhöner/Byers*, BB 2009, 2310 (2311); *Wolf/Mulert*, BB 2008, 442 (446); *Mengel*, BB 2004, 1445 (1448 f.); *Weißnicht*, MMR 2003, 448 (449).

934 Vgl. *Däubler*, Rn. 378b; *Kümpers*, S. 173 ff.; *Spanke*, S. 231; *Kratz/Gubbels*, NZA 2009, 652 (654); *Lunk*, NZA 2009, 457 (460); *Kömpf/Kunz*, NZA 2007, 1341 (1344); *Vehslage*, AnwBl 2001, 145 (148).

935 Dies betont insbesondere *Biegel*, S. 95 f.; er differenziert weiter zwischen Inhalten fernmündlicher und schriftlicher Kommunikation.

936 Aus diesem Grund ist auch die Information der Beschäftigten ein Einflussfaktor, vgl. Besgen/Prinz-*Busse*, § 10 Rn. 37; *Wybitul*, BB 2010, 889 (891); *Schmidt*, RDV 2009, 193 (199); *Jordan/Bissels/Löw*, BB 2008, 2626 (2628); *Grosjean*, DB 2003, 2650 (2651); *Beckschulze/Henkel*, DB 2001, 1492 (1494 f.); *Lindemann/Simon*, BB 2001, 1950 (1952); *Raffler/Hellich*, NZA 1997, 862 (863); dazu S. 176 ff.

937 Vgl. *Thüsing*, Rn. 282; Besgen/Prinz-*Busse*, § 10 Rn. 30 ff.; *Kümpers*, S. 177 f.; *Spanke*, S. 235 ff.; vgl. auch die Rechtsprechung des BAG zur Telefonkontrolle, grundlegend BAG 27.05.1986, DB 1986, 2080 (2082 f.).

rechtfertigungsbedürftig an.[938] Im Rahmen einer Erforderlichkeitsabwägung muss sich eine Inhaltsdatenerhebung häufig der Frage stellen, ob nicht der Erhebung von Verbindungsdaten als milderem Mittel eine vergleichbare Zweckeignung zukommt.[939] Die Schutzwürdigkeit der Kommunikationsinhalte hängt darüber hinaus maßgeblich vom genutzten Kommunikationsmedium ab.[940]

3. Umfang der Datenerhebung

Ein weiterer Faktor, über den ein Arbeitgeber bei der Konzeption von Überwachungsmaßnahmen Einfluss auf deren Eingriffsintensität nehmen kann, ist die Begrenzung der zu erhebenden Datenmenge.[941] Dies gilt in zweierlei Hinsicht: Zum einen lässt sich die über jeden Einzelnen erhobene Datenmenge, zum anderen die Gesamtzahl der von der Maßnahme betroffenen Beschäftigten und damit die Anzahl der Datenpakete begrenzen.

Gegenüber jedem Einzelnen bestimmt insbesondere die zeitliche Komponente, also die Gesamtdauer einer Maßnahme, die finale Datenmenge.[942] Je länger eine Kontrollmaßnahme andauert, desto mehr Daten werden über jeden einzelnen Betroffenen erhoben und desto schwerer ist auch der Eingriff in dessen Persönlichkeitsrecht einzustufen.[943] Je größer die zusammengetragene Datenmenge, desto lückenloser und detaillierter kann ein Persönlichkeitsbild des Nutzers erstellt werden. Diese Erkenntnis nahm der Gesetzgeber zum Anlass, in Form des § 3a S. 1 BDSG das Prinzip der Datensparsamkeit und Datenvermeidung als gesetzliches Leitmotiv festzuschreiben.[944] Hierdurch erfuhr die in Rechtsprechung und Literatur längst einhellig anerkannte Auffassung, dass eine

---

938 Bei Telefongesprächen geht man sogar von einer grundsätzlichen Unzulässigkeit aus, vgl. BVerfG 19.12.1991, NZA 1992, 307 (307 f.); 09.10.2002, BVerfGE 106, 28 (41 ff.); BAG 29.10.1997, NJW 1998, 1331 (1332); Preis-*Preis*, Der Arbeitsvertrag, II I 10 Rn. 24; *Panzer*, S. 236 f.; ausführlich S. 187 ff.

939 Vgl. *Balke/Müller*, DB 1997, 326 (328).

940 Siehe zur telefonischen Kommunikation S. 187 ff., zur Internetkommunikation S. 196 ff. und im speziellen zur Kommunikation über E-Mails S. 211 ff.

941 Taeger/Gabel-*Zscherpe* § 3a Rn. 33 ff. und Simitis-*Scholz*, § 3a Rn. 33 ff. sprechen von einer quantitativen Reduktion der Datenmenge.

942 So auch Preis-*Preis*, Der Arbeitsvertrag, II I 10 Rn. 23; *Wybitul*, BB 2010, 1085 (1089); *Schmidt*, RDV 2009, 193 (199); *Kock/Francke*, NZA 2009, 646 (648); *Jordan/Bissels/Löw*, BB 2008, 2626 (2628); die Bedeutung der zeitlichen Komponente bei der Videoüberwachung betonen *Grimm/Schiefer*, RdA 2009, 329 (331); *Maties*, NJW 2008, 2219 (2220).

943 Vgl. *Jordan/Bissels/Löw*, BB 2008, 2626 (2629).

944 Eine optimale Umsetzung der Zielvorgabe des § 3a S. 1 BDSG erfordert den Verzicht auf eine Erhebung personenbezogener Daten. An die Nichterfüllung dieser Zielvorgabe sind jedoch keine unmittelbaren Konsequenzen geknüpft. Zur Norm Taeger/Gabel-*Zscherpe* § 3a BDSG Rn. 28 ff.; Simitis-*Scholz*, § 3a Rn. 30 ff.; DKWW-*Weichert*, § 3a Rn. 2 ff.; *Gola/Schomerus*, § 3a Rn. 4 ff.

lückenlose und dauerhafte Überwachung aufgrund des dadurch erzeugten permanenten Beobachtungsdrucks mit dem Persönlichkeitsrecht der Betroffenen nicht in Einklang zu bringen sei[945], eine weitere gesetzliche Stütze. Stichpunktartige Kontrollen sind vor diesem Hintergrund weit weniger eingriffsintensiv.[946] Bei rein präventiver Zweckerichtung erweisen sich solche verglichen mit länger andauernden Kontrollen regelmäßig als milderes, aber gleich geeignetes Mittel.

Die absolute Datenmenge hängt daneben maßgeblich von der Zahl der erfassten Beschäftigten ab.[947] Je höher die Zahl der Betroffenen, desto mehr verliert das Kontrollinteresse des Arbeitgebers an Gewicht, denn jeder zusätzlich erfasste Arbeitnehmer bringt eigene, grundrechtlich geschützte Interessen ein, die im Rahmen der Gesamtabwägung Berücksichtigung finden müssen. Kann der Arbeitgeber seine Maßnahme entsprechend seiner Zwecksetzung auf einen bestimmten Personenkreis beschränken, so stärkt er damit seine Abwägungsposition.[948] Regelmäßig wird dies bei repressiver Zwecksetzung der Fall sein, bei der sich eine Begrenzung der Überwachung am gem. § 32 Abs. 1 S. 2 BDSG erforderlichen Verdachtsmoment orientieren kann.

Aus alldem folgt, dass der Arbeitgeber gut beraten ist, wenn er seine Kontrollmaßnahmen zeitlich und personell einschränkt.[949] Er nimmt aus seiner Sicht positiven Einfluss auf die Interessenabwägung, wenn er orientiert am Überwachungszweck die Menge der im Rahmen einer Maßnahme erhobenen Daten beschränkt. Eingriffsmildernd wirkt sich auch eine automatische Aussonderung unverdächtiger Daten aus.[950] Eine dauerhafte und lückenlose Überwachung eines einzelnen Mediums ist keinesfalls zulässig.[951]

---

945 BVerfG 15.12.1983, BVerfGE 65, 1 (42); BAG 29.06.2004, NZA 2004, 1278 (1281); Besgen/Prinz-*Busse*, § 10 Rn. 42; *Wybitul*, BB 2010, 889 (890); *Schmidt*, RDV 2009, 193 (199); *Kock/Francke*, NZA 2009, 646 (648); *Kratz/Gubbels*, NZA 2009, 652 (654); *Mengel*, BB 2004, 1445 (1449).

946 Vgl. Besgen/Prinz-*Busse*, § 10 Rn. 48; *Wybitul*, BB 2010, 889 (890); *Jordan/Bissels/Löw*, BB 2008, 2626 (2628); *Beckschulze*, DB 2003, 2777 (2781).

947 So auch Simitis-*Scholz*, § 3a Rn. 35; Preis-*Preis*, Der Arbeitsvertrag, II I 10 Rn. 23; *Wybitul*, BB 2010, 889 (890); *Kock/Francke*, NZA 2009, 646 (648); am Beispiel der Videokontrolle BAG 26.08.2008, NZA 2008, 1187 (1191 f.); *Grimm/Schiefer*, RdA 2009, 329 (332); *Bayreuther*, NZA 2005, 1038 (1040); *Weichert*, DuD 2000, 662 (668).

948 Hierzu bereits S. 169 f.

949 Im Ergebnis: Simitis-*Scholz*, § 3a Rn. 35; Preis-*Preis*, Der Arbeitsvertrag, II I 10 Rn. 23; *Wybitul*, BB 2010, 889 (890); *Schmidt*, RDV 2009, 193 (199); *Kock/Francke*, NZA 2009, 646 (648); *Jordan/Bissels/Löw*, BB 2008, 2626 (2628).

950 *Thüsing*, Rn. 282 empfiehlt bei der Erfassung von E-Mail-Inhalten eine Filterung nach bestimmten Stichworten.

951 Vgl. Besgen/Prinz-*Busse*, § 10 Rn. 42; *Schmidt*, DuD 2010, 207 (211); *Wybitul*, BB 2010, 1085 (1089); *Schmidt*, RDV 2009, 193 (199); *Kock/Francke*, NZA 2009, 646 (648); *Kratz/Gubbels*, NZA 2009, 652 (654); *Mengel*, BB 2004, 1445 (1449).

4. Verfügbarkeit der erhobenen Daten

Wie bereits erwähnt wurde mit § 3a S. 1 BDSG das Prinzip der Datensparsamkeit und Datenvermeidung als Leitmotiv im Gesetzestext verankert. Die Regelung hat jedoch nicht ausschließlich eine zweckdienliche Begrenzung der *zu erhebenden* Datenmasse zum Ziel. Eine konsequente Verfolgung des Prinzips der Datensparsamkeit fordert auch, für ein Erreichen des Verwendungszweckes nicht mehr unbedingt notwendige Daten *nachträglich* wieder zu löschen.[952] Für bestimmte Fälle normiert § 35 Abs. 2 S. 2 BDSG eine ausdrückliche Pflicht zur Löschung der Daten.[953]

Mit einer Begrenzung der Speicherungsdauer bzw. der frühzeitigen Löschung personenbezogener Daten wirkt die kontrollierende Stelle begrenzend auf den Gesamtdatenbestand ein. Über eine Kürzung der Verfügbarkeitsspanne kann ein Persönlichkeitsrechtseingriff gegenüber dem einzelnen Betroffenen relativiert werden.[954] Je länger ein Mitarbeiter befürchten muss, Nachteile wegen der über ihn erhobenen Daten erleiden zu können, desto intensiver wird er sein Verhalten an die Kontrollmaßnahme anpassen.

Sollte der Arbeitgeber ein besonderes Interesse an einer Speicherung haben, zum Beispiel zum Zwecke eines späteren Datenabgleichs im Falle sich ergebender Verdachtsmomente, so muss die gesamte Verfügbarkeitsspanne als erschwerender Abwägungsfaktor bei der Prüfung der Zulässigkeit der Kontrollmaßnahme Berücksichtigung finden. Ein Ausgleich der damit einhergehenden Schwächung seiner Abwägungsposition muss über andere Stellschrauben erfolgen. Eine spätere, zweckentfremdete Nutzung stellt einen eigenen Datennutzungsvorgang dar und muss erneut am Maßstab des § 32 Abs. 1 BDSG gemessen werden.

Maximale Rücksichtnahme in dieser Hinsicht wird mit einem vollständigen Verzicht auf eine Speicherung erreicht.[955] Bezogen auf eine Mitarbeiterüberwachung zur Aufdeckung oder Prävention von Straftaten wird dies jedoch selten zweckdienlich sein. Im Falle von präventiven Maßnahmen wird der Arbeitgeber Hinweise auf eine Straffälligkeit in aller Regel als Verdachtsmomente für ein

---

952 Vgl. Taeger/Gabel-*Meents*, § 3a BDSG Rn. 37; Simitis-*Scholz*, § 3a Rn. 36; DKWW-*Weichert*, § 3a Rn. 3.

953 Vgl. Simitis-*Dix*, § 35 Rn. 23 ff.; Taeger/Gabel-*Meents*, § 35 BDSG Rn. 18 ff.; DKWW-*Däubler*, § 35 Rn. 16 ff.; *Deutsch/Diller*, DB 2009, 1462 (1464) sehen einen konzeptionellen Konflikt der Dokumentationspflicht des § 32 Abs. 1 S. 2 BDSG mit den Löschungspflichten des § 35 Abs. 2 S. 2 BDSG.

954 Vgl. *Thüsing*, Rn. 281; *Kümpers*, S. 191; *Wybitul*, BB 2010, 1085 (1089); *Kock/Francke*, NZA 2009, 646 (648); *Weißnicht*, MMR 2003, 448 (451); *Raffler/Hellich*, NZA 1997, 862 (864); a.A. *Jordan/Bissels/Löw*, BB 2008, 2626 (2630).

955 Nach dem BAG, 29.06.2004, NZA 2004, 1278 (1283) stellt eine Videoüberwachung ohne Speicherung der Aufnahme (sog. „Monitoring") einen erheblich geringeren Persönlichkeitsrechtseingriff dar; vgl. *Grimm/Schiefer*, RdA 2009, 329 (331); *Richardi/Kortstock*, RdA 2005, 381 (383 f.); *Weichert*, DuD 2000, 662 (668).

vertieftes Vorgehen über § 32 Abs. 1 S. 2 BDSG dokumentieren wollen.[956] Im Falle repressiver Zielsetzung wird die Gewährleistung einer gerichtlichen Verwertbarkeit im Fokus des Interesses stehen.

5. Identität und Zugriff der kontrollierenden Stelle

Die Besonderheit des Arbeitnehmerdatenschutzes im Vergleich zum allgemeinen Datenschutz liegt darin begründet, dass es sich beim Arbeitsverhältnis um ein besonderes Abhängigkeitsverhältnis handelt. Der strukturellen Disparität kann jedoch entgegengewirkt werden, indem der unmittelbare Bezug des Arbeitgebers zur Kontrollmaßnahme beziehungsweise zur kontrollierenden Stelle aufgelöst oder gelockert wird.

Ein solcher Effekt kann etwa mit der Übertragung der Verantwortung über die Durchführung der Kontrolle auf eine betriebsunabhängige Stelle erzeugt werden.[957] Zur höchstpersönlichen Durchsetzung seiner grundrechtlich gestützten Interessen ist der Arbeitgeber nicht verpflichtet, eine externe Stelle leitet ihre Kontrollbefugnisse von ihm ab, handelt also *für* den Auftraggeber. Sofern sichergestellt werden kann, dass die kontrollierende Stelle nur die im Sinne der Zielsetzung aussagekräftigen Informationen weiterleitet, wird der für den Arbeitgeber verfügbare Datenbcstand drastisch reduziert und die Eingriffsintensität der Kontrolle gemindert. Die Daten werden zwar erhoben, eine betriebsunabhängige Stelle befindet sich gegenüber dem einzelnen Arbeitnehmer jedoch nicht in einer vergleichbaren Machtposition. Von deren Seite drohen den Betroffenen keine vergleichbaren Repressionen.[958] Wesentliche Voraussetzung der mildernden Wirkung einer solchen Vorgehensweise ist jedoch, dass die betriebsunabhängige Stelle eine gewisse Druckresistenz gegenüber dem Arbeitgeber aufbringen kann.

Möglich wäre auch eine Milderung der Eingriffsintensität über die Verantwortungsdelegation auf eine betriebsangehörige Stelle, allerdings nur unter der Voraussetzung, dass auch hier ein direkter Datenzugriff durch den Arbeitgeber verhindert werden kann. Eine vollständige Unabhängigkeit kann aufgrund der arbeitsvertraglichen Beziehung aber kaum erreicht werden, weswegen die Wirkung der Zwischenschaltung einer *betriebsinternen* verantwortlichen Stelle verglichen mit einer *betriebsexternen* Stelle keine gleichwertige Wirkung entfaltet.[959]

956 Hierzu bereits S. 161 ff.

957 Dies deuten *Raffler/Hellich*, NZA 1997, 862 (864) an.

958 *Jordan/Bissels/Löw*, BB 2008, 2626 (2629) sehen in der freiwilligen Eingrenzung der Reaktionsmöglichkeiten des Arbeitgebers (zumindest im Falle einer Leistungskontrolle) einen eingriffsmildernden Faktor; ähnlich *Grobys*, S. 79.

959 Anklingend bei Taeger/Gabel-*Scheja*, § 4f BDSG Rn. 83.

Betriebsintern böte sich der betriebliche Datenschutzbeauftragte als Verantwortlicher für die Durchführung von Kontrollmaßnahmen an. Einen Datenschutzbeauftragten hat ein kontrollierender Arbeitgeber unter den Voraussetzungen des § 4f Abs. 1 BDSG regelmäßig ohnehin zu benennen.[960] Die gesetzliche Ausgestaltung seiner Funktion sowie seiner Rechte und Pflichten sichern einen ausreichenden Grad der Unabhängigkeit und Druckresistenz. Gem. § 4f Abs. 3 S. 2 BDSG unterliegt er in seinem Aufgabenbereich nicht dem Weisungsrecht des Arbeitgebers. § 4f Abs. 3 S. 3 BDSG statuiert ein ausdrückliches Benachteiligungsverbot im Zusammenhang mit der Ausübung seiner Pflichten[961], zudem genießt er nach § 4f Abs. 3 S. 5 und S. 6 BDSG einen besonderen Kündigungsschutz.[962] Darüber hinaus versprechen die Benennungsvoraussetzungen des § 4f Abs. 2 BDSG eine gewisse Fachkunde.[963] Eine zusätzliche Übertragung der Verantwortung über die Durchführung von Kontrollmaßnahmen stünde auch nicht im Widerspruch zu seiner originären Funktion als Kontrollinstanz.[964]

Die Übertragung der Verantwortung über die Durchführung von Kontrollmaßnahmen auf vom Arbeitgeber weitgehend unabhängige Stellen stärkt also dessen Abwägungsposition, sofern ein direkter Zugriff auf die erhobenen Daten ausgeschlossen werden kann.

6. Information der Beschäftigten

Ein weiteres für den Ausgang einer Interessenabwägung wesentliches Kriterium verkörpert der Informationsgrad der betroffenen Beschäftigten.[965] Die Ein-

960 Zu den Voraussetzungen einer Bestellung Simitis-*Simitis*, § 4f Rn. 12 ff.; Taeger/Gabel-*Scheja*, § 4f BDSG Rn. 16 ff.; DKWW-*Däubler*, § 4f Rn. 5 ff.; *Gola/Schomerus*, § 4f Rn. 7 ff.

961 Vgl. Taeger/Gabel-*Scheja*, § 4f BDSG Rn. 83; nach Simitis-*Simitis*, § 4f Rn. 130 ff. greift dieses Verbot allerdings bei befristeten Verträgen zu kurz.

962 Hierzu Taeger/Gabel-*Scheja*, § 4f BDSG Rn. 39 ff.; DKWW-*Däubler*, § 4f Rn. 70 ff.; *Gola/Schomerus*, § 4f Rn. 40; ausführlich etwa *Gehlhaar*, NZA 2010, 373 (373 ff.).

963 Vgl. Simitis-*Simitis*, § 4f Rn. 83 ff.; Taeger/Gabel-*Scheja*, § 4f BDSG Rn. 60 ff.; DKWW-*Däubler*, § 4f Rn. 70 ff.; *Gola/Schomerus*, § 4f Rn. 20 ff.

964 Zu den Aufgaben eines betrieblichen Datenschutzbeauftragten ausführlich Simitis-*Simitis*, § 4g Rn. 29 ff.; DKWW-*Däubler*, § 4g Rn. 7 ff.; Taeger/Gabel-*Scheja*, § 4g BDSG Rn. 5 ff.; siehe auch *Wybitul*, MMR 2011, 372 (374); *Rudolf*, NZA 1996, 296 (299 f.).

965 So etwa Besgen/Prinz-*Busse*, § 10 Rn. 37; *Wybitul*, BB 2010, 889 (891); *Schmidt*, RDV 2009, 193 (199); *Jordan/Bissels/Löw*, BB 2008, 2626 (2628); *Grosjean*, DB 2003, 2650 (2651); *Beckschulze/Henkel*, DB 2001, 1492 (1494 f.); *Lindemann/Simon*, BB 2001, 1950 (1952); *Raffler/Hellich*, NZA 1997, 862 (863); sehr restriktiv DKWW-*Wedde*, § 32 Rn. 92, nach dessen Ansicht jede Form heimlicher Datenerhebung grundsätzlich unzulässig sei; a.A. *Thüsing*, Rn. 285, demzufolge die Heimlichkeit kein Kriterium der Verhältnismäßigkeitsprüfung des § 32 Abs. 1 BDSG, sondern eine Pflicht im Sinne des § 33 BDSG ist. Er verkennt jedoch, dass die Benachrichtigung im Sinne des § 33 BDSG

griffsintensität einer Kontrollmaßnahme verhält sich antiproportional zu deren Transparenzgrad.[966]

Der erste Ansatzpunkt einer Einflussnahme über die Erzeugung von Transparenz ist die Entscheidung der kontrollierenden Stelle darüber, ob die Beschäftigten im Vorfeld einer Maßnahme überhaupt über deren Existenz informiert werden sollen. Gesetzlich statuiert ist in Form des § 33 Abs. 1 BDSG lediglich eine nachträgliche Benachrichtigungspflicht. Einer heimlichen Datenerhebung steht das BDSG im telekommunikativen Bereich folglich nicht grundsätzlich im Wege.[967] Diese wird speziell bei repressiver Zwecksetzung häufig erforderlich sein, da ein Straftäter in Kenntnis einer Überwachung wohl kaum zweckdienliche Hinweise preisgeben wird.[968] Eine rein präventive Ausrichtung wird durch eine Information der Beschäftigten in ihrer Wirksamkeit sogar gestärkt, denn eine abschreckende Wirkung kann nur von einer Maßnahme ausgehen, die auch wahrgenommen werden kann. Eine im Vorfeld kommunizierte Maßnahme ist naturgemäß weniger eingriffsintensiv als eine heimliche.[969] Wer in Kenntnis einer Überwachungssituation (oder zumindest deren Möglichkeit) Informationen über sich preisgibt, ist weniger schutzwürdig als ein Ahnungsloser, der gar nicht die Möglichkeit hat, sein Verhalten bewusst an die Situation anzupassen.[970] Der heimlich kontrollierende Arbeitgeber hingegen macht sich bewusst das Gefühl der Sicherheit der Betroffenen zunutze und schwächt seine Abwägungsposition.

Aber nicht nur die absolute Entscheidung über das „Ob“ einer Information der Betroffenen, sondern auch deren Umfang will wohl überlegt sein. Jede Information über Umfang, Zweck und mögliche Konsequenzen erleichtert dem Einzelnen eine Verhaltensanpassung im jeweiligen Einzelfall und lindert den Persönlichkeitsrechtseingriff. Als Kehrseite der Medaille verdeutlicht der Arbeitgeber mit jeder weiteren Information auch die Umgehungsmöglichkeiten für Mitarbeiter mit kriminellen Neigungen.

---

nicht zwingend vor der Datenerhebung erfolgen muss, einer heimlichen Datenerhebung also nicht im Wege steht. Als Option wirkt eine Vorabinformation aber durchaus eingriffsmildernd.

966 *Wybitul*, BB 2010, 1085 (1089) empfiehlt eine Protokollierung aller durchgeführten Maßnahmen.

967 Die Benachrichtigung hat nach überwiegender Ansicht „unverzüglich nach der erstmaligen Speicherung“ zu erfolgen, vgl. Simitis-*Dix*, § 33 Rn. 41; DKWW-*Däubler*, § 33 Rn. 15; *Gola/Schomerus*, § 33 Rn. 14 f.; anders bei Videoüberwachungen im Anwendungsbereich des § 6b BDSG, dessen Absatz 2 eine Hinweispflicht im Vorfeld einer Aufnahme festschreibt und eine heimliche Videoüberwachung damit ausschließt, dazu Simitis-*Scholz*, § 6b Rn. 102 ff. m.w.N.

968 Hierauf hinweisend *Wybitul*, BB 2010, 889 (891); *Schmidt*, RDV 2009, 193 (199); *Beckschulze/Henkel*, DB 2001, 1492 (1494 f.).

969 Dies verdeutlicht insbesondere die Rechtsprechung des BAG zur Videokontrolle, BAG 26.08.2008, NZA 2008, 1187 (1190); 27.03.2003, NZA 2003, 1193 (1194 f.).

970 Vgl. *Schmidt*, RDV 2009, 193 (199); *Jordan/Bissels/Löw*, BB 2008, 2626 (2628), differenzieren deswegen zwischen „heimlichen“ und „verdeckten“ Kontrollmaßnahmen.

Auch über Form und Zeitpunkt einer Information kann Einfluss auf die Eingriffsintensität genommen werden. Je enger diese in zeitlich-räumlicher Beziehung zur konkreten Maßnahme steht, desto bewusster sind sich die Beschäftigten über den Zustand der Beobachtung.[971] Ein Hinweis auf die abstrakte Möglichkeit einer Datenerhebung im Text des Arbeitsvertrages ist weniger wirksam als beispielsweise Aushänge, E-Mails oder Briefe mit unmittelbarem Bezug zur geplanten Maßnahme.

Die Konzeption im Bereich der Transparenz ist eine schwierige Gratwanderung, sollte jedoch vom Arbeitgeber als Chance begriffen werden. Sofern mit dem Untersuchungszweck vereinbar, kann die Information über jede selbst auferlegte Beschränkung der Datenerhebung deren aus Sicht des Arbeitgebers positiven Effekt auf die Interessenabwägung noch intensivieren.[972]

7. Mehrstufigkeit der Datenerhebung

Im Zusammenhang mit der Erörterung der Pflicht zur Dokumentation von Verdachtsmomenten gem. § 32 Abs. 1 S. 2 BDSG wurde bereits ausgearbeitet, dass zumindest bei Kontrollen zur Aufdeckung von Straftaten eine Datenerhebung nur zweistufig erfolgen kann.[973] In einem ersten Schritt müssen Verdachtsmomente dokumentiert werden, was bereits selbst einen zu rechtfertigenden Datenerhebungsvorgang darstellt.[974] Erst in einem zweiten Schritt können dann konkrete und eingriffsintensivere Maßnahmen zur Aufdeckung der durch die Verdachtsmomente indizierten Straftat gegenüber dem jeweiligen Mitarbeiter eingeleitet werden.[975]

Die Implementierung der Dokumentationspflicht beruht auf der Erkenntnis, dass eine zweistufige Vorgehensweise mit dem Persönlichkeitsrecht der Be-

971 Anklingend bei *Beckschulze/Henkel*, DB 2001, 1492 (1494 f.); dies erkennen auch *Jordan/Bissels/Löw*, BB 2008, 2626 (2628), obwohl sie keine besonderen Anforderungen an eine Information zur Überwachung der telefonischen Kommunikation eines Call-Center-Agents stellen.

972 Im Ergebnis Besgen/Prinz-*Busse*, § 10 Rn. 37; DKWW-*Wedde*, § 32 Rn. 92; *Wybitul*, BB 2010, 889 (891); *Schmidt*, RDV 2009, 193 (199); *Jordan/Bissels/Löw*, BB 2008, 2626 (2628); *Grosjean*, DB 2003, 2650 (2651); *Beckschulze/Henkel*, DB 2001, 1492 (1494 f.); *Lindemann/Simon*, BB 2001, 1950 (1952); *Raffler/Hellich*, NZA 1997, 862 (863); nach DLW-*Dörner*, Kap. 3 Rn. 2931 ist eine Information der Beschäftigten sogar unverzichtbar.

973 Hierzu bereits S. 163 ff.

974 *Schmidt*, RDV 2009, 193 (197) verweist hier zu Recht auf § 32 Abs. 1 S. 1 BDSG; Präventivmaßnahmen – die schlussendlich stets die Erhebung von Verdachtsmomenten zum Ziel haben – ebenfalls unter § 32 Abs. 1 S. 1 BDSG fassen etwa Simitis-*Seifert*, § 32 Rn. 103; DKWW-*Wedde*, § 32 Rn. 130; Preis-*Preis*, Der Arbeitsvertrag, II I 10, Rn. 25; *Wybitul*, BB 2009, 1582 (1583); *Thüsing*, NZA 2009, 865 (868).

975 Die zweistufige Vorgehensweise erläutern Taeger/Gabel-*Zöll*, § 32 BDSG Rn. 42; *Schmidt*, RDV 2009, 193 (196).

troffenen wesentlich besser in Einklang zu bringen ist als ihr einstufiges Pendant.[976] Tiefgreifenden Maßnahmen wird nur derjenige Mitarbeiter ausgesetzt, der sich durch sein Verhalten konkret verdächtig gemacht hat; eine Datenerhebung gegenüber Unbeteiligten wird minimiert.

Auch wenn eine abgestufte Datenerhebung lediglich für Kontrollen zur Aufdeckung von Straftaten durch § 32 Abs. 1 S. 2 BDSG vorgeschrieben ist, lässt sich hieraus ein allgemeines Prinzip ableiten. Grundsätzlich kann eine Datenerhebung unabhängig vom Kontrollzweck in Stufen mit steigender Eingriffsintensität aufgeteilt werden. Auch Datenerhebungen im Anwendungsbereich des § 32 Abs. 1 S. 1 BDSG, insbesondere Präventivkontrollen oder Kontrollen zur Aufdeckung von rechtswidrigem Verhalten unterhalb der Strafbarkeitsschwelle, lassen sich derart konzipieren. Theoretisch sind auch mehr als zwei Stufen denkbar. Wird ein schrittweises Vorgehen des Arbeitgebers ausreichend dokumentiert, weist er damit eine umfangreiche Rücksichtnahme auf die Interessen der Betroffenen nach und stärkt seine Abwägungsposition.

Die Pflicht zur Dokumentation von Verdachtsmomenten sollte entsprechend nicht als lästige Pflicht, sondern als gesetzlicher Anstoß zu einer durchdachten Konzeption von Überwachungsmaßnahmen im Allgemeinen angesehen werden.[977]

8. Der Grad etwaiger Verdachtsmomente

Die in § 32 Abs. 1 S. 2 BDSG normierte Dokumentationspflicht eröffnet noch eine weitere Möglichkeit der Einflussnahme, nämlich über die Konkretisierung der zu dokumentierenden Verdachtsmomente. Teilweise wird ein bestimmter Konkretisierungsgrad fälschlicherweise als starre Zulässigkeitsvoraussetzung eingestuft.[978] Richtigerweise handelt es sich aber um ein Abwägungskriterium im Rahmen der Verhältnismäßigkeitsprüfung. Wie bereits dargelegt stehen die beiden Satzvarianten des § 32 Abs. 1 BDSG nicht im Widerspruch zueinander, sondern gehen fließend ineinander über.[979] Die zusätzliche Dokumentationspflicht eröffnet gleichzeitig tiefgreifendere Eingriffe in die Grundrechtspositio-

976 Im Ergebnis Taeger/Gabel-*Zöll*, § 32 BDSG Rn. 42; *Schmidt*, DuD 2010, 207 (211); *Wybitul*, BB 2010, 1085 (1089); *Schmidt*, RDV 2009, 193 (196).

977 Eine solche Vorgehensweise empfehlen Taeger/Gabel-*Zöll*, § 32 BDSG Rn. 42; *Schmidt*, DuD 2010, 207 (211); *Wybitul*, BB 2010, 1085 (1089); *Schmidt*, RDV 2009, 193 (196).

978 So etwa DKWW-*Wedde*, § 32 Rn. 127 und *Gola/Schomerus*, § 32 Rn. 26.

979 Siehe hierzu die Ausführungen auf S. 161 ff.; im Ergebnis sehen keinen Widerspruch *Gola/Schomerus*, § 32 Rn. 29; Taeger/Gabel-*Zöll*, § 32 BDSG Rn. 41; *Wybitul*, BB 2010, 1085 (1089); *Schmidt*, DuD 2010, 207 (212); *Behling*, BB 2010, 892 (895); *Schmidt*, RDV 2009, 193 (200); *Thüsing*, NZA 2009, 865 (868); *Löwisch*, DB 2009, 2782 (2785).

nen der Belegschaft.[980] Dies steht der starren Interpretation entgegen, für repressive Kontrollen sei in jedem Fall ein absolut zu bestimmender Verdachtsgrad notwendig. Stattdessen gilt: Je konkreter die dokumentierten Verdachtsmomente auf eine bevorstehende Straftat hindeuten, desto stärker ist das berechtigte Interesse des Arbeitgebers an der Ergreifung von Gegenmaßnahmen einzustufen. An der Stärkung seiner Abwägungsposition wachsen auch seine Kontrollbefugnisse.[981]

Die Konzeption des Vorgehens gegen konkret verdächtige Mitarbeiter, also dem zweiten Schrittes der Überwachungsmaßnahme im Sinne des § 32 Abs. 1 S. 2 BDSG, sollte der Arbeitgeber folglich an den dokumentierten Verdachtsmomenten ausrichten. Wenn diese sich auf einzelne Mitarbeiter beschränken, können jenen gegenüber eingriffsintensivere Maßnahmen gerechtfertigt werden als gegenüber einer verdächtigen Gruppe der Belegschaft. Deutet der Verdacht beispielsweise nur auf eine Abteilung hin, ohne Rückschlüsse auf einzelne Mitarbeiter zuzulassen, so empfiehlt sich im weiteren Fortgang der Untersuchung ein nochmalig abgestuftes Vorgehen zur Identifikation der konkret verdächtigen Personen. Sollten die Verdachtsmomente auf einen abgrenzbaren Zeitraum hindeuten, so sind – verglichen mit einer Streckung der Kontrolle über einen längeren Zeitraum – tiefgreifendere Eingriffe rechtfertigungsfähig.[982] Auch eine Konkretisierung auf bestimmte Deliktstypen verspricht eine Stärkung der Abwägungsposition, insbesondere da hieran orientiert auch die Zwecksetzung als Fixpunkt der Erforderlichkeitsabwägung präzisiert werden kann.[983]

Anhand der vorangegangenen Ausführungen wird deutlich, dass der Verdachtsgrad die Eingriffsintensität von Kontrollen mit repressiver Zwecksetzung gegenüber dem einzelnen Betroffenen maßgeblich beeinflusst.[984] Bei aller Nachvollziehbarkeit des Interesses des Arbeitgebers an eigenen Untersuchungsmaßnahmen dürfen allerdings etwaige Anzeigepflichten bei entsprechendem Straftatverdacht nicht außer Acht gelassen werden.[985]

980 Dies zumindest anreißend Taeger/Gabel-*Zöll*, § 32 BDSG Rn. 41, der „eingriffsintensive" Maßnahmen nur über § 32 Abs. 1 S. 2 BDSG zulässt; vgl insbesondere *Schmidt*, RDV 2009, 193 (196 f.) und *Schmidt*, DuD 2010, 207 (211).

981 Im Ergebnis Simitis-*Seifert*, § 32 Rn. 104 unter Hinweis auf die Gesetzesbegründung BT-Drs. 16/13657, S. 21; Taeger/Gabel-*Zöll*, § 32 BDSG Rn. 46.

982 Hierzu bereits S. 171 ff.

983 Siehe S. 169 ff.

984 Im Ergebnis Simitis-*Seifert*, § 32 Rn. 104; Taeger/Gabel-*Zöll*, § 32 BDSG Rn. 46; *Schmidt*, RDV 2009, 193 (196 f.); *Schmidt*, DuD 2010, 207 (211).

985 Besgen/Prinz-*Busse*, § 10 Rn. 100 weist darauf hin, dass dem Arbeitgeber nicht die Funktion einer Ermittlungsbehörde zukommt.

9. Grundrechtsposition der Kommunikationspartner

Bei der Konzeption von Überwachungsmaßnahmen wird vielfach vernachlässigt, dass nicht allein die Interessen von betroffenen Arbeitnehmern als grundrechtlicher Gegenpol zu den Kontrollinteressen des Arbeitgebers ausschlaggebend sind, sondern auch die jeweiligen Kommunikationspartner der betroffenen Beschäftigten datenschutzrechtlich relevante Grundrechtspositionen beziehen.[986] Im Falle einer klassisch zweiseitigen Kommunikation ergibt sich eine Dreieckskonstellation, in deren Rahmen die Entscheidung über die Verhältnismäßigkeit einer Kontrollmaßnahme zu treffen ist.[987] Auch im Anwendungsbereich von § 32 Abs. 1 S. 2 BDSG, dessen Wortlaut sich ausschließlich auf entgegenstehende Interessen der Beschäftigten stützt, finden die Interessen der Kommunikationspartner im Rahmen der Erforderlichkeitserwägung Berücksichtigung.[988] Speziell der Umgang mit betriebsexternen Kommunikationspartnern stellt kontrollierende Stellen häufig vor Probleme.

Auf der einen Seite sind externe Kommunikationspartner mit dem Arbeitgeber nicht über ein vertragliches Verhältnis verbunden, es drohen folglich auch keine unmittelbaren Repressionen. Die Kenntnis des (für sie fremden) Arbeitgebers von Umständen oder Inhalten einer Kommunikation ist für betriebsfremde Dritte weniger brisant als für betriebsangehörige Arbeitnehmer. Auf der anderen Seite hätte der Arbeitgeber gegenüber Externen aufgrund des Fehlens einer arbeitsvertraglichen Beziehung ohne die Beteiligung seiner Beschäftigten an der Kommunikation kein originäres, auf Art. 12 und 14 GG zurückzuführendes Kontrollinteresse. Der Vorteil der niedrigen Eingriffsintensität wird dadurch wieder aufgewogen.[989]

Sofern der Arbeitgeber nicht bereits bei der Konzeption der Kontrollmaßnahme in der Lage ist, durch eine Verschleierung der Kommunikationspartner

986 Eine Diskussion der Interessen der Gesprächspartner erfolgt meist im Zusammenhang mit der Erfassung von Rufnummern oder E-Mail-Adressen betriebsexterner Kommunikationspartner, vgl. Preis-*Preis*, Der Arbeitsvertrag, II I 10 Rn. 23; *Höld*, S. 147 f.; *Biegel*, S. 90; *Wuttke*, S. 169; *Gola/Wronka*, Rn. 754; *Kümpers*, S. 175; *Thüsing*, Rn. 332 f.; *Mengel*, BB 2004, 1445 (1449); *Ernst*, NZA 2002, 585 (589).

987 Diese Dreieckskonstellation veranschaulichen *Höld*, S. 139; *Biegel*, S. 85; *Schulin/Babl*, NZA 1986, 46 (48 ff.); siehe auch *Vogel/Glas*, DB 2009, 1747 (1754).

988 Zentrale Prüfungsvoraussetzung beider Satzvarianten des § 32 Abs. 1 BDSG ist eine umfassende Abwägung der Interessen aller Beteiligten, vgl. Preis-*Preis*, Der Arbeitsvertrag, II I 10 Rn. 22; ErfK-*Wank*, § 32 BDSG Rn. 5 f.; ausführlich *Wybitul*, BB 2010, 1085 (1086 ff.); *Schmidt*, RDV 2009, 193 (198).

989 Zum Verhältnis zwischen Arbeitgeber und Kommunikationspartner ausführlich *Höld*, S. 147 f.

deren Grundrechtspositionen unangetastet zu lassen[990], steigt der Rechtfertigungsbedarf. Die Interessen der Kommunikationspartner müssen in der Interessenabwägung Berücksichtigung finden[991], auch wenn sie nicht primäres Ziel einer Mitarbeiterüberwachung sind.[992]

10. Rückführbarkeit der Daten

Datenschutzrechtlich brisant wird eine Datenerhebung überhaupt nur dann, wenn die erhobenen Daten einen Personenbezug aufweisen, also eine Aussagekraft bezogen auf bestimmte Mitarbeiter entfalten.[993] Auch hier bietet sich dem kontrollierenden Arbeitgeber eine Stellschraube, um die Eingriffsintensität einer Kontrollmaßnahme zu mildern. Beschränkt er die Rückführbarkeit der Daten auf einzelne Personen, so lockert er auch deren Personenbezug. Sofern ein Personenbezug nur noch mit unverhältnismäßig großem Aufwand oder überhaupt nicht mehr herzustellen ist, spricht man von Anonymisierung, vgl. § 3 Abs. 6 BDSG.[994] Sofern personenbezogene Merkmale verschleiert oder codiert werden, sodass die Wiederherstellung eines Personenbezuges zumindest wesentlich erschwert wird, spricht man von Pseudonymisierung, vgl. § 3 Abs. 6a BDSG.[995] Über § 3a S. 2 BDSG finden beide als Leitprinzipien Eingang in den Gesetzestext.[996]

Gelänge dem Arbeitgeber eine vollständige Anonymisierung der erhobenen Daten, so ließe sich sogar jeglicher Grundrechtseingriff verhindern.[997] Innerhalb eines Unternehmens gestaltet sich dies jedoch bereits wegen der begrenzten Zahl der Beschäftigten schwierig. Sofern erhobene Daten auf eine überschaubare Personengruppe zurückgeführt werden können, steht dies ihrer Anonymisierung bereits im Wege. Wenn durch den Arbeitgeber allerdings auch der Bezug der erhobenen Daten zu jeder Mitarbeitergruppe ausgeschlossen wird, verlören solche Daten für die in dieser Arbeit untersuchten Kontrollzwecke der Aufdeckung

990 Bei der Telefonkontrolle ist dies über eine verkürzte Rufnummernerfassung möglich, ausdrücklich *Kümpers*, S. 175; vgl. *Mengel*, BB 2004, 1445 (1449); *Vehslage*, AnwBl 2001, 145 (147); zur verkürzten Rufnummernerfassung siehe S. 189 ff.

991 BAG 27.05.1986, NZA 1986, 643 (646 f.); vgl. *Höld*, S. 148; *Ernst*, NZA 2002, 585 (589); *Schulin/Babl*, NZA 1986, 46 (48 ff.); *Färber/Kappes*, BB 1986, 520 (521 f.).

992 Hierauf weist *Höld*, S. 149 hin.

993 Siehe die Ausführungen zur Systematik des BDSG im Allgemeinen, S. 152 ff.

994 Hierzu Simitis-*Dammann*, § 3 Rn. 196 ff.; Taeger/Gabel-*Buchner*, § 3 BDSG Rn. 43 ff.; DKWW-*Weichert*, § 3 Rn. 46 ff.

995 Hierzu Simitis-*Scholz*, § 3 Rn. 212 ff.; Taeger/Gabel-*Buchner*, § 3 BDSG Rn. 46 ff.; DKWW-*Weichert*, § 3 Rn. 51 ff.

996 Vgl. Simitis-*Scholz*, § 3 Rn. 45 ff.; Taeger/Gabel-*Zscherpe*, § 3a BDSG Rn. 42 ff.; DKWW-*Weichert*, § 3a Rn. 5.

997 Ein Personenbezug ist Grundvoraussetzung der Anwendbarkeit des BDSG, § 4 Abs. 1 BDSG. Siehe S. 152 ff.

und Prävention von Straftaten durch Mitarbeiter jegliche Aussagekraft. Im Fokus repressiver Zwecksetzung steht die Verhinderung konkret strafbaren Verhaltens durch individualisierbare Einzelpersonen. Auch eine Erhebung vollständig anonymisierter Daten zu rein präventiven Zwecken büßt einerseits den Großteil ihrer Abschreckungswirkung ein. Andererseits wären erlangte Indizien ohne jeden Personenbezug nicht als Verdachtsmomente im Sinne des § 32 Abs. 1 S. 2 BDSG als Grundlage eines gezielteren Vorgehens verwertbar.[998] Die Erhebung vollständig anonymisierter Daten kann folglich hinsichtlich der Aufdeckung und Prävention von Straftaten durch Mitarbeiter als nicht zweckdienlich festgehalten werden.[999]

Allerdings versprechen Zwischenstufen auf dem Weg zu einer vollständigen Anonymisierung eine wesentliche Drosselung der Eingriffsintensität, ohne notwendigerweise dem Kontrollzweck zuwider zu laufen. Speziell die Überwachung der zwei- oder mehrseitigen Telekommunikation bietet die Möglichkeit, nicht jeglichen Personenbezug der Daten, sondern nur den Bezug zu einzelnen Teilnehmern der Kommunikation aufzulösen. Können hierdurch etwa externe Kommunikationsteilnehmer vollständig verschleiert werden, könnten ihre Grundrechtspositionen in einer anzustellenden Interessenabwägung ausgeblendet werden.[1000] Nicht durchführbar ist eine Teilanonymisierung bei Inhaltsdatenerhebungen, da der Kommunikationsinhalt nicht automatisiert von allen Informationen über den Kommunikationspartner bereinigt werden kann.

Eine weitere Möglichkeit der Datenverfremdung und damit der Beschränkung der Rückführbarkeit auf den einzelnen Mitarbeiter bietet die Erhebung pseudonymisierter Daten.[1001] Dazu müssten die Daten in einer veränderten Form erfasst werden, die persönliche Merkmale der Betroffenen durch Platzhalter substituiert und eine nachträgliche Individualisierung nur mit Hilfe eines speziellen Datenschlüssels ermöglicht.[1002] Unter der Voraussetzung, dass dem Arbeitgeber eine Entschlüsselung nicht ohne weiteres möglich ist, kann er den Datenbestand nach Auffälligkeiten durchsuchen und erst im Falle ihres Auftretens eine Ent-

998 Ein Verdacht erfordert stets einen gewissen Personenbezug, siehe die Ausführungen auf S. 107 ff. und S. 163 ff.; so im Ergebnis auch *Brink/Schmidt*, MMR 2010, 592 (594); *Wybitul*, BB 2009, 1582 (1584); *Löwisch*, DB 2009, 2782 (2785); *Schmidt*, RDV 2009, 193 (197); allenfalls eine Pseudonymisierung wird in Betracht gezogen.

999 *Brink/Schmidt*, MMR 2010, 592 (594); a.A. *Beckschulze*, DB 2003, 2777 (2779) und *Barton*, NZA 2006, 460 (462).

1000 Dies wäre im Falle telefonischer Kommuniktaion beispielsweise durch eine verkürzte Rufnummernerfassung möglich, vgl. *Kümpers*, S. 175; zur verkürzten Rufnummernerfassung siehe S. 189 ff.

1001 Vgl. Preis-*Preis*, Der Arbeitsvertrag, II I 10 Rn. 23; ErfK-*Wank*, § 3a BDSG Rn. 1; *Spanke*, S. 104; *Kock/Francke*, NZA 2009, 646 (648); *Brink/Schmidt*, MMR 2010, 592 (594); *Wybitul*, BB 2009, 1582 (1584); *Schmidt*, RDV 2009, 193 (198).

1002 Zur Umsetzung einer Pseudonymisierung und ihrer relativen Wirkung: Taeger/Gabel-*Buchner*, § 3 BDSG Rn. 46 und 50; Simitis-*Scholz*, § 3 Rn. 214; *Spanke*, S. 104; *Roßnagel/Scholz*, MMR 2000, 721 (723 f.).

schlüsselung veranlassen, womit eine Identifikation des kommunizierenden Mitarbeiters erreicht werden kann. Zur Sicherung des Datenschlüssels vor dem Zugriff des Arbeitgebers böte sich erneut der betriebliche Datenschutzbeauftragte an.

Die Rückführbarkeit der Daten verkörpert demgemäß eine bedeutende Stellschraube zur Drosselung der Eingriffsintensität einer arbeitgeberseitigen Kontrollmaßnahme.[1003] Über Pseudonymisierung oder Teilanonymisierung lässt sich der Interessenkonflikt maßgeblich beeinflussen.

11. Privatnutzung trotz fehlender Erlaubnis

Nahezu unabhängig zeigt sich die Interessenabwägung im Anwendungsbereich beider Satzvarianten des § 32 Abs. 1 BDSG von der Frage, ob der konkret überwachte Kommunikationsvorgang als privat oder betrieblich einzustufen ist. Sofern dem Arbeitnehmer eine Privatnutzung nicht erlaubt ist, kann eine pflichtwidrig trotzdem vorgenommene Privatnutzung dem Arbeitgeber kein höheres Schutzniveau aufzwängen, denn eine pflichtwidrige Nutzung verringert auch die Schutzbedürftigkeit des kommunizierenden Mitarbeiters.[1004] Zwar wurde bereits klargestellt, dass ein Arbeitnehmer in bestimmten Ausnahmefällen ein betriebliches Kommunikationsmedium auch ohne konkrete Erlaubnis privat nutzen darf.[1005] Aufgrund der Marginalität dieser Ausnahmesituationen vermögen vereinzelt auftretende Privatnutzungen keinen signifikanten Einfluss auf die Interessenabwägung zu entfalten. Die Tatsache, dass ein vollumfängliches Verbot jeder Privatnutzung betrieblicher Kommunikationsanlage gar nicht ausgesprochen werden kann[1006], zeigt, dass die abstrakte Möglichkeit des punktuellen Auftretens solcher Privatnutzungen bei jeder Interessenabwägung im Sinne des § 32 Abs. 1 BDSG einzubeziehen ist. Im Gegenzug vermag deren nicht auszuschaltendes Auftreten im konkreten Einzelfall das Abwägungsergebnis nicht zu beeinflussen.

1003 Im Ergebnis: Preis-*Preis*, Der Arbeitsvertrag, II I 10 Rn. 23; *Spanke*, S. 104; *Kock/Francke*, NZA 2009, 646 (648); *Brink/Schmidt*, MMR 2010, 592 (594); *Wybitul*, BB 2009, 1582 (1584).

1004 Dies andeutend: Besgen/Prinz-*Busse*, § 10 Rn. 40 zum Thema unerlaubt eingehender, privater E-Mails; *Schmidt*, RDV 2009, 1295 (1297) im Kontext der Etablierung einer Betrieblichen Übung.

1005 Siehe S. 87 ff.

1006 Vgl. *Mengel*, BB 2004, 1445, (1446); *Ernst*, NZA 2002, 585 (588); *Gola/Wronka*, Rn. 737; zur Wirkung eines „Verbots“ der Privatnutzung bereits S. 87 ff.

12. Besonderheiten bei Berufsgeheimnisträgern

Bei einer Interessenabwägung im Rahmen des § 32 Abs. 1 BDSG ist außerdem zu berücksichtigen, ob einzelne von einer Telekommunikationskontrolle betroffene Beschäftigte Berufsgeheimnisträger sind.

Sind von Überwachungsmaßnahmen etwa Betriebsärzte oder Psychologen betroffen, so muss der Arbeitgeber sicherstellen, dass deren Sonderrechte – wie etwa das Zeugnisverweigerungsrecht aus § 53 StPO – nicht unterwandert werden.[1007] Wenn ein Geheimnisträger sogar einem Gericht die Auskunft über bestimmte Kommunikationsinhalte verweigern darf, so muss er dies auch gegenüber dem eigenen Arbeitgeber dürfen. Zur Sicherung des besonderen Vertrauensverhältnisses zwischen einem Berufsgeheimnisträger und denjenigen Personen, die seine Hilfe und Sachkunde in Anspruch nehmen[1008], darf dem Arbeitgeber keine Möglichkeit eingeräumt werden, Informationen ohne deren Wissen zu erlangen.[1009] Eine Kenntnisnahme des Arbeitgebers von Inhalten vertraulicher Kommunikation eines Berufsgeheimnisträgers kann entsprechend keinesfalls gerechtfertigt werden.[1010] In Ermangelung wirksamer und sicherer Differenzierungsmöglichkeiten zwischen vertraulicher und nicht vertraulicher Kommunikation im Vorfeld einer Datenerhebung gilt dieser Ausschluss für den Gesamtbestand aller Kommunikationsfälle.[1011]

Darüber hinaus muss auch die Erhebung von Verbindungsdaten als brisant eingestuft werden. Die Aussagekraft einer Information zur Nutzung der Kommunikationsmedien durch Berufsgeheimnisträger über die jeweiligen Kommunikationspartner ist hoch. Die Häufigkeit eines Kontaktes mit einem Psychologen oder Arzt lässt beispielsweise Rückschlüsse auf die Hilfsbedürftigkeit und den Gesundheitszustand des Kommunikationspartners zu.[1012] Entsprechend sind auch an eine bloße Verbindungsdatenerhebung erhöhte Anforderungen zu stellen.[1013] Zumindest wird das Vorliegen besonderer Verdachtsmomente zu fordern

---

1007 Vgl. BAG 13.01.1987, NZA 1987, 515 (516); *Däubler*, Rn. 381; *Däubler*, CR 1994, 754 (759 f.).

1008 Vgl. zum Beispiel des § 53 StPO: BVerfG 15.01.1975, BVerfGE 38, 312 (323); *Meyer-Goßner*, § 53 Rn. 1.

1009 Vgl. BAG 13.01.1987, NZA 1987, 515 (516 f.).

1010 Grundsätzlich zustimmend *Höld*, S. 176, der jedoch Ausnahmen im Bereich der Kostenkontrolle zulässt; so auch *Biegel*, S. 90 f.

1011 *Däubler*, Rn. 808 ff., überträgt diese Grundsätze aus Paritätsgesichtspunkten auch auf die Überwachung von Betriebsräten; *Matthes*, CR 1987, 108 (113); einschränkend *Höld*, S. 176 f.

1012 Vgl. ausführlich BAG 13.01.1987, NZA 1987, 515 (516 f.).

1013 *Däubler*, Rn. 379, befürwortet gar ein umfassendes Datenerhebungsverbot.

sein, eine rein präventive Zweckrichtung zur Legitimation mithin nicht ausreichen.[1014]

III. Besonderheiten bei der Kontrolle des Telefons

Nachdem mit vorstehenden Ausführungen die allgemeinen Einflussfaktoren einer im Rahmen der Rechtfertigung von Mitarbeiterkontrollen über § 32 Abs. 1 BDSG durchzuführenden Interessenabwägung erläutert wurden, gilt es, die Besonderheiten der einzelnen Kommunikationsmedien in den Fokus zu rücken.

Begonnen wird mit der telefonischen Kommunikation. Zunächst soll die abstrakte Schutzwürdigkeit der Telefonie für einen späteren Vergleich mit anderen Kommunikationsformen erörtert werden, anschließend wird auf die wenigen Besonderheiten der Telefonkontrolle eingegangen.

1. Besonderer Schutz der Flüchtigkeit des nicht öffentlich gesprochenen Wortes

Die Kommunikationsform der Telefonie zeichnet besondere Spontaneität und Kurzlebigkeit aus. Wer sich dieses Mediums bedient, verzichtet bewusst auf eine Perpetuierung der Gesprächsinhalte. Zugleich entscheidet sich der Nutzer dafür, den genauen Wortlaut zwischen den an der Kommunikation beteiligten Personen zu belassen.[1015]

Die Verfassung spricht der aus Art. 2 Abs. 1 i.V.m. 1 Abs. 1 GG abgeleiteten Flüchtigkeit des gesprochenen Wortes eine hohe Schutzwürdigkeit zu.[1016] Dies ist konsequent vor dem Hintergrund des hohen Schutzniveaus, welches sie auch der Meinungsfreiheit angedeihen lässt. Wird das Recht auf Freiheit der Meinungsäußerung zum konstituierenden Element einer freiheitlich demokratischen Staatsordnung erhoben[1017], so muss außerdem die freie und „ungestörte Teilnahme am zwischenmenschlichen Kommunikationsprozess"[1018] in entspre-

---

1014 *Wuttke*, S. 175 sieht sämtliche Überwachungsmaßnahmen nur im Falle einer Rechtfertigung durch die Notrechte des StGB als zulässig an.

1015 Vgl. zu den Charakteristika des Telefonats in Abgrenzung zur E-Mail: Besgen/Prinz-*Busse*, § 10 Rn. 36; *Kümpers*, S. 176 f.; *Höld*, S. 196 f.; *Wolf/Mulert*, BB 2009, 442 (443); *Grosjean*, DB 2003, 2650 (2651); *Ernst*, NZA 2002, 585 (589); *Lindemann/Simon*, BB 2001, 1950 (1952).

1016 Siehe dazu die höchstrichterliche Rechtsprechung, BVerfG 31.01.1971, BVerfGE 34, 238 (246 f.); 03.06.1980, BVerfGE 54, 208 (217); 26.06.1990, BVerfGE 82, 236 (269); 09.10.2002, BVerfGE 106, 28 (44).

1017 BVerfG 15.01.1958, BVerfGE 7, 198 (208), 25.01.1961, BVerfGE 12, 113 (125), 11.05.1976, BVerfGE 42, 163 (169) und insbesondere 14.05.1985, BVerfGE 69, 315 (344 f.); Sachs-*Bethge*, Art. 5 Rn. 8; Dreier-*Schultze-Fielitz*, Art. 5 I, II, Rn. 1 ff.

1018 Maunz/Dürig-*Di Fabio*, Art. 2 Abs. 1 Rn. 196.

chendem Maße gewährleistet sein. Die Meinungsfreiheit würde entscheidend ausgehöhlt, wenn dem Einzelnen eine unbefangene Kommunikation mit einem ausgewählten Adressatenkreis ohne Angst vor negativen Konsequenzen nicht mehr möglich wäre.[1019] Der Kommunizierende ist folglich vor einer ungewollten Kenntnisnahme Dritter zu schützen.

Die unmittelbare Kommunikation, zu der auch die Kommunikation via Telefon gehört, ist darüber hinaus geprägt durch spontane Reaktionen auf Äußerungen des Gegenübers.[1020] Es besteht die hohe Wahrscheinlichkeit von Aussagen, die mit ausreichender Bedenkzeit, wie sie die schriftliche Kommunikation gewährt, nicht abgegeben worden wären. Dieses Risiko gehen die Beteiligten im Vertrauen auf einen Verbleib des genauen Wortlauts in mündlicher Form zwischen den Kommunikationspartnern bei der Telefonie bewusst ein. Der Einzelne ist davor zu schützen, dass ihm eine Perpetuierung des Gesprächsinhalts aufgezwungen wird.[1021]

Aus alldem folgt, dass die Kommunikationsinhalte bei der telefonischen Kommunikation in besonderem Maße schutzbedürftig sind.[1022] Verglichen mit schriftlichen oder mittelbaren Kommunikationsformen bedarf die Rechtfertigung der Kenntnisnahme von Inhaltsdaten eines noch gewichtigeren Grundes. Das Bewusstsein der abstrakten Möglichkeit eines Mithörens oder einer Aufnahme des Gesprächs steht dem nicht im Wege. Die Nutzung eines dienstlichen Telefonanschlusses sieht das Bundesverfassungsgericht ausdrücklich nicht als Grund für eine Absenkung des Schutzniveaus an.[1023]

Von einer Erhebung von Inhaltsdaten im Zusammenhang mit Telefongesprächen sollte der kontrollierende Arbeitgeber möglichst Abstand nehmen. Allein im Falle der vorherigen Dokumentation erheblicher und konkreter Verdachtsmomente gegen einen bestimmten Mitarbeiter, also bei Überwachungsmaßnahmen mit repressiver Zweckrichtung, kann sein Kontrollinteresse die Grundrechtsposition des Betroffenen im Rahmen einer Abwägung im Anwendungsbereich des § 32 Abs. 1 BDSG aufwiegen.[1024] Über anderweitige Stell-

---

1019 Maunz/Dürig-*Di Fabio*, Art. 2 Abs. 1 Rn. 196; Dreier-*Dreier*, Art. 2 I Rn. 73.

1020 Vgl. Besgen/Prinz-*Busse*, § 10 Rn. 35; *Kümpers*, S. 177; *Wolf/Mulert*, BB 2008, 442 (443); *Post-Ortmann*, RDV 1999, 102 (106).

1021 Vgl. BVerfG 09.10.2002, BVerfGE 106, 28 (44); *Kümpers*, S. 177; *Höld*, S. 197.

1022 Vgl. BVerfG 09.10.2002, BVerfGE 106, 28 (44); Besgen/Prinz-*Busse*, § 10 Rn. 35; *Vietmeyer/Byers*, BB 2009, 2310 (2312); *Wolf/Mulert*, BB 2009, 442 (443); *Grosjean*, DB 2003, 2650 (2651); *Ernst*, NZA 2002, 585 (589).

1023 BVerfG, 20.10.1981, NJW 1982, 815 (815 f.); vgl. auch BVerfG 19.12.1991, NZA 1992, 307 (308); BAG, NZA 1998, 307 (309); Maunz/Dürig-*Di Fabio*, Art. 2 Abs. 1 Rn. 197; Simitis-*Seifert*, § 32 Rn. 88.

1024 Bereits vor der Implementierung des § 32 BDSG bestand ein breiter Konsens in der Literatur, vgl. *Wellhöner/Byers*, BB 2009, 2310 (2312); *Oberwetter*, NZA 2008, 609 (611); *Dann/Gastell*, NJW 2008, 2945 (2948); *Altenburg/v.Reinersdorff/Leister*, MMR

schrauben kann die Eingriffsintensität der Kontrolle kaum abgemildert werden. Zur Sicherstellung der gerichtlichen Verwertbarkeit eventuell erlangter Beweise wird auf eine Speicherung kaum verzichtet werden können. Ein bloßes Mithören – eine so genannte „Aufschaltung“ – wäre zwar weniger eingriffsintensiv[1025], jedoch zur gerichtlichen Verwertung wenig geeignet.

2. Verkürzte Rufnummernerfassung

Es wurde bereits dargestellt, dass im Rahmen einer Interessenabwägung zur Beurteilung der Zulässigkeit einer Kontrolle der Telekommunikation von Beschäftigten im Anwendungsbereich des § 32 Abs. 1 BDSG auch die grundrechtlich gestützten Interessen der Kommunikationspartner zu berücksichtigen sind, sofern die erhobenen Daten auf sie zurückgeführt werden können.[1026] Speziell im Bereich der Telefonkontrolle besteht allerdings die Möglichkeit, die Identität der Kommunikationspartner zu verschleiern. Dies kann zumindest bei der Erhebung von Verbindungsdaten erreicht werden über eine so genannte verkürzte Rufnummernerfassung.

Bei dieser Methode wird die Rufnummer des Kommunikationspartners nicht vollständig, sondern um einige Ziffern am Ende verkürzt erfasst. Ohne die letzten drei bis vier Ziffern kann der Zielanschluss und damit der Nutzer nicht mehr sicher individualisiert werden. Der Personenbezug wird aufgelöst oder zumindest erheblich gelockert. Die erhobenen Verbindungsdaten weisen keinen oder nur noch einen lockeren Personenbezug zum Kommunikationspartner auf, seine grundrechtlichen Interessen werden mithin nicht oder nur in vernachlässigbarer Intensität beeinträchtigt.[1027] Dem kontrollierenden Arbeitgeber bietet diese Vorgehensweise die Möglichkeit, für die durchzuführende Verhältnismäßigkeitsabwägung die Interessen der Kommunikationspartner auszublenden.[1028] Die verkürzte Rufnummernerfassung ist in ihrer mildernden Wirkung auf die Eingriffsintensität einer Telefonkontrolle einzigartig und kann einer kontrollierenden Stelle zumindest für präventive Kontrollen nur angeraten werden.[1029] Im

2005, 135 (136); *Mengel*, BB 2004, 1445 (1449); *Lindemann/Simon*, BB 2001, 1950 (1951).

1025 So ausdrücklich *Biegel*, S. 78 f.; *Höld*, S. 145; *Wuttke*, S. 174; *Jordan/Bissels/Löw*, BB 2008, 2626 (2628); zur Aufschaltung *Panzer*, S. 239.

1026 Dazu S. 181 ff.

1027 Vgl. *Biegel*, S. 90 f.; *Kümpers*, S. 175; *Thüsing*, Rn. 332 f.; *Mengel*, BB 2004, 1445 (1449); *Ernst*, NZA 2002, 585 (589).

1028 Entsprechend wird die Trennung zwischen vom Arbeitnehmer selbst und von betriebsfremden Dritten initiierten Telefonaten obsolet, vgl. etwa *Kümpers*, S. 175 und *Schulin/Babl*, NZA 1986, 46 (49 f.). Dazu im Rahmen der E-Mail-Kontrolle S. 217 ff..

1029 ErfK/*Wank*, § 32 BDSG Rn. 23; *Kümpers*, S. 175; *Altenburg/v.Reinersdorff/Leister*, MMR 2005, 135 (136); *Mengel*, BB 2004, 1445 (1449); *Ernst*, NZA 2002, 585 (589); regelmäßig nicht für notwendig erachten dies *Färber/Kappes*, BB 1986, 520 (522).

Falle der Erfassung von Kommunikationsinhalten wird die abmildernde Wirkung jedoch negiert, da eine jederzeit mögliche, direkte Ansprache des Kommunikationspartners oder Erwähnung seines Namens dessen Identifikation auch ohne die vollständige Rufnummer offenbart.

Der weltweit identische Aufbau telefonischer Rufnummern bedingt, dass trotz der verkürzten Erfassung für den kontrollierenden Arbeitgeber noch ein verwertbarer Informationsgehalt verbleibt.[1030] Aus dem bei einer verkürzten Speicherung unbeeinträchtigten Beginn der Rufnummer kann der Standpunkt des Anschlusses (im Falle eines Mobiltelefons zumindest des Dienstanbieters) regional eingegrenzt werden.[1031] Lediglich der individuelle Teil der Rufnummer des Zielanschlusses wird unvollständig erfasst. Die statistische Häufigkeit einer Kontaktaufnahme mit einem Land, einem Ort oder sogar einem Unternehmen (sofern es über eine eigene Vorwahl verfügt) kann unabhängig von der Identität des Zielanschlusses ein wertvolles Indiz für strafrechtlich relevante Vorgänge sein.[1032] Würde die Rufnummer nicht verkürzt oder verschleiert, sondern die letzten Ziffern durch Pseudonyme substituiert, so ließe sich die Aussagekraft der erhobenen Daten sogar noch erhöhen. Der Arbeitgeber könnte in diesem Fall die absolute Häufigkeit der Kontaktaufnahme mit jeder einzelnen Nummer exakt bestimmen, ohne den jeweiligen Anschluss zu identifizieren. Allerdings muss zur Aufrechterhaltung der mildernden Wirkung gewährleistet sein, dass die Pseudonymisierung nicht ohne weiteres durch den Arbeitgeber aufgelöst werden kann.[1033]

3. Ortung von Mobiltelefonen

Grundsätzlich folgt die Kontrolle mobiler Geräte denselben Leitprinzipien wie die Kontrolle am Arbeitsplatz fest installierter Telefone.[1034] Einziger Unterschied ist, dass im Falle der Nutzung eines Mobiltelefons der Standort des Beschäftigten während des Kommunikationsvorgangs nicht automatisch feststeht. Die von Mobiltelefonen genutzte Technik ermöglicht jedoch über den Netzbetreiber eine jederzeitige Ortung des Geräts.[1035] Der Personenbezug der Standort-

1030 Dies erkennt auch *Wuttke*, S. 170 f., bezweifelt aber die Eignung der Daten für eine Strafbarkeitsaufdeckung.

1031 Vgl. *Wellhöner/Byers*, BB 2009, 2310 (2312).

1032 Nach *Thüsing*, Rn. 332 reicht die verkürzte Zielnummernspeicherung regelmäßig für eine Missbrauchskontrolle aus; ebenso *Mengel*, BB 2004, 1445 (1449).

1033 Vgl. S. 182; zur Umsetzung: Taeger/Gabel-*Buchner*, § 3 BDSG Rn. 46 und 50; Simitis-*Scholz*, § 3 Rn. 214; *Spanke*, S. 104; *Roßnagel/Scholz*, MMR 2000, 721 (723 f.).

1034 Besgen/Prinz-*Pauly/Osnabrügge*, § 4 Rn. 54; *Wellhöner/Byers*, BB 2009, 2310 (2312).

1035 Vgl. *Arnold*, S. 150 f.; *Gola/Wronka*, S. 266 ff.; *Meyer*, K&R 2009, 14 (19); *Oberwetter*, NZA 2008, 609 (612); *Gola*, NZA 2007, 1139 (1142); zurückhaltend noch *Hellmich*, MMR 2002, 152 (152).

daten eines Nutzers ist nicht zu bezweifeln, entsprechend unterliegt ihre Erhebung dem präventiven Verbot des § 4 Abs. 1 BDSG. Die Rechtfertigung einer entsprechenden Kontrollmaßnahme durch einen Arbeitgeber richtet sich nach § 32 Abs. 1 BDSG.[1036] Zu erörtern bleibt, ob Standortdaten überhaupt als Teil der Kommunikationsdaten aufgefasst werden können oder ob für ihre Erhebung eigene Maßstäbe gelten.

Einen konkreten Bezug zu den Kommunikationsinhalten hat der Standort des Beschäftigten während des Kommunikationsvorgangs jedenfalls nicht. Die örtliche Umgebung erlaubt keine Rückschlüsse auf die übermittelten Kommunikationsinhalte, weder bei eingehenden noch bei selbst initiierten Anrufen. Ein Vergleich mit den Verbindungsdaten ist ebenfalls unergiebig. Im Gegensatz zur zeitlichen Einordnung des Gesprächs und zu den Rufnummern der Beteiligten können Standortdaten bei der Nutzung von Mobiltelefonen persönlichkeitsrelevante Informationen entnommen werden, die in keiner Beziehung zum Kommunikationsverhalten stehen.[1037] Die Nutzung des Mobiltelefons ist funktional nicht an die Arbeitszeiten oder den Aufenthalt eines Beschäftigten im Betrieb geknüpft. Anrufe können jederzeit initiiert werden oder eingehen, eine Ortung des Beschäftigten verrät also potentiell, wo er seine Pausen oder seine Freizeit verbringt. Je nach Ausgestaltung des Arbeitsverhältnisses ist es durchaus üblich, dass betriebliche Kommunikationsvorgänge in privatem Umfeld erfolgen.[1038] Im Extremfall lässt sich über eine Erfassung der Standortdaten ein vollumfängliches Bewegungsprofil eines Beschäftigten erstellen.[1039] Diese Umstände verdeutlichen, dass Standortdaten im Falle der Nutzung von Mobiltelefonen keine Kommunikationsdaten im engeren Sinne sind.[1040] Die Ortung eines Beschäftigten ist zwar mit einer Telekommunikationskontrolle kombinierbar, stellt allerdings einen eigenen, über § 32 Abs. 1 BDSG zu rechtfertigenden Vorgang dar, für den eigene Grundsätzen gelten.[1041]

1036 Zur Rechtmäßigkeit der Überwachung mobiler Beschäftigter Simitis-*Seifert*, § 32 Rn. 82 ff.; DKWW-*Wedde*, § 32 Rn. 103 ff.; ErfK-*Wank*, § 32 BDSG Rn. 19.

1037 Vgl. *Meyer*, K&R 2009, 14 (20); *Oberwetter*, NZA 2008, 609 (612); *Wellhöner/Byers*, BB 2009, 2310 (2312).

1038 Zu denken wäre beispielsweise an Bereitschaftsdienst; vgl. dazu *Meyer*, K&R 2009, 14 (20), demzufolge eine Ortung während des Bereitschaftsdienstes ein nicht zu rechtfertigender Eingriff in die Privatsphäre des Arbeitnehmers ist.

1039 Vgl. Simitis-*Seifert*, § 32 Rn. 82; *Meyer*, K&R 2009, 14 (20); *Gola*, NZA 2007, 1139 (1144); dies bezweifelt *Arnold*, S. 152.

1040 Gleiches gilt im Übrigen für die Nutzung von Laptops und anderen mobilen Geräten, die zur Telekommunikation genutzt werden können.

1041 Dies verdeutlicht auch die Tatsache, dass Ortungssystemen in sämtlichen Entwürfen eines Beschäftigtendatenschutzgesetzes eine eigene Norm gewidmet wurde, zuletzt in Form des § 32g BDSG-E des Gesetzesentwurfs vom 15.12.2010, BT-Drs. 17/4230. Dazu *Beckschulze/Natzel*, BB 2010, 2368 (2373); *Körner*, AuR 2010, 416 (419 f.). Die Kommentarliteratur differenziert ebenfalls zwischen Standortermittlung und Tele-

Auf die ausführliche Darstellung der Einflussfaktoren einer bei der Rechtfertigung einer Ortungsmaßnahme über § 32 Abs. 1 BDSG anzustellenden Interessenabwägung wird an dieser Stelle verzichtet, da sie den Rahmen der Arbeit sprengen würde. Festgehalten werden kann, dass die Erhebung von Standortdaten bei der Nutzung eines Mobiltelefons persönlichkeitsrechtlich von erheblicher Eingriffsintensität ist. In der Literatur wird eine Ortung von Beschäftigten zumindest zur Aufdeckung von Straftaten bei vorheriger Dokumentation konkreter Verdachtsmomente für zulässig gehalten.[1042]

4. Sondersituation in Call-Centern

Für die Interessenabwägung im Rahmen der Rechtfertigung einer Telefonkontrolle über § 32 Abs. 1 BDSG spielt nicht allein die Ausgestaltung der Überwachungsmaßnahme und der genutzten Telekommunikationsmedien eine Rolle. Zusätzlich sind mögliche Besonderheiten des Arbeitsverhältnisses zu berücksichtigen, in dessen Rahmen die Maßnahme stattfindet.[1043] Die fortschreitende Marktspezialisierung formt beispielsweise Arbeitsverhältnisse, bei denen sich die zu erbringende Arbeitsleistung ausschließlich auf die Nutzung von Telekommunikationsmedien beschränkt. Insbesondere im Bereich der Telefonie ist in Gestalt des Call-Center-Agents bzw. des Telefonisten ein solches Berufsbild weit verbreitet.[1044]

Die Bedeutung einer auf das Telefonieren beschränkten Arbeitsleistung wird vornehmlich im Bereich der Leistungskontrolle deutlich. Ein Call-Center-Agent erbringt eine Leistung, deren Qualität nicht außerhalb des telekommunikativen Bereichs geprüft werden kann.[1045] Entsprechend stehen dem Arbeitgeber zur Verfolgung seines berechtigten Interesses an einer Leistungsüberwachung keine alternativen Ansatzpunkte zur Verfügung. Die Nutzung des betrieblichen Telefons verkörpert für den Arbeitnehmer im Call-Center eine unmittelbare Arbeitsleistungserbringung, weniger einen privaten Akt zwischenmenschlichen Informationsaustausches. Das Telefon wird bereits arbeitsvertraglich zum primären

---

kommunikationskontrolle, Simitis-*Seifert*, § 32 Rn. 82 ff.; DKWW-*Wedde*, § 32 Rn. 103 ff.

1042 Vgl. *Arnold*, S. 154 f.; *Meyer*, K&R 2009, 14 (20); sehr restriktiv auch Simitis-*Seifert*, § 32 Rn. 82; DKWW-*Wedde*, § 32 Rn. 108; ErfK-*Wank*, § 32 BDSG Rn. 19; *Wellhöner/Byers*, BB 2009, 2310 (2313).

1043 Bereits erörtert wurden in diesem Zusammenhang die Überwachung der Telekommunikation von Berufsgeheimnisträgern wie Betriebsärzten oder –psychologen, dazu S. 185 f.; zur Überwachung von Berufsgruppen mit „Sonderrechten“ *Höld*, S. 175 f. m.w.N.

1044 Zum Arbeitsverhältnis eines Call-Center-Agents ausführlich *Grobys*, S. 26 ff.

1045 Vgl. *Grobys*, S. 51 ff.; *Gola/Schomerus*, § 32 Rn. 17; *Jordan/Bissels/Löw*, BB 2008, 2626 (2627).

Werkzeug stilisiert, das Vertrauen auf Anonymität schon zu Beginn des Arbeitsverhältnisses eingedämmt. Konsequenz dieser Sondersituation ist eine Verschiebung der Gewichtung der Interessen an bzw. gegen eine Telefonüberwachung zugunsten des Arbeitgebers. Sofern die telefonische Kommunikation als unmittelbare Arbeitsleistung einzustufen ist, steigt sein berechtigtes Interesse an einer Kenntnisnahme. Der besondere Schutz des nicht öffentlich gesprochenen Wortes wird erheblich abgeschwächt.[1046] In rein auf Telefondienste beschränkten Arbeitsverhältnissen müssen ihm erhöhte Eingriffsbefugnisse zugestanden werden, insbesondere hinsichtlich der Erhebung von Inhaltsdaten.[1047]

Dieses Ergebnis ist auch auf Überwachungsmaßnahmen zur Verhinderung und Aufdeckung von Straftaten übertragbar. Parallel zur Bedeutung eines Kommunikationsmediums für die Erbringung der geschuldeten Arbeitsleistung steigt die Bedeutung seiner Überwachung aus Compliance-Gesichtspunkten. Ist dem Arbeitgeber bereits zur Leistungskontrolle eine Kenntnisnahme der Kommunikationsinhalte möglich, so wäre es widersinnig, eine Inhaltsdatenerhebung zum Zwecke der Aufdeckung und Prävention von Straftaten weiterhin auf Fälle mit gravierenden Verdachtsmomenten zu beschränken. Der Herabstufung der berechtigten Interessen der Beschäftigten eines Call-Centers folgend muss nach Ansicht des Verfassers auch eine rein präventiven Zwecken dienende Inhaltsdatenerhebung möglich sein.

5. Zwischenergebnis

Die Rechtsordnung stellt die Flüchtigkeit des nicht öffentlich gesprochenen Wortes unter besonderen Grundrechtsschutz.[1048] Vergleichbar mit einem persönlichen Gespräch ist ein Telefonat geprägt von der Spontaneität des unmittelbaren Kontakts zwischen den Gesprächspartnern und vom Fehlen jeglicher Perpetuierung des Inhalts. Wer sich der Kommunikationsform bedient, darf berechtigterweise auf einem Verbleib des genauen Wortlauts zwischen den Beteiligten vertrauen.[1049] Die Schutzwürdigkeit der Inhalte telefonischer Kommunikation ist

---

1046 Die Verschiebung der Interessenlage im Vergleich zur Telekommunikationsüberwachung in anderen Arbeitsverhältnissen erörtert *Grobys*, S. 52 ff.

1047 Vgl. insbesondere *Grobys*, S. 146 ff.; *Gola/Schomerus*, § 32 Rn. 17; *Jordan/Bissels/Löw*, BB 2008, 2626 (2628, 2630); a.A. ohne nähere Begründung Simitis-*Seifert*, § 32 Rn. 89.

1048 Dazu BVerfG 31.01.1971, BVerfGE 34, 238 (246 f.); 03.06.1980, BVerfGE 54, 208 (217); 26.06.1990, BVerfGE 82, 236 (269); 09.10.2002, BVerfGE 106, 28 (44); vgl. Maunz/Dürig-*Di Fabio*, Art. 2 Abs. 1 Rn. 196.

1049 Zu den Charakteristika des Telefonats in Abgrenzung zur E-Mail: Besgen/Prinz-*Busse*, § 10 Rn. 36; *Kümpers*, S. 176 f.; *Höld*, S. 196 f.; *Wolf/Mulert*, BB 2009, 442 (443); *Grosjean*, DB 2003, 2650 (2651); *Ernst*, NZA 2002, 585 (589); *Lindemann/Simon*, BB 2001, 1950 (1952).

entsprechend hoch anzusiedeln. Eine Inhaltsdatenerhebung durch den Arbeitgeber bedarf folglich einer besonderen Rechtfertigung. Eine vorherige Dokumentation konkreter Verdachtsmomente gegen die von der Kontrollmaßnahme Betroffenen ist zwingend.[1050]

Für den Fall einer reinen Verbindungsdatenerhebung bietet der einheitliche Aufbau telefonischer Rufnummern die Möglichkeit, über eine verkürzte Rufnummernspeicherung die Identität der Kommunikationspartner zu verschleiern, ohne die Aussagekraft des erhobenen Datenmaterials signifikant zu verringern. Die Grundrechtspositionen nicht identifizierbarer Kommunikationspartner werden überhaupt nicht berührt und können bei einer Interessenabwägung im Sinne des § 32 Abs. 1 BDSG ausgeblendet werden.[1051] Die Kürzung der Rufnummern um drei bis vier Stellen ist stets empfehlenswert, denn die Eingriffsintensität der Maßnahme wird deutlich gemindert.[1052]

Die Kontrolle mobiler Geräte folgt denselben Grundsätzen wie die Kontrolle fest installierter Telefone.[1053] Die Ortung von Beschäftigten stellt hingegen einen unabhängig von der Telekommunikationskontrolle über § 32 Abs. 1 BDSG zu rechtfertigenden Vorgang dar.[1054]

Die Arbeitsumstände sind bei einer Interessenabwägung zur Rechtfertigung einer Kontrollmaßnahme stets zu berücksichtigen und können die Gewichtung der Grundrechtspositionen deutlich verschieben. Bei einer Mitarbeiterkontrolle in einem Call-Center stellt die telefonische Kommunikation die zentrale Arbeitsleistung dar, was eine Aufwertung der arbeitgeberseitigen Kontrollinteressen bzw. eine Absenkung des Schutzniveaus der Kommunikationsinhalte nach sich zieht.[1055]

IV. Besonderheiten bei der Kontrolle des Internetverhaltens

Verglichen mit der Kontrolle des Telefons stellen sich dem kontrollierenden Arbeitgeber bei der Überwachung des Internetverhaltens seiner Beschäftigten ganz andere Probleme. Wie bereits im Zusammenhang mit den arbeitgeberseitigen

---

1050 Bereits vor der Implementierung des § 32 BDSG forderten dies *Wellhöner/Byers*, BB 2009, 2310 (2312); *Oberwetter*, NZA 2008, 609 (611); *Dann/Gastell*, NJW 2008, 2945 (2948); *Altenburg/v.Reinersdorff/Leister*, MMR 2005, 135 (136); *Mengel*, BB 2004, 1445 (1449); *Lindemann/Simon*, BB 2001, 1950 (1951).

1051 Vgl. *Biegel*, S. 90 f.; *Kümpers*, S. 175; *Thüsing*, Rn. 332 f.; *Mengel*, BB 2004, 1445 (1449); *Ernst*, NZA 2002, 585 (589).

1052 ErfK-*Wank*, § 32 BDSG Rn. 23; *Kümpers*, S. 175; *Altenburg/v.Reinersdorff/Leister*, MMR 2005, 135 (136); *Mengel*, BB 2004, 1445 (1449); *Ernst*, NZA 2002, 585 (589).

1053 Besgen/Prinz-*Pauly/Osnabrügge*, § 4 Rn. 54; *Wellhöner/Byers*, BB 2009, 2310 (2312).

1054 Dazu Simitis-*Seifert*, § 32 Rn. 82 ff.; DKWW-*Wedde*, § 32 Rn. 103 ff.

1055 *Grobys*, S. 146 ff.; *Gola/Schomerus*, § 32 Rn. 17; *Jordan/Bissels/Löw*, BB 2008, 2626 (2628, 2630).

Kontrollmöglichkeiten im Falle erlaubter Privatnutzung der betrieblichen Telekommunikationsmedien erörtert wurde, handelt es sich bei der Internetnutzung ebenfalls um Telekommunikation, auch wenn in der Regel nicht unmittelbar zwischen zwei Parteien Informationen ausgetauscht werden.[1056] Die Vielfalt der Nutzungsmöglichkeiten bedingt jedoch Sonderfälle, die nicht den hier dargestellten Besonderheiten folgen. Für die Internettelefonie gelten etwa die zur Telefonnutzung erörterten Grundsätze.[1057] Die E-Mail-Kommunikation wird als spezielle Nutzungsform bei der Kontrolle der betrieblichen Telekommunikation erneut gesonderter Untersuchungsgegenstand sein.[1058]

In diesem Abschnitt sollen die bereits erörterten allgemeinen Einflussfaktoren auf die im Rahmen der Rechtfertigung von Kontrollmaßnahmen über § 32 Abs. 1 BDSG anzustellenden Interessenabwägung auf das Kontrollmedium Internet gespiegelt werden. Zunächst soll das abstrakte Schutzniveau der Kommunikationsform ausgelotet werden. Anschließend werden darauf aufbauend die Voraussetzungen der Rechtfertigung einer Erhebung spezieller, ausschließlich bei der Internetnutzung anfallender Datentypen fokussiert.

1. Kein Vertrauen auf Anonymität im Internet

Ausgangspunkt soll zunächst die Frage sein, ob die Telekommunikation der Beschäftigten über das Internet eine mit der Telefonkommunikation vergleichbare Schutzwürdigkeit aufweist.

Dagegen spricht primär, dass es sich bei der Regelnutzung des Internets weder um eine fernmündliche noch um eine unmittelbar zweiseitige Kommunikationsform handelt. Mit Ausnahme des Sonderfalls der Internettelefonie – welcher als unmittelbare Kommunikationsform nicht anders als eine Telefonnutzung zu behandeln ist – kennt ein Internetnutzer regelmäßig die Urheber der von ihm zur Kenntnis genommenen Inhalte nicht oder weiß nicht, ob, wann und von wem seinerseits zur Verfügung gestellte Inhalte zur Kenntnis genommen werden.[1059]

1056 Vgl. Arndt/Fetzer/Scherer-*Ellinghaus*, § 88 Rn. 37; BerlKommTKG-*Säcker*, § 3 Rn. 67; Scheurle/Mayen-*Zerres*, § 88 Rn. 6; siehe auch S. 113 ff.

1057 Die Gleichbehandlung von VoIP-Diensten und klassischer Telefonie in datenschutzrechtlicher Hinsicht betont die Gesetzesbegründung zum TMG, BT-Drs. 16/3078, S. 13; *Hoeren*, NJW 2007, 801 (802); *Heine/Pröpper*, BB 2010, 2113 (2113 ff.); *Spanke*, S. 245 ff. differenziert zwischen der Überwachung von Verbindungsdaten, für die die Grundsätze der E-Mail-Kontrolle gelten sollen, und Inhaltsdaten, für die die Grundsätze der Telefonkontrolle gelten sollen.

1058 Dazu S. 211 ff.

1059 Selbst der Sonderfall des so genannten „Chattens" ist mit einem Telefongespräch nicht zu vergleichen. Die Verstofflichung der Inhalte in Schriftform nimmt der Kommunikationsform ihre Spontaneität und damit ihre Unmittelbarkeit. In aller Regel sind sich die Beteiligten auch der möglichen Kenntnisnahme unbekannter Dritter bewusst, häufig wird dies sogar gewünscht. Das „Chatten" ist folglich keine mit dem Telefongespräch

Kommunikationsinhalte werden stets fixiert (sei es durch Text-, Audio-, Bild- oder Videoformate) und für eine entweder selbst oder durch den Betreiber der genutzten Internetseite definierte Dauer und Zielgruppe zum Abruf bereitgehalten. Anders als bei der Telefonie kann sich ein Internetnutzer des unmittelbaren Zugangs von ihm übermittelter Informationen bei individualisierten Kommunikationspartnern mangels unmittelbaren Kontaktes nie vollständig sicher sein. Eine mit dem Telefongespräch vergleichbare Privatsphäre wird bei der Nutzung des Internets gar nicht geschaffen.[1060] Das hohe Schutzniveau des nicht öffentlich gesprochenen Wortes, welches letztlich das hohe Schutzniveau zumindest der Inhalte telefonischer Kommunikation bedingt, kommt mithin nicht zum Tragen.[1061]

Das unter Nutzern verbreitete Vertrauen auf einen bloßen Beobachterstatus und der damit einhergehende Irrglauben an Anonymität im Internet vermag hieran nichts zu ändern. Jedem Internetnutzer werden seine Identifizierbarkeit und die Nachvollziehbarkeit seiner Onlineaktivität in einer Vielzahl von Situationen deutlich vor Augen geführt. Gemeint sind beispielsweise Passwortabfragen und Authentifizierungsaufforderungen (in der Regel bereits bei der Anmeldung an der Arbeitsstation oder spätestens bei der Einwahl in das Internet), standardisierte Browserfunktionen wie das persönliche Verlaufsprotokoll, die Speicherung von Cookies (die zu einer „Wiedererkennung" eines Nutzers auf einer Internetseite führt), auf einer Speicherfunktion beruhende Eingabehilfen, Rückruffunktionen bereits geschlossener Internetseiten und vieles mehr. Selbst ohne eine ausdrückliche Preisgabe von Informationen in Form der Erstellung von öffentlich einsehbaren Beiträgen muss einem Nutzer klar sein, dass ein Computer funktionsbedingt im Hintergrund eine unübersichtliche Masse an Datenmaterial speichert.[1062] Wenn einem Nutzer folglich die bloße Existenz eines solchen Da-

---

vergleichbar private Kommunikationsform; dazu *Wuttke*, S. 190; *Mengel*, BB 2004, 2014 (2019 f.).

1060 Dazu das BVerfG, 27.02.2008, BVerfGE 120, 274 (345 f.) „Die Kommunikationsdienste des Internet ermöglichen in weitem Umfang den Aufbau von Kommunikationsbeziehungen, in deren Rahmen das Vertrauen eines Kommunikationsteilnehmers in die Identität und Wahrhaftigkeit seiner Kommunikationspartner nicht schutzwürdig ist, da hierfür keinerlei Überprüfungsmechanismen bereitstehen. Dies gilt selbst dann, wenn bestimmte Personen - etwa im Rahmen eines Diskussionsforums - über einen längeren Zeitraum an der Kommunikation teilnehmen und sich auf diese Weise eine Art „elektronische Gemeinschaft" gebildet hat. Auch im Rahmen einer solchen Kommunikationsbeziehung ist jedem Teilnehmer bewusst, dass er die Identität seiner Partner nicht kennt oder deren Angaben über sich jedenfalls nicht überprüfen kann."; vgl. *Mengel*, BB 2004, 2014 (2019 f.); nach *Vehslage*, AnwBl 2001, 145 (148) ist die Nutzung des Internets überwiegend passiver Natur, eine Kontrolle offenbare wesentlich weniger persönliche Informationen; dies bezweifeln *Beckschulze/Henkel*, DB 2001, 1491 (1495).

1061 Im Ergebnis Taeger/Gabel-*Zöll*, § 32 BDSG Rn. 34 f.; *Höld*, S. 187 f.; *Wuttke*, S. 190; *Mengel*, BB 2004, 2014 (2019 f.).

1062 Vgl. *Spanke*, S. 29; *Höld*, S. 185 f.; *Kramer*, NZA 2004, 457 (461).

tenbestandes bewusst sein muss, dann muss er auch die abstrakte Möglichkeit einer Einsichtnahme in Betracht ziehen, sofern weitere Personen eigene Nutzungsrechte an der Betriebsstation haben. Insbesondere bei der Nutzung eines im Eigentum des Arbeitgebers stehenden Computers zur Einwahl in das Internet ist eine Zugriffsmöglichkeit des Arbeitgebers nahe liegend.[1063] Ein berechtigtes Vertrauen auf Flüchtigkeit von Onlineaktivität gibt es nicht.[1064]

Das allgemeine Schutzniveau personenbezogener Daten über eine Internetnutzung bleibt folglich hinter dem Schutzniveau personenbezogener Daten über telefonische Kommunikation zurück.[1065] Speziell die Erhebung von Inhaltsdaten ist nicht zwingend an eine vorherige Dokumentation besonderer Verdachtsmomente gekoppelt.[1066]

2. Erfassung der aufgerufenen Internetseiten

Unabhängig vom Kontrollzweck wird der Arbeitgeber regelmäßig ein Interesse daran haben, die durch den zu kontrollierenden Nutzer aufgerufenen Internetseiten festzuhalten, denn diese ermöglichen Rückschlüsse auf die vom jeweiligen Mitarbeiter im Internet konkret vorgenommenen Handlungen.[1067] Allerdings geht hiermit auch eine Verschärfung der Eingriffsintensität einer Kontrollmaßnahme einher. Verglichen mit einer Telefonnummer, die als neutrale Ziffernfolge maximal die Identität und den Standpunkt des Kommunikationspartners offenbart, enthält der Name einer Internetseite häufig bereits Aussagen über Kommunikationsinhalte.[1068] Problematisch sind diejenigen Fälle, in denen ein Arbeitnehmer öffentlich zugängliche Internetseiten als Informationsmedium

1063 Nach *Kratz/Gubbels*, NZA 2009, 652 (654) akzeptiert ein Arbeitnehmer bereits mit dem Abschluss des Arbeitsvertrages, dass er „im Rahmen des Arbeitsverhältnisses gewissen Einflüssen auf seine Privatsphäre ausgesetzt ist"; vgl. *Höld*, S. 188; *Kramer*, NZA 2004, 457 (461); *Nägele/Meyer*, K&R 2004, 312 (314); *Hanau/Hoeren*, S. 60.

1064 Vgl. *Spanke*, S. 221; *Höld*, S. 185 f.; *Hoeren*, ZRP 2010, 251 (253); *Vehslage*, AnwBl 2001, 145 (145).

1065 Vgl. insbesondere *Mengel*, BB 2004, 2014 (2019), die zudem eine Übertragung der Rechtsprechungsgrundsätze zur Videokontrolle ablehnt; ähnlich *Wuttke*, S. 190; nach *Vehslage*, AnwBl 2001, 145 (148) bleibt sie auch hinter der E-Mail-Kommunikation zurück.

1066 Vgl. Preis-*Preis*, Der Arbeitsvertrag, II I 10, Rn. 24; Besgen/Prinz-*Busse*, § 10 Rn. 47; *Wuttke*, S. 190; *Kümpers*, S. 194 f.; *Höld*, S. 187; *Kratz/Gubbels*, NZA 2009, 652 (654); *Lunk*, NZA 2009, 457 (160); *Mengel*, BB 2004, 2014 (2020); *Altenburg/v.Reinersdorff/Leister*, MMR 2005, 135 (136); differenzierend *Spanke*, S. 227; Hoeren/Sieber-*Elschner*, Teil 22.1 Rn. 174; a.A. DKWW-*Wedde*, § 32 Rn. 118; *Däubler*, Rn. 363.

1067 *Spanke*, S. 227 f.; *Höld*, S. 185 f.; *Mengel*, BB 2004, 2014 (2020); *Weißnicht*, MMR 2003, 448 (451).

1068 Darauf weist insbesondere *Däubler*, Rn. 360 hin; entsprechend *Mengel*, BB 2004, 2014 (2020), *Weißnicht*, MMR 2003, 448 (451).

nutzt. Erfolgt keine spezielle Passwortabfrage, kann der kontrollierende Arbeitgeber mit einem eigenen Besuch der Internetseite die eingesehenen Informationen regelmäßig identifizieren oder zumindest thematisch eingrenzen.[1069] Zu erörtern bleibt, ob vor diesem Hintergrund an die Erfassung der aufgerufenen Internetseiten zusätzliche Anforderungen zu stellen sind.

Festzuhalten ist, dass mit der Erfassung der Internetseiten keine schutzwürdigen Interessen Dritter beeinträchtigt werden. Der Betreiber einer öffentlich einsehbaren Internetseite muss mit dem Zugriff einer unbestimmten Vielzahl von Nutzern auf die Seite und deren ungeschützten Inhalt rechnen und wird dies in der Regel auch beabsichtigen.[1070] Mit der Benennung der Seite bestimmt ihr Betreiber selbst den der Öffentlichkeit preisgegebenen Hinweis auf den Informationsgehalt der Seite, selbst wenn konkrete Inhalte nicht öffentlich einsehbar sind. Der Interessenkonflikt bei der Erfassung des Namens einer Internetseite besteht folglich allein zwischen der kontrollierenden Stelle und dem Nutzer.[1071]

Dass an die Erfassung von Kommunikationsinhalten einer Internetnutzung verglichen mit der Erfassung der Inhalte telefonischer Kommunikation nicht dasselbe Schutzniveau anzulegen ist, wurde bereits erläutert.[1072] Die Zuordnung der Namen von aufgerufenen Internetseiten zu den Inhaltsdaten bedingt also allein noch kein außergewöhnliches Rechtfertigungsbedürfnis.[1073] Im Rahmen einer Erforderlichkeitsabwägung werden zudem – anders als bei der Telefonie – die reinen Verbindungsdaten einer Internetnutzung zwar stets als weniger eingriffsintensiv, aber kaum je als zur Zweckerreichung gleich geeignet angesehen werden können.[1074] Die Einwahlzeiten oder die Zeiträume einer Interaktion mit dem Browser erlauben schließlich nur marginale Rückschlüsse auf das konkrete Verhalten der Beschäftigten. Eine Einwahl in das Internet bedeutet nicht zwingend Aktivität. Der Online-Status eines Mitarbeiters sagt nichts darüber aus, ob dieser tatsächlich mit dem Browser interagiert oder sich nur eine Zugriffsmöglichkeit bereithält. Ein Beschäftigter kann theoretisch während seiner gesamten Arbeitszeit eingewählt sein, ohne auch nur einmal den Internetbrowser zu nutzen. Selbst die Information über konkrete Nutzungszeiten des Browsers ist aufgrund der schier grenzenlosen Vielfalt verfügbarer Online-Anwendungen kaum aussagekräftig. Die Tatsache, dass in einem bestimmten Zeitraum eine Internet-

1069 Vgl. *Mengel*, BB 2004, 2014 (2019), die darüber hinaus darauf hinweist, dass Inhalte von Websites nicht statisch sind, sondern einen fortlaufenden Aktualisierungsprozess durchlaufen, was eine spätere Reproduktion verhindern kann; *Wuttke*, S. 190.

1070 Vgl. *Pfalzgraf*, S. 191; *Wuttke*, S. 189.

1071 So *Wuttke*, S. 189.

1072 Siehe S. 196 ff.

1073 Zum gleichen Ergebnis gelangt *Mengel*, BB 2004, 2014 (2020), die maßgeblich auf die Erforderlichkeit einer Erfassung der Internetadressen abstellt.

1074 Vgl. *Mengel*, BB 2004, 2014 (2020); die Erforderlichkeit der Erhebung der Internetadressen stellt auch Besgen/Prinz-*Busse*, § 10 Rn. 46 in den Vordergrund, ordnet Internetadressen aber unzutreffend den Verbindungsdaten zu.

seite geöffnet ist, sagt wiederum nichts darüber aus, ob sie gerade angesehen oder mit ihr interagiert wird. Anwendungen und geöffnete Inhalte können bewusst oder unbewusst über einen längeren Zeitraum im Hintergrund anderweitiger Computernutzung ablaufen bzw. aufrecht erhalten werden[1075]. Der Arbeitnehmer muss dafür nicht einmal am Arbeitsplatz präsent sein. Erst mit der Information über den Charakter der jeweiligen Onlineaktivität gewinnt der gesammelte Datenbestand eine Aussagekraft über das Verhalten des kontrollierten Mitarbeiters. Nur ein solcher Datensatz enthält potentiell Hinweise auf bevorstehende oder begangene Straftaten und ist zur Aufdeckung und Prävention von Straftaten durch Mitarbeiter überhaupt geeignet.

Die Erfassung der Namen der aufgerufenen Internetseiten bietet für den Arbeitgeber die aus Sicht des Arbeitnehmers am wenigsten eingriffsintensive Möglichkeit, um eine ausreichende Aussagekraft der im Rahmen einer Überwachungsmaßnahme zur Aufdeckung und Prävention von Straftaten erhobenen Daten hinsichtlich des Nutzungsverhaltens der betroffenen Beschäftigten sicherzustellen.[1076] Sie wird in aller Regel notwendiger Teil einer Kontrolle des Internetverhaltens von Beschäftigten mit entsprechender Zweckrichtung sein.[1077] Im Sinne der Compliance-Verpflichtung geeignete Maßnahmen zur Überwachung des Internetverhaltens der Beschäftigten wären andernfalls nicht zu konzipieren. Ein besonderes Rechtfertigungsbedürfnis erfordert die Erhebung der Namen der aufgerufenen Internetseiten nicht, auch zu rein präventiven Zwecken können diese Daten erhoben werden.[1078] Die erhöhte Aussagekraft wird bereits dadurch ausgeglichen, dass keine betriebsfremden Kommunikationspartner bei der Interessenabwägung berücksichtigt werden müssen.

3. Erfassung sonstiger Nutzungsinhalte

Neben den Namen der angewählten Internetseiten gibt es eine Reihe weiterer Datenarten, die geeignet sind, Informationen und Hinweise über die Onlineaktivität von Beschäftigten und damit potentiell über strafbares Verhalten zu erlan-

---

1075 Zu denken wäre beispielsweise an besondere Online-Anwendungen wie ein Web-Radio.

1076 Vgl. *Panzer*, S. 269; im Ergebnis auch Besgen/Prinz-*Busse*, § 10 Rn. 46, die jedoch darauf hinweist, dass mit der Erfassung der Internetseite kaum noch schützenswerte Belange des Arbeitnehmers in Betracht kommen; entsprechend ist die inhaltliche Kontrolle ihrer Ansicht nach nicht wesentlich eingriffsintensiver; ähnlich *Mengel*, BB 2004, 2014 (2020).

1077 Vgl. *Wuttke*, S. 191; *Mengel*, BB 2004, 2014 (2019).

1078 Im Ergebnis Preis-*Preis*, Der Arbeitsvertrag, II I 10, Rn. 24; Besgen/Prinz-*Busse*, § 10 Rn. 46; *Däubler*, Rn. 363; *Kümpers*, S. 194; *Höld*, S. 187; *Wuttke*, S. 191; *Panzer*, S. 261; *Altenburg/v.Reinersdorff/Leister*, MMR 2005, 135 (136); *Mengel*, BB 2004, 2014 (2019); *Nägele/Meyer*, K&R 2004, 312 (314); *Lindemann/Simon*, BB 2001, 1950 (1952); *Gola*, MMR 1999, 322 (326 f.); a.A. *Spanke*, S. 231 f.

gen. Speziell personenbezogene Daten über konkrete Nutzungsinhalte sind ebenso aussagekräftig wie eingriffsintensiv.[1079] Zu diskutieren bliebt, unter welchen Voraussetzungen ein Arbeitgeber Inhaltsdaten im Rahmen einer Internetkontrolle zur Aufdeckung und Prävention von Straftaten erheben darf. Die grenzenlose Vielfalt der Nutzungsmöglichkeiten des Internets zwingt dazu, nachfolgende Erörterung nicht an einzelnen Nutzungsarten, sondern an allgemeinen Kriterien auszurichten. Hiermit können nutzungsunabhängige Grundsätze entwickelt und einer ausufernden Darstellung entgegengewirkt werden. Maßgeblich soll dabei die Beziehung des Beschäftigten zu den konkreten Nutzungsinhalten sein, unabhängig von deren Ausgestaltung als Text, Bild, Video oder sonstiger Anwendung.

Werden über die Erfassung der aufgerufenen Internetseiten hinaus weitere Inhaltsdaten erhoben, so steigt mit der potentiellen Aussagekraft auch die Eingriffsintensität der jeweiligen Kontrollmaßnahme. Gibt der Arbeitnehmer im Internet selbst Informationen preis, so ermöglichen diese unmittelbar Rückschlüsse auf seine Persönlichkeit.[1080] Die Identifikation von Internetquellen, die er lediglich zur Kenntnis genommen hat, bleibt in ihrer Wirkung dahinter zurück, denn sie sagt keinesfalls etwas über seine Haltung zu den konsumierten Inhalten aus.[1081] Eine Unterscheidung der einzelnen Nutzungsvorgänge anhand dieses Kriteriums dürfte jedoch im Vorfeld einer Datenerhebung schwer fallen.

In einer mehrstufigen Datenerhebung möglich ist hingegen eine Differenzierung zwischen der Kenntnisnahme bzw. der Preisgabe von Inhalten, die öffentlich einsehbar im Internet platziert sind, und solchen, die lediglich einem begrenzten Personenkreis zur Verfügung gestellt werden.

In ersterem Fall ist der Urheber sich der Kenntnisnahme- bzw. Interaktionsmöglichkeit einer unbestimmten Vielzahl von Personen bewusst, zu denen auch der kontrollierende Arbeitgeber zählen kann; entsprechend gering ist das Rechtfertigungsbedürfnis einer Einsichtnahme.[1082] In der Regel sind solche Daten bereits mit der Kenntnis ihres Fundortes im Internet zu erlangen.[1083] Zielt

1079 Vgl. *Däubler*, Rn. 362 f.; *Panzer*, S. 258 f.; *Wuttke*, S. 191; *Kümpers*, S. 195 f.; *Höld*, S. 193.

1080 Vgl. *Beckschulze/Henkel*, DB 2001, 1491 (1495), der sich zu recht gegen eine „passive Natur" der Internetnutzung ausspricht.

1081 Dies deutet *Vehslage*, AnwBl 2001 145 (148) an, der jedoch unzutreffend der gesamten Internetnutzung (mit Ausnahme des E-Mailings) eine „passive Natur" zuschreibt.

1082 Nicht gefolgt werden kann der Ansicht von *Hanau/Hoeren*, S. 69, nach der bei einer Überwachung von Newsgroups oder Chat-Foren gar keine Beeinträchtigung des Persönlichkeitsrechts vorliege. Zutreffend begründet *Kümpers*, S. 190, den Persönlichkeitsbezug auch öffentlich einsehbarer Nutzungsinhalte.

1083 Allein diese Fallgruppe haben diejenigen Literaturquellen im Blick, die in der Erhebung von Inhaltsdaten über die besuchten Internetseiten hinaus überhaupt keine Verschärfung der Eingriffsintensität erkennen können, etwa Besgen/Prinz-*Busse*, § 10 Rn. 47; *Mengel*, BB 2004, 2014 (2020).

eine Kontrollmaßnahme allein auf die Einsichtnahme öffentlich zugänglicher Inhalte, so wird einer Ausweitung der Datenerhebung über die aufgerufenen Internetseiten hinaus die Erforderlichkeit abzusprechen sein. Sofern die aufgerufenen Internetseiten eine ausreichende Zeit gespeichert werden, bleibt eine Einsicht in Inhalte zu einem späteren Zeitpunkt möglich.[1084] Dem Prinzip der Datensparsamkeit und Datenvermeidung gem. § 3a S. 1 BDSG wird umfangreich Rechnung getragen, sofern lediglich auffällige Internetseiten einer weiteren Nutzung in Form der manuellen Anwahl und Auslese zugeführt werden.[1085] Zur Ermöglichung einer Einsichtnahme öffentlich zugänglicher Inhalte ist im ersten Schritt einer Internetkontrollmaßnahme eine Erhebung der von Beschäftigten übermittelten Inhalte überflüssig.

Sind hingegen die vom einzelnen Arbeitnehmer zur Kenntnis genommenen oder zur Verfügung gestellten Inhalte nicht öffentlich, sondern nur von einem abgrenzbaren Personenkreis einsehbar, was meist durch einen Passwortschutz erreicht wird, so steigt das Rechtfertigungsbedürfnis einer Inhaltsdatenerhebung erheblich.[1086] Ein Nachverfolgen anhand der aufgerufenen Internetseiten ist ohne die erforderlichen Authentifizierungsdaten des Nutzers oder eigene Zugriffsrechte[1087] nicht möglich. Der Internetnutzer deklariert die übermittelten Inhalte in Form der Verfügbarkeitsbeschränkung als (in Ermangelung einer Erlaubnis der Privatnutzung *unerlaubte*) nicht betriebliche Kommunikation. Ein die Eingriffsintensität mildernder Ausgleich über andere Einflussfaktoren bzw. ein Nachweis des gesteigerten Kontrollinteresses ist für solche Datenerhebungen zwingend. Die Kontrollmaßnahme muss auf einzelne Personen begrenzt werden, eine zweistufige Vorgehensweise ist zur Aussonderung unauffälliger Beschäftigter unumgänglich. Empfehlenswert ist die Delegation der Verantwortung auf eine neutrale Stelle wie den betrieblichen Datenschutzbeauftragten. Auf eine vorherige Dokumentation von Verdachtsmomenten gegen die Zielpersonen kann

1084 Unter dem Hinweis, dass Internetinhalte nicht statisch sind, sondern einen ständigen Aktualisierungsprozess durchlaufen *Mengel*, BB 2004, 2014 (2019); *Wuttke*, S. 190.

1085 Dazu Simitis-*Scholz*, § 3a Rn. 30 ff.; die spätere Nutzung bzw. die damit verbundene Datenerhebung verkörpert einen selbst an § 32 Abs. 1 BDSG zu messenden Vorgang. Die Zweistufigkeit des Vorgehens mildert jedoch die Eingriffsintensität erheblich; dazu insbesondere *Schmidt*, DuD 2010, 207 (211).

1086 Dies erkennt auch *Spanke*, S. 227 ff.; er räumt auch die potentielle Notwendigkeit einer solchen Datenerhebung im Einzelfall ein.

1087 Sofern der Arbeitgeber eigene Zugriffsrechte hat, unterscheiden sich die Inhalte aus seiner Sicht nicht von öffentlich einsehbaren Inhalten. Mit der Kenntnis der Verortung im Internet und einem eigenen Zugang liegt eine vergleichbare Situation vor. Er könnte in einem zweiten Nutzungsschritt die Daten auslesen, eine umfangreiche Datenerhebung ist nicht notwendig.

vor dem Hintergrund der erheblichen Eingriffsintensität dieser speziellen Datenerhebung kaum verzichtet werden.[1088]

4. Erfassung von „Cookies"

Von ähnlicher Brisanz ist die Erfassung so genannter „Cookies". Hierbei handelt es sich um Datenpakete, die beim Aufruf bestimmter Internetseiten oder bei der Ausführung bestimmter Anwendungen automatisch und in der Regel ohne Kenntnis des Nutzers auf dem von ihm genutzten Rechner gespeichert werden, um ihn bei einem erneuten Besuch der Internetseite wieder erkennen zu können.[1089] Der Programmierung sind kaum Grenzen gesetzt. Neben Identifizierungsmerkmalen dokumentieren „Cookies" potentiell Teile des Nutzungsverhaltens sowie vom Nutzer online vorgenommene Einstellungen und Eingaben. Sie erlauben mithin Rückschlüsse auf konkrete Nutzungsinhalte.[1090] Im Vorfeld einer Erfassung von oder Einsichtnahme in „Cookies" ist jedoch nicht erkennbar, welche Informationen tatsächlich gespeichert wurden. Der Arbeitgeber muss bei Kontrollmaßnahmen stets davon ausgehen, Daten mit dem höchstmöglichen Schutzniveau zu erfassen. Bei der Internetnutzung sind dies vom Arbeitnehmer übermittelte und gegen Einsichtnahme Dritter besonders geschützter Inhalte.[1091] Die Vorraussetzungen der Rechtfertigung einer Einsichtnahme in oder Speicherung von „Cookies" entsprechen jenen dieser Fallgruppe.[1092]

5. Keine Erfassung persönlicher Passwörter

Keinesfalls ausgelesen werden dürfen persönliche Passwörter der Beschäftigten. Der Authentifizierungszweck, den sie in Kombination mit einer Benutzerkennung erfüllen, würde konterkariert, sofern Dritte sie ohne weiteres in Erfahrung bringen könnten. Das Passwort selbst hat keinen Bezug zum Nutzerverhalten. Es

---

1088 So insbesondere *Spanke*, S. 227 f.; im Ergebnis *Höld*, S. 193 f.; *Wuttke*, S. 191; *Panzer*, S. 269; *Kümpers*, S. 195; *Oberwetter*, NZA 2008, 609 (611); *Weißnicht*, MMR 2004, 448 (451); sehr streng *Däubler*, Rn. 364. Das Ergebnis steht nicht im Widerspruch dazu, dass die Internetnutzung keine mit der Telefonnutzung vergleichbare Schutzwürdigkeit aufweist. Andere Inhaltsdaten können schließlich verdachtsunabhängig erlangt werden. Zu liberal hingegen Besgen/Prinz-*Busse*, § 10 Rn. 47; *Lunk*, NZA 2009, 457 (460); *Lindemann/Simon*, BB 2001, 1950 (1952).

1089 Zum Begriff und zur Frage nach dem Personenbezug von „Cookies" beispielhaft Simitis-*Dammann*, § 3 Rn. 65; ausführlich *Ihde*, CR 2000, 413 (413 ff.); plakativ *Eichler*, K&R 1999, 76 (76).

1090 Zu den Gefahren der Nutzung von „Cookies" *Eichler*, K&R 1999, 76 (77 f.); *Lienemann*, K&R 2011, 609 (609).

1091 Siehe S. 201 ff.

1092 A.A. scheinbar *Höld*, S. 186 ff.

dient lediglich als „Schlüssel“ zu bestimmten Bereichen des Internets. Allein die damit zugänglich gemachten Inhalte und Anwendungen enthalten potentiell Hinweise auf Straftaten eines Nutzers, nicht jedoch der Schlüssel selbst.[1093] Ein berechtigtes Interesse zur Erhebung persönlicher Passwörter kann der Arbeitgeber nicht vorbringen.[1094] Bei der Verschaffung eines Passwortes mit der Absicht einer anschließenden Nutzung droht dem Arbeitgeber sogar eine Strafbarkeit gem. §§ 202c Abs. 1 Nr. 1 i.V.m. 202a und 202b StGB.[1095]

Um eine versehentliche Erfassung zu verhindern, sollte der Arbeitgeber in Ermangelung sicherer Differenzierungsmechanismen darauf verzichten, jegliche Daten aus Eingabemasken zu erheben, denn hierbei handelt es sich mit nicht geringer Wahrscheinlichkeit um persönliche Passwörter oder Benutzerkennungen.

6. Erfassung von Downloads

Bisher wurde nur die Überwachung derjenigen Nutzungsvorgänge erörtert, die ausschließlich oder zumindest weit überwiegend online stattfinden, also eine bestehende Internetverbindung erfordern. Die entwickelten Grundsätze sind allerdings nur bedingt übertragbar auf Download-Vorgänge, bei denen ein Arbeitnehmer bewusst Inhalte oder Programme in beliebigem Dateiformat auf dem betrieblichen Rechner speichert, um sie zukünftig auch ohne aktive Internetverbindung nutzen zu können.[1096]

Mit der Speicherung der Dateien auf der betrieblichen Festplatte endet der Kommunikationsvorgang.[1097] Eine Datenübertragung findet bei anschließender Nutzung der Dokumente oder Programme nicht mehr statt, die Telekommunikation ist folglich mit der Speicherung abgeschlossen.[1098] Greift der Arbeitgeber

1093 Insofern kann der Einsatz spezieller Überwachungsprogramme zur Erhebung von Inhaltsdaten nur dann gerechtfertigt sein, sofern diese keine persönlichen Passwörter erfassen. Zu den Möglichkeiten einer Überwachung durch Spezialsoftware etwa *Spanke*, S. 230 f. und *Höld*, S. 190 ff.

1094 Vielmehr muss berücksichtigt werden, dass die passwortausgebende Stelle ein Interesse daran hat, nur den von ihr autorisierten Nutzern einen Zugriff auf die geschützten Inhalte zu gewähren; a.A. *Spanke*, S. 227, der allerdings nicht zwischen der Protokollierung des Passwortes selbst und der mit Hilfe des Passwortes eingesehenen Inhaltsdaten unterscheidet.

1095 Vgl. *Kümpers*, S. 217; *Weißgerber*, NZA 2003, 1005 (1007); zum Straftatbestand des § 202c StGB Schönke/Schröder-*Eisele*, § 202c Rn. 1 ff.; LK-*Hilgendorf*, § 202c Rn. 7 ff.

1096 Vgl. *Panzer*, S. 169 ff.

1097 Zur Reichweite des Fernmeldegeheimnisses insbesondere BVerfG 2.3.2006, BVerfGE 115, 166 (183 ff.); siehe auch S. 131 ff.

1098 Die höchstrichterlich am Beispiel der E-Mail entwickelten Grundsätze sind auf Downloads übertragbar, vgl. BVerfG 2.3.2006, BVerfGE 115, 166 (183 ff.); 16.06.2009, BVerfGE 124, 43 (54 ff.).

nach dem Ende des Kommunikationsvorgangs auf Downloads zu, so handelt es sich bei einer solchen Maßnahme nicht mehr um eine Telekommunikationskontrolle.[1099] Die Grundsätze einer Überwachung der lokalen Festplatte eines im Eigentum des Arbeitgebers stehenden Rechners wird im Rahmen eines Exkurses noch Gegenstand der Untersuchung sein.[1100]

Der Vorgang des Downloads selbst ist hingegen noch Teil der Telekommunikation. Er ist grundsätzlich nicht anders zu beurteilen wie jeder andere Nutzungsvorgang auch. Bei Zeitpunkt und Umfang eines Downloads handelt es sich um Verbindungsdaten, deren Erhebung von geringer Eingriffsintensität und entsprechend leicht zu rechtfertigen ist.[1101] Für die Feststellung der Herkunft eines Downloads gelten dieselben Grundsätze wie für die Erfassung der aufgerufenen Internetseiten. Die Erfassung konkreter Inhalte bereits während des Downloadvorgangs, also Dateinamen, Textinhalte, Programmfunktionen etc., steht als eingriffsintensivierender Aspekt unter erhöhtem Rechtfertigungsbedürfnis.[1102] Praktisch wird der Arbeitgeber jedoch an der Erhebung solcher Informationen bereits während des Downloadvorgangs meist kein Interesse haben, da ihm nach dem Abschluss der Telekommunikation bei einem Zugriff auf die Festplatte des betrieblichen Rechners umfangreichere Einsichtsbefugnisse zustehen.

7. Einsatz von Filtersoftware

Überwachungsmaßnahmen sind nicht das einzige Mittel des Arbeitgebers, um die Beschäftigten zu einem umfassend rechtskonformen Verhalten anzuleiten. Im Falle einer Überwachung der Onlineaktivität der Beschäftigten kann bereits im Vorfeld einer Kontrolle und damit unabhängig von jeder Datenerhebung über den Einsatz von Filter- oder Sperrsoftware oder über Browsereinstellungen ein Beitrag dazu geleistet werden, dass Rechtsverstöße überhaupt nicht passieren.[1103]

1099 Vgl. *Höld*, S. 187 f.; *Lindemann/Simon*, BB 2001, 1950 (1952 f.); *Spanke*, S. 228, fordert für eine Einsichtnahme hinreichende Verdachtsmomente; zumindest andere Maßstäbe als an Telekommunikationskontrollen legen *Kratz/Gubbels*, NZA 2009, 652 (654) an; a.A. *Kliemt*, AuA 2001, 532 (536), der Downloadinhalte mit den Inhalten von Telefongesprächen vergleichen will.

1100 Siehe dazu S. 228 ff.; dazu etwa *Weißgerber*, NZA 2003, 1005 (1006 ff.).

1101 Entsprechend *Panzer*, S. 267 f., die jedoch nicht danach differenziert, ob der Arbeitgeber vor oder nach Abschluss des Download-Vorgangs auf die Daten zugreift; im Ergebnis für eine Gleichstellung des übertragenen Datenvolumens mit anderen Verbindungsdaten: *Spanke*, S. 226; *Weißnicht*, MMR 2003, 448 (451); *Lindemann/Simon*, BB 2001, 1950 (1952 f.).

1102 So auch *Panzer*, S. 270.

1103 *Spanke*, S. 230; *Gola/Wronka*, Rn. 799; *Däubler*, Rn. 361; Besgen/Prinz-*Busse*, § 10 Rn. 45; *Dickmann*, NZA 2003, 1009 (1011 f.); *Hilber/Frik*, RdA 2002, 89 (90); für problematisch erachten Filterprogramme *Wellhöner/Byers*, BB 2009, 2310 (2310).

Der Arbeitgeber kann etwa den Aufruf bestimmter Internetseiten[1104], den Down- oder Upload bestimmter Dateiformate[1105], die Inanspruchnahme bestimmter Dienste[1106] oder die Ausführung bestimmter Anwendungen[1107] präventiv sperren. Auf diesem Wege beeinflusst der Arbeitgeber zwar nicht unmittelbar die im Rahmen der Rechtfertigung einer Kontrollmaßnahme über § 32 Abs. 1 BDSG durchzuführende Interessenabwägung, allerdings kommt dem Einsatz von Sperrmaßnahmen auf Ebene der Erforderlichkeit mittelbar Bedeutung zu. Sofern es dem Arbeitgeber möglich ist, als brisant identifizierte Onlineaktivität bereits im Vorfeld der rechtfertigungsbedürftigen Datenerhebung zu verhindern, ohne dass die Arbeitsleistung der Beschäftigten beeinträchtigt wird, so kommt diese Vorgehensweise bei der Prüfung der Erforderlichkeit jener Datenerhebung als milderes Mittel in Betracht.[1108]

Allerdings können solche Sperrmaßnahmen die Notwendigkeit speziell von Überwachungsmaßnahmen zur Aufdeckung und Prävention von Straftaten durch Beschäftigte keinesfalls vollständig entfallen lassen.[1109] Jede Sperrung setzt die vorherige Identifizierung einer Gefahr voraus, was vor dem Hintergrund der sich ständig fortentwickelnden Internetkriminalität nicht einmal von staatlichen Ermittlungsbehörden geleistet werden kann, also erst recht nicht vom einzelnen Arbeitgeber.[1110] Die Entwicklung von Schutzmaßnahmen folgt der Entwicklung von Kriminalität, nicht umgekehrt. Darüber hinaus fordert eine umfassende Compliance-Organisation auch die Ergreifung erforderlicher und geeigneter Maßnahmen zur Überwachung der verbleibenden Nutzungsmöglichkeiten der Beschäftigten. Zudem muss der Arbeitgeber die Funktionstüchtigkeit der einge-

---

1104 Beispielsweise Seiten mit kinderpornographischem oder rassistischem Inhalt. Einen Ausschluss des Abrufs solcher Inhalte sieht als verpflichtend an *Dickmann*, NZA 2003, 1009 (1011); vgl. *Beckschulze/Henkel*, DB 2001, 1491 (1495); *Lindemann/Simon*, BB 2001, 1950 (1955).

1105 Mit einem Totalausschluss von Dateiuploads kann beispielsweise einer Preisgabe von Betriebsgeheimnissen entgegengewirkt werden. Der Ausschluss eines Downloads von Musikdateien verhindert Urheberrechtsverletzungen; vgl. *Dickmann*, NZA 2003, 1009 (1012); dies erkennt auch *Kramer*, NZA 2004, 457 (461) als zentrales Problem.

1106 Möglich wäre eine Verhinderung der Nutzung von schwer kontrollierbaren, betriebsexternen Online-Postfächern über den betrieblichen Internetzugang; dazu ab S. 136.

1107 Wird etwa die Ansicht von Online-Videos verhindert, so beugt dies Urheberrechtsverletzungen vor.

1108 Vgl. *Spanke*, S. 230; Preis-*Preis*, Der Arbeitsvertrag, II I 10 Rn. 28; *Beckschulze/Henkel*, DB 2001, 1491 (1495); im Zusammenhang mit Virenschutz *Vietmeyer/Byers*, MMR 2010, 807 (808).

1109 *Panzer*, S. 265.

1110 Dies deuten an: *Panzer*, S. 265; *Wuttke*, S. 191; dies verkennt *Däubler*, Rn. 361, nach dessen Auffassung ein Arbeitgeber mit Filterprogrammen und Zugangssperren jegliche Privatnutzung unmöglich machen kann.

richteten Schutzmechanismen überprüfen, was wiederum Kontrollmaßnahmen erfordert.[1111]

Unabhängig davon stellen Nutzungseinschränkungen über den Einsatz von Filtersoftware oder die Voreinstellung des Browsers ein wertvolles Instrument zur effektiven Verhinderung von materiellen und immateriellen Schäden durch Internetstraftaten von Beschäftigten dar, ergänzend zu weiterhin notwendigen Überwachungsmaßnahmen. Je stärker der Arbeitgeber die Nutzungsmöglichkeiten seiner Beschäftigten eingrenzt, desto weniger Handlungsspielraum verbleibt für potentielle Straftäter unter ihnen.[1112] Ein Unterlassen solcher Vorkehrungen könnte ihm sogar als Verstoß gegen seine als Teil seiner Compliance-Verpflichtung obliegenden Organisationspflichten ausgelegt werden.[1113] Als Kehrseite der Medaille bedingt jede Einschränkung jedoch eine Einbuße an Flexibilität beispielsweise für Rechercheaufgaben. Sperrmaßnahmen sollten also abgestimmt werden auf die individuellen Bedürfnisse jedes einzelnen Beschäftigungsverhältnisses. Die Frage sollte nicht sein, wie die Internetnutzung eingeschränkt werden muss, sondern eher, welche Nutzungsmöglichkeiten das Arbeitsverhältnis erfordert und welche entsprechend zugelassen werden sollten.[1114]

8. Zwischenergebnis

In der Zusammenfassung erweist sich die Festlegung eines allgemeinen Schutzniveaus der Onlineaktivität der Beschäftigten wegen der Vielseitigkeit der Nutzungsmöglichkeiten als schwierig. Festzuhalten ist, dass ein Nutzer nicht in mit der telefonischen Kommunikation vergleichbarer Weise auf die Flüchtigkeit der Kommunikationsinhalte vertrauen darf.[1115] Das Recht auf Flüchtigkeit des nicht öffentlich gesprochenen Wortes, welches das besonders hohe Schutzniveau der telefonischen Kommunikation bedingt, kommt bei der Internetnutzung nicht zum Tragen.[1116] Ein schützenswertes Vertrauensverhältnis zwischen Kommunikationspartnern besteht in aller Regel gar nicht. Im Falle der Übertragung eines Nachrichteninhalts kann sich der Urheber nie völlig sicher sein, wann oder

1111 Zur Compliance-Pflicht des Arbeitgebers: *Thüsing*, Rn. 8 ff.; *Moosmayer*, S. 33 ff.; *Heldmann*, DB 2010, 1235 (1235); *Salvenmoser/Hauschka*, NJW 2010, 331 (331); *Schmidt*, BB 2009, 1295 (1295 ff.); *Passarge*, NZI 2009, 86 (86 f.); *Wybitul*, BB 2009, 1582 (1582); *Hauschka*, NJW 2004, 257 (259 f.); siehe auch S. 25 ff.

1112 Vgl. *Beckschulze/Henkel*, DB 2001, 1491 (1495).

1113 Siehe S. 32 ff.

1114 In diese Richtung denken *Gola/Wronka*, Rn. 799; wohl auch *Däubler*, Rn. 361.

1115 Vgl. insbesondere *Mengel*, BB 2004, 2014 (2019); *Wuttke*, S. 190; *Vehslage*, AnwBl 2001, 145 (148).

1116 Im Ergebnis Taeger/Gabel-*Zöll*, § 32 BDSG Rn. 34 f.; *Höld*, S. 187 f.; *Wuttke*, S. 190; *Mengel*, BB 2004, 2014 (2019 f.). Eine Ausnahme bildet die bereits angesprochene Internettelefonie.

durch wen diese konkret abgerufen werden. Ein berechtigtes Vertrauen auf Anonymität im Internet, aus dem möglicherweise eine erhöhte Schutzwürdigkeit abgeleitet werden könnte, gibt es nicht.[1117]

Die Erhebung der reinen Verbindungsdaten einer Internetnutzung, die sich im Wesentlichen auf die Einwahlzeiten beschränken, ist ebenso unproblematisch wie ungeeignet zur Aufdeckung und Prävention von Straftaten, da sie kaum Rückschlüsse auf die konkrete Onlineaktivität zulassen.[1118] Erst mit der Erfassung der aufgerufenen Internetseiten, die aufgrund möglicher Hinweise auf Nutzungsinhalte den Inhaltsdaten zuzuordnen sind, gewinnt das im Rahmen einer Kontrollmaßnahme erhobene Datenmaterial eine ausreichende Aussagekraft hinsichtlich des Nutzungsverhaltens der Beschäftigten.[1119] Die Erfassung der aufgerufenen Internetseiten ist folglich in aller Regel notwendiger Teil jeder Kontrolle des Internetverhaltens zur Aufdeckung und Prävention von Straftaten durch die Beschäftigten.[1120] Vor dem Hintergrund des im Vergleich zur Telefonnutzung herabgesetzten Schutzniveaus können diese Inhaltsdaten als mildestes Mittel erhoben werden, ohne erhöhten Rechtfertigungsbedarf auszulösen.[1121]

Wesentliches Differenzierungskriterium bei der Erhebung darüber hinausgehender Inhaltsdaten ist die Verfügbarkeit der Nutzungsinhalte.[1122] Sind die Inhalte öffentlich verfügbar, so muss der Urheber und auch jeder Nutzer sich der Möglichkeit einer Kenntnisnahme unbekannter Dritter bewusst sein, zu denen auch der Arbeitgeber gehören kann. Aus diesem Grunde können die Interessen der Kommunikationspartner bei einer Abwägung im Rahmen des § 32 Abs. 1 BDSG unberücksichtigt bleiben.[1123] Sofern die Inhalte nicht gegen eine Einsichtnahme Dritter besonders geschützt wurden, beispielsweise in Form einer Passwortabfrage, erhebt der Arbeitgeber keine Daten über die Kommunikationspartner, die diese nicht bewusst der Öffentlichkeit zur Verfügung gestellt hätten. Allerdings ist eine Erhebung von Inhaltsdaten, die über die Erfassung der Namen der aufgerufenen Internetseiten hinausgeht, im Rahmen einer Internetkontrolle zur Ermöglichung einer Einsichtnahme in öffentlich verfügbare Inhalte nicht erforderlich, da der Arbeitgeber in einem zweiten, an § 32 Abs. 1 BDSG

1117 Vgl. *Spanke*, S. 221; *Höld*, S. 185 f.; *Hoeren*, ZRP 2010, 251 (253); *Vehslage*, AnwBl 2001, 145 (145).

1118 Siehe hierzu auch S. 104 ff.

1119 Vgl. *Panzer*, S. 269; im Ergebnis auch Besgen/Prinz-*Busse*, § 10 Rn. 46; *Mengel*, BB 2004, 2014 (2020).

1120 Vgl. *Wuttke*, S. 191; *Mengel*, BB 2004, 2014 (2019).

1121 Im Ergebnis Preis-*Preis*, Der Arbeitsvertrag, II I 10, Rn. 24; Besgen/Prinz-*Busse*, § 10 Rn. 46; *Däubler*, Rn. 363; *Kümpers*, S. 194; *Höld*, S. 187; *Wuttke*, S. 191; *Panzer*, S. 261; *Altenburg/v.Reinersdorff/Leister*, MMR 2005, 135 (136); *Mengel*, BB 2004, 2014 (2019); *Nägele/Meyer*, K&R 2004, 312 (314); *Lindemann/Simon*, BB 2001, 1950 (1952); *Gola*, MMR 1999, 322 (326 f.); a.A. *Spanke*, S. 231 f.

1122 Dazu bereits S. 173 ff.

1123 Vgl. *Pfalzgraf*, S. 191; *Wuttke*, S. 189.

zu rechtfertigenden Nutzungsschritt ohne eine Ausweitung der Datenerhebung die betreffenden Internetseiten selbst aufrufen kann.[1124]

Sind hingegen die Nutzungsinhalte gegen eine Einsichtnahme Dritter besonders gesichert, so gewinnen die Interessen der Kommunikationspartner wieder an Gewicht. Über den Aufruf der Internetseiten kann der Arbeitgeber solche Nutzungsinhalte nicht in Erfahrung bringen. Eine Ausweitung der Datenerhebung zöge ein erhöhtes Rechtfertigungsbedürfnis nach sich. Ohne eine vorherige Dokumentation besonderer Verdachtsmomente wird diese Vorgehensweise kaum zu rechtfertigen sein.[1125] Ein gleichwertiges Schutzniveau gilt für die Erhebung so genannter „Cookies", da sie potentiell Hinweise auf geschützte Nutzungsinhalte enthalten.[1126]

Keinesfalls ausgelesen werden dürfen persönliche Passwörter und Authentifizierungsmerkmale der Beschäftigten, die nicht vom Arbeitgeber selbst ausgegeben wurden. Zur Sicherstellung dieses Grundsatzes sollte der Arbeitgeber von einer Auslese der an Eingabemasken übermittelten Informationen Abstand nehmen.[1127]

Von der Möglichkeit des Einsatzes von Sperr- und Filtersoftware bzw. einer entsprechenden Voreinstellung des Browsers sollte der Arbeitgeber Gebrauch machen, da sich bereits im Vorfeld einer Datenerhebung rechtswidrige Nutzungsmöglichkeiten einschränken lassen.[1128] Der Handlungsspielraum potentieller Straftäter wird maximal eingeengt, sofern allein die Anwahl der zur Erfüllung der Arbeitspflicht notwendigen Internetseiten ermöglicht wird.[1129]

V. Besonderheiten bei der Kontrolle des E-Mail-Verkehrs

Zuletzt müssen die allgemeinen Einflussfaktoren auf die Besonderheiten bei einer Kontrolle der E-Mail-Kommunikation der Beschäftigten als spezieller Nutzungsform des Internets gespiegelt werden, die im vorangegangenen Abschnitt noch ausgeklammert wurde. Dabei beziehen sich nachfolgende Ausführungen ausschließlich auf die Nutzung eines auf dem Arbeitsplatzrechner oder einem betriebseigenen Server installierten E-Mail-Clients. Nur in diesem Fall weist die E-Mail-Kommunikation einen im Vergleich zur sonstigen Internetnutzung er-

1124 Diese Möglichkeit erkennen etwa *Mengel*, BB 2004, 2014 (2019) und *Wuttke*, S. 190.

1125 So insbesondere *Spanke*, S. 227 f.; im Ergebnis *Höld*, S. 193 f.; *Wuttke*, S. 191; *Panzer*, S. 269; *Kümpers*, S. 195; *Oberwetter*, NZA 2008, 609 (611); *Weißnicht*, MMR 2004, 448 (451); sehr streng *Däubler*, Rn. 364.

1126 Dazu S. 203 f.

1127 Siehe S. 204 f.

1128 *Spanke*, S. 230; *Gola/Wronka*, Rn. 799; *Däubler*, Rn. 361; Besgen/Prinz-*Busse*, § 10 Rn. 45; *Dickmann*, NZA 2003, 1009 (1011 f.); *Hilber/Frik*, RdA 2002, 89 (90).

1129 In diese Richtung denken *Gola/Wronka*, Rn. 799; wohl auch *Däubler*, Rn. 361.

höhten Betriebsbezug auf. Die Kommunikation wird charakterisiert durch erhöhte Zugriffsmöglichkeiten des Arbeitgebers auf in seinem Eigentum stehende Rechner oder Server. Nutzt ein Arbeitnehmer hingegen Onlineangebote Dritter für seine E-Mail-Kommunikation, so sind vielmehr die voranstehenden, für eine Kontrolle der Onlineaktivität maßgeblichen Grundsätze anzuwenden. Der Betriebsbezug erschöpft sich in diesem Fall in der Bereitstellung des Internetzugangs.[1130]

Ausgangspunkt der Erörterung ist erneut ein Vergleich der abstrakten Schutzwürdigkeit des E-Mailings mit anderen Kommunikationsformen. Anschließend werden die Voraussetzungen der Erhebung besonderer, im Rahmen der E-Mail-Kommunikation anfallender Daten eruiert.

1. Positionierung zwischen Telefonat und Geschäftsbrief

In der Literatur herrscht bis heute keine vollständige Einigkeit darüber, ob eine E-Mail in Anbetracht ihrer Charakteristika einem Telefonat oder einem Geschäftsbrief näher steht. Die Schutzwürdigkeit der Kommunikationsform im Allgemeinen hängt maßgeblich von dieser Frage ab. Dem hohen Rechtfertigungsbedürfnis einer Telefonkontrolle – insbesondere hinsichtlich der Erfassung von Kommunikationsinhalten[1131]– stehen umfangreiche Einsichtsrechte des Arbeitgebers in Geschäftsbriefe gegenüber, sowohl ein- als auch ausgehende Sendungen betreffend[1132]. Von der Positionierung einer E-Mail zwischen den beiden gegensätzlichen Polen hängen folglich auch die arbeitgeberseitigen Kontrollbefugnisse ab.

Die umfangreichen Einsichtsbefugnisse des Arbeitgebers in die Geschäftspost lassen sich mit verschiedenen Argumenten begründen: Prägend für die postalische Kommunikation ist deren schriftliche Fixierung. Wer sich dieser Kommunikationsform bedient, der muss sich darüber bewusst sein, dass erstens der Wortlaut der Nachricht den Abschluss des Kommunikationsvorgangs regelmäßig überdauert, er sich zweitens im Falle einer erneuten Konfrontation mit dem Schriftstück an seinen Aussagen festhalten lassen muss[1133] und drittens die Wahrscheinlichkeit einer Kenntnisnahme Dritter durch die Perpetuierung des Inhalts signifikant steigt[1134]. Der postalisch Kommunizierende verzichtet auf ei-

1130 Zur Kontrolle des Internetverhaltens: S. 195 ff.

1131 Vgl. BVerfG 09.10.2002, BVerfGE 106, 28 (44); Besgen/Prinz-*Busse*, § 10 Rn. 35; *Vietmeyer/Byers*, BB 2009, 2310 (2312); *Wolf/Mulert*, BB 2009, 442 (443); *Grosjean*, DB 2003, 2650 (2651); *Ernst*, NZA 2002, 585 (589); siehe auch S. 187 ff.

1132 Vgl. *Baier*, S. 96 f.; *Höld*, S. 197; *Lunk*, NZA 2009, 457 (460); *Vogel/Glas*, DB 2009, 1747 (1752); *Wolf/Mulert*, BB 2008, 442 (443); *Mengel*, BB 2004, 2014 (2015); *Grosjean*, DB 2003, 2650 (2652); *Ernst*, NZA 2002, 585 (588); *Lindemann/Simon*, BB 2001, 1950 (1952).

1133 Exemplarisch *Lindemann/Simon*, BB 2001, 1950 (1952).

1134 So etwa *Beckschulze*, DB 2003, 2777 (2780).

ne Flüchtigkeit der Kommunikation[1135]; Gegenteiliges wird ihm zu keinem Zeitpunkt suggeriert. Aus der Geschäftspost ergeben sich häufig wichtige Informationen für den ungestörten Geschäftsbetrieb, da die Schriftform für weite Teile des Rechtsverkehrs zwingend oder zumindest üblich ist. Beim Versand eines Briefes an eine Person im betrieblichen Umfeld liegt ein Öffnen des Schriftstücks durch ein Sekretariat oder im Falle der Abwesenheit des Adressaten durch dessen Vertretung nahe. Von eigenen Arbeitnehmern verfasste Briefsendungen betrieblichen Ursprungs verkörpern eine zentrale Arbeitsleistung, an deren Einsichtnahme der Arbeitgeber ein vorrangiges berechtigtes Interesse hat.[1136] Die Geschäftspost bietet keinen mit der Telekommunikation vergleichbaren Anknüpfungspunkt für eine Profilbildung und ist entsprechend persönlichkeitsrechtlich wenig schutzwürdig. Die Kennzeichnung eines Briefes als „privat" oder „vertraulich" bleibt dem Absender unbenommen, soll allerdings bei der Positionierung einer E-Mail im Fall der fehlenden Erlaubnis zur Privatnutzung der Betriebsmittel außer Acht bleiben.[1137]

Als Argument für die Vergleichbarkeit einer E-Mail mit einem Telefonanruf kann vorgebracht werden, dass erstere trotz ihrer Schriftlichkeit eine vergleichbar spontane Kommunikationsform darstellen kann.[1138] Für den Absender einer E-Mail steht nicht die dauerhafte Perpetuierung, sondern die zeitlich begrenzte Verfügbarkeit des Kommunikationsinhalts bis zum unbestimmten Abruf durch den Adressaten im Vordergrund.[1139] Dies deutet auch der häufige Verzicht auf Förmlichkeiten an, die gerade zu den Charakteristika eines Geschäftsbriefes zählen.[1140] Wesentlicher Unterschied zwischen beiden Kommunikationsformen ist die Geschwindigkeit der Datenübertragung. Die relativ geringe Zeitspanne, die für den gesamten Kommunikationsvorgang notwendig ist[1141], steigert die Eignung der E-Mail für kurzfristige Kommunikation.[1142] Dem Nutzer wird eine gewisse Unmittelbarkeit und Flüchtigkeit suggeriert. Der einfache und nur einen geringen Aufwand erfordernde Vorgang des Abschickens einer E-Mail erhöht

---

1135 Vgl. *Mattl*, S. 141; *Lindemann/Simon*, BB 2001, 1950 (1952).

1136 Aufgrund einer Gleichstellung mit dem Geschäftsbrief interpretieren auch dienstliche E-Mails schlicht als Arbeitsleistung *Panzer*, S. 273; *Vehslage*, AnwBl 2001, 145 (148).

1137 Selbst im Falle einer entsprechenden Kennzeichnung ist die Kenntnis des Arbeitgebers über die bloße Existenz des Briefes oder der Zeitpunkt seines Eingangs oder Absenders (wenn man so will die „Verbindungsdaten" des Briefverkehrs) datenschutzrechtlich nicht zu beanstanden.

1138 Nach *Balke/Müller*, DB 1997, 326 (326) könne es aus funktioneller Sicht keinen Unterschied machen, „ob ein Arbeitgeber zum Hörer oder zur Tastatur greift, um mit einer anderen Person zu kommunizieren".

1139 Als besonderen Vorteil erkennt dies *Mengel*, BB 2004, 2014 (2015).

1140 Vgl. *Wolf/Mulert*, BB 2008, 442 (443); *Ernst*, NZA 2002, 585 (589).

1141 Bei gleichzeitiger Onlinepräsenz der Kommunikationspartner ist auch eine annähernde Unmittelbarkeit der Kommunikation möglich.

1142 Vgl. *Spanke*, S. 237 f.; *Höld*, S. 196; *Schmidl*, MMR 2005, 343 (345); *Mengel*, BB 2004, 2014 (2017); *Balke/Müller*, DB 1997, 326 (326).

die Wahrscheinlichkeit spontaner und unbedachter Äußerungen sowie der Vermischung von betrieblichen mit privaten Inhalten.[1143] Im Rechtsverkehr hat darüber hinaus die elektronische Form längst nicht die Bedeutung der Schriftform erreicht, entsprechend ist die Bedeutung der E-Mail für den ungestörten Geschäftsbetrieb geringer einzustufen. Teilweise wird vorgebracht, der Schutzgedanke des Rechts auf Flüchtigkeit des gesprochenen Wortes passe besser als derjenige des Post- oder Fernmeldegeheimnisses.[1144] Unter Berücksichtigung dieser Argumente kann die E-Mail nicht mit einem Geschäftsbrief gleichgestellt werden.[1145]

Allerdings folgt hieraus nicht zwingend die Vergleichbarkeit einer E-Mail mit einem Telefonat. Durch die schriftliche Fixierung ersterer wird das Vertrauen der Kommunizierenden auf eine Flüchtigkeit des Wortlauts erheblich erschüttert.[1146] Der Absender einer E-Mail kann sich daneben – anders als ein Telefonanrufer – des unmittelbaren Zugangs seiner Nachricht beim Kommunikationspartner keinesfalls absolut sicher sein[1147]; der Zeitpunkt eines Abrufs der E-Mail durch den Empfänger ist ungewiss. Die Kommunikationsform ist weniger von impulsiven Reaktionen, sondern eher von der geplanten Konstruktion eines Textes geprägt. Mit einem Absenden wird ein Einverständnis mit dem Textinhalt als Gesamtheit bestätigt, spontane Korrekturen auf Basis der Reaktion des Kommunikationspartners sind nicht mehr möglich.[1148] Daneben erscheint die pauschale Negation des Bewusstseins der Beteiligten über Kenntnisnahmemöglichkeiten Dritter vor dem Hintergrund der Funktionsweise sämtlicher gängigen E-Mail-Clients wenig überzeugend.[1149] Automatische Speicherungs- und Archivierungsfunktionen für ein- und ausgehende, selbst für gelöschte E-Mails und

---

1143 Vgl. *Höld*, S. 196; *Ernst*, NZA 2002, 585 (589); dies deutet auch *Wuttke*, S. 185 an.

1144 So *Däubler*, Internet und Arbeitsrecht, Rn. 249.

1145 Im Ergebnis gegen eine Vergleichbarkeit mit Dienstpost *Spanke*, S. 239; *Kümpers*, S. 177; *Wolf/Mulert*, BB 2008, 442 (443); *Biegel*, S. 96; *Ernst*, NZA 2002, 585 (589 f.); *Müller*, RDV 1998, 205 (206); *Balke/Müller*, DB 1997, 326 (326); a.A. ausdrücklich *Wuttke*, S. 185; *Mattl*, S. 142; *Mengel*, BB 2004, 2014 (2017); *Lindemann/Simon*, BB 2001, 1950 (1952); *Gola*, MMR 1999, 322 (326).

1146 Vgl. Besgen/Prinz-*Busse*, § 10 Rn. 36; *Mattl*, S. 141; *Spanke*, S. 238; *Kümpers*, S. 176 f.; *Biegel*, S. 95; *Höld*, S. 197; *Wolf/Mulert*, BB 2008, 442 (443); *Altenburg/v.Reinersdorff/Leister*, MMR 2005, 135 (135); *Mengel*, BB 2004, 2014 (2017); *Beckschulze*, DB 2003, 2777 (2779); *Grosjean*, DB 2003, 2650 (2652); *Lindemann/Simon*, BB 2001, 1950 (1952).

1147 „Der Adressat bestimmt den Zeitpunkt der Kenntnisnahme“, *Mengel*, BB 2004, 2014 (2015); vgl. *Hilber/Frik*, RdA 2002, 89 (94).

1148 Insbesondere bei dienstlichen E-Mails sieht dies *Mattl*, S. 140 f.; vgl. *Spanke*, S. 238; *Kümpers*, S. 177; *Wuttke*, S. 185; *Panzer*, S. 273; *Beckschulze*, DB 2003, 2777 (2779); *Lindemann/Simon*, BB 2001, 1950 (1952).

1149 Vgl. *Mattl*, S. 141; *Wuttke*, S. 185; *Mengel*, BB 2004, 2014 (2017); *Beckschulze*, DB 2003, 2777 (2780); *Hilber/Frik*, RdA 2002, 89 (94).

Entwürfe sind absoluter Standard. Eine E-Mail kann folglich auch nicht mit einem Telefonat gleichgestellt werden.[1150]

Das allgemeine Schutzniveau einer E-Mail ist vielmehr zwischen dem eines Telefonats und eines Geschäftsbriefes anzusiedeln.[1151] Verglichen mit den vorangegangenen Ausführungen zur Telefonkontrolle sind Datenerhebungen an weniger scharfe Bedingungen geknüpft. Beispielsweise sind die vorherige Dokumentation erheblicher Verdachtsmomente für eine Inhaltsdatenerhebung und die zwingende Ausblendung der Identität der Kommunikationspartner für eine präventive Verbindungsdatenerhebung keine zwingenden Voraussetzungen.

2. Verkürzte Erfassung von E-Mail-Adressen

Beim E-Mailing handelt es sich um eine zwei- oder mehrseitige Kommunikationsform, bei deren Überwachung auch die Interessen der Kommunikationspartner im Rahmen einer Gesamtabwägung im Sinne des § 32 Abs. 1 BDSG Berücksichtigung finden müssen.[1152] Bei der Überwachung der Telefonnutzung kann mit einer verkürzten Rufnummernspeicherung der Personenbezug zumindest der erhobenen Verbindungsdaten gelöst und ein Eingriff in deren schützenswerte Rechtspositionen gänzlich vermieden werden.[1153] Fraglich ist, ob eine ähnliche Verschleierung der Identität der Kommunikationspartner auch bei Überwachungsmaßnahmen zur Kontrolle des E-Mail-Verkehrs möglich ist.

Der Aufbau einer E-Mail-Adresse ist nicht mit dem einer Telefonnummer zu vergleichen.[1154] Sie besteht aus einem „Lokalteil" und einem „Domänenteil", die zwingend durch ein @-Zeichen getrennt sind. Anders als bei einer Rufnummer dient bei einer E-Mail-Adresse der vorne verortete Lokalteil als Individualisierungselement. Er besteht nicht aus willkürlich zugewiesenen Ziffern oder Zeichen, sondern wird vom jeweiligen Nutzer der Adresse selbst gewählt und enthält regelmäßig Hinweise auf seine Identität, meist in Gestalt einer Kombination

1150 Vgl. Besgen/Prinz-*Busse*, § 10 Rn. 36; *Baier*, S. 96; *Wuttke*, S. 185; *Mattl*, S. 142; *Kümpers*, S. 177; *Panzer*, S. 273; *Oberwetter*, NZA 2008, 609 (611); *Mengel*, BB 2004, 2014 (2017); *Beckschulze*, DB 2003, 2777 (2779); *Grosjean*, DB 2003, 2650 (2652); *Hilber/Frik*, RdA 2002, 89 (94); *Lindemann/Simon*, BB 2001, 1950 (1952); *Biegel*, S. 95 führt darüber hinaus zur Begründung an, dass mit der Stimme wesentliche Informationen über persönliche Regungen oder Gefühle übertragen werden, die einem Text nicht zu entnehmen sind.

1151 So auch *Spanke*, S. 239; *Kümpers*, S. 177; *Wolf/Mulert*, BB 2008, 442 (443); nach *Biegel*, S. 96 folgt die E-Mail-Kontrolle völlig eigenen Kriterien.

1152 Siehe S. 181 ff.

1153 Dazu *Biegel*, S. 90 f.; *Kümpers*, S. 175; *Thüsing*, Rn. 332 f.; *Mengel*, BB 2004, 1445 (1449); *Ernst*, NZA 2002, 585 (589); siehe S. 189 ff.

1154 Im Ergebnis *Spanke*, S. 236; *Mattl*, S. 138; *Panzer*, S. 277; *Mengel*, BB 2004, 2014 (2018); *Ernst*, NZA 2002, 585 (589 f.); *Beckschulze/Henkel*, DB 2001, 1491 (1494).

verschiedener Namensbestandteile.[1155] Die Erfassung des Lokalteils einer kontaktierten Adresse ermöglicht entsprechend regelmäßig Rückschlüsse auf die Identität des Kommunikationspartners.[1156]

Der Domänenteil ist eine Sammelbezeichnung und ordnet jede Einzeladresse einer so genannten Domäne zu, die wiederum einen abgrenzbaren Verantwortungsbereich des Internets verkörpert. Eine Domäne ist von ihrem Zweck her vergleichbar mit der regionalen Vorwahl einer Rufnummer. Im Gegensatz zur Vorwahl kann bei einer Domäne jedoch nicht von einer gewissen Anzahl an zugeordneten E-Mail-Adressen ausgegangen werden, möglich ist auch die Zuordnung einer einzelnen E-Mail-Adresse zu einer individuellen Domäne.[1157] Die Anonymität einer gewissen Gruppengröße ist bei der Identifikation einer Domäne entsprechend nicht gewährleistet. Auch die Erfassung des Domänenteils einer E-Mail-Adresse ermöglicht potentiell die Identifikation des Kommunikationspartners.[1158]

Um die Identifikation eines Kommunikationspartners auf dem Wege einer verkürzten Speicherung der E-Mail-Adresse ausschließen zu können, dürfte keiner der beiden Teile einer E-Mail-Adresse vollständig erfasst werden. Eine doppelt verkürzte Speicherung macht allerdings auch die Zuordnung des Kommunikationspartners zu einer bestimmten Nutzergruppe unmöglich.[1159] Der verbleibende Informationsgehalt der Datenerhebung ist vergleichbar mit einer vollständigen Pseudonymisierung der Kontaktadressen. Erschwerend kommt hinzu, dass weder der Lokal- noch der Domänenteil eine standardisierte Länge aufweisen. Die Festlegung der Zeichenzahl einer Verkürzung, die für einen Ausschluss der Identifizierbarkeit sicher ausreicht, ist entsprechend schwierig bis unmöglich.[1160]

Mit einer doppelt verkürzten Speicherung von E-Mail-Adressen der Kommunikationspartner könnten deren Grundrechtspositionen bei einer Rechtfertigung über § 32 Abs. 1 BDSG zwar ausgeblendet werden, keinesfalls verbleibt jedoch ein mit einer verkürzten Rufnummernspeicherung vergleichbarer Informationswert.[1161] Die Verschleierung der Kommunikationspartner im Rahmen einer E-Mail-Kontrolle der Beschäftigten wird entsprechend in den seltensten

1155 Vgl. *Mengel*, BB 2004, 2014 (2016); *Ernst*, NZA 2002, 585 (589).

1156 Vgl. *Ernst*, NZA 2002, 585 (590).

1157 Dies erkennt auch *Ernst*, NZA 2002, 585 (590).

1158 *Spanke*, S. 236, weist auf kleine Betriebe und Selbständige hin; vgl. auch *Ernst*, NZA 2002, 585 (590); a.A. *Vehslage*, AnwBl 2001, 145 (148).

1159 Insofern zieht *Ernst*, NZA 2002, 585 (590) diese Lösung gar nicht in Erwägung, obwohl er eine Schwärzung beider Teile der Adresse erörtert.

1160 Eine verkürzte Speicherung der E-Mail-Adresse für technisch unmöglich halten *Mattl*, S. 138; *Panzer*, S. 277; *Thüsing*, Rn. 275; *Mengel*, BB 2004, 2014 (2018); *Beckschulze/Henkel*, DB 2001, 1491 (1494); *Kliemt*, AuA 2001, 532 (535).

1161 Insofern lehnen eine Teilerfassung von E-Mail-Adressen ab: *Spanke*, S. 236; *Höld*, S. 202; *Panzer*, S. 277; *Mengel*, BB 2004, 2014 (2018); a.A. *Kümpers*, S. 178; *Vehslage*, AnwBl 2001, 145 (148).

Fällen im Interesse der kontrollierenden Stelle liegen. Vor dem Hintergrund des im Vergleich zur Telefonkommunikation herabgesetzten Schutzniveaus des E-Mail-Verkehrs ist aber ein Ausblenden der Grundrechtspositionen der Kommunikationspartner zur Rechtfertigung einer E-Mail-Kontrolle selbst bei rein präventiver Zweckrichtung auch nicht zwingend notwendig.[1162] Die Rechtmäßigkeit einer Überwachungsmaßnahme kann über andere Einflussfaktoren sichergestellt werden.

3. Differenzierung zwischen der Überwachung des Posteingangs und des Postausgangs

Wenn nun also die Identität der Kommunikationspartner im Falle einer E-Mail-Kontrolle durch den Arbeitgeber regelmäßig nicht verschleiert werden kann und deren grundrechtliche Interessen im Rahmen einer Interessenabwägung weiterhin zu berücksichtigen sind, so stellt sich die Frage, ob hinsichtlich des Rechtfertigungsbedarfs zwischen einer Überwachung des Posteingangs und des Postausgangs differenziert werden muss.[1163] Die Frage fußt auf der Überlegung, dass die Kommunikationspartner der Arbeitnehmer in beiden Fällen einen unterschiedlichen Beitrag dazu geleistet haben, überhaupt von der Überwachungsmaßnahme eines fremden Arbeitgebers betroffen zu sein.

Im Posteingang des Arbeitnehmers befinden ausschließlich solche E-Mails, die aufgrund einer bewussten (oder zumindest fahrlässig unbewussten) Entscheidung des Kommunikationspartners in ein betriebliches Umfeld und damit in den Überwachungsbereich des Arbeitgebers gerieten. Wer eine E-Mail an eine betriebliche E-Mail-Adresse verschickt, der muss zumindest in Erwägung ziehen, dass diese E-Mail Gegenstand einer betrieblichen Datenerhebung werden kann.[1164] Mit dem Absenden der E-Mail nimmt der betriebsfremde Dritte die abstrakte Möglichkeit in Kauf, dass der Arbeitgeber die im Zusammenhang mit der Kommunikation anfallenden personenbezogenen Daten erhebt. Wird hingegen der Postausgang eines Arbeitnehmers zum Ziel einer Überwachung, so wer-

---

1162 Keine Bedenken gegen eine vollständige Erfassung der E-Mail-Adressen der Kommunikationspartner haben *Spanke*, S. 237; *Mattl*, S. 138; *Wuttke*, S. 184; *Höld*, S. 203; *Panzer*, S. 277; *Thüsing*, Rn. 275; Besgen/Prinz-*Busse*, § 10 Rn. 34; *Wolf/Mulert*, BB 2008, 442 (443 f.); *Oberwetter*, NZA 2008, 609 (611); *Kömpf/Kunz*, NZA 2007, 1341 (1344); *Altenburg/v.Reinersdorff/Leister*, MMR 2005, 135 (136); *Mengel*, BB 2004, 2014 (2016); *Beckschulze*, DB 2003, 2777 (2779 f.); *Lindemann/Simon*, BB 2001, 1950 (1952).

1163 So *Kümpers*, S. 178.

1164 Vgl. *Höld*, S. 198; *Mattl*, S. 141; *Wuttke*, S. 185; *Barton*, NZA 2006, 460 (463); *Mengel*, BB 2004, 2014 (2017); *Beckschulze*, DB 2003, 2777 (2780); *Hilber/Frik*, RdA 2002, 89 (94); differenzierend nach dem Aufbau der E-Mail-Adresse *Ernst*, NZA 2002, 585 (589).

den auch solche E-Mails zum Gegenstand der Kontrollmaßnahme, die ohne jegliches Zutun des betriebsfremden Kommunikationspartners einen Bezug zum betrieblichen Umfeld aufweisen.[1165] Der Empfang einer E-Mail, die von einer betrieblichen E-Mail-Adresse verschickt wurde, basiert nicht auf einer Entscheidung des Kommunikationspartners. Seine bei der Kommunikation anfallenden, personenbezogenen Daten werden also zumindest bei erstmaliger Kontaktaufnahme durch den Arbeitnehmer ohne jegliches vorwerfbares Handeln zum potentiellen Gegenstand einer Mitarbeiterüberwachung.[1166] Eine Aufwertung der berechtigten Interessen betriebsfremder Kommunikationspartner im Falle der Überwachung des Postausgangs eines Beschäftigten liegt folglich nahe.

Auf der anderen Seite ist zu berücksichtigen, dass eine E-Mail stets konkrete Rückschlüsse auf die Persönlichkeit des Absenders, aber nicht zwingend Rückschlüsse von vergleichbarer Aussagekraft auf die Person des Adressaten zulässt. Der Urheber einer E-Mail verfasst in Gestalt des Wortlauts einen mehr oder weniger deutlich interpretierbaren Ansatz. Die Haltung eines Adressaten zu den aus fremder Feder stammenden Kommunikationsinhalten geht aus einer Datenerhebung hingegen nicht hervor. Auch die Verbindungsdaten einer E-Mail im Postausgang sagen deutlich mehr über das Nutzungsverhalten des Absenders aus, bezüglich des Adressaten erschöpft sich der Informationsgehalt regelmäßig in dessen potentieller Identifizierbarkeit.[1167] In Anbetracht des nicht geringen Aufwandes, den eine konkrete Identifizierung auf Seiten der kontrollierenden Stelle verursacht, wird diese ihre Bemühungen auf Einzelfälle beschränken. Die Eingriffsintensität einer Kontrollmaßnahme gegenüber dem einzelnen Betroffenen steigt proportional zu ihrer Aussagekraft über dessen Persönlichkeit.[1168] Bei der Kontrolle des Postausgangs werden dic Interessen der betriebsexternen Kommunikationspartner entsprechend weniger beeinträchtigt als bei der Kontrolle des Posteingangs.

Vor dem Hintergrund der gesteigerten Aussagekraft über die Beschäftigten wird ein Arbeitgeber bei jeder Form der Mitarbeiterkontrolle zudem regelmäßig ein höheres Interesse an der Überwachung des Postausgangs haben. Primäres Zielobjekt einer jeden arbeitgeberseitigen Kontrollmaßnahme sind schließlich

---

1165 Vgl. *Kümpers*, S. 178 unter Verweis auf S. 175. Dieser will bei Telefonanrufen weiter differenzieren, ob zum Kommunikationspartner zum Zeitpunkt des Kommunikationsvorgangs bereits ein geschäftlicher Kontakt besteht. Er erkennt jedoch die Schwierigkeiten im Umgang mit diesem Kriterium zumindest bei E-Mails.

1166 Vgl. *Kümpers*, S. 184; ähnliche Überlegungen stellt *Ernst*, NZA 2002, 585 (589 f.) an.

1167 Nach *Höld*, S. 197 f. muss sich ein Arbeitgeber Inhalte „herausgehender Post“ zurechnen lassen.

1168 Aus diesem Grunde muss auch zwischen der Erhebung von Verbindungs- und Inhaltsdaten unterschieden werden, vgl. Simitis-*Seifert*, § 32 Rn. 91; Preis-*Preis*, Der Arbeitsvertrag, II I 10 Rn. 23 f.; *Kümpers*, S. 173 ff.; *Wellhöner/Byers*, BB 2009, 2310 (2311); *Wolf/Mulert*, BB 2008, 442 (446); *Mengel*, BB 2004, 1445 (1448 f.); *Weißnicht*, MMR 2003, 448 (449). Dazu bereits S. 170 ff.

die Beschäftigten, nicht die Kommunikationspartner. Insbesondere bei Kontrollmaßnahmen im Sinne dieser Arbeit steht die Gewinnung von Erkenntnissen über strafbares Verhalten der Beschäftigten im Fokus. Persönlichkeitsrelevante Informationen über betriebsfremde, dem Arbeitgeber in der Regel völlig unbekannte Kommunikationspartner sind als Randprodukt nur zur Bekräftigung von Verdachtsmomenten gegen Beschäftigte von Interesse. Zudem können E-Mails im Postausgang als Produkt vorwerfbarer Handlungen der Beschäftigten selbst Tatbestandselement einer durch sie verübten Straftat sein. E-Mails im Posteingang versprechen allenfalls indirekte Hinweise auf ein vorwerfbares Verhalten der Arbeitnehmer, die in diesem Fall lediglich Adressaten sind.

In der Summe nivelliert die Kombination aus gesteigertem, arbeitgeberseitigem Kontrollinteresse und geringerer Eingriffsintensität gegenüber den betriebsfremden Kommunikationspartnern die Aufwertung ihrer schützenswerten Positionen im Falle einer Überwachung des Postausgangs. Mit Blick auf die Eingriffsintensität der Gesamtmaßnahme unter Einbezug der grundrechtlichen Interessen sowohl der Beschäftigten als auch der Kommunikationspartner lässt sich kein Abstufungsverhältnis zwischen der Überwachung des Posteingangs und des Postausgangs feststellen. Hinsichtlich der anzustellenden Interessenabwägung bzw. des Rechtfertigungsbedarfs ist eine Differenzierung entsprechend nicht zwingend.[1169]

Sofern der Zweck einer Kontrollmaßnahme allerdings eine Beschränkung der Datenerhebung entweder auf den Posteingang oder den Postausgang zulässt, kann der Arbeitgeber die Eingriffsintensität schon durch die Reduzierung der erhobenen Datenmenge drosseln.[1170] Insbesondere bei repressiven Maßnahmen kann er sich an möglichen Verdachtsmomenten orientieren.

4. Erfassung der Betreffzeile

Für den Absender einer E-Mail besteht die Möglichkeit, der Nachricht in Gestalt eines so genannten „Betreffs" eine Art Überschrift zu geben. Dem Adressaten kann er auf diesem Wege einen Hinweis auf Anlass oder Inhalt der Nachricht zukommen lassen. Ein passendes Schlagwort in der Betreffzeile ermöglicht eine grobe Klassifizierung der E-Mail, ohne dass sie zwingend gelesen werden muss. Entsprechend hat auch die Erfassung der Betreffzeile einen Wert für den kontrollierenden Arbeitgeber.[1171]

1169 A.A. allein *Kümpers*, S. 178, der aber eine – nach Ansicht des Verfassers nicht sinnvoll durchführbare – verkürzte Speicherung der E-Mail-Adressen bei Empfängeradressen verlangt.

1170 Siehe hierzu S. 171 ff.

1171 Vgl. *Spanke*, S. 236; *Thüsing*, Rn. 294 f.; *Hanau/Hoeren*, S. 61; *Beckschulze/Henkel*, DB 2001, 1491 (1494); *Lindemann/Simon*, BB 2001, 1950 (1953).

Wie bereits an anderer Stelle erörtert handelt es sich bei der Betreffzeile aufgrund der potentiellen Hinweise auf den Nachrichteninhalt nicht nur um ein Verbindungsdatum. Die Betreffzeile wird bei der Verfassung einer E-Mail zum Teil automatisiert erstellt, etwa durch Buchstabenkürzel zur Verdeutlichung, dass es sich bei der vorliegenden Nachricht um eine Antwort oder Weiterleitung handelt. Die Beibehaltung dieser automatisierten Elemente obliegt jedoch ebenso dem Absender wie die Entscheidung, die Betreffzeile gar nicht zu nutzen. Den Datentyp prägt vielmehr die vom Absender bewusst in dieser Form übermittelte Information, die zumindest potentiell Rückschlüsse auf den Nachrichteninhalt erlaubt.[1172] Die Eingriffsintensität steigt gegenüber der Erhebung von Verbindungsdaten, erreicht jedoch nicht das Rechtfertigungsbedürfnis einer umfassenden Erhebung des konkreten Nachrichteninhalts.

Auch wenn bei Kontrollen zur Ermittlung von Hinweisen auf eine Straffälligkeit einzelner Mitarbeiter die Betreffzeilen selten selbst konkrete Hinweise beinhalten, so bieten sie umgekehrt zumindest die Möglichkeit, erkennbar unverdächtiges Datenmaterial von einer weiteren Untersuchung auszunehmen. Die Eingriffintensität einer Erhebung von Inhaltsdaten könnte beispielsweise erheblich abgemildert werden, wenn anhand der Sichtung der Betreffzeilen eine Vorauswahl der weiter zu untersuchenden E-Mails durchgeführt würde. Möglich wäre eine mehrstufige Konzeption der Kontrollmaßnahme dahingehend, dass im Falle dokumentierter Verdachtsmomente gegen einzelne Beschäftigte zwar eine vollständige Speicherung der Kommunikationsinhalte erfolgt, eine tatsächliche Einsichtnahme durch den Arbeitgeber allerdings an eine vorherige Auswahl verdächtiger E-Mails anhand ihrer Betreffzeilen gekoppelt wird.[1173] Hierdurch kann selbst bei einer Konzentration der Maßnahme auf einen bestimmten Mitarbeiter die Eingriffsintensität weiter reduziert werden, denn mit jeder ausgesonderten E-Mail wird zumindest auf die Interessen des jeweiligen Kommunikationspartners Rücksicht genommen.[1174] Allerdings müsste das erhobene Datenmaterial vor einem darüber hinausgehenden Zugriff des Arbeitgebers geschützt werden, etwa indem die Durchführung der Datenerhebung einer unabhängigen Kontrollstelle überantwortet wird.

1172 Ausführlich zur Einordnung der Betreffzeile als Inhaltsdatum *Thüsing*, Rn. 292 ff.; im Ergebnis Taeger/Gabel-*Munz*, § 88 TKG Rn. 8.

1173 In diesem Kontext macht auch der Vorschlag von *Hanau/Hoeren*, S. 61, *Beckschulze/Henkel*, DB 2001, 1491 (1494) und *Lindemann/Simon*, BB 2001, 1950 (1953) einen Sinn, die unzutreffend davon ausgehen, man könne über die Betreffzeile zwischen privater und betrieblicher Kommunikation differenzieren. Die vorherige Sichtung der Betreffzeile wirkt jedoch lediglich eingriffsmildernd.

1174 Die mildernde Wirkung einer zweistufigen Vorgehensweise betont *Schmidt*, RDV 2009, 193 (196); *Schmidt*, DuD 2010, 207 (211); vgl. auch Taeger/Gabel-*Zöll*, § 32 BDSG Rn. 40 f.; *Thüsing*, NZA 2009, 865 (868).

5. Erfassung von Datenanhängen

Eine E-Mail kann nicht nur zur Übermittlung von Nachrichteninhalten direkt im Textkörper, sondern auch als Träger für einen Versand von Dateien beliebigen Formats dienen. Zu untersuchen bleibt, ob die Erfassung solcher Anhänge einer E-Mail im Rahmen einer Kontrollmaßnahme besonderen Anforderungen unterliegt.

Bezogen auf die Erhebung von Inhaltsdaten macht es keinen entscheidenden Unterschied, in welcher Dateiform Nachrichteninhalte zwischen den Kommunikationspartnern übermittelt werden. Das Rechtfertigungsbedürfnis einer Einsichtnahme in angehängte Dateien ist vergleichbar mit dem einer Einsichtnahme in Inhalte des Textkörpers einer E-Mail, unabhängig davon, ob es sich bei den Anhängen um Textdokumente, Bilder oder Programme handelt. Auch ist es unerheblich, ob ein Nachrichteninhalt direkt aus dem Textkörper ersichtlich ist, oder ob zuvor eine angehängte Datei geöffnet werden muss.[1175] Die Schutzwürdigkeit eines Textinhaltes wird von der Ebene seiner Verortung innerhalb des Kommunikationsmediums E-Mail nicht beeinflusst.[1176] Auch für die Erfassung von Verbindungsdaten gelten grundsätzlich keine Besonderheiten.[1177] Zu den Verbindungsdaten gehören Größe und Dateiformat der Anhänge, denn sie enthalten selbst noch keine Hinweise auf den konkreten Kommunikationsinhalt. Etwas anderes gilt für die in der Regel vom Absender selbst gewählten Namen der angehängten Dateien; sie sind vergleichbar mit der Betreffzeile einer E-Mail. Im Allgemeinen ist ein Dateianhang folglich zu behandeln wie die E-Mail selbst.[1178]

Fraglich ist, ob diese allgemeinen Grundsätze auch bei Mitarbeiterkontrollen Anwendung finden können. Schließlich stammen zumindest die von Arbeitnehmern verschickten Dateianhänge sämtlich aus dem Herrschaftsbereich des Arbeitgebers. Ihm stehen umfangreiche Zugriffsrechte auf den von den Beschäftigten selbst erstellten Datenbestand auf der Festplatte des Arbeitsplatzrechners oder einem betrieblichen Server zu.[1179] Es mutet zunächst befremdlich an, eine Einsichtnahme in dieselben Dateien im Rahmen einer Überwachung des Postausgangs anderen Anforderungen zu unterstellen, nur weil sie im Rahmen eines Telekommunikationsvorgangs verschickt wurden. Dies erklärt sich jedoch

---

1175 So ausdrücklich *Kümpers*, S. 179; a.A. *Jofer/Wegerich*, K&R 2002, 235 (238).

1176 So auch *Wuttke*, S. 187; lediglich im Falle eines Passwortschutzes der angehängten Dateien bedarf die arbeitgeberseitige Einsichtnahme einer besonderen Rechtfertigung. Siehe hierzu die Ausführungen zur Internetnutzung, S. 201 ff.

1177 Vgl. *Beckschulze/Henkel*, DB 2001, 1491 (1494).

1178 Vgl. *Wuttke*, S. 187; *Kümpers*, S. 179; einige Autoren ordnen Informationen über angehängte Dateien ohne besondere Problematisierung den Inhalts- und Verbindungsdaten der E-Mail selbst zu, so etwa *Spanke*, S. 233; *Höld*, S. 194; *Panzer*, S. 273.

1179 Zu den Zugriffsmöglichkeiten auf lokal gespeicherte Dateien siehe S. 228 ff.

dadurch, dass ein Arbeitnehmer mit dem Versand einer Datei diese zum Kommunikationsgegenstand macht und sie automatisch in einen Bezug zu Kommunikationsinhalten setzt, unabhängig davon, ob er die Datei selbst erstellt, verändert oder unkommentiert verschickt hat. Bereits hinter dem unveränderten und unkommentierten Abschicken einer von Dritten erstellten Datei verbirgt sich eine interpretierbare Aussage zwischen Absender und Adressat.

Vor dem Hintergrund, dass die schützenswerten Interessen der Beschäftigten bei betrieblicher und privater Kommunikation gleichermaßen zu berücksichtigen sind[1180], ist festzustellen, dass die besondere Stellung des Arbeitgebers zu den Dateien auf den Arbeitsplatzrechnern nicht zu einer Absenkung des Rechtfertigungsbedürfnisses einer Einsichtnahme in vom Arbeitnehmer verschickte Dateianhänge führt.[1181] Dem Arbeitgeber bleibt jedoch unbenommen, mit der rechtfertigungsbedürftigen Kenntnis der Dateinamen außerhalb der Telekommunikationskontrolle von seinen Zugriffsrechten auf den Datenbestand der Festplatte der Arbeitsplatzrechner oder des betrieblichen Servers Gebrauch zu machen.

6. Einsatz von Filtersoftware

Für die Internetnutzung im Allgemeinen wurde die Bedeutung des Einsatzes von Filter- und Sperrsoftware und die Sinnhaftigkeit einer Nutzungseinschränkung durch Voreinstellungen des Browsers bereits erörtert.[1182] Auch bei der Kommunikation über E-Mails besteht die Möglichkeit, über Voreinstellungen des E-Mail-Clients im Vorfeld einer Datenerhebung auf das Nutzungsverhalten der Beschäftigten einzuwirken.

Beim E-Mailing handelt es sich allerdings lediglich um einen kleinen Ausschnitt der Internetnutzung im Allgemeinen. Dieser Umstand begrenzt bereits die Möglichkeiten des Arbeitgebers, das Nutzungsverhalten auf technischem Wege zu beschränken. Die Bedeutung der Kommunikationsform für das Arbeitsverhältnis verschiebt zudem den Ansatzpunkt für technische Schutzmechanismen: Anders als eine Beschränkung der Internetnutzung auf bestimmte Internetseiten macht eine Beschränkung des E-Mailings auf bestimmte Kommunikationspartner in aller Regel keinen Sinn. Mit der Zuweisung einer betrieblichen E-Mail-Adresse wird eine gewisse Flexibilität der aktiven Kommunikation und der passiven Erreichbarkeit des jeweiligen Arbeitnehmers bezweckt. Eine ab-

---

1180 Dies wurde höchstrichterlich am Beispiel der Telefonie klargestellt, BVerfG 25.03.1992, BVerfGE 85, 386 (395 ff.); vgl. dazu Simitis-*Seifert*, § 32 Rn. 88; DKWW-*Wedde*, § 32 Rn. 112; *Gola/Wronka*, Rn. 770 ff.; ErfK-*Wank*, § 32 BDSG Rn. 23.

1181 Im Ergebnis gegen eine Sonderbehandlung von E-Mail-Anhängen *Wuttke*, S. 187; *Kümpers*, S. 179; *Spanke*, S. 233; *Höld*, S. 194; *Panzer*, S. 273.

1182 Dazu S. 206 ff.

schließende Benennung der zugelassenen Kommunikationspartner liefe dem zuwider. Anders als bei der Beschränkung der Internetnutzung wird bei der Beschränkung des E-Mail-Verkehrs folglich nicht die Erlaubnis einzelner gewollter, sondern allenfalls der Ausschluss einzelner ungewollter Kommunikationsvorgänge im Interesse des Arbeitgebers liegen.[1183] Die Identifikation und Sperrung einzelner Adressen oder Domänen ist allerdings ihren Aufwand nicht wert, da die Einrichtung einer neuen E-Mail-Adresse für jeden Internetnutzer innerhalb von Minuten problemlos möglich ist.

Wesentlich weniger aufwändig und dadurch empfehlenswert ist allerdings eine an den Bedürfnissen des konkreten Arbeitsverhältnisses ausgerichtete Bestimmung der maximalen Versandgröße einer E-Mail oder die Sperrung des Versands oder Empfangs von Anhängen bestimmter Dateiformate.[1184] Vorsicht ist jedoch geboten beim Einsatz so genannter Spam-Filter oder sonstiger Programme zur Ausscheidung eingehender E-Mails. Sollte der Arbeitgeber private, an einen Arbeitnehmer adressierte E-Mails löschen, deren Eingang trotz fehlender Erlaubnis der Privatnutzung nicht vollumfänglich verhindert werden kann, so droht ihm eine Strafbarkeit gem. § 303a StGB.[1185]

Insgesamt wird jedoch deutlich, dass Filter- und Sperrfunktionen des E-Mail-Clients und entsprechende Software für E-Mail-Kontrollen in aller Regel keine besondere Bedeutung haben.

7. Bedeutung der Reichweite des Fernmeldegeheimnisses

Im Anwendungsbereich des BDSG ist für die E-Mail-Kontrolle lediglich von nachrangiger Bedeutung, ob der Kommunikationsvorgang zum Zeitpunkt der Datenerhebung beendet ist, oder nicht. Anders als das TKG orientiert sich der Schutzbereich des BDSG nicht an der Reichweite des Fernmeldegeheimnisses, sonder schützt den Einzelnen vor ungewolltem Umgang mit Daten, die einen Personenbezug zu ihm aufweisen.[1186] Kommunikationsinhalte und –umstände erlauben stets Rückschlüsse auf das Nutzungsverhalten und damit auch die Persönlichkeit identifizierbarer Kommunizierender und verlieren ihren Personenbe-

1183 *Thüsing*, Rn. 282, schlägt eine Filterung der E-Mail-Inhalte nach bestimmten Schlagwörtern vor.

1184 Beispielsweise Musik- oder Videoformate zum Schutz vor Urheberrechtsverletzungen; vgl. etwa Besgen/Prinz-*Busse*, § 10 Rn. 33; *Panzer*, S. 274 f.

1185 So auch *Däubler*, Rn. 378a, 627f; vgl. Schönke/Schröder-*Stree/Hecker*, § 303a Rn. 10, die eine Rechtfertigung über §§ 32, 34 StGB im Falle einer Löschung virenbehafteter E-Mails annehmen; ausführlich zu diesem Thema *Heidrich/Tschoepe*, MMR 2004, 75 (79 f.).

1186 Maßgeblich ist hier das in § 4 Abs. 1 BDSG verankerte präventive Verbot mit Erlaubnisvorbehalt, dazu DKWW-*Weichert*, § 4 Rn. 1; *Gola/Schomerus*, § 4 Rn. 3; Taeger/Gabel-*Taeger*, § 4 BDSG Rn. 14 ff.; Simitis-*Sokol*, § 4 Rn. 3; zur Systematik des BDSG siehe S. 152 ff.

zug auch nicht mit dem Ende des Kommunikationsvorgangs. Die Aussagekraft von Inhalts- und Verbindungsdaten einer E-Mail ist unabhängig von einer Kenntnisnahme des Adressaten, mithin auch von der Beendigung des Kommunikationsvorgangs im Vorfeld einer Datenerhebung.[1187]

Die bei einer Rechtfertigung einer Kontrollmaßnahme gem. § 32 Abs. 1 BDSG vorzunehmende Interessenabwägung wird vom Wegfall des Fernmeldegeheimnisses als einer von vielen schützenswerten Grundrechtspositionen der betroffenen Arbeitnehmer nicht merklich beeinflusst. Die Eingriffsintensität einer Datenerhebung ist unabhängig vom Ende des Kommunikationsvorgangs.

8. Zwischenergebnis

Das E-Mailing ist eine besondere Form der Internetnutzung, sein abstraktes Schutzniveau ist zwischen dem eines Telefonanrufs und dem eines Geschäftsbriefes anzusiedeln.[1188] Die wegen des besonderen Schutzes der Flüchtigkeit des nicht öffentlich gesprochenen Wortes für die Rechtfertigung einer Telefonkontrolle aufgestellten Grundsätze finden keine Anwendung auf E-Mail-Kontrollen[1189]. Insbesondere die Erhebung von Inhaltsdaten bleibt nicht auf besondere Ausnahmefälle beschränkt, in denen im Vorfeld Verdachtsmomente gesammelt wurden. Allerdings stehen dem Arbeitgeber auch nicht mit den Zugriffsrechten auf Geschäftsbriefe vergleichbare Datenerhebungsbefugnisse zu.[1190]

Aufgrund der Absenkung des Schutzniveaus im Vergleich zur Telefonie sind präventive Kontrollmaßnahmen weder zwingend auf Verbindungsdaten zu beschränken, noch ist eine Verschleierung der Identität der Kommunikationspartner zwingend vorzunehmen. Die Möglichkeit der Auflösung des Personenbezugs zu betriebsfremden Dritten über eine verkürzte Speicherung ihrer E-Mail-Adressen wäre ohnehin nur schwer konzipierbar, mit erheblichem Aussa-

1187 Auf einem Rechner gespeicherte Daten sind auch nach höchstrichterlicher Ansicht besonders schutzwürdig. Das Recht auf Vertraulichkeit und Integrität informationstechnischer Systeme im Sinne der Art. 2 Abs. 1 i.V.m. 1 Abs. 1 GG erfasst Daten auch über das Ende des Telekommunikationsvorgangs hinaus und ergänzt damit den Schutzbereich des Art. 10 Abs. 1 GG. Hiermit wird eine vom Gericht ausgemachte Schutzlücke geschlossen, BVerfGE 124, 274 (302 ff.).

1188 So auch *Spanke*, S. 239; *Kümpers*, S. 177; *Wolf/Mulert*, BB 2008, 442 (443); nach *Biegel*, S. 96 folgt die E-Mail-Kontrolle völlig eigenen Kriterien.

1189 Vgl. Besgen/Prinz-*Busse*, § 10 Rn. 36; *Baier*, S. 96; *Wuttke*, S. 185; *Mattl*, S. 142; *Kümpers*, S. 177; *Panzer*, S. 273; *Oberwetter*, NZA 2008, 609 (611); *Mengel*, BB 2004, 2014 (2017); *Beckschulze*, DB 2003, 2777 (2779); *Grosjean*, DB 2003, 2650 (2652); *Hilber/Frik*, RdA 2002, 89 (94); *Lindemann/Simon*, BB 2001, 1950 (1952).

1190 Im Ergebnis gegen eine Vergleichbarkeit von E-Mail und Dienstpost *Spanke*, S. 239; *Kümpers*, S. 177; *Wolf/Mulert*, BB 2008, 442 (443); *Biegel*, S. 96; *Ernst*, NZA 2002, 585 (589 f.); *Müller*, RDV 1998, 205 (206); *Balke/Müller*, DB 1997, 326 (326).

gekraftverlust verbunden und deswegen auch als Option zur Drosselung der Eingriffsintensität nicht zu empfehlen.[1191]

Die Eingriffsintensität einer Maßnahme ist nicht davon abhängig, ob der Posteingang oder der Postausgang eines Beschäftigten das Ziel der Mitarbeiterkontrolle ist. Die Aufwertung der berechtigten Interessen der betriebsexternen Kommunikationspartner im Falle der Überwachung des Postausgangs wird von der geringeren Aussagekraft einer E-Mail über den Adressaten und dem damit korrespondierenden, erhöhten Interesse des Arbeitgebers an einer Kontrolle des Postausgangs aufgewogen. Nichtsdestotrotz mildert eine Beschränkung der Kontrollmaßnahme auf Posteingang oder Postausgang der Maßnahme allein wegen der Beschränkung der erhobenen Datenmasse die Eingriffsintensität.[1192]

Die Betreffzeile einer E-Mail ist als Inhaltsdatum zu werten[1193], das Rechtfertigungsbedürfnis einer Erhebung dieses besonderen Datums erreicht jedoch nicht den für eine Erfassung des vollständigen Inhalts notwendigen Grad. Die Betreffzeile bietet die Möglichkeit, über eine Aussonderung unverdächtiger E-Mails im Rahmen einer mehrstufigen Konzeption der Kontrollmaßnahme die Eingriffsintensität zu mildern.[1194]

Dateianhänge sind ein weiteres Spezifikum der E-Mail. Sie sind grundsätzlich auch im Arbeitsverhältnis nicht anders zu behandeln wie die E-Mail selbst.[1195] Die Schutzwürdigkeit der Kommunikationsinhalte hängt nicht vom Dateiformat ab. Das Eigentum des Arbeitgebers an Betriebsmitteln und seine Zugriffsrechte auf im betrieblichen Umfeld gespeicherte Dateien vermögen keine besonderen Einsichtnahmerechte im Falle der Kontrolle des Postausgangs zu begründen.[1196]

Verglichen mit der Kontrolle der Internetnutzung von nachrangiger Bedeutung ist die Nutzung von Filter- oder Sperrfunktionen oder der Einsatz entsprechender Software. Die Besonderheiten der Kommunikationsform lassen dem Arbeitgeber kaum sinnvolle Möglichkeiten offen, im Vorfeld einer Datenerhe-

---

1191 Keine Bedenken gegen eine vollständige Erfassung der E-Mail-Adressen der Kommunikationspartner haben *Spanke*, S. 237; *Mattl*, S. 138; *Wuttke*, S. 184; *Höld*, S. 203; *Panzer*, S. 277; *Thüsing*, Rn. 275; Besgen/Prinz-*Busse*, § 10 Rn. 34; *Wolf/Mulert*, BB 2008, 442 (443 f.); *Oberwetter*, NZA 2008, 609 (611); *Kömpf/Kunz*, NZA 2007, 1341 (1344); *Altenburg/v.Reinersdorff/Leister*, MMR 2005, 135 (136); *Mengel*, BB 2004, 2014 (2016); *Beckschulze*, DB 2003, 2777 (2779 f.); *Lindemann/Simon*, BB 2001, 1950 (1952).

1192 Siehe dazu S. 217 ff.

1193 Ausführlich zur Einordnung der Betreffzeile als Inhaltsdatum *Thüsing*, Rn. 292 ff.; im Ergebnis Taeger/Gabel-*Munz*, § 88 TKG Rn. 8.

1194 Vgl. den Ansatz von *Hanau/Hoeren*, S. 61, *Beckschulze/Henkel*, DB 2001, 1491 (1494) und *Lindemann/Simon*, BB 2001, 1950 (1953), auch wenn sie die Vorgehensweise unzutreffend als Separationsmaßnahme ansehen.

1195 Vgl. *Wuttke*, S. 187; *Kümpers*, S. 179; im Ergebnis *Spanke*, S. 233; Höld, S. 194; *Panzer*, S. 273.

1196 Siehe dazu S. 221 ff.

bung auf das Nutzungsverhalten einzuwirken.[1197] Ebenso nur von marginaler Bedeutung ist die Reichweite des Fernmeldegeheimnisses, da der Schutz des BDSG lediglich an den Personenbezug der erhobenen Daten geknüpft ist, welchen die Kommunikationsdaten nicht mit dem Ende des Kommunikationsvorgangs verlieren.[1198]

1197 Siehe S. 223 f.
1198 Siehe S. 224 f.

E. Exkurs: Die Kontrolle sonstiger auf betrieblichen Rechnern oder Servern gespeicherter Dateien

Für die Telekommunikation via Internet bzw. E-Mail ist die Nutzung eines Computers zwingende Voraussetzung. Allerdings ist nicht jede Einsichtnahme in lokal gespeicherte Dateien oder jede Erfassung des auf einem Rechner vorhandenen Dateibestandes als Telekommunikationskontrolle einzustufen. Kommunikationsdaten machen nur einen Bruchteil des auf der Festplatte des Arbeitsplatzcomputers oder auf einem betrieblichen Server gespeicherten Datenbestandes aus. Im Verlauf der bisherigen Erörterung wurden mehrfach Situationen ausgemacht, in welchen der Zeitpunkt oder die Art des arbeitgeberseitigen Zugriffs auf Dateien darüber bestimmt, ob die Maßnahme als Telekommunikationskontrolle einzustufen ist, oder nicht. Gemeint sind zum einen Kontrollen, in denen ursprünglich von Beschäftigten als Kommunikationsinhalte empfangene Dateien erst erfasst werden, nachdem sie durch einen bewussten Speicherungsakt des Arbeitnehmers vom Telekommunikationsmedium gelöst und in den Herrschaftsbereich des Arbeitgebers überführt wurden. Dies geschicht etwa bei einer lokalen Speicherung von Downloads[1199] oder E-Mail-Anhängen[1200]. Deren Bezug zu einem Telekommunikationsvorgang ist nach der lokalen Speicherung meist nicht mehr erkennbar. Darüber hinaus betrifft dies auch solche Kontrollmaßnahmen, die allein Quellen erfassen, die der Arbeitnehmer später zum Telekommunikationsgegenstand gemacht hat, etwa in Gestalt von Anhängen selbst initiierter E-Mails[1201]. Die nachfolgende Darstellung orientiert sich an diesen Fallgruppen und beschränkt sich auf die Feststellung der Befugnisse zur Erfassung solcher Dateien, die von den Beschäftigten des Unternehmens bewusst auf einem betrieblichen Rechner oder Server gespeichert wurden.

Die Befugnisse der kontrollierenden Stelle hängen maßgeblich von der Einstufung der Maßnahme als Telekommunikationskontrolle oder als Kontrolle lokal gespeicherter Dateien ab.[1202] Letztere unterfällt unabhängig von ihrer Ausgestaltung oder von konzeptionellen Vorfragen allenfalls dem Anwendungsbereich des BDSG, sofern die erhobenen Daten einen Personenbezug aufweisen. Spätestens seit der Etablierung des Grundrechtes auf Integrität und Vertraulichkeit informationstechnischer Systeme durch das Bundesverfassungsgericht steht fest,

---

1199 Zur Erfassung von Downloads siehe S. 205 f.

1200 Zur Erfassung von E-Mail-Anhängen siehe S. 221 ff.

1201 Siehe S. 217 ff.

1202 Hiervon hängt die Anwendbarkeit der Spezialregelungen des TKG und TMG ab; plakativ *Kratz/Gubbels*, NZA 2009, 652 (653 f.); zur Anwendbarkeit von TKG und TMG siehe S. 54 ff.

dass der Gesamtdatenbestand eines Rechners potentiell Rückschlüsse auf die Persönlichkeit eines Nutzers erlaubt.[1203] In Anlehnung an die Rechtsprechung zur Telefonkontrolle[1204] gilt dies unabhängig davon, ob ein betriebseigener oder privater Rechner kontrolliert wird.[1205] Das Gericht sieht die Gefahr, über die Summe der bewusst und unbewusst gespeicherten Daten ein umfassendes Profilbild des Nutzers erstellen zu können. Der Gesamtdatenbestand weist folglich den für eine Anwendung des BDSG vorausgesetzten Personenbezug auf. Als Teil der Gesamtsumme kann einer Einzeldatei dieser Personenbezug ebenfalls nicht völlig abgesprochen werden. Eine anderweitige Interpretation stünde im Widerspruch zum Schutz der Integrität des Systems insgesamt, der auf einer Persönlichkeitsrelevanz der Summe der Einzeldateien aufbaut.[1206] Unabhängig davon kann der Personenbezug einer Einzeldatei auch daran festgemacht werden, dass ihr zumindest die Identität der Person entnommen werden kann, die eine Speicherung auf der Festplatte oder dem Server veranlasst hat. In aller Regel dokumentiert eine Datei zudem das Leistungsvermögen des Bearbeiters in Gestalt der Qualität ihres Inhalts oder enthält Informationen über den Zeitpunkt der letzten Bearbeitung. Somit weist auch jede Einzeldatei den notwendigen Personenbezug auf.[1207]

Die Kontrolle lokal gespeicherter Daten unterliegt mithin dem präventiven Verbot des § 4 Abs. 1 BDSG, eine Rechtfertigung kann sich im Rahmen des Arbeitsverhältnisses allein aus § 32 Abs. 1 BDSG ergeben.[1208] Im Rahmen der anzustellenden Interessenabwägung kommt es im Wesentlichen darauf an, ob der Arbeitgeber private oder betriebliche Dateien überwachen will.[1209] Trotz der Unanwendbarkeit von TKG und TMG erlangt die Vorfrage, ob den Beschäftigten die Privatnutzung der kontrollierten Speichermedien erlaubt worden ist, erneut erhebliche Bedeutung.

1203 BVerfG, 27.02.2008, BVerfGE 120, 274 (303 ff.).

1204 Zurückzuführen auf BVerfG, 19.12.1991, NZA 1992, 307 (307 f.).

1205 Dazu noch vor der Etablierung des Rechts auf Integrität und Vertraulichkeit informationstechnischer Systeme ausführlich *Weißgerber*, NZA 2003, 1005 (1005 f.) unter Berufung auf die Rechtsprechung des BVerfG, 19.12.1991, NZA 1992, 307 (308); er wendet sich gegen ein anders lautende Interpretation des ArbG Frankfurt a.M., 02.01.2002, NZA 2002, 1093 (1095).

1206 Eine Beschränkung der Kontrolle lediglich auf Teile des Datenbestandes lässt das Grundrecht auf Vertraulichkeit und Integrität informationstechnischer Systeme nicht unangetastet.

1207 Vgl. LAG Hamm, 04.02.2004, DuD 2004, 633 (634); *Mattl*, S. 151; *Kratz/Gubbels*, NZA 2009, 652 (654); a.A. *Mengel/Ullrich*, NZA 2006, 240 (241).

1208 Zur Spezialität des § 32 BDSG gegenüber den sonstigen Rechtfertigungstatbeständen für Datenerhebungen zum Zwecke der Durchführung von Beschäftigungsverhältnissen siehe S. 157 ff.

1209 So auch *Höld*, S. 190 f.; *Panzer*, S. 270 f.; *Wisskirchen/Glaser*, DB 2011, 1447 (1450); *Mengel/Ullrich*, NZA 2006 240 (241); *Weißgerber*, NZA 2003, 1005 (1006).

Soweit dem Arbeitnehmer die Privatnutzung eines betrieblichen Speichermediums verboten ist, kann der Arbeitgeber davon ausgehen, dass dieses ausschließlich betrieblich genutzt wird. Ausnahmefallgruppen einer Privatnutzung, die der Arbeitgeber nicht verbieten kann, sind nicht denkbar. Er kann bei einer Kontrollmaßnahme darauf vertrauen, dass der gesamte Datenbestand betrieblicher Natur ist. An der Einsicht in betriebliche Dateien besteht für den Arbeitgeber ein erhebliches berechtigtes Interesse. Das Direktionsrecht erlaubt es ihm, sich von seinen Arbeitnehmern jederzeit Arbeitsproben, Ergebnisse und Zwischenberichte seiner Arbeit vorlegen oder ausdrucken zu lassen.[1210] Betriebliche Dateien verkörpern in der Regel ein Produkt der Arbeitsleistung des Beschäftigten, unabhängig davon, ob dieser sie selbst erstellt oder nur zusammengetragen hat. Dem Zugriff des Arbeitgebers auf einzelne, betriebliche Dateien sind entsprechend kaum Grenzen gesetzt. Eine Datenerhebung, die sich auf betriebliche Dateien beschränkt, greift nicht tiefer in das Persönlichkeitsrecht der betroffenen Arbeitnehmer ein als eine entsprechende Anweisung im Rahmen des Direktionsrechts.[1211] Die Eingriffsintensität der Maßnahme ist marginal. Sofern eine Einsichtnahme des Arbeitgebers nicht völlig willkürlich oder evident missbräuchlich erfolgt[1212], wird eine Rechtfertigung der Maßnahme nicht verweigert werden können.[1213]

Befinden sich trotz fehlender Erlaubnis Privatdateien des Arbeitnehmers auf betrieblichen Speichermedien, so schränkt dies die Zugriffsrechte des Arbeitgebers nicht ein. Ein Beschäftigter kann keinesfalls darauf vertrauen, dass im Herrschaftsbereich des Arbeitgebers gespeicherte Privatdateien von dessen Kenntnisnahme verschont bleiben. Etwas anderes könnte allenfalls gelten, sofern sich der private Charakter einzelner Dateien auf der Festplatte geradezu aufdrängt. Hierzu müsste der Arbeitnehmer die Dateien unmissverständlich als privat kennzeichnen, etwa mittels eines besonderen Passwortschutzes.[1214] Selbst in einem solchen Fall werden jedoch die Interessen des Arbeitgebers an einer

---

1210 Vgl. *Wuttke*, S. 192; *Mengel*, S. 111 f.; *Panzer*, S. 269; *Mattl*, S. 149; *Grosjean*, DB 2003, 2650 (2652); *Lindemann/Simon*, BB 2001, 1950 (1952); *Gola*, MMR 1999, 322 (326).

1211 Die von der Rechtsprechung entwickelten Leitlinien sollen durch § 32 BDSG ausdrücklich nicht beeinträchtigt werden, BT-Drs. 16/13657, S. 21; vgl. Simitis-*Seifert*, § 32 Rn. 1; Taeger/Gabel-*Zöll*, § 32 BDSG Rn. 16; *Hoppe/Braun*, MMR 2010, 80 (80); *Mähner*, MMR 2010, 379 (381); *Wybitul*, BB 2009, 1582 (1583).

1212 Beispielsweise zur unzulässigen Erstellung eines Persönlichkeitsprofils, BVerfG 27.02.2008, BVerfGE 120, 274 (305) unter Hinweis auf BVerfG 15.12.1983, BVerfGE 65, 1 (42).

1213 Vgl. *Höld*, S. 188; *Gola/Wronka*, Rn. 788 f.; *Wisskirchen/Glaser*, DB 2011, 1447 (1450); *Mengel/Ullrich*, NZA 2006 240 (241); *Grosjean*, DB 2003, 2650 (2652).

1214 *Weißgerber*, NZA 2003, 1005 (1006); strengere Anforderungen stellt *Mengel*, S. 113.

Einsichtnahme überwiegen, da bereits die Existenz eines für ihn unzugänglichen Bereiches der Festplatte als Pflichtverletzung zu werten ist.[1215]

Die Sachlage ändert sich mit einer Erlaubniserteilung der Privatnutzung der zu kontrollierenden Speichermedien. Sofern der private Charakter der Dateien für den Arbeitgeber erkennbar ist, bedarf deren Einsichtnahme eines besonderen Grundes, etwa eines konkreten Straftatverdachts.[1216] Die Ordnerstruktur der Festplatte ermöglicht dabei eine besonders einfache Kenntlichmachung des Privatcharakters einer Datei. Die Errichtung eines passwortgeschützten Bereiches kann hier letzte Zweifel ausräumen.[1217] Eine solche, gegen Zugriffe des Arbeitgebers geschützte Zone kann nur in absoluten Ausnahmefällen durchbrochen werden.[1218]

Sollte es bei erlaubter Privatnutzung der Festplatte zu einer für den Arbeitgeber nicht erkennbaren Vermischung privater und dienstlicher Dateien kommen, so stellt sich die Frage, inwieweit sich dies auf seine Zugriffsmöglichkeiten auswirkt. Den Argumentationsansätzen zur Telekommunikationskontrolle entsprechend käme dem gesamten Datenbestand das hohe Schutzniveau der Privatdateien zugute.[1219] Vor dem Hintergrund, dass dem einzelnen Arbeitnehmer aufgrund der Ordnerstruktur eine Aussonderung der Privatdateien problemlos möglich ist, erscheint eine Spiegelung dieses Ergebnisses auf lokal gespeicherte Dateien zu drastisch. Selbst bei erlaubter Privatnutzung können Beschäftigte nicht davon ausgehen, dass sämtliche auf den lokalen Speichermedien ungeschützt festgehaltenen Dateien nun zugriffssicher wären.[1220] Immerhin verkörpert der Gesamtbestand betrieblicher Dateien regelmäßig einen nicht unerheblichen Teil der Arbeitsleistung. Auch bei einer Vermischung kann der Arbeitgeber alle Dateien einsehen, die nicht erkennbar privater Natur sind.[1221]

1215 Im Ergebnis *Panzer*, S. 270, allerdings allein bezogen auf lokal gespeicherte Downloads; vgl. *Wisskirchen/Glaser*, DB 2011, 1447 (1450); *Kratz/Gubbels*, NZA 2009, 652 (654); *Beckschulze/Henkel*, DB 2001, 1491 (1494); differenzierend *Mattl*, S. 149.

1216 Vgl. *Panzer*, S. 271; *Wisskirchen/Glaser*, DB 2011, 1447 (1450); *Mengel/Ullrich*, NZA 2006 240 (241); *Grosjean*, DB 2003, 2650 (2652 f.); *Kliemt*, AuA 2001, 532 (537).

1217 Vgl. *Weißgerber*, NZA 2003, 1005 (1006).

1218 Vgl. LAG Hamm, 04.02.2004, DuD 2004, 633 (634); *Mattl*, S. 149; *Höld*, S. 191; *Däubler*, Internet und Arbeitsrecht, Rn. 260; *Weißgerber*, NZA 2003, 1005 (1006); *Mengel*, S. 113 setzt die Schwelle auf niedrigerem Niveau an.

1219 Vgl. Besgen/Prinz-*Busse*, § 10 Rn. 88; Simitis-*Seifert*, § 32 Rn. 92; *Schimmelpfennig/Wenning*, DB 2006, 2290 (2291); *Beckschulze/Henkel*, DB 2001, 1491 (1494); siehe S. 95 ff.

1220 *Höld*, S. 188; *Mengel*, S. 113; *Kratz/Gubbels*, NZA 2009, 652 (654).

1221 *Höld*, S. 190 geht von einer Vermutung des dienstlichen Charakters einer jeden Datei aus; vgl. *Mengel*, S. 113.

Teil 4: Befugniserweiterungen mittels Einwilligung, Betriebsvereinbarung oder Tarifvertrag

Wo immer das einfache Gesetzesrecht Grenzen setzt, schürt es das Interesse der Betroffenen an Möglichkeiten, sich dieser Grenzen zu entledigen oder sie zumindest auszudehnen. Nichts Anderes gilt auch für den Fall der Mitarbeiterkontrollen. Der von den Regelungen des BDSG und der einschlägigen Spezialgesetze gezogene Zulässigkeitsrahmen wird von vielen Arbeitgebern als zu eng, nicht zweckdienlich oder schlicht rechtlich zu unsicher angesehen. Es entsteht das Bedürfnis nach Befugniserweiterungen, womit sich insbesondere die anwaltliche Beratungspraxis vermehrt konfrontiert sieht.[1222] Solche Befugniserweiterungen sind zumindest denkbar über Einwilligungen der Betroffenen sowie über selbstgeschaffene Regelungen wie Betriebsvereinbarungen und Tarifverträge. Daneben wächst auch die Furcht der Arbeitgeber vor Rechtsstreitigkeiten, deren Ausgang insbesondere im Anwendungsbereich der generalklauselartigen Vorschriften des BDSG kaum vorhersehbar ist.[1223] Zusätzliche Absicherungen über die einfachgesetzlichen Möglichkeiten hinaus versprechen zumindest vordergründig Rechtssicherheit.[1224] Auch die Beschäftigten haben an solchen Lösungsmöglichkeiten ein erhöhtes Interesse, denn sie oder zumindest ihre Interessenvertretungen werden viel stärker in den Entscheidungsprozess über die Durchführung einer Maßnahme eingebunden.[1225]

Inwieweit die Möglichkeit, Kontrollmaßnahmen über Einwilligungen, Betriebsvereinbarungen oder Tarifverträge zu rechtfertigen, durchführbar und sinnvoll ist, soll nachfolgend Gegenstand der Untersuchung sein.

1222 Vgl. *Deiters*, ZD 2012, 109 (109 f.).

1223 Eine plakative Darstellung der weiterhin bestehenden Unsicherheiten in der Praxis *Wybitul*, BB 2010, 1085 (1085), unter Hinweis auf *Barton*, RDV 2009, 200 (202): „Kritikpunkte sind angesichts der kryptischen Formulierung des § 32 Abs. 1 BDSG im Überfluss vorhanden".

1224 Dies verspricht sich insbesondere von Betriebsvereinbarungen etwa *Erfurth*, DB 2011, 1275 (1279).

1225 Die Rechtfertigung von Kontrollmaßnahmen über Einwilligungen sieht etwa *Riesenhuber*, RdA 2011, 257 (260 f.) als akzeptanzsteigernd; entsprechend zu Betriebsvereinbarungen *Deiters*, ZD 2012, 109 (112).

A. Rechtfertigung von Kontrollmaßnahmen durch Einwilligung der Betroffenen

Das BDSG sieht in § 4 Abs. 1 BDSG die Einwilligung der Betroffenen in eine Datenerhebung oder Datenverarbeitung als gleichrangige Rechtfertigungsmöglichkeit neben den gesetzlichen Regelungen und anderen Rechtsvorschriften.[1226] Ganz allgemein stellt eine Einwilligung entsprechend der Definition des § 183 S. 1 BGB eine Zustimmung dar[1227], muss also im Vorfeld der geplanten Maßnahme eingeholt werden. Eine nachträgliche Zustimmung genügt den Anforderungen nicht.[1228] Spezielle Wirksamkeitsvoraussetzungen einer datenschutzrechtlichen Einwilligung finden sich in § 4a BDSG. Auch die telekommunikationsrechtlichen Spezialgesetze sehen die Möglichkeit einer Einwilligung zumindest grundsätzlich, was bereits die §§ 12 Abs. 1 TMG und 94 TKG verdeutlichen.[1229]

I. Die Einwilligung im Anwendungsbereich des BDSG

Die von § 4a BDSG aufgestellten Voraussetzungen einer wirksamen Einwilligung stellen teilweise schlichte und unproblematische Formvorschriften, teilweise jedoch auch schwierig zu überwindende konzeptionelle Hürden dar.[1230] Nachfolgend sollen die sich daraus ergebenden Vorteile und Probleme herausgearbeitet werden. Im Anschluss daran kann untersucht werden, inwieweit das durch das BDSG gezeichnete Bild auf die telekommunikationsrechtlichen Spezialgesetze gespiegelt werden darf.

1226 Simitis-*Simitis*, § 4a Rn. 1 und § 4 Rn. 6 ff.; Taeger/Gabel-*Taeger*, § 4 BDSG Rn. 14; *Gola/Schomerus*, § 4 Rn. 5; Preis-*Preis*, Der Arbeitsvertrag, II I 10, Rn. 21; kritisch unter Hinweis auf die praktisch nachrangige Bedeutung DKWW-*Däubler*, § 4a Rn. 1.

1227 Für oberflächlich hält diesen Vergleich *Riesenhuber*, RdA 2011, 257 (258), da eine datenschutzrechtliche Einwilligung nicht auf die Zustimmung zu einem Rechtsgeschäft, sondern zu einem tatsächlichen Handeln gerichtet ist. Einzige Gemeinsamkeit sei der Charakter einer vorherigen Zustimmung.

1228 Simitis-*Simitis*, § 4a Rn. 27; *Byers*, S. 105; *Müller*, S. 37; *Panzer*, S. 161; *Däubler*, Rn. 137; *Thüsing*, Rn. 122.

1229 Exemplarisch dazu Spindler/Schuster-*Spindler/Nink*, § 12 TMG Rn. 2; BeckTKG-*Büttgen*, § 94 Rn. 4.

1230 Vgl. Preis-*Preis*, Der Arbeitsvertrag, II I 10, Rn. 34 ff.

1. Schriftformerfordernis

Zu den weitgehend unproblematischen Voraussetzungen gehört das in § 4a Abs. 1 S. 3 BDSG für den Regelfall normierte Schriftformerfordernis. Gem. § 126 BGB bedarf es hierzu der eigenhändigen Unterschrift, eine E-Mail oder ein Fax genügen den Anforderungen zumindest im Regelfall nicht.[1231] Die elektronische Form des § 126a BGB wird hingegen nicht ausgeschlossen, erfüllt sie doch in der Schriftform vergleichbarem Maße deren Warnfunktion.[1232]

Von der Schriftform kann nur unter besonderen Umständen abgewichen werden, die eine anderweitige Form angemessen erscheinen lassen. Solche Umstände kommen nicht nur im ausdrücklich in § 4a Abs. 2 BDSG geregelten Spezialfall der wissenschaftlichen Forschung in Betracht[1233], sondern auch etwa bei einer Einwilligung im Rahmen langjähriger geschäftlicher Beziehungen[1234] oder bei besonderer Eilbedürftigkeit.[1235] Der Formulierung des § 4a Abs. 1 S. 3 BDSG entsprechend kann aus solchen Umständen nur eine „andere Form" angemessen erscheinen, nicht hingegen eine völlige Formfreiheit, weswegen konkludente oder stillschweigende Einwilligungen keinesfalls möglich sind.[1236] Aus Beweisgründen und zur Sicherstellung der Transparenz liegt eine schriftliche Fixierung jedoch im beiderseitigen Interesse.[1237]

2. Besondere Hinweispflichten

Nur unwesentlich problematischer sind die in § 4a BDSG normierten Hinweispflichten. Gem. § 4a Abs. 1 S. 2 BDSG ist der Einwilligende über den Zweck

---

1231 MüKoBGB-*Einsele*, § 126 Rn. 14; Bamberger/Roth-*Wendtland*, § 126 Rn. 6 und 10 f.; PWW-*Ahrens*, § 126 Rn. 13; *Gola/Schomerus*, § 4a Rn. 29; DKWW-*Däubler*, § 4a Rn. 12.

1232 Simitis-*Simitis*, § 4a Rn. 36 ff.; *Byers*, S. 104; *Müller*, S. 37; *Däubler*, Rn. 144 ff.; *Thüsing*, Rn. 123; *Riesenhuber*, RdA 2011, 257 (259); zur Erfüllung der Warnfunktion durch elektronische Einwilligungen MüKoBGB-*Einsele*, § 126a Rn. 25.

1233 Dazu ausführlich Simitis-*Simitis*, § 4a Rn. 47 ff.

1234 Simitis-*Simitis*, § 4a Rn. 46; *Gola/Schomerus*, § 4a Rn. 29.

1235 Vgl. *Panzer*, *S.* 161; *Müller*, S. 37; *Thüsing*, Rn. 124; *Riesenhuber*, RdA 2011, 257 (259 f.); Däubler, Rn. 146a, erkennt zwar grundsätzlich Situationen einer möglichen Unzumutbarkeit der Einhaltung der Schriftform an, weist allerdings darauf hin, dass im Arbeitsverhältnis die tatsächlichen Gegebenheiten dafür in aller Regel nicht vorliegen.

1236 Vgl. Simitis-*Simitis*, § 4a Rn. 44; *Grimm/Schiefer*, RdA 2009, 329 (336) unter Hinweis auf BVerfG 23.2.2007, RDV 2007, 115 ff.; *Müller*, S. 37 f.; *Zscherpe*, MMR 2004, 723 (724); a.A. *Byers*, S. 105, der eine konkludente Einwilligung grundsätzlich für möglich hält, dafür notwendige besondere Umstände jedoch im Arbeitsrecht für kaum denkbar hält; DKWW-*Däubler*, § 4a Rn. 16 erachtet ebenfalls konkludente Einwilligungen als möglich.

1237 Dies betont insbesondere *Däubler*, Rn. 146.

der geplanten Überwachungsmaßnahme zu informieren.[1238] Gerade bei Kontrollmaßnahmen zur Aufdeckung und Prävention von Straftaten steht dies jedoch im Konflikt mit der Zwecksetzung[1239], was die Einwilligung bereits häufig als Rechtfertigungsgrundlage einer Maßnahme disqualifizieren wird. Teilweise wird eine über den Wortlaut des § 4a Abs. 1 S. 2 BDSG hinausgehende Pflicht des Arbeitgebers angenommen, Auskunft über weitere entscheidungserhebliche Aspekte zu erteilen, etwa die Identität der verantwortlichen Stelle und der zugriffsberechtigten Personen.[1240] Unabhängig davon, dass eine umfangreichere Information die Sicherstellung der Entscheidungstransparenz auf Seiten des Arbeitnehmers erleichtert, findet sich für diese Interpretation keine Stütze im Wortlaut der Vorschrift. Der Gesetzgeber hat sich hier bewusst für eine Aufzählung der zwingend zu erteilenden Informationen entschieden.[1241] Eine andernfalls drohende Konturlosigkeit der Informationspflicht kann jedenfalls nicht im gesetzgeberischen Interesse liegen.[1242]

Daneben hat der Arbeitgeber auf Verlangen des Einwilligenden Auskunft über mögliche Konsequenzen einer Verweigerung zu geben. Diese Information hat dem Wortlaut entsprechend auch zu erfolgen, sofern die Umstände des Einzelfalls dies erfordern. Unklar ist, wann eine solche Auskunft „erforderlich" im Sinne der Vorschrift ist.[1243] Der Normzweck des § 4a BDSG deutet bereits an, dass dies in aller Regel der Fall sein wird. Schließlich soll mit § 4a BDSG die Entscheidung des Einzelnen über die Einwilligung möglichst transparent gemacht werden und eine freie und selbstbestimmte Abgabe in Kenntnis der Konsequenzen seines Handelns ermöglicht werden.[1244] Gerade die Rechtsfolgen einer Verweigerung sind häufig die entscheidungserheblichen Gründe für oder gegen eine Einwilligung, bereits die Frage danach stellt häufig eine Hemmschwelle dar. Aus Gründen der Rechtssicherheit ist eine Information über die Folgen der Verweigerung anzuraten, unabhängig vom Auskunftsverlangen des Einwilligenden.[1245]

1238 Simitis-*Simitis*, § 4a Rn. 70; DKWW-*Däubler*, § 4a Rn. 7; *Gola/Schomerus*, § 4a Rn. 26; *Däubler*, Rn. 139.

1239 Dies bemerken *Vogel/Glas*, DB 2009, 1747 (1748).

1240 So etwa Besgen/Prinz-*Busse*, § 10 Rn. 54; *Zscherpe*, MMR 2004, 723 (725).

1241 Auf verfassungsrechtlicher Ebene besteht Uneinigkeit darüber, inwieweit der Gesetzgeber im Bereich der strukturellen Unterlegenheit einfachgesetzlich auf die Privatautonomie einwirken darf oder sogar muss. Hierzu Sachs-*Murswiek*, Art. 2 Rn. 55b f. m.w.N.

1242 Insoweit ist *Thüsing*, Rn. 119 f. zuzustimmen; entsprechend Sachs-*Murswiek*, Art. 2 Rn. 55b.

1243 Konfliktpotential sehen hier *Duhr/Naujok/Peter/Seiffert*, DuD 2002, 5 (13).

1244 Vgl. Simitis-*Simitis*, § 4a Rn. 73 f.; *Byers*, S. 108; *Müller*, S. 38; *Däubler*, Rn. 140; *Schaar*, MMR 2001, 644 (644).

1245 So auch *Däubler*, Rn. 141; *Thüsing*, Rn. 121; im Ergebnis für eine originäre Informationspflicht Simitis-*Simitis*, § 4a Rn. 74 ff.

Zu beachten ist darüber hinaus, dass § 4a Abs. 1 S. 4 BDSG eine besondere Hervorhebungspflicht normiert, sofern die Einwilligung zusammen mit anderen Inhalten in einem Textkörper erklärt werden soll. Dies bezweckt einen Schutz vor Überrumpelung.[1246] Aus Gründen der Sicherstellung der Freiwilligkeit kann eine solche textliche Verbindung mit anderen Inhalten ohnehin nicht empfohlen werden.[1247]

Gem. § 4a Abs. 3 BDSG muss sich die Einwilligung ausdrücklich auf sensitive Daten nach § 3 Abs. 9 BDSG beziehen, sofern diese erhoben, verarbeitet oder genutzt werden.[1248] Die Hinweispflicht besteht dabei unabhängig von einer konkreten Absicht der kontrollierenden Stelle. Gerade im Bereich von Mitarbeiterkontrollen kann ein unbeabsichtigtes Erfassen solcher Daten häufig nur schwer ausgeschlossen werden. Dass Telekommunikationsinhalte potentiell sensitive Informationen enthalten, kann der Arbeitgeber nicht verhindern. Entsprechend sollte ein Hinweis auf die Möglichkeit der Erhebung solcher Daten in den Einwilligungstext aufgenommen werden, sofern der Arbeitgeber Kontrollmaßnahmen über Einwilligungen zu rechtfertigen versucht.[1249]

3. Höchstpersönlichkeit und Bestimmtheit

Die bereits dargestellten Voraussetzungen und deren Zweck lassen zwischen den Zeilen weitere gesetzgeberische Intentionen erkennen. Zur Erreichung von Entscheidungstransparenz für den Betroffenen ist es essentiell, dass die Einwilligung nur höchstpersönlich von ihm erteilt werden darf.[1250] Durch die Übertragung der Verantwortung auf einen Stellvertreter wäre dieser zu einer Disposition über den Grundrechtsschutz des Vertretenen in der Lage. Unabhängig von der verfassungsrechtlichen Problematik einer solchen Vorgehensweise[1251] wäre das auch keinesfalls von § 4a BDSG bezweckt[1252], der den Betroffenen schließlich vor jeglicher Bevormundung oder Zwangssituation schützen will, unabhängig davon, ob diese durch einen Vertreter oder die kontrollierende Stelle verursacht

1246 AnwK-ArbR-*Gola*, § 4a BDSG Rn. 8; *Panzer*, S. 161; *Byers*, S. 105; ausführlicher *Däubler*, Rn. 147a; *Mathies*, NJW 2008, 2219 (2221).

1247 Siehe hierzu S. 239 ff.

1248 Taeger/Gabel-*Taeger*, § 4a BDSG Rn. 30; *Gola/Schomerus*, § 4a Rn. 34; *Däubler*, Rn. 174 ff.; unter besonderem Hinweis auf das Bestimmtheitsgebot *Duhr/Naujok/Peter/Seiffert*, DuD 2002, 5 (14).

1249 Was jedoch vor dem Hintergrund einer Vielzahl praktischer Probleme nicht empfehlenswert ist, siehe S. 250 ff.

1250 Besgen/Prinz-*Busse*, § 10 Rn. 57; *Byers*, S. 105; *Müller*, S. 38; *Däubler*, Rn. 138; a.A. *Gola/Schomerus*, § 4a Rn. 25.

1251 Ein Grundrechtsverzicht steht grundsätzlich allein dem jeweiligen Grundrechtsträger zu, vgl. exemplarisch Sachs-*Sachs*, Vor. Art. 1 Rn. 57; *Stern*, Band III/2, S. 913.

1252 Vgl. Simitis-*Simitis*, § 4a Rn. 30 f.; dazu auch *Zscherpe*, MMR 2004, 723 (725 f.).

wird. Das unterstützt auch der Wortlaut des § 4a Abs. 1 S. 1 BDSG, der in umständlicher Formulierung ein „Beruhen" auf der Entscheidung des Betroffenen verlangt. Nicht ausgeschlossen wird hingegen die Übermittlung einer eigenen Willenserklärung durch einen Boten, solange sämtliche Hinweispflichten dem Betroffenen gegenüber wahrgenommen werden.[1253]

Aus den Hinweispflichten ergibt sich nahezu selbstverständlich das zwingende Erfordernis eines Mindestmaßes an Bestimmtheit der Einwilligungserklärung und der darüber hinausgehenden Erläuterungen.[1254] Dies entspricht der Einwilligungsdefinition der europäischen Datenschutzrichtlinie[1255] (Art. 2 lit. h), die voraussetzt, dass eine Einwilligung nur bezogen auf „den konkreten Fall und in Kenntnis der Sachlage" ergeht.[1256] Pauschale Zweckbestimmungen und vage Auskünfte über die Rechtsfolgen einer Verweigerung sind keinesfalls geeignet, die bezweckte Transparenz beim Einwilligenden zu erzeugen.[1257]

4. Freiheit der Entscheidung

Eine zumindest auf den ersten Blick prekäre Voraussetzung formuliert § 4a Abs. 1 S. 1 BDSG. Hiernach kann eine Einwilligung nur dann Wirksamkeit entfalten, wenn sie auf der freien Entscheidung des Einwilligenden beruht. Freiheit meint in diesem Zusammenhang das Fehlen jeglicher Druck- und Zwangssituation.[1258] Speziell im Arbeitsrecht wird das Vorliegen der Entscheidungsfreiheit des Arbeitnehmers vielfach angezweifelt.[1259] Gerade im Vertragsanbahnungsverhältnis kann er leicht in eine Situation gelangen, schlicht aus der Befürchtung heraus einzuwilligen, dass im Falle einer Verweigerung die Begründung des Arbeitsverhältnisses bedroht wäre.[1260] Im bestehenden Arbeitsverhältnis beschwören

---

1253 Vgl. Simitis-*Simitis*, § 4a Rn. 31; weitergehend *Gola/Schomerus*, § 4a Rn. 25.

1254 So ausdrücklich *Riesenhuber*, RdA 2011, 257 (259); vgl. *Gola/Schomerus*, § 4a Rn. 26; *Spanke*, S. 162 sieht die Bestimmtheit als wesentliches Problem.

1255 RL 95/46/EG.

1256 Vgl. *Däubler*, Rn. 149; DKWW-*Däubler*, § 4a Rn. 19.

1257 Vgl. Simitis-*Simitis*, § 4a Rn. 77 ff.; *Byers*, S. 108; *Thüsing*, Rn. 131; *Mathies*, NJW 2008, 2219 (2221); *Schimmelpfennig/Wenning*, DB 2006, 2290 (2292); besonders kritisch zu allgemeinen „Datenschutzerklärungen" verschiedener Internetplattformen: *Nord/Manzel*, NJW 2010, 3756 (3757 f.); die Bezeichnung möglicherweise erfasster sensibler Daten im Sinne des § 3 Abs. 9 BDSG sehen *Duhr/Naujok/Peter/Seiffert*, DuD 2002, 5 (14) als besonders problematisch an.

1258 Unter Betonung, dass „Freiheit" in diesem Zusammenhang mehr fordert als eine fehlerfreie und entsprechend nicht anfechtbare Willenserklärung: *Riesenhuber*, RdA 2011, 257 (260 f.); Simitis-*Simitis*, § 4a Rn. 62 ff.; ErfK-*Wank*, § 4a BDSG Rn. 2.

1259 Vgl. *Duhr/Naujok/Peter/Seiffert*, DuD 2002, 5 (13); *Schaar*, MMR 2001, 644 (644); auf die Möglichkeit einer Rechtfertigung über eine Einwilligung des Betroffenen gänzlich verzichten würde *Körner*, AuR 2010, 416 (418).

1260 Vgl. *Schimmelpfennig/Wenning*, DB 2006, 2290 (2292).

das Kräfteungleichgewicht, die häufige Abhängigkeit des Arbeitnehmers vom Fortbestehen des Beschäftigungsverhältnisses und die damit korrespondierende Angst vor der Verhängung von Repressalien durch den Arbeitgeber ähnlich kritische Stimmen herauf.[1261]

Hieraus auf eine generell fehlende Entscheidungsfreiheit im Arbeitsverhältnis schließen zu wollen widerspricht jedoch der gesetzgeberischen Intention.[1262] In der Gesetzesbegründung zu § 32 BDSG wird eine Einwilligung ausdrücklich als alternative Rechtfertigungsmöglichkeit aufgeführt.[1263] Daraus folgt denklogisch, dass der Gesetzgeber eine Einwilligung grundsätzlich als möglich erachtet.[1264] Die Angst vor Repressalien im Falle der Verneinung, die potentiell jede Einwilligungsentscheidung beeinflusst, vom Arbeitgeber jedoch in aller Regel nicht zu erkennen und nie vollständig auszuschließen ist, kann folglich nicht tragendes Argument für eine generelle Ablehnung sein.[1265] Andernfalls wäre eine Entscheidungsfreiheit im Beschäftigungsverhältnis in keinem Falle gegeben.[1266] Allenfalls in Ausnahmesituationen, in denen der Arbeitgeber diese Angst bewusst schürt oder sich zunutze macht, kann und sollte die fehlende Entscheidungsfreiheit die Unwirksamkeit der Einwilligung zur Folge haben.[1267]

Nicht ganz von der Hand zu weisen ist die Zwangsproblematik im Vertragsanbahnungsverhältnis. Dem Arbeitgeber stehen allerdings durchaus Mittel und Wege offen, das Entstehen von Drucksituationen zu verhindern. Im Wesentlichen muss er die Verknüpfung der Einwilligung mit dem Arbeitsvertrag vermeiden, denn gerade in einer solchen Koppelung liegt die Besonderheit der Si-

1261 *Panzer*, S. 162; *Vogel/Glas*, DB 2009, 1747 (1748); *Grimm/Schiefer*, RdA 2009, 329 (335); *Mathies*, NJW 2008, 2219 (2220); *Tinnefeld/Petri/Brink*, MMR 2010, 727 (729).

1262 Dem zustimmend *Byers*, S. 106 f.; *Müller*, S. 39; *Däubler*, Rn. 154; *Riesenhuber*, RdA 2011, 257 (261).

1263 BT-Drs. 16/13657, S. 35. Auch im Rahmen des Gesetzgebungsverfahrens zum Beschäftigtendatenschutzgesetz waren Einwilligungen Gegenstand heftiger Diskussionen. Der Gesetzgeber tendiert zu einer Beschränkung auf explizit genannte Fälle, was in der Literatur auf Widerspruch stößt. Insbesondere *Forst*, RDV 2010, 150 (150 ff.) und *Thüsing*, RDV 2010, 147 (148) erachten dies als unvereinbar mit europäischen Vorgaben; zumindest kritisch *Riesenhuber*, RdA 2011, 257 (265).

1264 Vgl. *Kort*, MMR 2011, 294 (299); entsprechend erkennen *Thüsing/Lambrich*, BB 2002, 1146 (1150) und *Heldmann*, DB 2010, 1235 (1236) in § 4a BDSG keine „Bereichsausnahme für das Arbeitsrecht".

1265 Vgl. *Däubler*, Rn. 160; im Ergebnis auch *Forst*, NZA 2010, 1043 (1044), der die Freiwilligkeitsproblematik allenfalls als Frage des Einzelfalls ansieht.

1266 Entsprechend unter Hinweis auf die Gesetzesbegründung zu § 32 BDSG *Thüsing*, Rn. 127; vgl. *Riesenhuber*, RdA 2011, 257 (261).

1267 Im Ergebnis Besgen/Prinz-*Busse*, § 10 Rn. 53; *Müller*, S. 39; *Kümpers*, S. 164; *Däubler*, Rn. 157 ff.; *Thüsing*, Rn. 128; *Grimm/Schiefer*, RdA 2009, 329 (335); *Mathies*, NJW 2008, 2219 (2220); *Löwisch*, DB 2009, 2782 (2784) hat insbesondere die Androhung von Nachteilen im Blick. In einem solchen Fall greift ergänzend das Maßregelungsverbot des § 612a BGB.

tuation begründet.[1268] Dies kann er etwa erreichen, indem er die Einwilligung in einem gesonderten Schriftstück und erst nach der Vertragsunterzeichnung einholt. Hiermit wird jede Suggestivwirkung verhindert, dass für das Entstehen des Beschäftigungsverhältnisses die Erteilung der Einwilligung zwingende Voraussetzung sei.[1269] Insbesondere von der Aufnahme einer Einwilligungsklausel in Allgemeine Geschäftsbedingungen kann neben der Freiwilligkeitsproblematik aufgrund zusätzlicher Schwierigkeiten, die sich aus den §§ 305 ff. BGB ergeben, nur dringend abgeraten werden.[1270] Abgesehen von den bereits angedeuteten Ausnahmefällen des Missbrauchs der Zwangslage durch den Arbeitgeber wird mit einer Abkoppelung der Einwilligungserklärung der besonderen Drucksituation im Arbeitsleben ausreichend Rechnung getragen.

Im Bezug auf die Freiwilligkeit nicht relevant ist die Koppelung der Erlaubnis der Privatnutzung technischer Einrichtungen an die Einwilligung, denn ersteres stellt eine freiwillige Leistung dar, die der Arbeitgeber unter nahezu beliebigen Voraussetzungen gewähren darf. Das schließt auch die Gewährung unter Vorbehalt besonderer Kontrollmöglichkeiten ein. Der Arbeitnehmer ist auf die Privatnutzung nicht angewiesen, eine Zwangssituation entsteht folglich auch nicht.[1271]

Insgesamt verdeutlichen vorstehende Ausführungen, dass trotz im Schrifttum geäußerter Bedenken die Freiwilligkeitsproblematik kein durchschlagender Grund sein kann, von einer Befugniserweiterung durch die Einwilligung der Arbeitnehmer abzusehen. Mit welchen praktischen Problemen diese Vorgehensweise jedoch einhergeht, wird noch zu erörtern sein.[1272]

5. Widerruflichkeit der Entscheidung

Anders als etwa die §§ 13 Abs. 2 TMG und 94 TKG betont § 4a BDSG die Widerruflichkeit der Einwilligung nicht explizit.[1273] Zu klären ist also, ob hierin

1268 Vgl. Simitis-*Simitis*, § 4a Rn. 92, 63; Preis-*Preis*, Der Arbeitsvertrag, II I 10 Rn. 36; *Grimm/Schiefer*, RdA 2009, 329 (336); das Problem erkennen auch *Müller*, S. 39 und *Joussen*, NZA 2011, Beilage 1, 35 (37); *Mathies*, NJW 2008, 2219 (2221).

1269 Für ein generelles Koppelungsverbot Simitis-*Simitis*, § 4a Rn. 92; dagegen *Thüsing*, Rn. 129 f.

1270 Dazu ausführlich etwa *Thüsing*, Rn. 134 ff.; zur Angemessenheitskontrolle DKWW-*Däubler*, § 4a Rn. 31 ff.; in zivilrechtlichem Kontext *Nord/Manzel*, NJW 2010, 3756 (3756 ff.).

1271 Vgl. Preis-*Preis*, Der Arbeitsvertrag, II I 10 Rn. 36; *Kümpers*, S. 164; *Beckschulze*, DB 2003, 2777 (2777 f.); Bedenken äußert *Thüsing*, Rn. 129 f., der sich aber im Ergebnis gegen ein allgemeines Koppelungsverbot ausspricht; a.A. Simitis-*Simitis*, § 4a Rn. 92, 63; *Däubler*, Rn. 109; *Zscherpe*, MMR 2004, 725 (727).

1272 Siehe S. 250 ff.

1273 Vgl. Simitis-*Simitis*, § 4a Rn. 94; *Gola/Schomerus*, § 4a Rn. 37; Besgen/Prinz-*Busse*, § 10 Rn. 65; *Schaar*, MMR 2001, 644 (647).

eine bewusste Abwendung von dieser Voraussetzung zu sehen ist, oder ob der Gesetzgeber lediglich von einer ausdrücklichen Nennung eines ohnehin geltenden Grundsatzes absah.[1274]

Neben den soeben zitierten telekommunikationsrechtlichen Vorschriften, die ein jederzeitiges Widerrufsrecht festschreiben, geht auch das BGB ausdrücklich in § 183 BGB von der Widerruflichkeit einer Einwilligung in ein Rechtsgeschäft aus, begrenzt allerdings den Zeitraum des möglichen Widerrufs auf die Zeit bis zur Vornahme des betreffenden Rechtsgeschäfts.[1275] Hierin liegt allerdings kein Widerspruch begründet, denn telekommunikations- beziehungsweise datenschutzrechtliche Einwilligungen beziehen sich nicht auf einen konkreten Vorgang wie die Vornahme eines bestimmten Rechtsgeschäfts, sondern regelmäßig auf eine Vielzahl zukünftiger Datenerhebungen und Verarbeitungen. Da der Arbeitgeber sich eine solche Einwilligung nicht einmalig, sondern für jede einzelne datenschutzrechtlich relevante Maßnahme zunutze macht, muss dem Arbeitnehmer ein Widerruf bezüglich jeder einzelnen Maßnahme bis zu deren Durchführung zugestanden werden. Sofern sich der Widerruf nur auf die Zukunft erstreckt[1276] – eine Wirkung *ex tunc* konterkarierte mit der völligen Auflösung jeder Rechtssicherheit die Konzeption der Einwilligung als Rechtfertigungsmöglichkeit gem. § 4 Abs. 1 BDSG und wird, soweit ersichtlich, in der Literatur nirgends vertreten – ist dessen permanente Möglichkeit nur die zwingend logische Folge des ausgedehnten Einwilligungsumfangs. Der Gesetzgeber verfolgt also hinsichtlich der Widerruflichkeit einer Einwilligung in den dargestellten Vorschriften eine konsequente Linie.

Gründe für eine Abweichung von dieser Linie speziell im Anwendungsbereich des BDSG sind nicht ersichtlich. Im Gegenteil: Die Annahme einer grundsätzlichen Widerruflichkeit unterstützt zunächst den Normzweck der §§ 4 Abs. 1 und 4a BDSG. Der von einer Datenerhebung oder Datenverarbeitung Betroffene soll hinsichtlich jeder Maßnahme eigenverantwortlich und frei von jedem Druck oder Zwang über den Umgang eines Dritten mit seinen Daten entscheiden können.[1277] Die Abkehr von der Widerruflichkeit einer einmal erteilten Einwilligung stünde hierzu deutlich im Widerspruch, da der Einwilligende mit der Abgabe der Willenserklärung sämtliche zukünftigen Entwicklungen in seine Entscheidung

1274 § 7 Abs. VIII S. 2 ArbZG normiert beispielsweise die Widerruflichkeit einer Einwilligung explizit. Die Regelung wird aber nicht als Grundlage, sondern als Beschränkung der Widerruflichkeit einer Einwilligung interpretiert, exemplarisch ErfK-*Wank*, § 7 ArbZG Rn. 26 m.w.N.

1275 Erman-*Maier-Rehmer*, § 183 Rn. 3; Palandt-*Ellenberger*, § 183 Rn. 1; PWW-*Frensch*, § 183 Rn. 1; *Riesenhuber*, RdA 2011, 257 (258) will die Widerruflichkeit hingegen allein aus der Bedeutung des Rechts auf informationelle Selbstbestimmung ableiten.

1276 Simitis-*Simitis*, § 4a Rn. 102; *Gola/Schomerus*, § 4a Rn. 38; DKWW-*Däubler*, § 4a Rn. 36; *Schaar*, MMR 2001, 644 (647); *Riesenhuber*, RdA 2011, 257 (258).

1277 Simitis-*Simitis*, § 4a Rn. 94; ähnlich argumentiert *Panzer*, S. 162, welche die Widerruflichkeit auf die von § 4a Abs. 1 S. 1 BDSG geforderte Freiwilligkeit zurückführt.

mit einbeziehen müsste, was sich als praktisch unmöglich erweist. Transparenz könnte kaum im Ansatz erzeugt werden. Zudem disponiert der Betroffene mit der Einwilligung über Teile seines Grundrechtsschutzes[1278], zumindest sofern die Einwilligung Maßnahmen umfasst, die nicht bereits nach den gesetzlichen Regelungen zulässig wären. Die dauerhafte und nicht mehr rückgängig zu machende Fixierung dieser Disposition mit einer einmaligen Erklärung stünde im Widerspruch zu verfassungsrechtlichen Grundprinzipien.[1279]

Auch ohne ausdrückliche Aufführung im Gesetzestext sprechen die Argumente folglich dafür, die grundsätzliche Widerruflichkeit einer Einwilligung auch im Anwendungsbereich des § 4a BDSG anzuerkennen.[1280]

Problematisch ist darüber hinaus, ob der Widerruf einer Einwilligung im Sinne des § 4a Abs. 1 BDSG besonderen Formvoraussetzungen unterliegt. In der Literatur verbreitet ist die Ansicht, der Widerruf unterläge als *actus contrarius* zur Einwilligung denselben formalen Anforderungen.[1281] Diese Ansicht überzeugt in Anbetracht des Normzwecks des § 4a BDSG nicht. Die formalen Voraussetzungen der Einwilligung sollen den Betroffenen davor bewahren, unreflektiert in eine Datenerhebung einzuwilligen; mithin erfüllen die formalen Voraussetzungen eine Warnfunktion.[1282] Die Möglichkeit eines Widerrufs als solche unterstreicht diese Zweckrichtung, denn sie sichert die Entscheidungshoheit über eine Einwilligung in den Händen des Betroffenen und ermöglicht ihm eine nachträgliche Korrektur.[1283] Besondere Formerfordernisse, für die es im Gesetz keine ausdrücklichen Anhaltspunkte gibt, stünden im Widerspruch zur gesetzgeberischen Intention, denn sie erschweren einen wirksamen Widerruf aus Sicht des Betroffenen.[1284]

Ebenso wenig überzeugt das teilweise vorgebrachte Bestreben, einem Widerruf im Willkürfall über die Grundsätze von Treu und Glauben die Wirksamkeit abzusprechen.[1285] Zwar besteht für die kontrollierende Stelle zweifelsohne

---

1278 Vgl. *Riesenhuber*, RdA 2011, 257 (257 f.).

1279 Eine unwiderrufliche Einwilligung verkörpert einen absoluten Grundrechtsverzicht. Ein solcher ist nur möglich, soweit das konkret betroffene Grundrecht dem nicht entgegensteht, vgl. Sachs-*Sachs*, Vor Art. 1 Rn. 55; insbesondere ein Verzicht auf das allgemeine Persönlichkeitsrecht ist undenkbar, so etwa Maunz/Dürig-*Di Fabio*, Art. 2 Rn. 229; so bereits *Jarass*, NJW 1989, 857 (860); vgl. auch Simitis-*Simitis*, § 4a Rn. 95; *Thüsing*, Rn. 140.

1280 Vgl. Preis-*Preis*, Der Arbeitsvertrag, II I 10 Rn. 38; Besgen/Prinz-*Busse*, § 10 Rn. 65; *Vogel/Glas*, DB 2009, 1747 (1748); *Däubler*, Rn. 169 ff.; *Schaar*, MMR 2001, 644 (647).

1281 So etwa DKWW-*Däubler*, § 4a Rn. 36; Simitis-*Simitis*, § 4a Rn. 96; Besgen/Prinz-*Busse*, § 10 Rn. 66; *Riesenhuber*, RdA 2011, 257 (258).

1282 Vgl. Besgen/Prinz-*Busse*, § 10 Rn. 59.

1283 Vgl. Simitis-*Simitis*, § 4a Rn. 94.

1284 Entsprechend argumentiert *Thüsing*, Rn. 139; im Ergebnis auch *Schaar*, MMR 2001, 644 (647).

1285 So etwa *Thüsing*, Rn. 140; *Gola/Schomerus*, § 4a Rn. 38.

ein praktisches Bedürfnis nach Rechtssicherheit. Versteht man allerdings den Widerruf dem Zweck des § 4a BDSG entsprechend als Sicherungselement der Entscheidungsfreiheit des Betroffenen über die Einwilligung in eine Datenerhebung[1286], dann stünde eine Willkürkontrolle dazu im Widerspruch. In Fällen vermeintlicher Willkür würde diese Freiheit beschränkt und dem Einwilligenden würde indirekt eine Begründungspflicht auferlegt, die im Gesetz nirgends anklingt.[1287] Hinzu kämen erhebliche Schwierigkeiten, die Willkürschwelle konkret festzulegen. Dem Bedürfnis des Arbeitgebers nach Rechtssicherheit wird zumindest teilweise dadurch Rechnung getragen, dass ein Widerruf nur mit Wirkung für die Zukunft erfolgen kann.[1288]

Zusammenfassend bleibt festzuhalten, dass ein Widerruf einer einmal erteilten Einwilligung im Anwendungsbereich des BDSG mit Wirkung *ex nunc* jederzeit, formfrei und ohne Begründung möglich ist.[1289]

II. Die Einwilligung im Anwendungsbereich des TMG

Die Systematik des TMG gleicht hinsichtlich der Möglichkeit der Rechtfertigung von Datenerhebungen derjenigen des BDSG: § 12 Abs. 1 TMG legt den Grundsatz fest, dass eine Erhebung oder Verwendung von personenbezogenen Daten nur mit spezieller Rechtsgrundlage oder mit vorheriger Einwilligung des Betroffenen zulässig ist. Er gleicht somit § 4 Abs. 1 BDSG.[1290]

Allgemeine Voraussetzungen einer solchen Einwilligung legt das TMG selbst nicht fest, eine § 4a BDSG vergleichbare Vorschrift existiert nicht. Allerdings ermöglicht § 12 Abs. 3 TMG ausdrücklich die ergänzende Anwendung der Vorschriften zum Schutz personenbezogener Daten, also maßgeblich der subsidiären Vorschriften des BDSG, sofern das TMG selbst nichts davon Abweichendes regelt.[1291]

Dem Themenkomplex der Einwilligung nimmt sich das Gesetz in § 13 Abs. 2 TMG an, der spezielle Anforderungen an eine Einwilligung stellt, jedoch ausdrücklich auf die elektronische Erteilung beschränkt ist.[1292] Einzig § 13 Abs. 3

1286 Entsprechend Simitis-*Simitis*, § 4a Rn. 94.

1287 Vgl. Simitis-*Simitis*, § 4a Rn. 98; DKWW-*Däubler*, § 4a Rn. 38.

1288 Vgl. Besgen/Prinz-*Busse*, § 10 Rn. 67; Simitis-*Simitis*, § 4a Rn. 102.

1289 Exemplarisch Simitis-*Simitis*, § 4a Rn. 94 ff.; DKWW-*Däubler*, § 4a Rn. 35 ff.; *Gola/Schomerus*, § 4a Rn. 38 f.; *Riesenhuber*, RdA 2011, 257 (258).

1290 Vgl. Taeger/Gabel-*Moos*, § 12 TMG Rn. 2; Spindler/Schuster-*Spindler/Nink*, § 12 TMG Rn. 2 ff.

1291 Spindler/Schuster-*Spindler/Nink*, § 12 TMG Rn. 3; Taeger/Gabel-*Moos*, § 12 TMG Rn. 18; *Däubler*, Rn. 181; *Zscherpe*, MMR 2004, 723 (725).

1292 Spindler/Schuster-*Spindler/Nink*, § 12 TMG Rn. 3; *Hoeren*, NJW 2007, 801 (804 f.) sieht die Vorschrift im Gesetz falsch platziert und kritisiert einen angeblich restriktiven Umgang des Gesetzgebers mit elektronischen Einwilligungen.

TMG normiert eine von der elektronischen Erteilung unabhängige Informationspflicht.[1293]

Aus dieser Differenzierung kann jedoch nicht gefolgert werden, dass der Gesetzgeber im Anwendungsbereich des TMG eine über § 13 Abs. 3 TMG hinausgehende Form- und Voraussetzungslosigkeit einer Einwilligung außerhalb des elektronischen Bereiches beabsichtigt hat.[1294] Dies unterstreicht bereits der Wortlaut des § 13 Abs. 2 TMG, der ein „Sicherstellen" bestimmter Voraussetzungen verlangt. Nach allgemeinem Sprachgebrauch versteht man unter „sicherstellen" ein Gewährleisten oder Zusichern bestimmter Leistungen oder Funktionalitäten, mithin eine über das bloße Vorliegen hinausgehende Garantie. Mit der Wortwahl verdeutlicht der Gesetzgeber, dass er in der nachfolgenden Aufzählung in erster Linie nicht völlig neue und auf die elektronische Erteilung beschränkte Besonderheiten sieht, sondern betont den Zusicherungsaspekt. Er versteht die Auflistung im Schwerpunkt vielmehr als Absicherung der Gewährleistung wesentlicher allgemeiner Grundsätze auch in einer Sondersituation wie der elektronischen Einwilligung.[1295]

Aus dieser Erkenntnis kann jedoch nicht gefolgert werden, dass die Voraussetzungen auch inhaltsgleich auf die Einwilligung außerhalb des elektronischen Verfahrens zu übertragen sind. Das verdeutlicht wiederum § 13 Abs. 3 TMG, welcher allein die in § 13 Abs. 2 Nr. 4 TMG speziell aufgeführte Widerruflichkeit als einzige Voraussetzung explizit von der elektronischen Form trennt. Dessen umständliche Abkoppelung von § 13 Abs. 2 TMG wäre sinnlos, wenn die dort geregelten Voraussetzungen sowieso für sämtliche Einwilligungen Anwendung fänden. Es gilt also folglich, die allgemein geltenden Einwilligungsgrundsätze zu extrahieren, die der Gesetzgeber der Normierung des § 13 Abs. 2 TMG zugrunde gelegt hat. Ergänzend kann darüber hinaus gem. § 12 Abs. 3 TMG die Vorschrift des § 4a BDSG herangezogen werden.[1296]

§ 13 Abs. 2 Nr. 1 TMG verlangt zunächst die Sicherstellung einer bewussten und eindeutigen Erklärung des Einwilligenden im Falle der elektronischen Erteilung. Hierfür notwendig sind Handlungswille und Erklärungsbewusstsein, mithin Elemente, die jede Willenserklärung im Sinne des allgemeinen Teils des

1293 Taeger/Gabel-*Moos*, § 13 TMG Rn. 27 betont, dass diese über § 4a BDSG hinausgeht.

1294 Gleicher Ansicht, da von einer daraus folgenden unmittelbaren Anwendbarkeit des § 4a BDSG ausgehend Spindler/Schuster-*Spindler/Nink*, § 12 TMG Rn. 3 und § 13 TMG Rn. 6; Besgen/Prinz-*Busse*, § 10 Rn. 128.

1295 Die elektronische Form jeweils als zusätzliche Möglichkeit verstehen (teils bezogen auf den wortlautgleichen § 94 TKG): Taeger/Gabel-*Moos*, § 13 TMG Rn. 14 f.; Arndt/Fetzer/Scherer-*Fetzer*, § 94 Rn. 8; BerlKommTKG-*Klesczewski*, § 94 Rn. 6; Scheurle/Mayen-*Albers*, § 94 Rn. 2.

1296 Spindler/Schuster-*Spindler/Nink*, § 12 TMG Rn. 3; Taeger/Gabel-*Moos*, § 12 TMG Rn. 18; *Däubler*, Rn. 181; *Zscherpe*, MMR 2004, 723 (725).

BGB aufweisen muss.[1297] Fehlen sie, so ist die betroffene Willenserklärung unwirksam oder zumindest anfechtbar.[1298] Der Gesetzgeber reagiert mit der speziellen Normierung auf die Gefahren des elektronischen Rechtsverkehrs, bei dem der Erklärende durch unübersichtliche Gestaltung von Internetseiten und Programmen die rechtlichen Konsequenzen seiner Handlungen nicht immer zweifelsfrei überblicken kann.[1299] Ein über die bloße Erteilung der Einwilligung hinausgehender Bezug zur inhaltlichen Entscheidung des Einwilligenden fehlt jedoch. Die Voraussetzung bleibt demnach hinter der von § 4a Abs. 1 S. 1 BDSG geforderten Freiwilligkeit zurück.[1300] Wenn in einer Sondersituation wie der elektronischen Einwilligung der Gesetzgeber vom strengen Maßstab des § 4a Abs. 1 S. 1 BDSG bewusst abweicht, dann wäre es widersprüchlich, in für den Einwilligenden regelmäßig transparenteren Situationen den strengeren Maßstab der Freiwilligkeit im Sinne des § 4a Abs. 1 S. 1 BDSG anzulegen.[1301]

Die Protokollierungspflicht des § 13 Abs. 2 Nr. 2 TMG verdeutlicht weitere Intentionen des Gesetzgebers. Vordergründig dient die Protokollierung der Transparenz bzw. der später möglicherweise notwendigen Beweisführung im Streitfall.[1302] Darüber hinaus wird die Grundauffassung unterstrichen, dass auch in Sondersituationen eine Einwilligung nicht völlig formfrei erteilt werden kann. Dies bedeutet nicht, dass eine Protokollpflicht über den Fall der elektronischen Erteilung hinaus zwingend besteht. Zumindest konkludenten oder stillschweigenden Erklärungen wird allerdings die Wirksamkeit abzusprechen sein.[1303] Dies weicht zwar vom Verständnis des bürgerlichen Gesetzbuches ab, welches grundsätzlich keine Formerfordernisse für Einwilligungen postuliert[1304], entspricht jedoch dem in § 4a Abs. 1 S. 3 BDSG niedergelegten Verständnis eines

---

1297 Vgl. Spindler/Schuster-*Eckhardt*, § 94 TKG Rn. 7; exemplarisch zu Handlungswillen und (zumindest potentiellem) Erklärungsbewusstsein als Tatbestandselemente einer Willenserklärung: Bamberger/Roth-*Wendtland*, § 133 Rn. 5 ff. und Erman-*Arnold*, vor § 116 Rn. 3 f.

1298 Zum Meinungsstand MüKoBGB-*Armbrüster*, vor § 116 Rn. 27 m.w.N.

1299 Taeger/Gabel-*Moos*, § 13 TMG Rn. 17; Besgen/Prinz-*Busse*, § 10 Rn. 128 mit Verweis auf Rn. 104; zum gleichlautenden § 94 TKG *Ohlenburg*, MMR 2004, 431 (433).

1300 Vgl. Preis-*Preis*, Der Arbeitsvertrag, II I 10 Rn. 34, der den § 13 Abs. 2 TMG als weniger streng im Vergleich zu § 4 Abs. 1 BDSG erkennt; zumindest abweichend von der Freiwilligkeit interpretierend Spindler/Schuster-*Eckhardt*, § 94 TKG Rn. 7; keinen Unterschied sieht hingegen Hoeren/Sieber-*Büttgen*, Teil 16.3 Rn. 17.

1301 Bereits aufgrund der Annahme einer direkten Anwendbarkeit des § 4a BDSG anderer Ansicht: Spindler/Schuster-*Spindler/Nink*, § 12 TMG Rn. 3 und § 13 TMG Rn. 6 sowie Besgen/Prinz-*Busse*, § 10 Rn. 128.

1302 Besgen/Prinz-*Busse*, § 10 Rn. 128 mit Verweis auf Rn. 105; unter Hinweis auf die erst hierüber mögliche Ausübung der informationellen Selbstbestimmung BeckTKG-*Büttgen*, § 94 Rn. 7.

1303 Hoeren/Sieber-*Büttgen*, Teil 16.3 Rn. 16.

1304 Zum Grundsatz und zu Ausnahmen Palandt-*Ellenberger*, § 182 Rn. 2; Erman-*Maier-Rehmer*, § 182 Rn. 4 ff.; MüKoBGB-*Bayreuther*, § 182 Rn. 22 ff. jeweils m.w.N.

grundsätzlichen Schriftformerfordernisses bei Einwilligungen im datenschutzrechtlichen Bereich.[1305]

Transparenzzwecken dient auch die zu gewährleistende jederzeitige Abrufbarkeit des Inhalts der Einwilligung im Sinne des § 13 Abs. 2 Nr. 3 TMG.[1306] Es handelt sich hierbei um ein Spezifikum des elektronischen Rechtsverkehrs und soll der Flüchtigkeit und Unübersichtlichkeit des Mediums entgegenwirken. Außerhalb des elektronischen Rechtsverkehrs besteht hierzu kein besonderes Bedürfnis.[1307]

§ 13 Abs. 2 Nr. 4 TMG sichert den allgemeinen Grundsatz der freien Widerruflichkeit einer Einwilligung für die Zukunft.[1308] Das entspricht, wie dargestellt, dem Verständnis der §§ 4a BDSG und 183 BGB. Wie bereits erwähnt koppelt § 13 Abs. 3 TMG diesen Grundsatz explizit vom elektronischen Rechtsverkehr ab. Er fordert die rechtzeitige Information über das jederzeitige Widerrufsrecht noch im Vorfeld einer jeden Einwilligung.[1309] Die Regelung verdeutlicht das allgemeine gesetzgeberische Verständnis von der Widerruflichkeit einer Einwilligung.[1310]

Darüber hinaus gelten in Ermangelung entsprechender Andeutungen gem. § 12 Abs. 3 TMG die im Rahmen von § 4a BDSG dargestellten Erwägungen zur Höchstpersönlichkeit und Bestimmtheit der Einwilligungserklärung.[1311]

Unter den dargestellten Voraussetzungen ermöglicht folglich auch das TMG die Rechtfertigung eines Datenerhebungsvorgangs über eine Einwilligung der betroffenen Arbeitnehmer.[1312] Aus der grundsätzlichen Möglichkeit folgt jedoch

---

1305 Insbesondere sollen mit der Ermöglichung elektronischer Einwilligung keine schriftlichen Einwilligungen ausgeschlossen werden, *Engel-Flechsig/Maennel/Tettenborn*, NJW 1997, 2981 (2987); zur Systematik des § 4a Abs. 1 S. 3 speziell Simitis-*Simitis*, § 4a Rn. 33 ff.; siehe S. 235.

1306 Taeger/Gabel-*Moos*, § 13 TMG Rn. 22; zum gleichlautenden § 94 TKG: BeckTKG-*Büttgen*, § 94 Rn. 11; Spindler/Schuster-*Eckhardt*, § 94 TKG Rn. 9; *Ohlenburg*, MMR 2004, 431 (433).

1307 Besgen/Prinz-*Busse*, § 10 Rn. 128 mit Verweis auf Rn. 105 sehen in der Forderung der jederzeitigen Abrufbarkeit eine Überbrückung der Nachteile gegenüber der schriftlichen Fixierung; ähnlich wohl BeckTKG-*Büttgen*, § 94 Rn. 11.

1308 Ausdrücklich Taeger/Gabel-*Moos*, § 13 TMG Rn. 24.

1309 Vertiefend: Spindler/Schuster-*Spindler/Nink*, § 13 TMG Rn. 7.

1310 Als bloße Klarstellung sieht diese Voraussetzung BeckTKG-*Büttgen*, § 94 Rn. 12.

1311 Teilweise wird zur Sicherstellung dieser Voraussetzung eine qualifizierte elektronische Signatur nach dem SigG gefordert, BerlKommTKG-*Klesczewski*, § 94 Rn. 9 zum wortlautgleichen § 94 TKG. Dem entgegnet Arndt/Fetzer/Scherer-*Fetzer*, § 94 Rn. 11 zu Recht, dass kein zwingendes Bedürfnis besteht, sich über den Gesetzeswortlaut hinwegzusetzen.

1312 Davon ausgehend Spindler/Schuster-*Spindler/Nink*, § 12 TMG Rn. 3; Besgen/Prinz-*Busse*, § 10 Rn. 128; zum alten TDDSG: Hoeren/Sieber-*Elschner*, Teil 22.1 Rn. 141; *Beckschulze/Henkel*, DB 2001, 1491 (1495); *Engel-Flechsig/Maennel/Tettenborn*, NJW 1997, 2981 (2986).

nicht zwingend der praktische Nutzen einer solchen Vorgehensweise, was nachfolgend noch zu zeigen sein wird.[1313]

III. Die Einwilligung im Anwendungsbereich des TKG

Komplizierter gestaltet ist die Gesetzeslage hinsichtlich einer Einwilligung im TKG. Zwar deutet der mit § 13 Abs. 2 TMG wortlautgleiche § 94 TKG die grundsätzliche Möglichkeit der Rechtfertigung bestimmter Maßnahmen mittels Einwilligung an. Eine mit den §§ 4 Abs. 1 BDSG und 12 Abs. 1 TMG vergleichbare Norm, welche die Einwilligung als gleichwertiges Rechtfertigungsinstrument neben den gesetzlichen Vorschriften festschreibt, existiert jedoch im TKG nicht. Stattdessen wird die Möglichkeit der Einwilligung an verschiedenen Stellen angesprochen, etwa in den §§ 95 Abs. 1 und 5, 96 Abs. 3 und 98 Abs. 1 TKG.

Hieraus könnte nun der Schluss gezogen werden, die Einwilligung sei im Anwendungsbereich des TKG ausschließlich in den vom Gesetz explizit genannten Fällen möglich. Da keine der für Kontrollen zur Aufdeckung und Prävention von Straftaten maßgeblichen Normen die Einwilligung erwähnt, ergäbe sich daraus eine Sperre der Rechtfertigung entsprechender Maßnahmen auf diesem Wege.

Eine solche Interpretation lehnt die weit überwiegende Ansicht im Schrifttum jedoch ab.[1314] Der Gesetzgeber gehe vielmehr von einem allgemeinen Prinzip des Datenschutzrechts aus, welches die Einwilligung als Rechtfertigungsmöglichkeit einer gesetzlichen Regelung gleichstellt. Das bedingt bereits der verfassungsrechtlich disponibel ausgestaltete Grundrechtsschutz[1315], der nicht vor *jeder*, sondern nur vor einer *ungewollten* datenschutz- und persönlichkeitsrechtlich sensiblen Maßnahme schützen soll.[1316] Aus einem Verbot der positiven Willensbekundung in Form der Einwilligung ergäbe sich wegen der entstehenden Bevormundungssituation besonderer Rechtfertigungsbedarf. Da das Arbeitsverhältnis keinesfalls als Regelanwendungsfall für das TKG anzusehen

1313 Siehe S. 250 ff.

1314 Vgl. Spindler/Schuster-*Eckhardt*, § 94 TKG Rn. 2; Arndt/Fetzer/Scherer-*Fetzer*, § 94 Rn. 2; BerlKommTKG-*Klesczewski*, § 94 Rn. 4 ff.; Scheurle/Mayen-*Albers*, § 94 Rn. 1; *Ohlenburg*, MMR 2004, 431 (433).

1315 Vgl. Besgen/Prinz-*Busse*, § 10 Rn. 103; vgl. auch *Müller*, S. 36, welcher die Möglichkeit der Einwilligung als solche sogar aus „allgemeinen arbeitsrechtlichen Grundsätzen“ herleiten will.

1316 Im sog. Volkszählungsurteil des BVerfG vom 15.12.1983, BVerfGE 65, 1 (41 ff.) betont das Gericht die freie Entscheidung jedes Einzelnen, persönliche Daten preiszugeben; vgl. Sachs-*Murswiek*, Art. 2 Rn. 72; *Löwisch*, DB 2009, 2782 (2783).

ist[1317], können die hier angestellten Überlegungen zumindest nicht ohne eine spezielle normative Grundlage in den Gesetzestext hineingelesen werden. Eine ausdrückliche Beschränkung existiert jedoch nicht. Somit ist im Anwendungsbereich des TKG entsprechend der Systematik des BDSG und des TMG von einer generellen Möglichkeit der Rechtfertigung einer Überwachungsmaßnahme über eine Einwilligung des Betroffenen auszugehen.[1318]

§ 94 TKG ist wortlautidentisch mit § 13 Abs. 2 TMG. Auch hier deutet der Begriff „sicherstellen" die Existenz allgemeiner Grundsätze an, die der Gesetzgeber auch für die Sondersituation der elektronischen Einwilligung gewährleisten möchte.[1319] Zu deren Herleitung kann auf die Ausführungen zu § 13 Abs. 2 TMG verwiesen werden.[1320] Eine § 12 Abs. 3 TMG entsprechende ausdrückliche Öffnung des TKG für die Regelungen des BDSG existiert zwar nicht, dennoch wird § 4a BDSG in aller Regel als subsidiär anwendbar angesehen, da § 94 TKG eben keine abschließende Regelung darstellt.[1321] Die Wortlautgleichheit von § 94 TKG und § 13 Abs. 2 TMG legt zudem nahe, dass der Gesetzgeber bei Einwilligungen im telekommunikationsrechtlichen Bereich von einem einheitlichen Grundverständnis ausgeht.[1322] Darüber hinaus sind die wesentlichen Voraussetzungen einer Einwilligung im datenschutzrechtlichen Bereich, die auch § 4a BDSG aufgreift, bereits im Wortlaut des § 94 TKG angelegt. Vor diesem Hintergrund kann daher von einheitlichen Voraussetzungen für Einwilligungen im TKG und TMG ausgegangen werden.[1323]

IV. Praktische Probleme der Befugniserweiterung über Einwilligungen

Jedes der datenschutzrechtlich relevanten Gesetze ermöglicht folglich unter den dargestellten Voraussetzungen die Rechtfertigung einer Überwachungsmaßnahme über eine Einwilligung der betroffenen Arbeitnehmer. Aus der Möglich-

1317 Vgl. BT-Drs. 13/3609, die erst auf S. 53 eine Anwendbarkeit des TKG auf das Arbeitsverhältnis überhaupt andeutet. Hierzu auch S. 56 ff.

1318 Scheurle/Mayen-*Albers*, § 94 Rn. 1; Spindler/Schuster-*Eckhardt*, § 94 TKG Rn. 2; BeckTKG-*Büttgen*, § 94 Rn. 4 f.; Besgen/Prinz-*Busse*, § 10 Rn. 103.

1319 Vgl. Scheurle/Mayen-*Albers*, § 94 Rn. 2.

1320 Siehe S. 244 ff.

1321 BerlKommTKG-*Klesczewski*, § 94 Rn. 4; Scheurle/Mayen-*Albers*, § 94 Rn. 2; unter Betonung der Funktion des BDSG als Auffanggesetz Arndt/Fetzer/Scherer-*Fetzer*, Vorbem. §§ 91 ff. Rn. 10 und *Gola/Schomerus*, § 1 Rn. 24.

1322 Vgl. Scheurle/Mayen-*Albers*, § 94 Rn. 2 ff.; von der Anwendbarkeit des BDSG ausgehend: *Däubler*, Rn. 179.

1323 So wohl auch Besgen/Prinz-*Busse*, § 10 Rn. 129; Taeger/Gabel-*Munz*, § 94 TKG Rn. 1.

keit einer solchen Vorgehensweise folgt jedoch keinesfalls zwingend deren Nutzen für die Praxis. Hier bestehen über die bereits aufwändige Einhaltung der gesetzlichen Voraussetzungen hinaus weitere Probleme.

Zunächst muss festgehalten werden, dass für eine rechtfertigende Einwilligung überall dort kein Bedarf besteht, wo eine gesetzliche Vorschrift die konkret geplante Maßnahme des Arbeitgebers bereits für zulässig erklärt. Genügt die Konzeption der Überwachung bereits den Anforderungen einer Rechtfertigungsnorm, so bedarf es keiner zusätzlichen Legitimation durch eine Einwilligung, welche dann allenfalls deklaratorische Wirkung entfaltet.[1324] Zusätzliche Rechtssicherheit wird aufgrund des jederzeit möglichen Widerrufs nicht erzeugt.[1325] Eine Einwilligung ist in einem solchen Fall überflüssig.[1326]

Eine Sinnhaftigkeit erführe deren Einholung allenfalls in zwei Konstellationen: Zum einen, soweit der Arbeitgeber hierüber Maßnahmen rechtfertigen kann, deren Durchführung ihm nach den gesetzlichen Grundlagen nicht gestattet wäre, die Einwilligung mithin befugniserweiternd wirkt.[1327] Zum anderen, sofern die Anforderungen der gesetzlichen Rechtfertigungsnormen für den Arbeitgeber schwer oder gar nicht zu überwindende Hindernisse darstellen.[1328] Doch auch in diesen Fällen steht die Rechtmäßigkeit einer Überwachungsmaßnahme, die sich ohne gesetzliche Rechtfertigungsnorm allein auf eine Einwilligung der Betroffenen stützt, auf wackligen Beinen.

Wenn die Einwilligung konstitutive Wirkung entfalten soll, müsste der Arbeitgeber eine solche von ausnahmslos allen von der geplanten Maßnahme be-

1324 Simitis-*Simitis*, § 4a Rn. 93 verneint für den Fall der Verweigerung einer Einwilligung die Möglichkeit eines Rückgriffs auf die gesetzlichen Erlaubnistatbestände; dem entgegnet *Riesenhuber*, RdA 2011, 257 (261) zustimmungswürdig, dass in einem solchen Vorgehen kein widersprüchliches Verhalten des Arbeitgebers gesehen werden kann.

1325 Besgen/Prinz-*Busse*, § 10 Rn. 51 weisen auf die zusätzliche Gefahr hin, das zusätzliche Greifen eines gesetzlichen Rechtfertigungstatbestandes zu verschleiern; zweifelnd *Gola/Schomerus*, § 4a Rn. 40 und § 4 Rn. 16, die eine Einwilligung dennoch nur als „ultima ratio" zu den gesetzlichen Erlaubnistatbeständen empfehlen.

1326 Preis-*Preis*, Der Arbeitsvertrag, II I 10 Rn. 39 weist auf eine verbleibende Transparenzwirkung, die jedoch ebenfalls vor dem Hintergrund der Widerruflichkeit erheblich an Bedeutung verliert; *Riesenhuber*, RdA 2011, 257 (260 f.) verweist darauf, höhere Akzeptanz bei den Betroffenen erzeugen zu können.

1327 Vgl. *Däubler*, Rn. 136b, der im Zweifel der Einwilligung sogar exklusiven Charakter zubilligen und einen Rückgriff auf gesetzliche Rechtfertigungsnormen ausschließen will; keine Möglichkeit für eine Befugniserweiterung sehen *Jordan/Bissels/Löw*, BB 2626 (2627); *Riesenhuber*, RdA 2011, 257 (261) überträgt die inhaltlichen Grenzen des Fragerechts auf die Einwilligung.

1328 Vgl. Preis-*Preis*, Der Arbeitsvertrag, II I 10 Rn. 40; *Spanke*, S. 165; *Mengel*, BB 2004, 1445 (1452).

troffenen Mitarbeitern einholen.[1329] Zur Aufdeckung und Prävention von Straftaten müssten also auch potentielle Täter ihre Einwilligung erklären, wovon kaum ausgegangen werden kann.[1330] Speziell im Rahmen des BDSG verbieten zudem die Freiwilligkeit und Eigenverantwortung der Entscheidung dem Arbeitgeber jegliche Druckausübung. Widerspricht auch nur einer der Betroffenen, muss ihn der Arbeitgeber mangels anderweitiger Rechtfertigungsmöglichkeiten von der Datenerhebung ausschließen, was in der Regel bereits technisch schwer umzusetzen ist, zumindest aber dem mit der Überwachung verfolgten Zweck zuwiderlaufen wird.[1331] Zusätzliche Probleme entstehen bei Telekommunikationskontrollen, da der Arbeitgeber auch die Einwilligung der betriebsexternen Kommunikationspartner einholen muss.[1332] Bereits an verschiedenen Stellen wurde verdeutlicht, dass der Grundrechtsschutz der Kommunikationspartner bei einer etwaigen Interessenabwägung mit zu berücksichtigen ist. Die betroffenen Arbeitnehmer sind hingegen verfassungsrechtlich nicht befugt, über den Grundrechtsschutz der Kommunikationspartner zu disponieren.[1333]

Selbst in dem unwahrscheinlichen Fall, dass dem Arbeitgeber tatsächlich ein Einholen aller notwendigen Einwilligungen gelingt, gewinnt er dadurch keine Rechtssicherheit. Die Einwilligung ist in jedem gesetzlichen Kontext grundsätzlich frei widerruflich ausgestaltet.[1334] Die geschaffene Legitimationsgrundlage droht also permanent mit dem nicht begründungsbedürftigen Widerspruch eines einzelnen Beschäftigten wegzubrechen.[1335] Die vermeintlich gewonnene Rechtssicherheit erweist sich als Trugbild.[1336]

Auch unter Ausblendung dieser Problematik verbleiben weitere Schranken. Der mit der Einwilligung einhergehende Verzicht auf Grundrechtsschutz ist

1329 Vgl. Besgen/Prinz-*Busse*, § 10 Rn. 68; Preis-*Preis*, Der Arbeitsvertrag, II I 10 Rn. 35; *Kort*, MMR 2011, 294 (299); *Kock/Francke*, NZA 2009, 646 (647); als problematisch erkennt dies auch *Mengel*, BB 2004, 1445 (1452), die dennoch eine Einwilligung empfiehlt.

1330 So *Behling*, BB 2010, 892 (895).

1331 Probleme in diesem Zusammenhang erkennen auch *Lindemann/Simon*, BB 2001, 1950 (1952); das veranlasst Besgen/Prinz-*Busse*, § 10 Rn. 68 zur Empfehlung von Betriebsvereinbarungen.

1332 Vgl. *Schimmelpfennig/Wenning*, DB 2006, 2290 (2292); *Jordan/Bissels/Löw*, BB 2626 (2626).

1333 Vgl. Preis-*Preis*, Der Arbeitsvertrag, II I 10 Rn. 35; *Schimmelpfennig/Wenning*, DB 2006, 2290 (2292).

1334 Besgen/Prinz-*Busse*, § 10 Rn. 65; Arndt/Fetzer/Scherer-*Fetzer*, § 94 Rn. 14; Taeger/Gabel-*Moos*, § 13 TMG Rn. 24.

1335 Vgl. Preis-*Preis*, Der Arbeitsvertrag, II I 10 Rn. 38; *Kort*, MMR 2011, 294 (299); *Grimm/Schiefer*, RdA 2009, 329 (336); auch in Anerkennung der Widerruflichkeit der Einwilligung erkennt *Thüsing*, RDV 2010, 147 (148) einen weitergehenden Nutzen.

1336 So auch *Heldmann*, DB 2010, 1235 (1236); *Schmidt*, RDV 2009, 193 (194); *Schimmelpfennig/Wenning*, DB 2006, 2290 (2292).

schließlich nicht grenzenlos möglich.[1337] Auf den Kernbereich des Persönlichkeitsschutzes eines Menschen kann dieser nämlich nicht verzichten. Damit einher geht eine Begrenzung möglicher Befugniserweiterungen.[1338] Die lückenlose Überwachung kann als höchstrichterlich festgeschriebener Eingriff in den Kernbereich beispielsweise nicht über die Einwilligung gerechtfertigt werden.[1339] Erneut sähe sich der Arbeitgeber mit einer Abwägungsfrage konfrontiert, da er die genaue Grenzziehung zum Kernbereich des Persönlichkeitsrechts ermitteln muss.[1340]

Außerdem liegt im Fall der Legitimation einer Überwachungsmaßnahme durch individuelle Einwilligungen trotzdem noch ein kollektiver Tatbestand vor, der zur Beteiligung des Betriebsrates (§ 87 I 1 Nr. 1 und Nr. 6 BetrVG) zwingt.[1341] Dieser ist über § 75 Abs. 2 S. 1 BetrVG zur Wahrung des Persönlichkeitsrechts der Beschäftigten verpflichtet.[1342] Insbesondere bei geplanten Befugniserweiterungen des Arbeitgebers ist folglich mit erhöhtem Widerstand zu rechnen.[1343]

Aus alldem ergibt sich, dass die Legitimation von Überwachungsmaßnahmen über die Einwilligung der betroffenen Arbeitnehmer in nahezu jeder Konstellation zwar keine rechtlichen, aber erhebliche praktische Probleme aufwirft. Die Vorgehensweise ist entsprechend dem Rechtsrat suchenden Arbeitgeber als Alternative zur Orientierung an den Anforderungen der jeweiligen einfachgesetzlichen Grundlagen nicht zu empfehlen.[1344]

1337 *Kümpers*, S. 165; unter Hinweis auf sonstige zwingende Schutznormen *Panzer*, S. 162; ebenso *Byers*, S. 109.

1338 Vgl. Preis-*Preis*, Der Arbeitsvertrag, II I 10 Rn. 38; *Thüsing*, Rn. 132; das erkennt auch *Mengel*, BB 2004, 1445 (1452) an, empfiehlt jedoch trotzdem die Legitimation über Einwilligungen.

1339 Entsprechend *Byers*, S. 109; *Kümpers*, S. 165.

1340 *Kock/Francke*, NZA 2009, 646 (648) setzen bei Legitimation durch Einwilligung entsprechend den gesetzlichen Rechtfertigungsnormen den Grundsatz der Verhältnismäßigkeit als Rechtmäßigkeitsmaßstab fest. Dadurch würden Befugniserweiterungen im Ergebnis faktisch ausgeschlossen. Dem Ansatz fehlt jedoch ein gesetzlicher Rückhalt, etwa in § 4 Abs. 1 BDSG. Die selbstbestimmte Einwilligung durch den Betroffenen ersetzt die im Falle der einseitigen Anordnung notwendige Verhältnismäßigkeit als Kontrollinstanz.

1341 *Panzer*, S. 162.

1342 Vgl. dazu die Ausführungen auf S. 258 ff.

1343 Vgl. *Kock/Francke*, NZA 2009, 646 (647).

1344 So auch Preis-*Preis*, Der Arbeitsvertrag, II I 10 Rn. 39 ff.; im Ergebnis wohl auch *Spanke*, S. 165; vgl. *Heldmann*, DB 2010, 1235 (1236); *Schmidt*, RDV 2009, 193 (194); *Schimmelpfennig/Wenning*, DB 2006, 2290 (2292); a.A. *Thüsing*, Rn. 117 ff. mit einer Mustereinwilligung unter Rn. 141; *Forst*, RDV 2010, 150 (154); *Mengel*, BB 2004, 1445 (1452).

V. Zwischenergebnis

Die vorstehenden Ausführungen zeigen, dass eine Einwilligung der Betroffenen nach dem Willen des Gesetzgebers in allen datenschutzrechtlichen Gesetzen grundsätzlich als Rechtfertigungsmöglichkeit vorgesehen ist. Ausgehend von einem einheitlichen Grundverständnis divergieren die Wirksamkeitsvoraussetzungen im Rahmen der verschiedenen Gesetze nur in Nuancen. Die vielfach kolportierten rechtlichen Bedenken erweisen sich nicht als gravierend. Allerdings ist der praktische Nutzen dieser Rechtfertigungsmöglichkeit denkbar gering.[1345] Insbesondere die freie Widerruflichkeit der Einwilligung verhindert ein häufig als Primärziel ausgegebenes Erzeugen zusätzlicher Rechtssicherheit.[1346] Vor diesem Hintergrund verliert auch die Intention an Wert, die von vielen Arbeitgebern als schwierig zu handhaben empfundenen Voraussetzungen der Rechtfertigung einer Kontrollmaßnahme über gesetzliche Vorschriften umgehen zu wollen. Dazu gesellen sich noch erhebliche Schwierigkeiten in der praktischen Durchführung. Einer Erweiterung der Kontrollbefugnisse durch Einwilligungen, welche diesen erst einen mehr als nur deklaratorischen Status zuspräche, sind zusätzlich grundrechtliche Grenzen gesetzt.[1347] Arbeitgeber sind folglich in aller Regel gut beraten, sich bei der Planung und Durchführung von Überwachungsmaßnahmen allein an den durch die gesetzlichen Vorschriften festgesteckten Rechtmäßigkeitsgrenzen zu orientieren.[1348]

Einzig für den Fall, dass der Arbeitgeber die Erlaubnis der Privatnutzung der betrieblichen Telekommunikationseinrichtungen erlaubt hat, gewinnt der Versuch einer Rechtfertigung von Überwachungsmaßnahmen durch Einwilligungen an Wert. Zwar sind auch in diesem Fall dieselben praktischen Probleme zu überwinden, allerdings mag dies vom einzelnen Arbeitgeber möglicherweise vor dem Hintergrund des aus der Anwendung von TKG und TMG folgenden Probleme als hinnehmbar erscheinen, sofern er die Erlaubnis der Privatnutzung nicht zurücknehmen will oder nicht mehr rechtzeitig kann.[1349]

1345 Vgl. Preis-*Preis*, Der Arbeitsvertrag, II I 10 Rn. 39; *Spanke*, S. 165; vgl. *Schmidt*, RDV 2009, 193 (194); *Schimmelpfennig/Wenning*, DB 2006, 2290 (2292).

1346 Vgl. *Kort*, MMR 2011, 294 (299); *Grimm/Schiefer*, RdA 2009, 329 (336).

1347 Vgl. *Thüsing*, Rn. 132; *Kümpers*, S. 165; *Byers*, S. 109; *Mengel*, BB 2004, 1445 (1452).

1348 Vgl. Preis-*Preis*, Der Arbeitsvertrag, II I 10 Rn. 39; *Spanke*, S. 165; a.A. Hümmerich/Reufels-*Mengel*, § 1 Rn. 2389 ff.; *Forst*, RDV 2010, 150 (154).

1349 Vgl. Preis-*Preis*, Der Arbeitsvertrag, II I 10 Rn. 40; *Mengel*, BB 2004, 1445 (1452); mit entsprechender Beteiligung des Betriebsrats ist es zudem möglich, die grundsätzlich freie Entscheidung des Arbeitgebers über die Erlaubnis der Privatnutzung von einer Einwilligung in Überwachungsmaßnahmen abhängig zu machen. Dies empfehlen etwa *Haußmann/Krets*, NZA 2005, 259 (261); dazu auch *Spanke*, S. 165.

B. Rechtfertigung von Kontrollmaßnahmen durch Betriebsvereinbarung oder Tarifvertrag

Einen völlig anderen Ansatzpunkt zur Feststeckung oder sogar Erweiterung der Kontrollbefugnisse des Arbeitgebers bietet die Schaffung kollektivvertraglicher Regelungen. Der Abschluss einer Betriebsvereinbarung bietet sich bereits deswegen an, weil je nach Ausgestaltung einer geplanten Überwachungsmaßnahme dem für den zu kontrollierenden Betrieb zuständigen Einzelbetriebsrat – bei betriebsübergreifenden Maßnahmen dem Gesamt- oder sogar Konzernbetriebsrat – ohnehin nach § 87 Abs. 1 Nr. 1 oder Nr. 6 BetrVG ein Mitbestimmungsrecht zusteht.[1350] Sofern eine Beteiligung des Betriebsrates für die Durchführung der Maßnahme oder die Einführung der dazu erforderlichen technischen Grundlagen im Betrieb zwingend ist, rückt die Möglichkeit einer Einigung über die inhaltliche Ausgestaltung der Kontrollbefugnisse des Arbeitgebers in Form einer Betriebsvereinbarung in erreichbare Nähe. Daneben ist der einzelne Arbeitgeber gem. § 2 Abs. 1 TVG potentiell Tarifvertragspartei und kann auf die Schaffung eines Tarifvertrages zur Festschreibung seiner Kontrollbefugnisse hinwirken. Der hohe Einzelfall- und Betriebsbezug einer jeden Kontrollmaßnahme lässt eine unternehmensübergreifende Einigung der Tarifparteien unwahrscheinlich erscheinen, sodass sich nachfolgende Erörterung auf die Möglichkeit zum Abschluss eines Firmentarifvertrages beschränken kann.[1351]

Sofern eine Rechtfertigung von Kontrollmaßnahmen über Betriebsvereinbarungen und Tarifverträge nach der geltenden Rechtslage zulässig ist und der Arbeitgeber eine Einigung mit einem kooperationswilligen Betriebsrat oder einer kooperationswilligen Gewerkschaft zu erzielen vermag, stellen kollektivvertragliche Normen eine beständigere und deswegen auch rechtssicherere Alternative zur Rechtfertigung von Kontrollmaßnahmen über Einwilligungen.

Nachfolgend soll erörtert werden, ob beziehungsweise unter welchen Voraussetzungen oder Beschränkungen die einzelnen datenschutzrechtlichen Gesetze eine derartige Rechtfertigung tatsächlich zulassen.

1350 Vgl. Preis-*Preis*, Der Arbeitsvertrag, II I 10 Rn. 42; Besgen/Prinz-*Busse*, § 10 Rn. 68; *Kümpers*, S. 115; *Deiters*, ZD 2012, 109 (112); zu § 87 Abs. 1 Nr. 6 BetrVG siehe GK-BetrVG-*Wiese*, § 87 Rn. 482 ff.; Richardi-*Richardi*, § 87 Rn. 475 ff.

1351 Vgl. *Kümpers*, S. 115.

I. Rechtslage im Anwendungsbereich des BDSG

Zunächst ist zu untersuchen, ob bzw. inwieweit die Regelungen des BDSG dem einzelnen Arbeitgeber die Möglichkeit geben, Überwachungsmaßnahmen über Regelungen in Betriebsvereinbarungen oder Tarifverträgen zu legitimieren. Ausgangspunkt ist dabei zunächst die Frage, ob das BDSG selbst einer solchen Vorgehensweise Grenzen setzt. Anschließend ist zu erörtern, ob möglicherweise aus anderen Gründen die Regelungsbefugnis der Parteien Beschränkungen unterworfen wird.

1. Öffnung des BDSG für kollektivvertragliche Regelungen

Die abstrakten Rechtfertigungsmöglichkeiten im Anwendungsbereich des BDSG regelt § 4 Abs. 1 BDSG. Das hier normierte präventive Verbot jeglichen Umgangs mit personenbezogenen Daten sieht vor, dass jede Erhebung, Verarbeitung oder Nutzung neben der Rechtfertigung über Einwilligungen der Betroffenen nur zulässig ist, soweit das BDSG oder eine „andere Rechtsvorschrift" dies erlaubt.[1352] Fraglich ist in diesem Zusammenhang, ob „andere Rechtsvorschriften" im Sinne des BDSG auch Regelungen in Betriebsvereinbarungen oder Tarifverträgen sein können.

Verglichen mit gesetzlichen Regelungen bleiben Betriebsvereinbarungen in ihrer Wirkung nicht hinter diesen zurück. Auch Betriebsvereinbarungen stellen abstrakt generelle Regelungen mit unmittelbarer und zwingender Wirkung dar, was in § 77 Abs. 4 S. 1 BetrVG ausdrücklich festgeschrieben wurde.[1353] Es fehlt lediglich an einer unmittelbaren Legitimierung durch eine Parlamentsentscheidung. Dass § 4 Abs. 1 BDSG eine solche Legitimation nicht als Voraussetzung einer „anderen Rechtsvorschrift" ansieht, verdeutlicht zunächst die gewählte Formulierung.[1354] Dem Gesetzgeber bliebe eine Betonung der Gesetzesqualität unbenommen, wie er es an anderer Stelle in ähnlichem Zusammenhang durchaus praktiziert, etwa in § 88 Abs. 3 S. 3 TKG, über den später noch zu sprechen sein wird.[1355] Auch das Verhältnis des präventiven Verbots mit Erlaubnisvorbehalt zur Subsidiaritätsregelung des § 1 Abs. 3 BDSG unterstreicht diese Interpretation. Sofern eine gesetzliche Regelung des Bundes eine Kontrollmaßnahme ausdrücklich erlaubt, ginge diese Regelung der Anwendung des BDSG bereits

1352 Zum Begriff der „anderen Rechtsvorschrift" im Überblick Taeger/Gabel-*Taeger*, § 4 BDSG Rn. 20 ff. und Simitis-*Sokol*, § 4 Rn. 8 ff., jeweils mit weiteren Nachweisen; im Bezug auf Betriebsvereinbarungen *Thüsing*, Rn. 102 ff.

1353 GK-BetrVG-*Kreutz*, § 77 Rn. 165 ff.; *Fitting*, § 77 Rn. 124 ff.; Richardi-*Richardi*, § 77 Rn. 134 ff.; *Erfurth*, DB 2011, 1275 (1275).

1354 Vgl. *Erfurth*, DB 2011, 1275 (1275); *Balke/Müller*, DB 1997, 326 (329).

1355 Siehe S. 265 f.; vgl. Taeger/Gabel-*Taeger*, § 4 BDSG, Rn. 22; *Thüsing*, Rn. 105.

nach § 1 Abs. 3 BDSG vor, einer Öffnung in § 4 Abs. 1 BDSG bedürfe es dafür nicht.[1356] Für Landesgesetze statuiert bereits § 1 Abs. 2 Nr. 2 BDSG die Subsidiarität des BDSG.[1357] Soll also der Rechtfertigungsmöglichkeit über „andere Rechtsvorschriften" in § 4 Abs. 1 BDSG überhaupt ein eigener Anwendungsbereich zukommen, so müssen auch untergesetzliche Rechtsnormen davon erfasst werden. Dieser Interpretation hat sich das Bundesarbeitsgericht angeschlossen.[1358]

Entsprechendes muss auch für Regelungen im normativen Teil eines Tarifvertrags gelten. Deren unmittelbare und zwingende Wirkung zwischen den Tarifgebundenen ergibt sich aus § 4 Abs. 1 TVG.[1359]

Grundsätzlich kommen sowohl Betriebsvereinbarungen als auch Tarifverträge als Rechtfertigungsgrundlagen für Überwachungsmaßnahmen im Anwendungsbereich des BDSG in Betracht.[1360]

2. Abweichungen vom BDSG zu Ungunsten der Betroffenen

Die Öffnung des § 4 Abs. 1 BDSG für kollektivvertragliche Regelungen allein sagt jedoch noch nichts über den zulässigen Regelungsumfang aus. Umstritten ist in diesem Zusammenhang, ob über Betriebsvereinbarungen oder Tarifverträge tatsächlich eine Befugniserweiterung der kontrollierenden Stelle erreicht werden kann, anders ausgedrückt, ob das allgemeine Schutzniveau des BDSG unterschritten werden darf.

Die in Schrifttum und Rechtsprechung vorherrschende Ansicht interpretiert die in § 4 Abs. 1 BDSG eröffnete Regelungsbefugnis weit und erachtet selbst eine Unterschreitung des Schutzniveaus als möglich.[1361] Demgegenüber wird vereinzelt vertreten, dass BDSG setze einen zwingenden Mindeststandard, der nicht durch abweichende Regelungen gesetzlicher oder untergesetzlicher

---

1356 Vgl. Simitis-*Sokol*, § 4 Rn. 8.

1357 Ausführlich Simitis-*Dammann*, § 1 Rn. 120 ff.

1358 BAG 27.05.1986, NZA 1986, 643; zustimmend *Erfurth*, DB 2011, 1275 (1275); *Haußmann/Krets*, NZA 2005, 259 (263).

1359 Vgl. DäublerTVG-*Deinert*, § 4 Rn. 460 ff.; KeZa-*Stein*, § 4 Rn. 12 ff.

1360 Taeger/Gabel-*Taeger*, § 4 BDSG, Rn. 34; Simitis-*Sokol*, § 4 Rn. 11; Preis-*Preis*, Der Arbeitsvertrag, II I 10 Rn. 43; *Thüsing*, Rn. 102 ff.; *Erfurth*, DB 2011, 1275 (1275 f.); *Löwisch*, DB 2009, 2782 (2784); *Schimmelpfennig/Wenning*, DB 2006, 2290 (2291 f.); *Balke/Müller*, DB 1997, 326 (329); für Betriebsvereinbarungen *Beckschulze/Henkel*, DB 2001, 1491 (1501); *Kock/Francke*, NZA 2009, 646 (647); *Deiters*, ZD 2012, 109 (112).

1361 Vgl. Preis-*Preis*, Der Arbeitsvertrag, II I 10 Rn. 43; ErfK-*Kania*, § 87 BetrVG Rn. 61; Taeger/Gabel-*Taeger*, § 4 BDSG Rn. 38 ff.; *Thüsing*, Rn. 102; *Beckschulze/Henkel*, DB 2001, 1491 (1501).

Rechtsnormen gelockert werden dürfe.[1362] Gegen letztere Ansicht spricht jedoch entscheidend das Selbstverständnis des BDSG als Auffanggesetz.[1363] Es vermag nicht zu überzeugen, warum ein Gesetz, welches sich selbst in Form der § 1 Abs. 3 bzw. Abs. 2 Nr. 2 BDSG gegenüber allen gesetzlichen Regelungen mit datenschutzrechtlichem Hintergrund als vollumfänglich subsidiär deklariert, trotzdem die allgemeine Untergrenze des gesetzlichen Datenschutzniveaus festschreiben soll. Die Subsidiarität des BDSG wird nirgends eingeschränkt, auch nicht im speziellen Fall von Abweichungen durch untergesetzliche Normen in § 4 Abs. 1 BDSG. In den Materialien finden sich keine Hinweise auf eine solche gesetzgeberische Intention.[1364] Diese Auffassung vertritt auch das BAG.[1365]

Folglich begrenzt das BDSG in seiner derzeitigen Fassung die Regelungsbefugnis der an Betriebsvereinbarungen und Tarifverträgen beteiligten Parteien nicht.[1366]

3. Grundrechtseinflüsse

Allerdings bedeutet dies noch nicht, dass nicht aus anderer Richtung der Regelungsbefugnis Grenzen gesetzt werden.[1367] Zu denken wäre hier insbesondere an das grundrechtliche Spannungsverhältnis, welches einer jeden Mitarbeiterkontrolle zugrunde liegt.[1368] Zwar sind die Parteien kollektivvertraglicher Vereinbarungen in aller Regel nicht unmittelbar grundrechtsgebunden, allerdings existieren verschiedene Einfallstore, die auch nichtstaatliche Stellen zu einer mittelbaren Beachtung der Grundrechtspositionen der Beteiligten zwingen.

Zumindest im Falle von Betriebsvereinbarungen findet sich ein solches Einfallstor in Form der Generalklauseln in § 75 Abs. 1 und Abs. 2 BetrVG.[1369] Die

---

1362 Vgl. *Lindemann/Simon*, BB 2001, 1950 (1952); *Kort*, RdA 1992, 378 (385); ähnlich *Haußmann/Krets*, NZA 2005, 259 (263).

1363 Vgl. Taeger/Gabel-*Taeger*, § 4 BDSG, Rn. 38 ff.

1364 Im Gegenteil: In der Diskussion um das Beschäftigtendatenschutzgesetz sah sich der Gesetzgeber gezwungen, Abweichungen von den neu geschaffenen Regelungen zu Ungunsten der Beschäftigten gerade nicht zuzulassen, vgl. § 321 Abs. 5 des Gesetzentwurfs vom 15.12.2010, BT-Drs. 17/4230. Dies spricht für eine Ausnahme vom (derzeitigen) Regelfall der Öffnung auch für negative Abweichungen.

1365 Ausdrücklich BAG 27.05.1986, NJW 1987, 674 (677).

1366 So auch Preis-*Preis*, Der Arbeitsvertrag, II I 10 Rn. 43; ErfK-*Kania*, § 87 BetrVG Rn. 61; Taeger/Gabel-*Taeger*, § 4 BDSG Rn. 38 ff.; *Thüsing*, Rn. 102; a.A. Simitis-*Sokol*, § 4 Rn. 17, dessen Überlegungen jedoch gleichfalls von Grundrechtseinflüssen geprägt sind.

1367 Dies sieht auch Preis-*Preis*, Der Arbeitsvertrag, II I 10 Rn. 43, der ausdrücklich auf weitere allgemeine Beschränkungen hinweist.

1368 Hierzu S. 10 ff.

1369 Vgl. ErfK-*Kania*, § 87 BetrVG Rn. 61; *Kümpers*, S. 209; *Spanke*, S. 150 f.; *Erfurth*, DB 2011, 1275 (1277); *Haußmann/Krets*, NZA 2005, 259 (263); *Balke/Müller*, DB

Norm verpflichtet Betriebsräte und Arbeitgeber unter anderem über Abs. 1 zur Wahrung des grundrechtlichen Prinzips der Verhältnismäßigkeit als Teil der „Grundsätze von Recht und Billigkeit" und über Abs. 2 zum Schutz der „freien Entfaltung der Persönlichkeit" der Arbeitnehmer, mithin unter Anderem zum Schutz deren allgemeinen Persönlichkeitsrechts.[1370] Obwohl die gerichtliche Überprüfbarkeit von Betriebsvereinbarungen durchaus umstritten ist – nach der Rechtsprechung des BAG unterliegen sie einer Billigkeitskontrolle, Gegenstimmen in der Literatur sprechen den Gerichten allein eine Rechtskontrolle zu[1371] – kann festgehalten werden, dass jedenfalls keine uferlose Ausweitung arbeitgeberseitiger Kontrollbefugnisse über Betriebsvereinbarungen möglich ist. Sofern die Persönlichkeitsrechte der Belegschaft völlig außer Acht gelassen werden oder die Regelung eklatant unverhältnismäßig zugunsten der Kontrollinteressen des Arbeitgebers gewichtet ist, kann ein Verstoß gegen § 75 Abs. 1 oder 2 BetrVG auch im Rahmen einer bloßen Rechtskontrolle erfasst und geahndet werden.[1372] Fordert man hingegen, dass ein Verstoß diese Intensität nicht erreicht, liegt der Betriebsvereinbarung zumindest eine nachvollziehbare Interessenabwägung zugrunde. Dadurch nähert sich die Regelungsbefugnis der Parteien dem ohnehin durch die gesetzlichen Rechtfertigungsnormen des BDSG erlaubten Kontrollumfang, dessen zentrales Element stets eine Verhältnismäßigkeitsabwägung darstellt.[1373] Praktisch sind nur wenige Fälle denkbar, in denen eine Befugniserweiterung gegenüber den Regelungen des BDSG erreicht werden kann.[1374] Allenfalls kann sich ein Arbeitgeber von den wenigen durch das BDSG auferlegten, über die allgegenwärtige Verhältnismäßigkeitsabwägung hinausgehenden Voraussetzungen befreien, beispielsweise der Dokumentationspflicht des § 32 Abs. 1 S. 2 BDSG.

Für Tarifverträge existiert hingegen kein vergleichbares Einfallstor zur mittelbaren Anwendbarkeit der Grundrechte der von der zu regelnden Kontrollmaßnahme betroffenen Beschäftigten. Da die Tarifparteien als Privatrechtssub-

1997, 326 (327); dies sehen auch *Hilber/Frik*, RdA 2002, 89 (94), allerdings bezogen auf das TKG.

1370 Taeger/Gabel-*Taeger*, § 4 BDSG, Rn. 35; *Kock/Francke*, NZA 2009, 646 (647).

1371 Zu diesem Streit ausführlich GK-BetrVG-*Kreutz*, § 77 Rn. 299 ff. m.w.N.

1372 Vgl. *Haußmann/Krets*, NZA 2005, 259 (263) und *Hilber/Frik*, RdA 2002, 89 (94), die deswegen sogar eine Übereinstimmung mit den zugrunde liegenden Rechtsnormen fordern; auch *Balke/Müller*, DB 1997, 326 (329) verlangen für eine Wirksamkeit die Sicherstellung der Wahrung der Persönlichkeitsrechte der Arbeitnehmer.

1373 Vgl. *Spanke*, S. 151; *Deiters*, ZD 2012, 109 (113); Simitis-*Sokol*, § 4 Rn. 17 lehnt eine Unterschreitung des Schutzniveaus des BDSG durch Betriebsvereinbarungen aus ähnlichen Gründen gänzlich ab.

1374 So auch ErfK-*Kania*, § 87 BetrVG Rn. 61; *Haußmann/Krets*, NZA 2005, 259 (263); *Erfurth*, DB 2011, 1275 (1277); noch schärfer *Kock/Francke*, NZA 2009, 646 (647); *Ernst*, NZA 2002, 585 (591).

jekte nicht unmittelbar grundrechtsgebunden sind[1375], steht die Tarifautonomie in der Regel einer Grundrechtsprüfung im Wege.[1376] Der Gesetzgeber stellt damit theoretisch das gesamte BDSG unbegrenzt zur Disposition der Tarifparteien. Solche Konstruktionen müssen vor dem Hintergrund staatlicher Schutzpflichten äußerst kritisch beurteilt, wenn nicht sogar als unwirksam angesehen werden.[1377] Tariföffnungen dürften nicht dazu führen, dass die Tarifparteien die in einem Gesetz zum Ausdruck kommenden Grundaussagen im Extremfall sogar in ihr genaues Gegenteil verkehren können. Die im Gesetz getroffenen Grundentscheidungen müssten auch in der abweichenden tariflichen Regelung erhalten bleiben.[1378] Beispiele solcher umfassenden Tariföffnungen, die sich unbegrenzt auf ein gesamtes Gesetz beziehen, finden sich jedoch selten.[1379] In aller Regel werden bereits in der Öffnungsklausel selbst die zugesprochenen Befugnisse eingegrenzt. Eine Verpflichtung der Tarifparteien zur Beibehaltung der gesetzlichen Grundentscheidungen versprüht den Charme, der Öffnungsklausel die Wirksamkeit nicht generell absprechen zu müssen und dennoch Extremfällen entgegenwirken zu können. Die gesetzgeberische Intention bei der Normierung des BDSG war es schließlich, auch für den Fall der Nichtexistenz von Spezialregelungen datenschutzrechtliche Interessen als zu berücksichtigende Rechtspositionen festzuhalten.[1380] Ein völliges Abstandnehmen von diesen datenschutzrechtlichen Interessen in einer tariflichen Regelung widerspräche dieser gesetzgeberischen Grundentscheidung deutlich, eine solch weite Regelungsbefugnis der Tarifparteien kann bei der Schaffung des BDSG schwerlich gewollt worden sein. Eine Verpflichtung zur Achtung der gesetzlichen Grundentscheidungen ermöglicht die gerichtliche Ausscheidung solcher Extremfälle und stellt ein sinnvolles Korrektiv einer unglücklich weit formulierten Tariföffnung dar. In letzter Konsequenz muss demzufolge auch jede vom BDSG abweichende Ta-

---

1375 Vgl. Wiedemann-*Wiedemann*, Einl. Rn. 182 ff; KeZa-*Kempen*, Einl. Rn. 188 ff.; a.A. Simitis-*Sokol*, § 4 Rn. 17.

1376 Einzig eine unwahrscheinliche Allgemeinverbindlicherklärung eines Tarifvertrags mit datenschutzrechtlichen Inhalt im Sinne des § 5 TVG eröffnet die Möglichkeit, den Tarifvertrag umfassend anhand der Grundrechte zu überprüfen. Mit der Erklärung, bei der es sich um einen Rechtsakt des grundrechtsgebundenen Staates handelt, muss sich eine tarifliche Regelung an den für gesetzliche Regelungen geltenden Maßstäben messen lassen.

1377 Hierzu ausführlich *Ulber*, S. 329 ff.

1378 Das Problem erkennt etwa Simitis-*Sokol*, § 4 Rn. 17, der eine Unterschreitung des Schutzniveaus des BDSG durch Tarifnormen über eine Grundrechtsbindung der Tarifparteien lösen will.

1379 Eine vergleichbare Konstruktion findet sich beispielsweise in § 1 Abs. 3 Nr. 1 AÜG. Auch an dieser Norm lässt sich die Problemstellung verdeutlichen, vgl. Ulber-*Ulber*, § 1 Rn. 326.

1380 Vgl. Simitis-*Simitis*, Einl. Rn. 48 und § 1 Rn. 23; DKWW-*Weichert*, Einl. Rn. 71; Taeger/Gabel-*Schmidt*, § 1 Rn. 2.

rifregelung zur Ermöglichung von Mitarbeiterkontrollen einen Interessenausgleich im Grundrechtskonflikt zwischen den Arbeitsvertragsparteien herstellen.[1381] Auch die Regelungsbefugnisse der Tarifparteien werden also dem gesetzlich zugebilligten Kontrollumfang mit dem zentralen Element der Verhältnismäßigkeit weitgehend angenähert, Befugniserweiterungen sind auch in Tarifregelungen nur in wenigen Fällen denkbar.[1382]

4. Fehlende Regelungskompetenz für betriebsfremde Dritte

Ein weiterer Aspekt, der einer Befugniserweiterung durch kollektivvertragliche Regelungen im Wege steht, entspringt der begrenzten Zuständigkeit der Betriebs- und Tarifparteien. Ein Betriebsrat repräsentiert lediglich die in den ihm untergeordneten Betrieben tätigen Arbeitnehmer.[1383] Die gewerkschaftliche Zuständigkeit erstreckt sich im Grundsatz sogar nur auf einen Teil davon, nämlich die organisierten Arbeitnehmer des Tarifpartners.[1384] Allerdings ordnet § 3 Abs. 2 TVG die Geltung tariflicher Regelungen auch für den nicht organisierten Teil der Belegschaft an, sofern es sich um Regelungen handelt, die zweckbedingt betriebseinheitlich gelten müssen bzw. deren Anwendbarkeit nicht von einer Gewerkschaftsmitgliedschaft abhängig gemacht werden kann, so genannte Betriebsnormen.[1385] Eine tarifliche Normierung von Kontrollbefugnissen zur Strafbarkeitsaufdeckung oder Strafbarkeitsprävention macht jedoch nur Sinn, sofern potentiell jeder Verdächtige kontrolliert werden kann, unabhängig von seiner Gewerkschaftszugehörigkeit. In aller Regel stellen solche Tarifnormen folglich Betriebsnormen dar, die auch gegenüber den nicht unmittelbar tarifgebundenen Arbeitnehmern wirken.

Speziell im Bereich der Telekommunikation stellt sich für beide Regelungstypen allerdings die Frage, ob nicht der Kompetenzrahmen der beteiligten Par-

---

1381 Dies stützen *Erfurth*, DB 2011, 1275 (1277) und *Mengel*, BB 2004, 1445 (1452), die höchstpersönliche Rechtsgüter höchstens zur individuellen, nicht aber zur kollektiven Disposition stellen.

1382 So für Tarifparteien ausdrücklich Besgen/Prinz-*Busse*, § 10 Rn. 70.

1383 Hinsichtlich einzelner Aufgaben, beispielsweise § 75 Abs. 1 BetrVG, repräsentiert ein Betriebsrat sogar alle im Betrieb tätigen Personen, vgl. exemplarisch *Fitting*, § 75 Rn. 12, Richardi-*Richardi*, § 75 Rn. 7 f.; keinesfalls erstreckt sich die Zuständigkeit jedoch auf außenstehende Dritte.

1384 Die originäre Tarifgebundenheit der Arbeitnehmer ist gem. § 3 Abs. 1 TVG geknüpft an die Mitgliedschaft in der den Tarifvertrag schließenden Gewerkschaft, dazu KeZa-*Kempen*, § 3 Rn. 7 ff.; Wiedemann-*Oetker*, § 3 Rn. 126 ff.; DäublerTVG-*Lorenz*, § 3 Rn. 14 ff.; *Kümpers*, S. 115 verdeutlicht, dass ein Tarifvertrag zur Regelung von Kontrollbefugnissen aufgrund der Betriebsbezogenheit der Materie stets ein Firmentarifvertrag sein wird.

1385 Hierzu KeZa-*Kempen*, § 3 Rn. 22 ff.; DäublerTVG-*Lorenz*, § 3 Rn. 70 ff.; Wiedemann-*Thüsing*, § 1 Rn. 728 ff.

teien gesprengt wird, sofern die kollektivvertragliche Regelung die Erhebung von Daten betriebsfremder Kommunikationspartner ermöglicht. Eine Ermächtigung zum unmittelbaren und von den Betriebs- bzw. Tarifparteien selbst ausgestalteten Eingriff in die Grundrechte betriebsfremder Dritter zeichnet sich als bedenklich ab.[1386] Der Arbeitgeber riskiert eine Überschreitung der gemeinsamen Regelungskompetenz und damit zugleich die Unwirksamkeit der selbst geschaffenen Rechtfertigungsnorm, zumindest wenn die Befugnisse nicht auf einer nachvollziehbaren Interessenabwägung beruhen. Individuelle Grundrechte wie das allgemeine Persönlichkeitsrecht oder das Fernmeldegeheimnis stehen schließlich nicht zur freien, kollektiven Disposition.[1387] Dem kann nur durch eine inhaltliche Ausgestaltung der Regelung entgegenwirkt werden, die möglichst umfangreich die Grundrechtspositionen betroffener Dritter schützt. Wenn deren Interessen nun ebenfalls bei der Schaffung der kollektiven Regelung mit zu berücksichtigen sind[1388], so besteht zwischen der hier anzustellenden Verhältnismäßigkeitsabwägung und ihrem nach den gesetzlichen Regelungen verpflichtenden Pendant kein Unterschied mehr.

5. Zwischenergebnis

Zusammenfassend stellt sich die Rechtslage hinsichtlich der Möglichkeit der Rechtfertigung arbeitgeberseitiger Kontrollen über selbst geschaffene, kollektivvertragliche Normen im Anwendungsbereich des BDSG trotz geschilderter Beschränkungen recht praktikabel dar.[1389] Sowohl in Betriebsvereinbarungen als auch in Tarifverträgen können der gesetzlichen Konzeption entsprechend vom BDSG abweichende Regelungen geschaffen werden.[1390] Im Gegensatz zu einer Rechtfertigung arbeitgeberseitiger Kontrollen durch Einwilligungen stehen einer solchen Vorgehensweise keine fundamentalen praktischen Bedenken entgegen. Eine Einigung mit einem einzelnen Verhandlungspartner lässt sich in aller Regel einfacher herbeiführen als eine Zustimmung jedes einzelnen Arbeitnehmers.

1386 Dies anreißend *Hilber/Frik*, RdA 2002, 89 (94).

1387 Vgl. *Erfurth*, DB 2011, 1275 (1277); *Mengel*, BB 2004, 1445 (1452).

1388 Zur Bedeutung der Grundrechte der Kommunikationspartner für die anzustellende Interessenabwägung S. 181 ff.

1389 Dies betonen beispielsweise *Lindemann/Simon*, BB 2001, 1950 (1952); ebenso *Deiters*, ZD 2012, 109 (112 ff.).

1390 Meist bezogen auf Betriebsvereinbarungen: Taeger/Gabel-*Taeger*, § 4 BDSG, Rn. 34; Simitis-*Sokol*, § 4 Rn. 11; Preis-*Preis*, Der Arbeitsvertrag, II I 10 Rn. 43; *Thüsing*, Rn. 102 ff.; Besgen/Prinz-*Busse*, § 10 Rn. 70; Erfurth, DB 2011, 1275 (1275 f.); *Löwisch*, DB 2009, 2782 (2784); *Schimmelpfennig/Wenning*, DB 2006, 2290 (2291 f.); *Balke/Müller*, DB 1997, 326 (329); für Betriebsvereinbarungen *Beckschulze/Henkel*, DB 2001, 1491 (1501); *Kock/Francke*, NZA 2009, 646 (647); *Deiters*, ZD 2012, 109 (112).

Insbesondere wohnt darüber hinaus Tarifverträgen und Betriebsvereinbarungen eine im Einzelfall ausgehandelte Beständigkeit inne, wodurch die Gefahr eines Wegbruchs der Rechtfertigungsnorm entscheidend an Gewicht verliert.[1391] Dem Rechtssicherheits- und Transparenzinteresse des Arbeitgebers und nicht zuletzt auch der Beschäftigten wird mit einer solchen Regelung also durchaus Rechnung getragen, selbst wenn im Ergebnis keine Erweiterung der gesetzlich ohnehin zugebilligten Befugnisse erreicht wird.[1392]

Ungleich schwieriger gestaltet es sich hingegen, über Betriebsvereinbarungen oder Tarifverträge tatsächliche Befugniserweiterungen für den Arbeitgeber zu erreichen. Die Systematik des BDSG steht zwar auch einer Absenkung des Schutzniveaus durch kollektivvertragliche Regelungen nicht im Wege.[1393] Der mittelbare Einfluss der Grundrechte begrenzt jedoch die Regelungskompetenz der beteiligten Parteien. Das nach den gesetzlichen Rechtfertigungsnormen zentrale Kriterium einer jeden Datenerhebung im Anwendungsbereich des BDSG, die Verhältnismäßigkeit, kann auch in Kollektivverträgen nicht umgangen werden.[1394] Zudem müssen die Interessen betriebsfremder Kommunikationspartner beachtet werden. Liegt einer vom BDSG abweichenden Regelung somit zwingend eine Interessenabwägung zugrunde, bewegt sie sich also entsprechend der Anforderungen des BDSG im Rahmen der durch den Grundrechtskonflikt festgesetzten Grenzen, so handelt es sich dabei nur noch um eine Konkretisierung der bereits gesetzlich eingeräumten Befugnisse, nicht jedoch um eine tatsächliche Erweiterung. Letztere sind allein in der Form möglich, dass vereinzelte, über die zentrale Verhältnismäßigkeit hinausgehende Voraussetzungen, die das BDSG an Überwachungsmaßnahmen stellt, abbedungen werden können.

II. Rechtslage im Anwendungsbereich von TMG und TKG

Von der dargestellten Rechtslage im BDSG zu unterscheiden ist diejenige im Anwendungsbereich der telekommunikationsrechtlichen Spezialgesetze, denn TKG und TMG enthalten eigene Regelungen zum Umgang mit außerhalb des jeweiligen Gesetzes verorteten Rechtfertigungsnormen. Zu untersuchen bleibt

---

1391 Vgl. ausdrücklich *Mengel*, BB 2004, 1445 (1452).

1392 Vgl. *Deiters*, ZD 2012, 109 (112 ff.), der darüber hinaus aus seiner Sicht empfehlenswerte Inhalte im Einzelnen aufführt; Besgen/Prinz-*Busse*, § 10 Rn. 71; auch bereits *Lindemann/Simon*, BB 2001, 1950 (1955).

1393 So auch Preis-*Preis*, Der Arbeitsvertrag, II I 10 Rn. 43; ErfK-*Kania*, § 87 BetrVG Rn. 61; Taeger/Gabel-*Taeger*, § 4 BDSG Rn. 38 ff.; *Thüsing*, Rn. 102.

1394 Vgl. ErfK-*Kania*, § 87 BetrVG Rn. 61; *Haußmann/Krets*, NZA 2005, 259 (263); *Erfurth*, DB 2011, 1275 (1277); *Kock/Francke*, NZA 2009, 646 (647); *Ernst*, NZA 2002, 585 (591).

zunächst, ob deren Wortlaut sich ähnlich großzügig im Bezug auf die Normierung von Kontrollbefugnissen in Betriebsvereinbarungen und Tarifverträgen erweist oder ob ein anderer Maßstab anzulegen ist.

1. Öffnung des TMG für kollektivvertragliche Regelungen

Das TMG enthält in Form des § 12 Abs. 1 TMG ein mit § 4 Abs. 1 BDSG in großen Teilen wortlautgleiches präventives Verbot mit Erlaubnisvorbehalt, mithin ebenfalls eine Öffnung für „andere Rechtsvorschriften".[1395] Betrachtet man das TMG isoliert, so finden sich keine Anhaltspunkte für ein vom BDSG abweichendes Verständnis von „anderen Rechtsvorschriften".[1396] Allein nach dem Wortlaut beurteilt könnten entsprechend auch im Anwendungsbereich des TMG Betriebsvereinbarungen und normative Regelungen in Tarifverträgen grundsätzlich Rechtfertigungsnormen für Mitarbeiterkontrollen darstellen.[1397] Ob hieran unter Einbezug des Verhältnisses von TKG und TMG festgehalten werden kann, soll an dieser Stelle noch dahinstehen.

Einziger Wortlautunterschied zu § 4 Abs. 1 BDSG ist die in § 12 Abs. 1 TMG zusätzlich normierte Voraussetzung, dass „andere Rechtsvorschriften" im Sinne des TMG sich ausdrücklich auf Telemedien beziehen müssen. Dieses Zitiergebot ist der Konzeption des TMG als Spezialgesetz im Verhältnis zu allgemeinen Regelungen, etwa des BDSG, geschuldet.[1398] Es verhindert gesetzgeberisch ungewollte Rückkopplungen mit subsidiär anwendbaren Gesetzen.

2. Öffnung des TKG für kollektivvertragliche Regelungen

Anders gestaltet sich die Rechtslage im Anwendungsbereich des TKG. Dessen präventives Verbot mit Erlaubnisvorbehalt aus § 88 Abs. 3 S. 3 TKG enthält neben einem mit dem aus § 12 Abs. 1 TMG vergleichbaren Zitiergebot lediglich eine Öffnung für Rechtfertigungen über eine „andere gesetzliche Vorschrift".[1399] Ob Betriebsvereinbarungen und Tarifverträge hierunter gefasst werden können, ist umstritten.

In der Literatur weit verbreitet ist die Auffassung, der Gesetzgeber weiche bei der Formulierung von § 88 Abs. 3 S. 3 TKG bewusst von den üblichen Formulierungen der anderen datenschutzrechtlichen Gesetze ab und betone eine notwendige Gesetzesqualität für außerhalb des TKG angesiedelte Rechtferti-

1395 Vgl. Besgen/Prinz-*Busse*, § 10 Rn. 132.

1396 So auch *Kümpers*, S. 208.

1397 Preis-*Preis*, Der Arbeitsvertrag, II I 10 Rn. 45; *Erfurth*, DB 2011, 1275 (1277).

1398 Taeger/Gabel-*Moos*, § 12 TMG Rn. 14.

1399 BerlKommTKG-*Klesczewski*, § 88 Rn. 28 ff.; Scheurle/Mayen-*Zerres*, § 88 Rn. 27 ff.; Arndt/Fetzer/Scherer-*Ellinghaus*, § 88 Rn. 29.

gungsnormen.[1400] Ohne eine Parlamentsbeteiligung erreichen jedoch weder Betriebsvereinbarungen noch Tarifverträge Gesetzesqualität.[1401] Für diese Ansicht spricht neben dem Wortlaut die Gesetzesbegründung zum TKG, welche den Zweck verdeutlicht, Abweichungen vom TKG nur mit Beteiligung des Gesetzgebers zuzulassen.[1402]

Diese Ansicht sah sich zuletzt vereinzelter Kritik ausgesetzt.[1403] Als Gegenargument wird der uneinheitliche Gebrauch des Gesetzesbegriffs in der Rechtsordnung und auch innerhalb des TKG angeführt. Regelmäßig verstehe die Rechtsordnung unter einem Gesetz lediglich eine Rechtsnorm mit unmittelbarer und zwingender Außenwirkung, ein „Gesetz im materiellen Sinne“[1404], was bereits die Definition in Art. 2 EGBGB andeute.[1405] Diese Qualität erreichten auch Betriebsvereinbarungen und Tarifverträge, weshalb sie als „gesetzliche Vorschriften“ im Sinne des § 88 Abs. 3 S. 3 TKG einzustufen seien.[1406] Die Wortlautunterschiede zwischen den datenschutzrechtlichen Gesetzen seien vor diesem Hintergrund als bloße Formulierungsungenauigkeit anzusehen.[1407] Eine generelle Reduktion des Gesetzesbegriffs auf den materiellen Wortsinn ist dogmatisch wie rechtsstaatlich kaum zu begründen. Dem Gesetzgeber kann nicht unterstellt werden, wo immer er nach einem Gesetz verlange, genüge ihm stets eine Rechtsnorm unmittelbarer und zwingender Wirkung. Dies hätte eine erhebliche Abwertung sämtlicher Verfahrensvorschriften zur Folge; deren Schutzzweck würde ausgehebelt. Eine davon abweichende Auslegung im Einzelfall bedarf hingegen gewichtiger Anhaltspunkte. Vor dem Hintergrund der eindeutigen Gesetzesbegründung, die in § 88 Abs. 3 S. 3 TKG eine Absicherung sieht, Ausnahmen vom Fernmeldegeheimnis nur mit gesetzgeberischer Beteiligung zuzulassen[1408], liegen solche jedoch gerade nicht vor. Vereinzelt vorgebrachte

---

1400 Vgl. Preis-*Preis*, Der Arbeitsvertrag, II I 10 Rn. 44; *Hilber/Frik*, RdA 2002, 89 (94); *Mengel*, BB 2004, 1445 (1452); Besgen/Prinz-*Busse*, § 10 Rn. 110.

1401 Preis-*Preis*, Der Arbeitsvertrag, II I 10 Rn. 44; *Spanke*, S. 154 f.; *Haußmann/Krets*, NZA 2005, 259 (263); *Schimmelpfennig/Wenning*, DB 2006, 2290 (2291); a.A. *Löwisch*, DB 2009, 2782 (2783), der Abweichungen von § 88 Abs. 3 S. 3 TKG auch in normativen Teilen von Tarifverträgen zulässt.

1402 BT-Drs. 13/3609, S. 53: „Hierdurch wird gewährleistet, dass [...] Ausnahmen vom Fernmeldegeheimnis auf einer bewussten Abwägung des Gesetzgebers beruhen und als solche deutlich erkennbar sind“.

1403 Insbesondere *Thüsing*, Rn. 107 ff.

1404 Zur Differenzierung zwischen Gesetzen im „formellen“ und im „materiellen“ Sinne beispielhaft *Maurer*, § 4 Rn. 17 f., der zudem darauf hinweist, dass mit der Entwicklung zur parlamentarischen Demokratie die Unterscheidung ihre grundlegende Bedeutung verloren hat.

1405 Vgl. maßgeblich *Thüsing*, Rn. 108.

1406 Unter Hinweis auf eine „enorme praktische Bedeutung“, allerdings ohne dogmatische Begründung *Erfurth*, DB 2011, 1275 (1278); ebenfalls ohne Begründung *Beckschulze/Henkel*, DB 2001, 1491 (1496).

1407 Vgl. *Thüsing*, Rn. 108.

1408 BT-Drs. 13/3609, S. 53; dazu *Kümpers*, S. 209.

Rückschlüsse aus der Gesetzeshistorie anderer Normen des TKG sind demgegenüber auch bei unterstellter Vergleichbarkeit mit § 88 Abs. 3 S. 3 TKG wenig aussagekräftig und erschüttern die gesetzgeberisch intendierte Parlamentsbeteiligung nicht.[1409] Zugegeben ergibt sich aus Wortlaut und Gesetzesbegründung der Vorschrift nicht zwingend, wie diese Beteiligung ausgestaltet sein muss; eine bewusste Delegierung der Regelungsverantwortung auf die Betriebs- oder Tarifparteien erscheint grundsätzlich möglich. Nicht ausreichend ist jedoch die Festschreibung der bloßen Möglichkeit der Erstellung von Betriebsvereinbarungen in § 77 BetrVG oder von Tarifverträgen in §§ 1 Abs. 1, 4 Abs. 1 TVG.[1410] Hierzu wäre erforderlich, dass in irgendeiner Form erkennbar wird, dass der Gesetzgeber bei der Schaffung der Normen telekommunikations- oder datenschutzrechtliche Problemstellungen bedacht hat[1411], was nicht der Fall ist. Somit liegt auch im Einzelfall eine ausweitende Auslegung des Begriffes der „gesetzlichen Vorschrift“ im Sinne des § 88 Abs. 3 S. 3 TKG fern.

Im Anwendungsbereich des TKG ist folglich die Rechtfertigung einer Überwachungsmaßnahme durch Schaffung einer Betriebsvereinbarung oder eines Tarifvertrages dem Wortlaut des § 88 Abs. 3 S. 3 TKG und der im Schrifttum vorherrschenden Ansicht entsprechend nicht möglich.[1412]

3. Widerspruch zwischen TMG und TKG

Der divergierende Umgang der telekommunikationsrechtlichen Spezialgesetze mit der Frage nach Rechtfertigungsmöglichkeiten über kollektivrechtliche Regelungen ist in der praktischen Handhabe nicht unproblematisch.[1413] Die Verzahnung der Anwendungsbereiche des TKG und des TMG bedingt häufige Unsicherheit darüber, welche der konträren Regelungen im Einzelfall Anwendung findet.[1414]

1409 Dies versucht hingegen *Thüsing*, Rn. 109 ff.

1410 Ähnlich argumentieren *Hilber/Frik*, RdA 2002, 89 (94).

1411 Auch wenn die Norm selbst dem Zitiergebot des § 88 Abs. 3 S. 3 TKG nicht entsprechen muss, da sie nicht die unmittelbare Rechtsgrundlage darstellt. So aber *Schimmelpfennig/Wenning*, DB 2006, 2290 (2291), zutreffend insoweit *Thüsing*, Rn. 115.

1412 Preis-*Preis*, Der Arbeitsvertrag, II I 10 Rn. 44; Besgen/Prinz-*Busse*, § 10 Rn. 110; *Kümpers*, S. 209; *Spanke*, S. 154 f.; *Hilber/Frik*, RdA 2002, 89 (94); *Mengel*, BB 2004, 1445 (1452); *Haußmann/Krets*, NZA 2005, 259 (263); *Schimmelpfennig/Wenning*, DB 2006, 2290 (2291); *Deiters*, ZD 2012, 109 (111 ff.) interpretiert den Wortlaut des § 88 TKG ebenso, setzt sich jedoch darüber hinweg und hält eine Betriebsvereinbarung für möglich und begründet dies mit Widersprüchen, die bei der Anwendung des TKG auf das Arbeitsverhältnis entstehen.

1413 Dies erkennt *Beckschulze*, DB 2003, 2777 (2785) bereits im Verhältnis zwischen TKG und TDDSG.

1414 Das erkennt auch Preis-*Preis*, Der Arbeitsvertrag, II I 10 Rn. 45.

Die grundsätzlichen Regelungsbereiche der Gesetze wurden bereits anhand des ISO-Schichtenmodells erläutert.[1415] Einer parallelen Anwendbarkeit der Normen beider Gesetze wirkt der Spezialitätsgrundsatz entgegen. Trotz der zwingenden Überschneidungen der Definitionen von Telemedien- und Telekommunikationsdiensten, die in der definitorischen Negativabgrenzung des § 1 Abs. 1 S. 1 TMG zu § 3 Nr. 24 TKG begründet liegen, ist die Rechtslage damit zumindest in der Theorie klar: Sofern ein Telekommunikationsdienst sich nicht in der reinen Datenübermittlung erschöpft, mithin die zusätzlichen Anforderungen eines Telemediums erfüllt, greift in diesem Fall allein das speziellere TMG, welches über § 12 Abs. 1 TMG eine Rechtfertigung über Betriebsvereinbarungen und Tarifverträge zulässt.[1416] Die Spezialität des TMG verdeutlicht darüber hinaus die Ausnahmeregelung des § 11 Abs. 3 TMG, die ausschließlich im Falle eines Überwiegens der Telekommunikationsaspekte einer Dienstleistung die Subsidiarität gegenüber dem TKG festschreibt.[1417] Sofern ein Kommunikationsvorgang die zusätzlichen Anforderungen einer Telemediendienstleistung nicht erfüllt (§ 1 Abs. 1 S. 1 TMG) oder zwar erfüllt, aber der überwiegende Schwerpunkt auf der reinen Übertragungsleistung liegt (§ 11 Abs. 3 TMG), sind allein die Regelungen des TKG anwendbar[1418] mit der Konsequenz, dass eine Rechtfertigung von Kontrollmaßnahmen über Betriebsvereinbarungen oder Tarifverträge gemäß § 88 Abs. 3 S. 3 TKG nicht möglich ist.[1419]

Dies führt in der Praxis nicht nur zu einer im Einzelfall für den Arbeitgeber schwierigen Zuordnung eines Kommunikationsvorgangs zum anzuwendenden Gesetz, sondern auch zu teils paradoxen Konsequenzen. Sofern ein Arbeitgeber aufgrund einer erteilten Erlaubnis der Privatnutzung der technischen Einrichtungen im Betrieb als Anbieter von Kommunikationsdienstleistungen anzusehen ist und das subsidiäre BDSG folglich nicht zur Anwendung kommt, ist es ihm im Grundsatz nicht möglich, Kontrollbefugnisse in kollektivvertraglichen Normen zu reglementieren. Das auf jede Telekommunikationsdienstleistung anwendbare TKG lässt dies nicht zu.[1420] Sofern er jedoch die Dienstleistung über die bloße Übertragung hinaus *zusätzlich* inhaltlich ausgestaltet, fällt diese in den Anwendungsbereich des TMG, wodurch eine kollektivvertragliche Regelung wiederum

1415 Siehe dazu S. 73 ff.

1416 Preis-*Preis*, Der Arbeitsvertrag, II I 10 Rn. 45; Besgen/Prinz-*Busse*, § 10 Rn. 132; *Kümpers*, S. 208; *Erfurth*, DB 2011, 1275 (1277).

1417 Ausführlich Taeger/Gabel-*Moos*, § 11 TMG Rn. 28 ff.; dazu auch Arndt/Fetzer/Scherer-*Fetzer*, Vorb. §§ 91 ff., Rn. 9.

1418 Im Umkehrschluss gilt allein das TMG, sofern die Übertragungsleistung nicht überwiegt, Taeger/Gabel-*Moos*, § 11 TMG Rn. 33.

1419 Siehe Fn 1412.

1420 Hierin erkennt auch *Deiters*, ZD 2012, 109 (112) erhebliche Widersprüche, insbesondere mit der Compliance-Verpflichtung. Er lehnt bereits die Anwendbarkeit des TKG auf das Arbeitsverhältnis ab, hilfsweise hält er aber über den Wortlaut des § 88 Abs. 3 TKG hinaus abweichende Betriebsvereinbarungen für zulässig.

zulässig wird. Stellt der Arbeitgeber also beispielsweise lediglich eine Internetverbindung zur privaten Nutzung bereit, womit er eine reine oder zumindest überwiegende Datenübermittlungsleistung im Sinne des § 11 Abs. 3 TMG erbringt[1421], ist ihm ein Abschluss einer Betriebsvereinbarung verwehrt. Gestaltet er jedoch ein eigenes Intranet-Portal mit eigenen Inhalten oder Funktionen[1422], so erreicht der angebotene Dienst Telemedienqualität und eine kollektivvertragliche Regelung wäre plötzlich möglich. Gleiches gilt bei der Übertragung von E-Mails etwa dann, wenn der Arbeitgeber über die bloße Übermittlung von Nachrichten hinaus eigene Mailadressen einrichten lässt oder die Nutzung betrieblicher E-Mail-Clients mit erheblichen Voreinstellungen anordnet.[1423]

Wenig verständlich wäre dabei die Annahme, der Gesetzgeber sehe, abweichend vom Grundsatz, nur für einen speziellen Teil des Spektrums der Telekommunikationsdienstleistungen, nämlich den Telemediendienstleistungen, die Betriebsräte und Gewerkschaften als befähigt an, mit dem Arbeitgeber oder den Arbeitgeberverbänden von den gesetzlichen Vorschriften abweichende Vereinbarungen zu treffen. Die Kontrolle von Telemediendiensten ermöglicht dem Arbeitgeber durch seine inhaltliche Einflussnahme die Erlangung wesentlich aussagekräftigerer Informationen über den einzelnen Nutzer. Über die Inhalte bestimmt der Arbeitgeber schließlich die Interaktionsmöglichkeiten der Beschäftigten, womit er auf Art und Umfang der potentiell erlangbaren Daten zielgerichtet einwirken kann. Beispielsweise erlaubt die Einrichtung von Web-Links auf einer Startseite in Gestalt eines betriebsinternen Portals Rückschlüsse darauf, welche Nutzer dem Link gefolgt sind und sich mit den vom Arbeitgeber ausgewählten Inhalten beschäftigt haben. Anhaltspunkte einer Begründung, warum der Gesetzgeber gerade diesem grundrechtlich sensibleren Teil der Dienstleistungen durch die Öffnung für Regelungen von nicht unmittelbar demokratisch legitimierten Stellen ein geringeres Schutzniveau zugesteht, finden sich nicht. Als Konsequenz werden dem Arbeitgeber bei wortlautgetreuer Anwendung der Vorschrift des § 12 Abs. 1 TMG zusätzliche Rechtfertigungsmöglichkeiten eingeräumt, wenn er das Gefährdungspotential der Kontrollmedien erhöht. Dies steht jedoch im klaren Widerspruch zum Schutzzweck des TMG.[1424]

1421 Exemplarisch Besgen/Prinz-*Busse*, § 10 Rn. 121.

1422 Exemplarisch Besgen/Prinz-*Busse*, § 10 Rn. 119.

1423 Exemplarisch *Kümpers*, S. 146 f.

1424 BT-Drs. 16/3078, S. 12; den Datenschutz als wesentlichen Gesetzeszweck hervorhebend Taeger/Gabel-*Moos*, § 11 TMG Rn. 2 ff.; zur Entstehungsgeschichte *Hoeren*, NJW 2007, 801 (801 ff.), dem der ursprüngliche Datenschutz des TMG nicht weit genug reicht.

4. Auflösung des Widerspruchs durch Auslegung

Fraglich bleibt nun, wie mit diesem Widerspruch umzugehen ist. Einerseits könnte die dargestellte Problematik als Produkt mangelnder Feinabstimmung der telekommunikationsrechtlichen Gesetze schlicht hingenommen werden.[1425] Immerhin wurden bei der Kodifizierung des TMG, anders als etwa beim BetrVG, datenschutzrechtliche Aspekte nicht nur berücksichtigt, sondern waren sogar wesentlicher Anstoß.[1426] Eine bewusste Delegierung der Regelungsverantwortung im Sinne des § 88 Abs. 3 S. 3 TKG für den Spezialfall der Telemedien erscheint möglich. Andererseits könnte durch eine einschränkende Auslegung der Begrifflichkeit der „anderen Rechtsnorm“ im Sinne § 12 Abs. 1 TMG ein einheitliches Schutzniveau für alle Telekommunikationsdienste sichergestellt werden. Lässt man auch in dessen Anwendungsbereich abweichende Regelungen nur in Gestalt formeller Gesetze zu, werden missbräuchliche Konzeptionen der Dienstleistungen verhindert und widersprüchliche Wertungen eingeebnet. Im Gegensatz zur ausweitenden Auslegung des § 88 Abs. 3 S. 3 TKG steht die Gesetzesbegründung zum TMG dem nicht entgegen. Dort werden neben einem Verweis auf die wortlautgleiche Vorgängervorschrift des § 3 Abs. 1 TDDSG allein „*gesetzliche* Erlaubnistatbestände außerhalb des TMG“ in den Blick genommen.[1427] Eine bewusste Lockerung der Voraussetzungen wird nicht angedeutet. Die Gesetzesbegründung zum TDDSG stellt zudem lediglich die Angleichung an die Voraussetzungen des § 4 Abs. 1 BDSG fest, ohne aber zu verstehen zu geben, dass die Möglichkeit abweichender kollektivvertraglicher Regelungen in die Überlegungen einbezogen bzw. ein Abstimmungsproblem mit dem TKG überhaupt erkannt wurde.[1428]

Zusammenfassend stellt sich die Rechtslage wie folgt dar: Wertungswidersprüche zwischen TKG und TMG, die keinesfalls als gesetzgeberisch intendiert einzustufen sind, können und sollten aus teleologischen Gründen sinnvoll und stimmig über einen Ausschluss der Möglichkeit zur Schaffung abweichender kollektivvertraglicher Regelungen vermieden werden. Wortlautunterschiede stellen sich ausweislich der Gesetzesbegründungen tatsächlich als bloße Formulierungsungenauigkeit dar. Anders als in der Literatur teilweise gefordert ist jedoch keine ausweitende Auslegung des § 88 Abs. 3 S. 3 TKG[1429], sondern nur

---

1425 So etwa *Kümpers*, S. 208 f. und Besgen/Prinz-*Busse*, § 10 Rn. 110 und 132.

1426 BT-Drs. 16/3078, S. 12.

1427 BT-Drs. 16/3078, S. 16.

1428 BT-Drs. 13/7385, S. 21.

1429 So etwa *Thüsing*, Rn. 107 ff., *Deiters*, ZD 2012, 109 (112) und *Beckschulze*, DB 2003, 2777 (2785).

eine einschränkende Auslegung des § 12 Abs. 1 TMG möglich.[1430] Das dadurch auftretende differenzierte Verständnis des Begriffs der „anderen Rechtsnormen“ im Vergleich zu § 4 Abs. 1 BDSG verursacht keine vergleichbaren Wertungswidersprüche und ist entsprechend tolerierbar.

Dementsprechend bestünde für den Arbeitgeber, sofern er Anbieter von Telekommunikations- oder Telemediendiensten im Sinne von TKG oder TMG ist, insgesamt keine Möglichkeit, Kontrollbefugnisse über den Abschluss von Betriebsvereinbarungen oder Tarifverträgen zu regeln.

5. Zwischenergebnis

Anders als im Anwendungsbereich des BDSG steht dem Arbeitgeber nach der hier vertretenen Auffassung keine Möglichkeit offen, von den gesetzlichen Vorschriften des TKG und TMG abweichende Rechtfertigungsmöglichkeiten in kollektivvertraglichen Regelungen zu schaffen.

Der Wortlaut des § 88 Abs. 3 S. 3 TKG kann ausweislich der Gesetzesbegründung nicht ausdehnend ausgelegt werden. Tarifverträge und Betriebsvereinbarungen können nicht „gesetzliche Vorschrift“ im Sinne der Norm sein.[1431] Der Wertungswiderspruch, der durch eine scheinbare unreflektierte Öffnung des § 12 Abs. 1 TMG[1432] für kollektivvertragliche Regelungen entstünde, kann nur durch eine einschränkende Auslegung desselben aufgelöst werden.

Mit Blick auf die unmittelbar gesetzlich eingeräumten bzw. gerade nicht eingeräumten Befugnisse ist zu konstatieren: Auch über die Schaffung kollektivvertraglicher Regelungen kann der Arbeitgeber die mit der Anwendung von TKG und TMG einhergehenden Schwierigkeiten nicht umgehen.[1433] In Gestalt von Betriebsvereinbarungen und Tarifverträgen können keine Rechtfertigungsgrundlagen für die im Sinne der Compliance-Verpflichtung erforderlichen, im Anwendungsbereich der telekommunikationsrechtlichen Spezialgesetze mit den gesetzlichen Regelungen allein nicht zu rechtfertigenden Überwachungsmaßnahmen geschaffen werden.

1430 Zu diesem Ergebnis kommt allein *Spanke*, S. 157, der allerdings von einer parallelen Anwendbarkeit der Datenschutzregelungen des TKG für den aus seiner Sicht unwahrscheinlichen Fall einer Anwendbarkeit des TMG im Arbeitsverhältnis ausgeht, dazu Spanke, S. 133 ff. Entsprechend verhindere seiner Ansicht nach § 88 Abs. 3 S. 3 TKG auch eine von den Regelungen des TMG abweichende Betriebsvereinbarung. Einen Wertungswiderspruch erkennt er nicht.

1431 Preis-*Preis*, Der Arbeitsvertrag, II I 10 Rn. 44; Besgen/Prinz-*Busse*, § 10 Rn. 110; *Kümpers*, S. 209; *Spanke*, S. 154 f.; *Hilber/Frik*, RdA 2002, 89 (94); *Mengel*, BB 2004, 1445 (1452); *Haußmann/Krets*, NZA 2005, 259 (263); *Schimmelpfennig/Wenning*, DB 2006, 2290 (2291).

1432 Preis-*Preis*, Der Arbeitsvertrag, II I 10 Rn. 45; Besgen/Prinz-*Busse*, § 10 Rn. 132; *Kümpers*, S. 208; *Erfurth*, DB 2011, 1275 (1277).

1433 Siehe hierzu S. 139 ff.

Teil 5: Thesen und Fazit

Als Grundlage für das Fazit des Verfassers werden die wesentlichen Ergebnisse dieser Arbeit nachfolgend noch einmal in Thesen zusammengefasst. Auf Basis dieser Ergebnisse können anschließend Empfehlungen für den Rechtsrat suchenden Arbeitgeber ausgesprochen und Forderungen an den Gesetzgeber formuliert werden.

A. Zusammenfassung der wesentlichen Ergebnisse in Thesen

1. Jede Maßnahme zur Kontrolle von Mitarbeitern bewegt sich im gleichen grundrechtlichen Spannungsverhältnis, auch solche zur Überwachung der Telekommunikation. Der Arbeitgeber hat ein auf die Art. 12 und 14 GG zurückzuführendes, berechtigtes Eigeninteresse an der Kontrolle der Beschäftigten zur Aufdeckung und Prävention von Straftaten im Arbeitsverhältnis. Jede Kontrollmaßnahme beeinträchtigt die grundrechtlich gestützten Interessen der betroffenen Mitarbeiter, insbesondere deren allgemeines Persönlichkeitsrecht im Sinne der Art. 2 Abs. 1 i.V.m. 1 Abs. 1 GG in seinen verschiedenen Ausprägungen.

2. Die Rechtsordnung unterwirft jeden einzelnen Arbeitgeber einer Compliance-Verpflichtung. Diese verlangt, dass er geeignete und erforderliche Maßnahmen ergreift, um ein rechtskonformes Handeln des gesamten Unternehmens sicherzustellen, wozu auch die Mitarbeiter gehören. Ein wesentliches Element der Compliance-Verpflichtung besteht darin, die Befolgung aller gesetzlichen Vorschriften, wozu auch Strafvorschriften gehören, zu überwachen. Erforderlich sind in diesem Zusammenhang sowohl präventive als auch repressive Überwachungsmaßnahmen.

3. Da viele Deliktstypen feststellbare Spuren ausschließlich im kommunikativen Bereich hinterlassen und die Überwachungspflicht im Rahmen der Compliance-Verantwortung sich weder auf bestimmte Straftaten noch bestimmte Kontrollmedien beschränken lässt, müssen präventive und repressive Kontrollen jedes Kommunikationsmediums zumindest möglich sein. Der Gesetzgeber steht in der Pflicht, den Konflikt grundrechtlich gestützter Interessen

mit Blick auf die jedem Arbeitgeber auferlegte Compliance-Verpflichtung einfachgesetzlich zu kanalisieren.

4. Die für eine Kontrolle der Telekommunikation maßgeblichen einfachgesetzlichen Grundlagen finden sich im BDSG, TKG und TMG. Strafrechtliche und strafprozessuale Vorschriften stellen zwar rechtswidrige Kontrollmaßnahmen unter Strafe, sind aber für die Ermittlung der Rechtswidrigkeitsgrenze arbeitgeberseitiger Kontrollen nicht aussagekräftig. Strafrechtliche Rechtfertigungsregelungen vermögen nur in eng begrenzten Ausnahmefällen eine Kontrollmaßnahme zu legitimieren. Sie bieten dem Arbeitgeber keinen ausreichenden Handlungsspielraum, um seine Überwachungspflicht im Rahmen der Compliance erfüllen zu können.

5. Die Vorschriften des TKG und des TMG sind auf das Arbeitsverhältnis anwendbar. Ein hierfür notwendiges Anbieter-Nutzer-Verhältnis kann zwischen den Arbeitsvertragsparteien entstehen. Dem § 11 Abs. 1 Nr. 1 TMG ist dies eindeutig zu entnehmen. Der Wortlaut der Definition des § 3 Nr. 6 TKG lässt eine Subsumtion des Arbeitgebers unter den Begriff des Dienstanbieters ebenfalls zu. Dies entspricht dem in verschiedenen Gesetzesbegründungen eindeutig bestimmbaren Willen des Gesetzgebers. Eine abweichende Auslegung widerspräche zudem der parallelen Zweckrichtung der beiden miteinander verflochtenen Gesetzeskörper. Verbleibende systematische Bedenken fallen nicht ins Gewicht.

6. Die Anwendbarkeit der im Verhältnis zum BDSG vorrangigen telekommunikationsrechtlichen Spezialgesetze hängt maßgeblich davon ab, ob der Arbeitgeber die Privatnutzung der betrieblichen Kommunikationsmittel erlaubt hat. Nur im Falle einer Erlaubnis entsteht das für die Anwendbarkeit von TKG und TMG erforderliche Anbieter-Nutzer-Verhältnis. Welches der beiden Gesetze anzuwenden ist, hängt von der konkreten Ausgestaltung des Kommunikationsangebots ab. Das TKG ist auf Dienstleistungen anwendbar, die sich im Wesentlichen auf die reine Übertragung elektromagnetischer Signale beschränken, so genannte Telekommunikationsdienste. Das TMG ist auf Dienstleistungen anwendbar, die dem Anbieter über die bloße Übertragung hinaus eine gewisse inhaltliche Einflussnahme auf die Kommunikation ermöglichen, so genannte Telemedien.

7. Die Entscheidung über die Erlaubnis der Privatnutzung der betrieblichen Kommunikationseinrichtungen steht grundsätzlich dem Arbeitgeber als Eigentümer der Betriebsmittel zu. Ohne eine Erlaubnis hat der Arbeitnehmer

kein grundsätzliches Recht auf eine Privatnutzung. Ein ausdrückliches Verbot hat lediglich deklaratorische Wirkung. Es bestehen allerdings Ausnahmesituationen, in denen eine Privatnutzung aufgrund der arbeitgeberseitigen Fürsorgepflicht nicht verhindert werden kann. Diese Situationen schaffen jedoch kein Anbieter-Nutzer-Verhältnis zwischen den Arbeitsvertragsparteien. Die Erlaubnis kann auch unter Auflagen erteilt werden, die Ausgestaltung der Nutzungsbedingungen unterliegt in diesem Fall jedoch dem Mitbestimmungsrecht aus § 87 Abs. 1 Nr. 1 BetrVG. Die Erlaubniserteilung kann ausdrücklich oder konkludent erfolgen, die Etablierung einer Betrieblichen Übung ist hingegen nicht möglich. Der Umfang der Erlaubnis ist bei Fehlen einer ausdrücklichen Nutzungsregelung durch Auslegung zu ermitteln. Ohne eine Erlaubniserteilung sind Telekommunikationskontrollen am Maßstab des subsidiären BDSG zu messen.

8. Im Anwendungsbereich des BDSG, TKG und TMG ist jeweils ein präventives Verbot jeder Datenerhebung, also auch jeder Mitarbeiterkontrolle, unter gleichzeitigem Vorbehalt einer anderweitigen Rechtfertigung verankert. Die Rechtfertigung einer Kontrollmaßnahme kann sich erstens aus gesetzlichen Vorschriften, zweitens aus Einwilligungen der Betroffenen und drittens aus untergesetzlichen Rechtsnormen – insbesondere Betriebsvereinbarungen und Tarifverträgen – ergeben, soweit die jeweils einschlägigen datenschutzrechtlichen Vorschriften dies zulassen. In Ermangelung anderweitiger gesetzlicher Vorschriften, die den Umgang mit personenbezogenen Daten reglementieren, kommen als gesetzliche Rechtfertigungsnormen lediglich die Vorschriften des BDSG, TKG und TMG in Betracht.

9. Die einfachgesetzliche Rechtslage wird durch die Verzahnung der Anwendungsbereiche von BDSG, TKG und TMG unübersichtlich und für den einzelnen Rechtsanwender schwer handhabbar. Die Vorschriften der sich gegenseitig ausschließenden Gesetze divergieren erheblich hinsichtlich der einem Arbeitgeber zugesprochenen Kontrollbefugnisse.

10. Die Vorschriften des TKG sind nicht ausreichend auf die Besonderheiten des Arbeitsverhältnisses abgestimmt. Insbesondere wird nicht beachtet, dass eine Telekommunikationsdienstleistung des Arbeitgebers regelmäßig unentgeltlich erfolgt. Das Gesetz ermöglicht dem unentgeltlichen Dienstleister nicht, einen Datenstamm anzulegen, aus dem sich die für eine Missbrauchskontrolle notwendigen Verdachtsmomente ergeben können. Die Anwendung der Vorschriften hat zur Folge, dass dem Arbeitgeber eine Mitarbeiterüberwachung

zur Erfüllung seiner Compliance-Verpflichtung hinsichtlich sämtlicher Telekommunikationsmedien regelmäßig unmöglich wird.

11. Im Anwendungsbereich des TMG besteht aufgrund ähnlicher Abstimmungsdefizite auf das Arbeitsverhältnis ein entsprechender Kontrollausschluss. Das Gesetz erkennt den berechtigten Knotrollzweck der Verhinderung von Missbräuchen im Allgemeinen überhaupt nicht an. Auch die Vorschriften des TMG machen zur Erfüllung der Compliance-Verpflichtung notwendige Telekommunikationskontrollen unmöglich.

12. Die dargestellte Rechtlage im Anwendungsbereich des TKG und des TMG ist misslich. Der Grundrechtskonflikt wird mit einer vollumfänglichen Ausblendung der Interessen des Arbeitgebers durch die Regelungen des TKG und des TMG nicht nachvollziehbar aufgelöst. Ein Kontrollausschluss ist mit der Compliance-Verpflichtung schwer zu vereinen. Zudem steht er im Widerspruch zu den Umsetzungsvorgaben der europäischen Datenschutzrichtlinie. In diesem Zusammenhang besteht dringender gesetzgeberischer Handlungsbedarf.

13. Im Anwendungsbereich des BDSG ermöglicht § 32 Abs. 1 BDSG als zentrale Rechtfertigungsgrundlage jeder Mitarbeiterüberwachung zur Aufdeckung oder Prävention von Straftaten eine interessengerechte Beurteilung der Zulässigkeit einer Kontrollmaßnahme im Einzelfall. § 32 BDSG fügt sich insgesamt widerspruchslos in die Gesetzessystematik ein, insbesondere besteht kein Wertungskonflikt zwischen den unterschiedlichen Voraussetzungen der beiden Satzvarianten des § 32 Abs. 1 BDSG.

14. Maßgebliches Zulässigkeitskriterium jeder Kontrolle im Anwendungsbereich des § 32 Abs. 1 BDSG ist eine Verhältnismäßigkeitsabwägung der grundrechtlich gestützten Interessen. Der Arbeitgeber hat bereits bei der Konzeption seiner Kontrollmaßnahmen vielschichtige Möglichkeiten, auf die Interessen der Beschäftigten Rücksicht zu nehmen und seiner Abwägungsposition durch eine Schwächung der Eingriffsintensität der Kontrolle mehr Gewicht zu verleihen. Die Stellschrauben wurden im Hinblick auf jedes einzelne Kontrollmedium umfassend dargestellt.

15. Die Regelungen des BDSG tragen den Interessen aller Beteiligten ausreichend Rechnung. Mit der Verankerung einer Verhältnismäßigkeitsabwägung als zentraler Zulässigkeitsvoraussetzung vermeidet der Gesetzgeber eine Positionierung im grundlegenden Interessenkonflikt und überantwortet die Fest-

steckung der Kontrollbefugnisse des Arbeitgebers den Gerichten. Widersprüche mit den Vorgaben der Datenschutzrichtlinie oder den Anforderungen der Compliance-Verpflichtung entstehen nicht. Andererseits gewinnt der einzelne Rechtsanwender durch generalklauselartige Regelungen wenig Rechtssicherheit.

16. BDSG, TKG und TMG sehen alternativ die Möglichkeit vor, Kontrollmaßnahmen über individuelle Einwilligungen der Betroffenen zu legitimieren. Gegen eine solche Vorgehensweise bestehen keine rechtlichen, allerdings erhebliche praktische Bedenken. Insbesondere versprechen Einwilligungen aufgrund ihrer jederzeitigen Widerruflichkeit kein ausreichendes Maß an Rechtssicherheit für die kontrollierende Stelle. Zudem sind Einwilligungen in kaum einem Fall tatsächlich von jedem potentiell von der Kontrollmaßnahme Betroffenen zu erlangen.

17. Im Anwendungsbereich des BDSG besteht die Möglichkeit, Kontrollmaßnahmen über Betriebsvereinbarungen oder Tarifverträge zu rechtfertigen. Das Schutzniveau des BDSG ist dabei grundsätzlich nicht als Mindeststandard zu verstehen. Dennoch können über kollektivvertragliche Regelungen aufgrund des mittelbaren Einflusses der Grundrechte im Vergleich mit den einfachgesetzlichen Regelungen keine spürbaren Befugniserweiterungen erreicht werden. Das zentrale Kriterium der Verhältnismäßigkeit kann nicht umgangen werden. Bestenfalls sind Konkretisierungen der ohnehin gesetzlich eingeräumten Befugnisse möglich.

18. Im Anwendungsbereich des TKG und des TMG können Kontrollmaßnahmen nicht über kollektivvertragliche Regelungen gerechtfertigt werden. Das TKG enthält keine entsprechende Öffnungsklausel. Zur Vermeidung von Wertungswidersprüchen und zur Gewährleistung eines einheitlichen Schutzniveaus ist eine einschränkende Auslegung der Öffnungsklausel des TMG zwingend.

B. Fazit

In einem letzten Schritt bleiben die dargestellten Ergebnisse in zweierlei Hinsicht auszuwerten. Zum einen gilt es, dem Rechtsrat suchenden Arbeitgeber eine sichere Vorgehensweise zu eröffnen, mit welcher er seine eigenen Kontrollinteressen effizient verfolgen und gleichzeitig allen Anforderungen der Rechtsordnung gerecht werden kann. Zum anderen muss festgehalten werden, inwieweit vor dem Hintergrund der Diskussionen um die Schaffung eines Beschäftigtendatenschutzgesetzes akuter gesetzgeberischer Handlungsbedarf besteht.

I. Empfehlungen für den kontrollierenden Arbeitgeber

Die geltende Rechtslage stellt den kontrollierenden Arbeitgeber vor schwierige Herausforderungen. Die Straffälligkeit von Beschäftigten ist in der unternehmerischen Praxis ein ernstzunehmendes Problem. Es drohen im Falle von direkt gegen den Arbeitgeber verübten Straftaten unmittelbare Schäden oder Vermögenseinbußen, im Falle von Straftaten gegenüber Dritten mittelbare Reputationsschäden oder Vermögenseinbußen durch Regressforderungen. Die Überwachung der Telekommunikation der Beschäftigten bietet eine vielversprechende Möglichkeit, Hinweise auf bevorstehende oder bereits begangene Straftaten durch Beschäftigte zu erlangen, um auf Basis der gewonnenen Informationen notwendige unternehmerische Konsequenzen ziehen zu können. Die Rechtsordnung setzt jedoch dem auf die Art. 12 und 14 GG zurückzuführenden, berechtigten Eigeninteresse des Arbeitgebers an einer Überwachung der Telekommunikation seiner Beschäftigten zur Aufdeckung und Prävention von Straftaten auf einfachgesetzlicher Ebene deutliche Grenzen in Form der Regelungen des BDSG, TKG und TMG. Hält er sich bei der Durchführung von Kontrollen nicht an diese Grenzen, so drohen ihm schwerwiegende Bußgelder (§ 43 BDSG, § 149 TKG, § 16 TMG), bei vorsätzlichen Verstößen sogar Haftstrafen (insbesondere §§ 201 ff. StGB).

Demgegenüber kann sich der Arbeitgeber nicht auf den Standpunkt zurückziehen, überhaupt keine Kontrollen durchzuführen. Seine einfachgesetzlich auferlegte Compliance-Verpflichtung verlangt die Durchführung geeigneter und erforderlicher Kontrollmaßnahmen sowohl zur Verhinderung als auch zur Aufdeckung von Rechtsverstößen seiner Mitarbeiter, insbesondere von Verstößen gegen Strafvorschriften. Verschiedene Deliktsformen hinterlassen ausschließlich auf kommunikativer Ebene Spuren, die Überwachung der Telekommunikation bietet in dieser Hinsicht die einzige Möglichkeit, Indizien für eine bevorstehende oder bereits begangene Straftat zu gewinnen. Unterlässt der Arbeitgeber im Sinne der Compliance-Verpflichtung notwendige Kontrollen, so drohen ebenfalls erhebliche Bußgelder (§ 130 OWiG) und sogar eine Mittäterschaft durch Unterlassen an der durch die Beschäftigten verübten Straftat. Zwar kann im Rahmen dieser Arbeit eine konkrete Aufstellung der aus Compliance-Gesichtspunkten erforderlichen Mindestmaßnahmen nicht geleistet werden. Dies ist allerdings auch nicht notwendig, da einem Arbeitgeber, der sich bei der Konzeption von Überwachungsmaßnahmen – unter Berücksichtigung seiner berechtigten Eigeninteressen an einer möglichst umfassenden Kontrolle seiner Beschäftigten – an der Grenze des einfachgesetzlich maximal Zulässigen orientiert, ein Compliance-Verstoß nicht angelastet werden kann. Datenschutzrechtliche Verstöße können schließlich im Sinne der Compliance nicht erforderlich sein. Klar ist jedoch, dass ein Arbeitgeber mit einem völligen Abstandnehmen von Kontrollmaßnahmen seiner Compliance-Verpflichtung keinesfalls gerecht wird.

Der Arbeitgeber befindet sich folglich in einem Zwiespalt: Auf der einen Seite setzt er sich bei jeder Kontrollmaßnahme einem erhöhten Risiko empfindlicher Konsequenzen als Folge ungewollter datenschutzrechtlicher Verstöße aus, auf der anderen Seite kann er nicht völlig auf Mitarbeiterkontrollen verzichten.

Seine einfachgesetzlich eingeräumten Kontrollbefugnisse hängen maßgeblich davon ab, an welchen gesetzlichen Grundlagen die geplante Maßnahme zu messen ist. In Ermangelung anderweitiger gesetzlicher Vorschriften, die sich dem Umgang mit personenbezogenen Daten widmen, kommen das BDSG, das TKG und das TMG als Maßstab in Betracht. Die Anwendbarkeit der miteinander verwobenen Gesetze hat der Arbeitgeber mit der Ausgestaltung der Nutzungsregeln bzw. der voreingestellten Funktionen selbst in der Hand. Wesentlich ist die Frage, ob der Arbeitgeber den Beschäftigten die Privatnutzung der betrieblichen Kommunikationsmittel erlaubt hat.

Im Anwendungsbereich des TKG und des TMG stehen dem Arbeitgeber regelmäßig überhaupt keine Möglichkeiten offen, die Telekommunikation seiner Mitarbeiter zur Aufdeckung und Prävention von Straftaten zu überwachen. Die gesetzlichen Vorschriften des TKG sprechen einem unentgeltlichen Dienstleister keine Möglichkeit zu, einen Grunddatenstamm anzulegen, aus dem sich die für eine Missbrauchskontrolle gem. § 100 Abs. 3 S. 3 TKG notwendigen Verdachtsmomente ergeben können. Deren Erlangung beziehungsweise Dokumentation stellt bereits selbst eine an den Vorschriften des TKG zu messende Datenerhebung dar. Auch unter der Prämisse, dass der Arbeitgeber seinen Beschäftigten eine Privatnutzung der betrieblichen Kommunikationsmedien in Rechnung stellt, sind die zum Zwecke der Abrechnung erforderlichen Datenerhebungen für eine Strafbarkeitsaufdeckung oder Strafbarkeitsprävention häufig unergiebig. Moderne Abrechnungssysteme basieren regelmäßig auf Pauschalbeträgen, ein Einzelverbindungsnachweis ist zur Entgeltberechnung selten erforderlich. Darüber hinaus ist eine Inhaltsdatenerhebung in keinem Fall möglich, was insbesondere eine effektive Konzipierung repressiver Kontrollmaßnahmen verhindert. Auch im Anwendungsbereich des TMG kann der Arbeitgeber seiner Compliance-Verpflichtung nicht gerecht werden. Das Gesetz erkennt eine allgemeine Missbrauchskontrolle nicht als zulässigen Kontrollzweck an. Somit sind dem Arbeitgeber entsprechende Überwachungsmaßnahmen im Anwendungsbereich des TMG ebenfalls regelmäßig unmöglich.

Dieser umfassende Kontrollausschluss kann zudem nicht sinnvoll mit der in beiden Gesetzestexten vorgesehenen und rechtlich möglichen Rechtfertigung einer Kontrollmaßnahme über Einwilligungen der Betroffenen überbrückt werden. Die Erlangung von Einwilligungen aller Beteiligten, insbesondere der Kommunikationspartner, ist praktisch kaum durchführbar. Darüber hinaus sind Einwilligungen jederzeit widerruflich und versprechen folglich keine ausreichende Rechtssicherheit. Die Schaffung eigener Rechtfertigungsgründe in Betriebsvereinbarungen und Tarifverträgen lässt das TKG daneben nicht zu. Zur Gewährleistung eines einheitlichen Schutzniveaus der miteinander verzahnten Gesetze muss die Öffnung des TMG für untergesetzliche Rechtsnormen entsprechend einschränkend ausgelegt werden. Über selbst geschaffene Rechtfertigungsgrundlagen kann der Kontrollausschluss folglich ebenfalls nicht umgangen werden.

Um den Anforderungen seiner Compliance-Verpflichtung überhaupt genügen zu können, bleibt einem Arbeitgeber nach der derzeitigen Rechtslage nichts anderes übrig, als die Anwendung der beiden Gesetze insgesamt zu verhindern. Keinesfalls ausreichend ist das Ergreifen von Separationsmaßnahmen zur Differenzierung zwischen privater und dienstlicher Kommunikation. Sofern eine Differenzierung unabhängig von jeder Datenerhebung vorgenommen werden kann, würde zwar für dienstliche Kommunikation das subsidiäre BDSG zur Anwendung kommen. Zur Erfüllung der Compliance-Pflicht erforderliche Überwachungsmaßnahmen lassen sich jedoch nicht auf die betriebliche Kommunikation der Beschäftigten beschränken. Der Arbeitgeber muss folglich die Anwendbarkeit von TKG und TMG umfassend ausschließen. Wesentliche Voraussetzung von deren Anwendbarkeit auf das Arbeitsverhältnis ist das Vorliegen eines Anbieter-Nutzer-Verhältnisses, welches nur im Falle einer arbeitgeberseitig erteilten Erlaubnis der Privatnutzung der betrieblichen Kommunikationsmittel vorliegt. Eine entsprechende Erlaubnis sollte der Arbeitgeber keinesfalls abgeben. Hat er eine Erlaubnis bereits erteilt, so sollte er sie im Vorfeld einer Kontrollmaßnahme wieder zurücknehmen, nötigenfalls auf dem Wege der Änderungskündigung. Nur so erreicht er die vor dem Hintergrund seiner eigenen Interessen und der drohenden Konsequenzen im Falle des Unterlassens jeglicher Überwachungsmaßnahmen notwendige Handlungsfreiheit, welche die im Verhältnis zu TKG und TMG subsidiären Regelungen des BDSG gewähren.

Im Anwendungsbereich des BDSG sind über die generalklauselartige Vorschrift des § 32 Abs. 1 BDSG interessengerechte Lösungen in jedem Einzelfall möglich. Die Vorschrift fungiert seit ihrer Implementierung im BDSG als alleinige einfachgesetzliche Rechtfertigungsgrundlage für jede Form der Telekommunikationskontrolle und fügt sich widerspruchsfrei in die Gesetzessystematik ein. Zentrales Zulässigkeitskriterium beider Satzvarianten ist eine Abwägung der grundrechtlich gestützten Interessen aller an einer Kontrollmaßnahme Beteiligten bzw. von ihr Betroffenen. § 32 Abs. 1 S. 1 BDSG erfasst als Generalklausel alle Kontrollmaßnahmen mit präventiver Zweckrichtung. § 32 Abs. 1 S. 2 BDSG erfasst ausschließlich Datenerhebungen zur Aufdeckung von Straftaten und ordnet als zusätzliche Voraussetzung die Pflicht zur Dokumentation von Verdachtsmomenten an. Die Erhebung solcher Verdachtsmomente stellt wiederum selbst eine an § 32 Abs. 1 S. 1 BDSG zu messende Datenerhebung dar. Die Pflicht zu deren Dokumentation sollte vom Arbeitgeber nicht als konkret zu bestimmende Hürde für repressive Kontrollen und damit als Abwertung des Kontrollzweckes zur Aufdeckung von Straftaten, sondern als variabler Einflussfaktor im Sinne eines Ausgleichs für die Ausweitung seiner Kontrollbefugnisse angesehen werden. Der Übergang zwischen den beiden Satzvarianten ist fließend. Die Eingriffsbefugnisse steigen entsprechend mit zunehmender Konkretisierung der dokumentierten Verdachtsmomente.

Auch die Regelungen des BDSG sehen die Möglichkeit vor, Kontrollmaßnahmen über Einwilligungen der Betroffenen abweichend von den unmittelbar gesetzlich eingeräumten Befugnissen zu rechtfertigen. Wie im Anwendungsbereich des TKG und des TMG treten jedoch dieselben praktischen Probleme auf, die eine Rechtfertigung von Kontrollmaßnahmen über Einwilligungen der Beschäftigten als Alternative zur unmittelbaren Rechtfertigung über § 32 Abs. 1 BDSG nahezu disqualifiziert. Im Gegensatz dazu ist aufgrund der Öffnung des BDSG für untergesetzliche Vorschriften eine Rechtfertigung arbeitgeberseitiger Kontrollen in Betriebsvereinbarungen und Tarifverträgen zwar möglich. Der mittelbare Grundrechtseinfluss begrenzt jedoch die Regelungsbefugnis der jeweiligen Parteien des Kollektivvertrages, sodass echte Befugniserweiterungen auf diesem Wege nicht erreicht werden können. Maßgeblich bleibt in jedem Fall eine Interessenabwägung, wie sie auch bei einer Rechtfertigung über § 32 Abs. 1 BDSG anzustellen wäre. Ob ein Arbeitgeber sich für den vergleichsweise geringen Zugewinn an Rechtssicherheit und Transparenz durch die schriftliche Fixierung der Befugnisse den Verhandlungen mit möglicherweise nicht kompromissbereiten Betriebsräten oder Gewerkschaften aussetzen möchte, bleibt ihm überlassen. Der Arbeitgeber hat zur Erstellung kollektivvertraglicher Rechtfertigungsgrundlagen jedenfalls dieselben Überlegungen anzustellen wie bei einer unmittelbaren Rechtfertigung über § 32 Abs. 1 BDSG.

Genau diese Überlegungen sollten von jedem Arbeitgeber zur federführenden Leitlinie bei der Konzeption von Telekommunikationskontrollen zur Aufdeckung und Prävention von Straftaten durch Mitarbeiter gemacht werden. Stellt er im Vorfeld der Maßnahme die strategischen Weichen für eine Anwendbarkeit des BDSG, so sichert ihm die Vorschrift des § 32 Abs. 1 BDSG einen ausreichenden Handlungsspielraum.

Obwohl die Zulässigkeit einer Mitarbeiterkontrolle im Anwendungsbereich des § 32 Abs. 1 BDSG in hohem Maße abhängig ist von den Umständen des Einzelfalles, soll nachfolgend für jedes der in dieser Arbeit untersuchten Kommunikationsmedien eine Kontrollkonzeption dargestellt werden, mit welcher ein Arbeitgeber unter größtmöglicher Rücksichtnahme auf die Interessen der Betroffenen möglichst aussagekräftige Informationen über seine Beschäftigten erlangen und damit seine Kontrollinteressen möglichst effizient verfolgen kann. Die Konzeption orientiert sich dabei an der von § 32 Abs. 1 BDSG gezogenen Zulässigkeitsgrenze, um eine gleichzeitige Erfüllung der Compliance-Pflicht zu gewährleisten. Die nachfolgende Darstellung geht von einem Arbeitgeber aus, dem zum Zeitpunkt der erstmaligen Durchführung einer Kontrolle noch keinerlei Hinweise auf eine bevorstehende oder zurückliegende Straffälligkeit einzelner Beschäftigter vorliegen. Darüber hinaus wird davon ausgegangen, dass dem Arbeitgeber keine aus anderen Gründen erhobenen Telekommunikationsdaten vorliegen, die er zweckentfremdet für die Prävention oder Aufdeckung von Straftaten nutzen kann. Die dargestellten Konzeptionen lassen sich sowohl im Unternehmen als auch in einzelnen Betrieben oder Betriebsteilen umsetzen. Sie sind gleichermaßen empfehlenswert für möglicherweise vom Arbeitgeber zur Durchführung der Kontrollen beauftragte externe Stellen, deren Einschaltung die Eingriffsintensität einer Maßnahme weiter verringert.

1. Musterkonzeption einer Telefonkontrolle

Ohne besondere Verdachtsmomente kann eine Telefonkontrolle in einem ersten Schritt allein zu präventiven Zwecken erfolgen. Die Kontrollmaßnahme muss sich auf die Erhebung von Verbindungsdaten beschränken: Uhrzeit, Dauer und beteiligte Anschlüsse. In Anbetracht des hohen Schutzniveaus telefonischer Kommunikation ist eine Inhaltsdatenerhebung zu präventiven Zwecken nicht zu rechtfertigen. Ein Eingriff in die schützenswerten Rechte der beteiligten Gesprächspartner sollten unbedingt vermieden werden durch eine um mindestens drei, besser vier Ziffern verkürzte Erfassung ihrer Rufnummern.

Die Gesamtdauer der Maßnahme hängt davon ab, ob der Arbeitgeber gleichzeitig die Telekommunikation sämtlicher Mitarbeiter eines Betriebes überwachen will oder die Maßnahme auf stichpunktartige Kontrollen einzelner Beschäftigter beschränkt. In ersterem Falle sollte ein Überwachungszeitraum von maximal einem Monat in jedem zweiten Jahr zumutbar und ausreichend sein. Stichproben sollten sich auf einen Zeitraum von drei Monaten in jedem zweiten Jahr beschränken, die Kontrolle eines einzelnen Beschäftigten innerhalb dieses Rahmens auf bis zu zwei Wochen. Mit der Beachtung dieses Zeitmodells genügt der Arbeitgeber dauerhaft der seiner Compliance-Verpflichtung innewohnenden Forderung nach präventiver Überwachung der Mitarbeiter und grenzt gleichzeitig die Gesamtkonzeption ausreichend von einer unzulässigen Dauerüberwachung ab. Empfehlenswert ist, die Überwachungszeiträume nicht einem wiederkehrenden Schema folgen zu lassen, sondern stetig zu variieren.

Um überhaupt eine präventive Wirkung zu erzielen, müssen die Beschäftigten über die Tatsache der Durchführung präventiver Überwachungsmaßnahmen bereits im Vorfeld informiert werden. Eine genaue Benennung der Überwachungszeiträume ist nicht zwingend, allerdings darf bei den Beschäftigten auch kein dauerhafter Anpassungsdruck erzeugt werden. Wird der potentielle Überwachungszeitraum auf sechs Monate in zwei Jahren eingegrenzt, wird dem ausreichend Rechnung getragen sein. Nach Abschluss der Kontrollmaßnahme sind die betroffenen Beschäftigten darüber zu informieren, dass und welche Daten über sie erhoben wurden.

Die erhobenen Daten sollten nicht über den Zeitpunkt ihrer Auswertung hinaus gespeichert werden, längstens bis zur Durchführung einer erneuten präventiven Kontrollmaßnahme. Da sie nur einen kleinen Ausschnitt der Telefonnutzung der Mitarbeiter abbilden, ist eine spätere, anderweitige Verwertbarkeit ohnehin unwahrscheinlich. Von der Löschung ausgenommen ist selbstverständlich verdächtiges Material, welches als Grundlage einer Ausweitung der Kontrolle gesichert werden muss.

Die weitere Vorgehensweise hängt davon ab, ob dem Arbeitgeber dokumentierte Verdachtsmomente vorliegen, die auf eine Strafbarkeit durch Beschäftigte hindeuten, und wie konkret sich diese auf einzelne Mitarbeiter beziehen. Diese Verdachtsmomente können sich direkt aus den präventiv erhobenen Telekommunikationsdaten oder in Kombination mit Informationen aus anderem Zusammenhang ergeben. Ohne jegliche Verdachtsmomente sollte der Arbeitgeber die dargestellte präventive Kontrolle im Zweijahresrhythmus wiederholen.

Besteht hingegen der begründete Verdacht einer beliebigen Straftat durch Beschäftigte, der jedoch nicht auf einen bestimmten Mitarbeiter oder eine eng eingrenzbare Gruppe von maximal 5 Beschäftigten hindeutet, so ist eine Inhaltsdatenerhebung noch immer nicht gerechtfertigt. Der Arbeitgeber sollte vielmehr versuchen, den Verdacht durch wiederholte Zwischenschritte der Telefonüberwachung mit angepassten Kontrollparametern weiter zu präzisieren. Die zeitliche Planung und personelle Umgrenzung weiterer Kontrollschritte sollte sich am bestehenden Verdacht orientieren. Je nach Verdachtsgrad wäre auch eine Identifikation der Kommunikationspartner zu rechtfertigen. Eine Information der Betroffenen wäre hingegen bei repressiver Zweckrichtung kontraproduktiv.

Beziehen sich die dokumentierten Verdachtsmomente hingegen auf einzelne Beschäftigte oder kleine Gruppen von bis zu 5 Personen, so ist sogar eine Inhaltsdatenerhebung in Form eines Mitschnittes der Telefongespräche möglich.

Auch hier sollte sich der zeitliche Rahmen der Kontrollmaßnahme am bestehenden Verdacht orientieren. Unergiebiges Material sollte sofort nach der Sichtung gelöscht werden.

2. Musterkonzeption einer Kontrolle des Internetverhaltens

Bei einer rein präventiven Überwachung der Online-Aktivität der Beschäftigten als erstem Schritt der hier vorgestellten Kontrollkonzeption muss die Datenerhebung nicht zwingend auf Verbindungsdaten beschränkt werden. Neben den Einwahlzeiten können – aufgrund des verglichen mit der Telefonie herabgesetzten Schutzniveaus – unproblematisch die aufgerufenen Internetseiten, die grundsätzlich den Inhaltsdaten zugerechnet werden müssen, ohne eine vorherige Dokumentation von Verdachtsmoment erhoben werden.

Die Datenerhebung kann ebenfalls unproblematisch auf die Erfassung der Verbindungsdaten im Zusammenhang mit Downloadvorgängen ausgeweitet werden. Dies umfasst Zeitpunkt, Dauer und Datenmenge des Downloads. Eine Erfassung der Dateibezeichnungen inklusive des Dateiformats kann bereits im ersten Schritt der Kontrolle erfolgen. Verzichten sollte der Arbeitgeber auf eine Datenerhebung über so genannte „Cookies".

Hinsichtlich des zeitlichen und personellen Rahmens kann sich der Arbeitgeber an den bereits am Beispiel der Telefonüberwachung abgesteckten Grenzen orientieren. Auch für die Information der Beschäftigten und die Speicherung der erhobenen Daten ist eine entsprechende Vorgehensweise zu empfehlen.

Sollten sich aus den erhobenen Daten in Kombination mit anderweitig erlangten Informationen keine Verdachtsmomente für durch Mitarbeiter begangene Straftaten ergeben, so ist eine turnusmäßige Wiederholung der präventiven Kontrolle im Abstand von zwei Jahren anzuraten.

Für den Fall der Dokumentation beliebiger Verdachtsmomente sollte der Arbeitgeber unabhängig vom Verdachtsgrad zunächst von einer Ausweitung der Datenerhebung im Rahmen eines weiteren Kontrollschrittes absehen. Vorher sollte er die bereits im ersten Schritt erfassten Daten für einen eigenen Besuch der aufgerufenen Internetseiten nutzen. Dieser Zwischenschritt ist aufgrund seiner geringen Eingriffsintensität bereits mit wenig konkreten Verdachtsmomenten auch gegenüber größeren Gruppen von Beschäftigten zu rechtfertigen. Eine solche Vorgehensweise erlaubt Einblicke in vom Arbeitnehmer erstellte oder bloß zur Kenntnis genommene Inhalte, sofern diese gegen eine Einsichtnahme Dritter nicht besonders gesichert sind. Sollte der Verdacht hingegen eine Einsichtnahme in Downloads erfordern, so empfiehlt sich zunächst eine Durchsuchung der lokalen Festplatte oder des betriebseigenen Servers nach entsprechenden Dateien, deren Namen bereits im ersten Kontrollschritt in Erfahrung gebracht werden konnten. Die arbeitgeberseitigen Kontrollbefugnisse zur Einsichtnahme in auf betrieblichen Speichermedien gespeicherten Dateien erlauben eine solche Vorgehensweise; einer Ausweitung der Erhebung von Telekommunikationsdaten bedarf es folglich nicht.

Sofern sich dieser Zwischenschritt als unergiebig erweist, kommt abhängig vom Verdachtsgrad eine Ausweitung der Datenerhebung in einem weiteren Datenerhebungsschritt in Betracht. Zur Konkretisierung der Verdachtsmomente kann die Maßnahme in Gestalt des präventiven Kontrollschrittes über einen längeren Zeitraum fortgeführt werden. Eine vorherige Information der Beschäftigten ist wiederum kontraproduktiv, die Löschung von unergiebigem Material ist empfehlenswert.

Allein im Falle einer Dokumentation besonderer Verdachtsmomente, die sich auf einen einzelnen oder eine kleine Gruppe von maximal 5 Beschäftigten bezieht, kommt eine Ausweitung der Datenerhebung auf nicht öffentlich einsehbare Nutzungsinhalte in Betracht. Keinesfalls erfasst werden dürfen persönliche Passwörter der Beschäftigten, weswegen ein Auslesen der an Eingabemasken übermittelten Informationen unzulässig ist.

3. Musterkonzeption einer Kontrolle des E-Mail-Verkehrs

Für eine Überwachung des E-Mail-Verkehrs der Beschäftigten empfiehlt sich in einem ersten Schritt mit präventiver Zweckrichtung ebenfalls das am Beispiel der Telefonkontrolle dargestellte Zeitmodell. Auch hinsichtlich der Information der Betroffenen im Vorfeld der Kontrolle und der Speicherung der erhobenen Daten kann der kontrollierende Arbeitgeber sich am dort abgesteckten Rahmen orientieren.

Das vergleichsweise niedrigere Schutzniveau ermöglicht bei der Überwachung der E-Mail-Korrespondenz eine ungekürzte Erfassung der E-Mail-Adressen aller Kommunikationspartner. Eine Differenzierung zwischen Posteingang und Postausgang ist nicht notwendig und stünde zudem im Widerspruch zur bezweckten Abschreckungswirkung präventiver Kontrollen. Verzichtet werden sollte im ersten Schritt auf eine Erfassung der Betreffzeilen.

Für die Erfassung der Anhänge einer E-Mail gelten dieselben Grundsätze wie für die E-Mail selbst. Bei rein präventiver Zweckrichtung sollten zunächst allein die Verbindungsdaten festgehalten werden, also Anzahl und Größe der angehängten Dateien.

Die weitere Vorgehensweise hängt wiederum davon ab, ob sich aus der präventiven Kontrollmaßnahme – gegebenenfalls in Kombination mit Indizien aus anderen Quellen – Verdachtsmomente auf Straftaten durch Mitarbeiter ergeben. Sollte dies nicht der Fall sein, so empfiehlt sich eine Wiederholung der präventiven Kontrolle im Zweijahresrhythmus.

Wiederum bestimmt der Verdachtsgrad die Kontrollbefugnisse. Soweit die Verdachtsmomente sich nicht auf einzelne Beschäftigte oder kleinere Gruppen beziehen, bieten sich zur Konkretisierung weitere Zwischenschritte mit an die Verdachtsmomente angepassten Parametern an. Die Maßnahme könnte nicht nur zeitlich ausgedehnt werden, auch eine Erfassung der Betreffzeilen oder der Namen und Dateitypen der E-Mail-Anhänge wären bereits bei wenig konkreten Verdachtsmomenten gerechtfertigt.

Die Erhebung von Inhalten einer E-Mail ist erst bei vorheriger Dokumentation von Verdachtsmomenten empfehlenswert, die einen Bezug zu einzelnen Mitarbeitern oder kleineren Betriebseinheiten aufweisen. Die maximale Gruppengröße kann dabei den Richtwert von 5 Personen durchaus überschreiten, sofern der kontrollierende Arbeitgeber die Eingriffsintensität anderweitig drosselt. Möglich und empfehlenswert ist eine Beschränkung der Inhaltsdatenerhebung auf den Posteingang oder den Postausgang, sofern die Verdachtsmomente dies zulassen. Ebenso empfehlenswert ist eine Ausscheidung erkennbar unverdächtiger E-Mails anhand der Sichtung der Betreffzeilen. Dafür müsste jedoch der Datenzugriff des Arbeitgebers beschränkt werden, etwa durch eine Delegation der Verantwortung über die Durchführung der Datenerhebung auf eine möglichst unabhängige Stelle.

Im Falle einer notwendigen Erhebung der Inhalte von Dateianhängen empfiehlt sich zunächst eine Durchsicht der betriebseigenen Speichermedien nach den identifizierten Dateianhängen. Ein Zugriff des Arbeitgebers auf Dateien, die unabhängig von einem Telekommunikationsvorgang auf betrieblichen Festplatten oder Servern gespeichert sind, ist wesentlich leichter zu rechtfertigen als eine Ausweitung der Telekommunikationsdatenerhebung.

II. Forderungen an den Gesetzgeber

Abschließend bleibt vor dem Hintergrund des durchaus vorhandenen, gesetzgeberischen Reformbestrebens in Gestalt der Diskussionen um die Schaffung eines Beschäftigtendatenschutzgesetzes noch die Frage zu beantworten, an welchen Stellen der derzeitigen Rechtslage tatsächlicher Handlungsbedarf besteht.

Der größte gesetzliche Missstand, der in dieser Arbeit aufgedeckt wurde, besteht im Hinblick auf die fehlende Abstimmung der Regelungen des TKG und des TMG auf die Besonderheiten des Arbeitsverhältnisses. Der durch die Anwendung dieser Vorschriften regelmäßig entstehende, vollumfängliche Kontrollausschluss kann schwerlich als gesetzgeberisch intendiert angesehen werden. Auf einfachgesetzlicher Ebene widerspricht dieses Ergebnis der jedem Arbeitgeber auferlegten Überwachungspflicht im Rahmen der Compliance. Auf verfassungsrechtlicher Ebene wird der jeder Mitarbeiterkontrolle zugrunde liegende Interessenkonflikt ausnahmslos zugunsten der Grundrechtsposition der

Beschäftigten entschieden, die berechtigten Interessen des kontrollierenden Arbeitgebers schlicht ausgeblendet. Das Ergebnis steht zudem im Widerspruch zu den Umsetzungsvorgaben der europäischen Datenschutzrichtlinie. Diese Rechtslage zwingt den einzelnen Arbeitgeber in letzter Konsequenz dazu, von einer Erlaubnis der Privatnutzung der betrieblichen Kommunikationsmittel Abstand zu nehmen, nur um eine Anwendbarkeit der Regelungen des TKG und des TMG zu vermeiden. Anders kann er seiner gesetzlichen Compliance-Verpflichtung nicht gerecht werden. Der Gesetzgeber schafft mithin Anreize, eine aus Sicht der im Sinne des Beschäftigtendatenschutzes schutzbedürftigen Arbeitnehmer zu begrüßende Leistung erst gar nicht zu gewähren. Die Bedeutung der Entscheidung über die Erlaubnis der Privatnutzung erfährt dadurch eine enorme Bedeutung, die für den einzelnen Arbeitgeber völlig intransparent ist. Vor diesem Hintergrund steht der Gesetzgeber in der Verantwortung, die telekommunikationsrechtlichen Spezialgesetze entweder umfangreich anzupassen oder deren Anwendbarkeit auf das Arbeitsverhältnis ausdrücklich auszuschließen. Letzteres wäre einfachgesetzlich problemlos möglich, da in Form der subsidiär anwendbaren Vorschriften des BDSG bereits eine zwar nicht optimale, mit Blick auf die angedeuteten Probleme aber zumindest besser gelungene Regelungsbasis existiert. Entsprechende Überlegungen waren auch Teil der Diskussionen um die Schaffung eines Beschäftigtendatenschutzgesetzes und sollten aus Sicht des Verfassers dringend in die Tat umgesetzt werden.

Kommt das subsidiäre BDSG zur Anwendung, so lassen sich über den generalklauselartigen § 32 Abs. 1 BDSG für jeden Einzelfall interessengerechte Lösungen finden. Dies geschieht jedoch auf Kosten der Rechtssicherheit und Transparenz für den kontrollierenden Arbeitgeber, der seine Kontrollbefugnisse dem Gesetz nicht unmittelbar entnehmen kann. Vielfach kolportierte Systemwidrigkeiten verursachte die Implementierung der Vorschrift im Gesetzestext zwar nicht. Auch verursacht sie keine mit der Anwendung der Vorschriften des TKG oder TMG vergleichbaren Probleme und ist deswegen konzeptionell vorzugswürdig. Allerdings vermeidet der Gesetzgeber mit der generalklauselartigen Formulierung eine absolute Positionierung im grundlegenden Interessenkonflikt und überantwortet die Durchführung der Interessenabwägung dem Rechtsanwender beziehungsweise im Streitfall den Gerichten. Letztere haben schlussendlich auf dem Wege der richterlichen Rechtsfortbildung Leitlinien zu entwickeln, die sämtliche in dieser Arbeit aufgezeigten Interessenpole in Einklang bringen. Seiner Regelungsverantwortung entzieht sich der Gesetzgeber in nicht unerheblichem Maße, die ihm obliegende Kanalisierung des Grundkonfliktes leisten im Ergebnis die Gerichte. Eine einfachgesetzliche Konkretisierung der Kontrollbefugnisse des Arbeitgebers wäre entsprechend wünschenswert. Auch wenn vor dem Hintergrund der Umsetzungsvoraussetzungen der europäischen Datenschutzrichtlinie ein Abstandnehmen von jeglicher Interessenabwägung wohl nur schwer möglich ist, wäre bereits die Schaffung einer eigenen Anspruchsgrundlage für Telekommunikationskontrollen bei gleichzeitiger Klarstellung der wesentlichen Abwägungskriterien ein aus Transparenzgründen zu begrüßender Schritt.

Hinsichtlich der Möglichkeit, Mitarbeiterüberwachungsmaßnahmen über Einwilligungen der Betroffenen zu rechtfertigen, besteht hingegen kein signifikantes Verbesserungspotenzial. Die Probleme dieser Rechtfertigungsalternative liegen zumindest in Bezug auf Telekommunikationskontrollen nicht auf rechtlicher Ebene. Der Gesetzgeber vermag die grundsätzliche Widerruflichkeit einer Einwilligung in einen Grundrechtseingriff nicht zu beseitigen. Deren Wirkung für andere Beschäftigte oder betriebsfremde Dritte kann er nicht einfachgesetzlich diktieren. Mag die Möglichkeit der Rechtfertigung anderweitiger Datenerhebungen über Einwilligungen noch so sinnvoll sein, mit Blick auf Telekommunikationskontrollen bleibt ihre Bedeutung marginal. Es besteht mithin kein Regelungsbedarf.

Bezüglich der Rechtfertigung von Kontrollmaßnahmen über Betriebsvereinbarungen oder Tarifverträge würde mit der Aufhebung der Anwendbarkeit von TKG und TMG auf das Arbeitsverhältnis bereits einem wesentlichen Wertungswiderspruch zumindest für den Bereich des Arbeitnehmerdatenschutzes Abhilfe geschafft. Zu seiner endgültigen Beilegung wäre eine Wortlautangleichung der Öffnungsklauseln für anderweitige Rechtsnormen und damit die Statuierung eines einheitlichen Schutzniveaus der beiden miteinander eng verzahnten Gesetzeskörper empfehlenswert. Im Anwendungsbereich des BDSG besteht hingegen allenfalls ein Klarstellungsbedürfnis. Ebenso wie der Gesetzgeber die dem Arbeitgeber einfachgesetzlich eingeräumten Kontrollbefugnisse konkretisieren sollte, ist eine Absteckung der Regelungsgrenzen für Betriebsvereinbarungen und Tarifverträge aus Transparenzgründen wünschenswert.

Den gesamten in dieser Arbeit untersuchten Themenkomplex überlagert zudem die Frage, inwieweit eine ausdrückliche Verankerung der Compliance-Verpflichtung des einzelnen Arbeitgebers im Gesetzeswortlaut notwendig ist. Vor dem Hintergrund der zunehmenden wirtschaftlichen Bedeutung erscheint eine Konkretisierung der Anforderungen erstrebenswert. Der Facettenreichtum des unter dem Begriff der Compliance zusammengefassten Pflichtenbündels ist für den Laien kaum fassbar. Nachvollziehbar erscheint deswegen die Forderung an den Gesetzgeber, den Begriff der Compliance seinem Status eines „juristischen Modebegriffs" zu entheben und die größtenteils hinlänglich bekannten Organisationspflichten unter diesem Stichwort dem ausdrücklichen Gesetzeswortlaut zuzuführen. Wie eine entsprechende Regelung ausgestaltet sein sollte, vermag der Verfasser im Rahmen dieser Arbeit aus einer auf Überwachungsmaßnahmen fixierten Perspektive nicht abschließend zu beurteilen. Da Überwachungspflichten nur einen kleinen Teil der unter dem Begriff der Compliance zusammengefassten Pflichten ausmacht, böte das Beschäftigtendatenschutzgesetz für die Umsetzung jedenfalls keinen geeigneten Rahmen.

Die vorangegangenen Ausführungen machen deutlich, dass in verschiedener Hinsicht zur Reglementierung der Kontrollbefugnisse eines Arbeitgebers zum Zwecke der Aufdeckung und Prävention von Straftaten durch Beschäftigte gesetzgeberischer Handlungsbedarf besteht. Der Verfasser kann sich der Forderung nach einem auf die spezifischen Bedürfnisse des Arbeitsverhältnisses abgestimmten Beschäftigtendatenschutzgesetz nur anschließen. Bei aller Bedeutung der Gewährung eines hohen Datenschutzniveaus dürfen jedoch die berechtigten Interessen der Arbeitgeberseite nicht unberücksichtigt bleiben. Das Beschäftigtenschutzgesetz bietet die Chance, das zu erreichen, was schlussendlich im Interesse beider Arbeitsvertragsparteien liegt: Transparenz und Rechtssicherheit hinsichtlich der arbeitgeberseitigen Befugnisse, nicht nur bezogen auf Telekommunikationskontrollen, sondern auf Mitarbeiterüberwachung im Allgemeinen.

Literaturverzeichnis

Abel, Ralf B.	Die neuen BDSG-Regelungen RDV 2009, S. 147 ff.
Adomeit, Klaus/ *Mohr, Jochen*	Allgemeines Gleichbehandlungsgesetz 2. Auflage, Stuttgart 2011 (Zit.: *Adomeit/Mohr,* § Rn.)
Altenburg, Stephan/ *Reinersdorff, Wolfgang v./* *Leister, Thomas*	Telekommunikation am Arbeitsplatz MMR 2005, S. 135 ff.
Arndt, Hans-Wolfgang (Hrsg.)/ *Fetzer, Thomas (Hrsg.)/* *Scherer, Joachim (Hrsg.)*	Telekommunikationsgesetz Kommentar Berlin 2008 (Zit.: Arndt/Fetzer/Scherer-*Bearb.,* § Rn.)
Arnold, Iris	Die Zulässigkeit der Überwachung von mo bilen Arbeitnehmern Berlin 2010 (Zit.: *Arnold*, S.)
Ascheid, Reiner (Hrsg.)/ *Preis, Ulrich (Hrsg.)/* *Schmidt, Ingrid (Hrsg.)*	Kündigungsrecht 4. Auflage, München 2012 (Zit.: APS-*Bearbeiter*, § Rn.)
Baier, Cristina	Datenschutz beim Einsatz von Internet, Intranet und E-Mail am Arbeitsplatz Hamburg 2010 (Zit.: *Baier*, S.)
Balke, Barbara/ *Müller, Andreas*	Arbeitsrechtliche Aspekte beim betrieblichen Einsatz von e-mails DB 1997, S. 326 ff.
Bamberger, Heinz Georg (Hrsg.)/ *Roth, Herbert (Hrsg.)*	Kommentar zum Bürgerlichen Gesetzbuch 3. Auflage, München 2012 (Zit.: Bamberger/Roth-*Bearbeiter*, § Rn.)

Barton, Dirk-M. Risiko-/Compliance-Management und Arbeitnehmerdatenschutz – eine nach wie vor unbefriedigende Kollisionslage
RDV 2009, S. 200 ff.

derselbe Betriebliche Übung und private Nutzung des Internetarbeitsplatzes
NZA 2006, S. 460 ff.

Bauer, Jobst-Hubertus/ Lingemann, Stefan/ Diller, Martin/ Haußmann, Katrin Anwalts-Formularbuch Arbeitsrecht
4. Auflage, Köln 2011
(Zit.: Bauer/Lingemann/Diller/Haußmann-*Bearbeiter*, Kapitel Rn.)

Bayreuther, Frank Videoüberwachung am Arbeitsplatz
NZA 2005, S. 1038 ff.

derselbe Widerrufs- Freiwilligkeits- und Änderungsvorbehalte
ZIP 2007, S. 2009 ff.

Beckschulze, Martin Internet-, Intranet- und E-Mail-Einsatz am Arbeitsplatz
DB 2003, S. 2777 ff.

derselbe Internet- und E-Mail-Einsatz am Arbeitsplatz
DB 2009, S. 2097 ff.

Beckschulze, Martin/ Henkel, Wolfram, Der Einfluss des Internets auf das Arbeitsrecht
DB 2001, S. 1491 ff.

Beckschulze, Martin/ Natzel, Ivo Das neue Beschäftigtendatenschutzgesetz – Eine Darstellung des aktuellen Gesetzentwurfs vom 25.8.2010 –
BB 2010, S. 2368 ff.

Behling, Thorsten B. — Compliance versus Fernmeldegeheimnis, Wo liegen die Grenzen bei E-Mail-Kontrollen als Antikorruptionsmaßnahme? BB 2010, S. 892 ff.

Behm, Frank — Datenschutzrechtliche Anforderungen an Scoringverfahren unter Einbeziehung von Geodaten
RDV 2010, S. 61 ff.

Beise, Herward — Innerbetriebliche Telefonkontrolle und Datenschutz
DB 1978, S. 106 ff.

Besgen, Nicolai (Hrsg.)/ Prinz, Thomas (Hrsg.) — Handbuch Internet.Arbeitsrecht Rechtssicherheit bei Nutzung, Überwachung und Datenschutz
2. Auflage, Bonn 2009
(Zit: Besgen/Prinz-*Bearbeiter*, § Rn.)

Beukelmann, Stephan — Computer- und Internetkriminalität
NJW-Spezial 2004, S. 135 ff.

Biegel, Andreas — Die Überwachung von Arbeitnehmern durch technische Einrichtungen
Hamburg 2000
(Zit.: *Biegel*, S.)

Bissels, Alexander/ Lützeler, Martin/ Wisskirchen, Gerlind — Facebook, Twitter & Co.: Das Web 2.0 als arbeitsrechtliches Problem
BB 2010, S. 2433 ff.

Bizer, Johann — Die dienstliche Telekommunikation unter dem Schutz des Fernmeldegeheimnisses
DuD 2001, S. 618 ff.

derselbe — Keine Rechtsgrundlage für Durchsuchungen einer Mailbox
DuD 1996, S. 627 ff.

Bloesinger, Hubert — Grundlagen und Grenzen privater Internet-nutzung am Arbeitsplatz
BB 2007, S. 2177 ff.

Böker, Karl-Hermann/ Kamp, Lothar — Betriebs- und Dienstvereinbarungen, Betriebliche Nutzung von Internet, Intranet und E-Mail
Frankfurt a.M. 2003
(Zit.: *Böker/Kamp*, S.)

Brink, Stefan/ Schmidt, Stephan — Die rechtliche (Un-)Zulässigkeit von Mitarbeiterscreenings
MMR 2010, S. 592 ff.

Bürkle, Jürgen — Weitergabe von Informationen über Fehlverhalten in Unternehmen (Whistleblowing) und Steuerung auftretender Probleme durch ein Compliance-System
DB 2004, S. 2158 ff.

derselbe — Corporate Compliance – Pflicht oder Kür für den Vorstand der AG
BB 2005, S. 565 ff.

Byers, Philipp — Die Videoüberwachung am Arbeitsplatz unter besonderer Berücksichtigung des neuen § 32 BDSG
Frankfurt am Main 2011
(Zit.: *Byers,* S.)

Campos Nave, José A./ Bonenberger, Saskia — Korruptionsaffären, Corporate Compliance und Sofortmaßnahmen für den Krisenfall
BB 2008, S. 734 ff.

Canaris, Claus-Wilhelm — Die Vertrauenshaftung im deutschen Privatrecht
München 1971
(Zit.: *Canaris*, Vertrauenshaftung, S.)

Dann, Matthias/ Gastell, Roland — Geheime Mitarbeiterkontrollen: Straf- und arbeitsrechtliche Risiken bei unternehmensinterner Aufklärung
NJW 2008, S. 2945 ff.

Dann, Matthias/ Mengel, Anja — Tanz auf dem Pulverfass – oder: Wie gefährlich leben Compliance-Beauftragte?
NJW 2010, S. 3265 ff.

Däubler, Wolfgang — Gläserne Belegschaften, Das Handbuch zum Arbeitnehmerdatenschutz
5. Auflage, Frankfurt a. M. 2010
(Zit: *Däubler*, Rn.)

derselbe — Internet und Arbeitsrecht
3. Auflage, Frankfurt a.M. 2004
(Zit.: *Däubler*, Internet und Arbeitsrecht, Rn.)

derselbe (Hrsg.) — Tarifvertragsgesetz
3. Auflage, Baden-Baden 2012
(Zit.: DäublerTVG-*Bearbeiter*, § Rn.)

derselbe — Das Fernsprechgeheimnis des Arbeitnehmers
CR 1994, S. 754 ff.

Däubler, Wolfgang/ Klebe, Thomas/ Wedde, Peter/ Weichert, Thilo — Bundesdatenschutzgesetz
Kompaktkommentar zum BDSG
3. Auflage, Frankfurt a. M. 2010
(Zit: DKWW-*Bearbeiter*, § Rn.)

Däubler, Wolfgang (Hrsg.)/ Bertzbach, Martin (Hrsg.) — Allgemeines Gleichbehandlungsgesetz
2. Auflage, Baden-Baden 2008
(Zit.: Däubler/Bertzbach-*Bearbeiter*, § Rn.)

Däubler, Wolfgang/ Bonin, Birger/ Deinert, Olaf — AGB-Kontrolle im Arbeitsrecht
3. Auflage, München 2010
(Zit.: DBD-*Bearbeiter*, § Rn.)

Däubler, Wolfgang (Hrsg.)/ Hjort, Jens Peter (Hrsg.)/ Schubert, Michael (Hrsg.)/ Wolmerath, Martin (Hrsg.) — Arbeitsrecht
2. Auflage, Baden-Baden 2010
(Zit.: HK-ArbR-*Bearbeiter*, § Rn.)

Deiters, Gerhard — Betriebsvereinbarung Kommunikation
ZD 2012, S. 109 ff.

Deutsch, Markus/ Diller, Martin — Die geplante Neuregelung des Arbeitnehmerdatenschutzes in § 32 BDSG
DB 2009, S. 1462 ff.

Dickmann, Roman — Inhaltliche Ausgestaltung von Regelungen zur privaten Internetnutzung im Betrieb
NZA 2003, S. 1009 ff.

Diller, Martin — „Konten-Ausspäh-Skandal“ bei der Deutschen Bahn: Wo ist das Problem?
BB 2009, S. 438 ff.

Dornbusch, Gregor (Hrsg.)/ Fischermeier, Ernst (Hrsg.)/ Löwisch, Manfred (Hrsg.) — Fachanwaltskommentar Arbeitsrecht
4. Auflage, Köln 2011
(Zit.: DFL-*Bearbeiter*, § Rn.)

Dörner, Klemens (Hrsg.)/ Luczak, Stefan (Hrsg.)/ Wildschütz, Martin (Hrsg.)/ Baeck, Ulrich (Hrsg.)/ Hoß, Axel (Hrsg.) — Handbuch des Fachanwalts Arbeitsrecht
9. Auflage, Köln 2011
(Zit.: DLW-*Bearbeiter*, Kap. Rn.)

Dreier, Horst (Hrsg.) — Grundgesetz Kommentar
Band 1, 2. Auflage, Tübingen 2004
(Zit.: Dreier-*Bearbeiter*, Art. Rn.)

Duhr, Elisabeth/ Naujok, Helga/ Peter, Martina/ Seiffert, Evelyn — Neues Datenschutzrecht für die Wirtschaft Erläuterungen und praktische Hinweise zu § 1 bis § 11 BDSG
DuD 2002, S. 5 ff.

Eckhardt, Jens — Archivierung von E-Mails
DuD 2008, S. 103 ff.

Ehleben, Moritz/ Schirge, Barbara/ Seipel, Matthias — Datenschutz rund ums Arbeitsverhältnis
AiB 2009, S. 192 ff.

Ehmann, Horst/ Sutschet, Holger — EU-Datenschutzrichtlinie
RDV 1997, S. 3 ff.

Eichler, Alexander — Cookies – Verbotene Früchte?
K&R 1999, S. 76 ff.

Eickhoff, Wolfgang/ Kaufmann, Jürgen — Tonbandaufzeichnung von Telefongesprächen im Betrieb
BB 1990, S. 914 ff.

Eisenberg, Ulrich/ Müller, Henning Ernst — Strafrecht: Geldübergabe auf Video
JUS 1990, S. 120 ff.

Engel-Flechsig, Stefan/ Maennel, Frithjof A./ Tettenborn, Alexander — Das neue Informations- und Kommunikationsdienste-Gesetz
NJW 1997, S. 2981 ff.

Erman, Walter (Begr.)/ Westermann, Harm Peter (Hrsg.)/ Grunewald, Barbara (Hrsg.)/ Maier-Reimer, Georg (Hrsg.) — Bürgerliches Gesetzbuch
13. Auflage, Köln 2011
(Zit.: Erman-*Bearbeiter*, § Rn.)

Ernst, Stefan — Der Arbeitgeber, die E-Mail und das Internet
NZA 2002, S. 585 ff.

Fahrig, Stephan — Die Einführung eines Verhaltenscodexes und das Whistleblowing
Baden-Baden 2009
(Zit.: *Fahrig*, S.)

Färber, Peter/ Kappes, Karl-Heinz — Telefondatenerfassung und Datenschutz
BB 1986, S. 520 ff.

Fitting, Karl (Begr.)
Betriebsverfassungsgesetz
26. Auflage, München 2012
(Zit.: *Fitting*, § Rn.)

Forst, Gerrit
Videoüberwachung am Arbeitsplatz und der neue § 32 BDSG
RDV 2009, S. 204 ff.

derselbe
Wie viel Arbeitnehmerdatenschutz erlaubt die EG-Datenschutzrichtlinie?
RDV 2010, S. 150 ff.

derselbe
Der Regierungsentwurf zur Regelung des Beschäftigtendatenschutzgesetzes
NZA 2010, . 1043 ff.

Franzen, Martin
Arbeitnehmerdatenschutz – rechtspolitische Perspektiven
RdA 2010, S. 257 ff.

Freckmann, Anke/ Wahl, Sabine
Überwachung am Arbeitsplatz
BB 2008, S. 1904 ff.

Gamillscheg, Franz
Die Grundrechte im Arbeitsrecht
Berlin 1989
(Zit.: *Gamillscheg,* Grundrechte, S.)

Gehlhaar, Daniel
Der Kündigungsschutz des betrieblichen Datenschutzbeauftragten
NZA 2010, S. 373 ff.

Geppert, Martin (Hrsg.)/ Piepenbrock, Hermann-J. (Hrsg.)/ Schütz, Raimund (Hrsg.)/ Schuster, Fabian (Hrsg.)
Beck´scher TKG-Kommentar
3. Auflage, München 2006
(Zit.: BeckTKG-*Bearbeiter*, § Rn.)

Göhler, Erich (Begr.)/ Gürtler, Franz (Hrsg.)/ Seitz, Helmut (Hrsg.)
Gesetz über Ordnungswidrigkeiten
16. Auflage, München 2012
(Zit.: Göhler-*Bearbeiter*)

Gola, Peter | Datenschutz und Multimedia am Arbeitsplatz
3. Auflage, Frechen 2010
(Zit.: *Gola*, S.)

derselbe | Datenschutz bei der Kontrolle „mobiler" Arbeitnehmer
NZA 2007, S. 1139 ff.

derselbe | Materielle und formelle Stärkung des Arbeitnehmerdatenschutzes
RDV 2010, S. 97 ff.

derselbe | § 32 Abs. 1 BDSG – eine abschließende Regelung?
RDV 2009, S. 212 ff.

derselbe | Neuer Tele-Datenschutz für Arbeitnehmer?
MMR 1999, S. 322 ff.

Gola, Peter/ Klug, Christoph | Die BDSG-Novellen 2009
RDV 2009, Sonderbeilage zu Heft 4, S. 1 ff.

dieselben | Die Entwicklung des Datenschutzrechts in den Jahren 2008/2009
NJW 2009, S. 2577 ff.

Gola, Peter/ Klug, Christoph/ Körffer, Barbara/ Schomerus, Rudolf | Bundesdatenschutzgesetz
Kommentar
11. Auflage, München 2012
(Zit: *Gola/Schomerus,* § Rn.)

Gola, Peter/ Wronka, Georg | Handbuch zum Arbeitnehmerdatenschutz
5. Auflage, Heidelberg u.a. 2010
(Zit: *Gola/Wronka*, S.)

Grabitz, Eberhard (Begr.)/ Hilf, Meinhard (fortg.)/ Nettersheim, Martin (Hrsg.) | Das Recht der Europäischen Union
Loseblatt, München
Band IV, Stand Oktober 2009
(Zit. Grabitz/Hilf-*Bearb.*, Ordn. Art. Rn.)

Gramlich, Ludwig — Internetnutzung zu privaten Zwecken in Behörden und Unternehmen
RDV 2001, S. 123 ff.

Grimm, Detlef/ Schiefer, Jennifer — Videoüberwachung am Arbeitsplatz
RdA 2009, S. 329 ff.

Grobys, Marcel — Die Überwachung von Arbeitnehmern in Call Centern, Baden-Baden 2007
(Zit.: *Grobys*, S.)

Grobys, Marcel/ Steinau-Steinrück, Robert von — Grenzen der Mitarbeiterüberwachung
NJW-Spezial 2008, S. 402 ff.

Grosjean, Sascha R. — Überwachung von Arbeitnehmern
DB 2003, S. 2650 ff.

Hamm, Rainer — Compliance vor Recht? Anwälte bei der Bewältigung eines „Datenskandals"
NJW 2010, S. 1332 ff.

Hanau, Peter — Die Rechtsprechung des Bundesarbeitsgerichts im Jahr 2002
ZfA 2003, . 735 ff.

Hanau, Peter/ Hoeren, Thomas — Private Internetnutzung durch Arbeitnehmer Die arbeits- und betriebsverfassungsrechtlichen Probleme
München 2003
(Zit.: *Hanau/Hoeren*, S.)

Hannich, Rolf (Hrsg.) — Karlsruher Kommentar zur Strafprozessordnung
6. Auflage, München 2008
(Zit.: KK StPO-Bearbeiter, § Rn.)

Hauschka, Christoph E. — Compliance als Teil einer modernen Unternehmensführung
AnwBl 2010, S. 629 ff.

derselbe Compliance, Compliance-Manager, Compliance-Programme: Eine geeignete Reaktion auf gestiegene Haftungsrisiken für Unternehmen und Management? NJW 2004, S. 257 ff.

Haußmann, Katrin/ Krets, Jérôme EDV-Betriebsvereinbarungen im Praxistest NZA 2005, S. 259 ff.

Hehn, Paul A. von/ Hartung, Wilhelm Unabhängige interne Untersuchungen in Unternehmen als Instrument guter Corporate Governance – auch in Europa? DB 2006, S. 1909 ff.

Heidel, Thomas (Hrsg.) Aktienrecht und Kapitalmarktrecht 3. Auflage, Baden-Baden 2011 (Zit.: Heidel-*Bearbeiter*, § Rn.)

Heidrich, Jörg/ Tschoepe, Sven Rechtsprobleme der E-Mail-Filterung MMR 2004, S. 75 ff.

Heine, Ralf/ Pröpper, Martin Voice over Internet Protocol (VoIP) – Internettelefonie und Mitbestimmung BB 2010, S. 2113 ff.

Heinson, Dennis Compliance durch Datenabgleiche BB 2010, S. 3084 ff.

Heldmann, Sebastian Betrugs- und Korruptionsbekämpfung zur Herstellung von Compliance DB 2010, S. 1235 ff.

Hellmich, Stefanie Location Based Services – Datenschutzrechtliche Anforderungen MMR 2002, S. 152 ff.

Henrichs, Axel Anonymität im Web ZRP 2011, S. 155 ff.

Henssler, Martin (Hrsg.)/ Willemsen, Heinz Josef (Hrsg.)/ Kalb, Heinz-Jürgen (Hrsg.)
Arbeitsrecht Kommentar
5. Auflage, Köln 2012
(Zit.: HWK-*Bearbeiter*, § Rn.)

Hilber, Marc D./ Frik, Roman
Rechtliche Aspekte der Nutzung von Netzwerken durch Arbeitnehmer und den Betriebsrat
RdA 2002, S. 89 ff.

Hilbrans, Sönke
Beschäftigtendatenschutz und betriebliche Telefonanlagen
AuR 2010, S. 424 ff.

Hoeren, Thomas
Das Telemediengesetz
NJW 2007, S. 801 ff.

derselbe
Anonymität im Web – Grundfragen und aktuelle Entwicklungen
ZRP 2010, S. 251 ff.

Hoeren, Thomas (Hrsg.)/ Sieber, Ulrich (Hrsg.)
Handbuch Multimedia Recht
Loseblatt, München, Stand Dezember 2011
(Zit.: Hoeren/Sieber-*Bearbeiter*, Teil Rn.)

Höld, Florian
Die Überwachung von Arbeitnehmern
Hamburg 2005
(Zit: *Höld*, S.)

Holzhauser, Guido/ Sutter, Carolin
Interdisziplinäre Aspekte von Compliance
Baden-Baden 2011
(Zit.: Holzhauser/Sutter-*Bearbeiter,* S.)

Holznagel, Bernd/ Bonnekoh, Mareike
Voice over IP – Regulierungsbedarf und erste Lösungen
MMR 2005, S. 585 ff.

Holzner, Stefan
Neues zur Regelung der Nutzung von E-Mail und Internet am Arbeitsplatz
ZRP 2011, S. 12 ff.

Hoppe, René/ Braun, Frank — Arbeitnehmer-E-Mails: Vertrauen ist gut – Kontrolle ist schlecht
MMR 2010, S. 80 ff.

Hueck, Alfred/ Nipperdey, Hans Carl — Lehrbuch des Arbeitsrechts
7. Auflage, Berlin und Frankfurt a.M. 1963
(Zit.: *Hueck/Nipperdey*, S.)

Hümmerich, Klaus (Hrsg.)/ Reufels, Martin (Hrsg.) — Gestaltung von Arbeitsverträgen
2. Auflage, Baden-Baden 2010
(Zit.: Hümmerich/Reufels-*Bearb.*, § Rn.)

Hümmerich, Klaus (Hrsg.)/ Boecken, Winfried (Hrsg.)/ Düwell, Josef (Hrsg.) — AnwaltKommentar Arbeitsrecht
Band 1, 2. Auflage, Bonn 2010
(Zit.: AnwK-ArbR-*Bearbeiter*, § Rn.)

Ihde, Rainer — Cookies – Datenschutz als Rahmenbedingung der Internetökonomie
CR 2000, S. 413 ff.

Jarass, Hans D. — Das allgemeine Persönlichkeitsrecht im Grundgesetz
NJW 1989, S. 857 ff.

Jarass, Hans D. (Hrsg.)/ Pieroth, Bodo (Hrsg.) — Grundgesetz für die Bundesrepublik Deutschland
11. Auflage, München 2011
(Zit.: Jarass/Pieroth-*Bearbeiter*, Art. Rn.)

Jescheck, Hans-Heinrich/ Weigend, Thomas — Lehrbuch des Strafrechts
5. Auflage, Berlin 1996
(Zit.: *Jescheck/Weigend*, S.)

Jofer, Robert/ Wegerich, Christine — Betriebliche Nutzung von E-Mail-Diensten – Kontrollbefugnisse des Arbeitgebers
K&R 2002, S. 235 ff.

Jordan, Christopher/ Bissels, Alexander/ Löw, Christine — Arbeitnehmerkontrolle im Call-Center durch Silent Monitoring und Voice Rec.
BB 2008, S. 2626 ff.

Joussen, Jacob — Die Zulässigkeit von vorbeugenden Torkontrollen nach dem neuen BDSG
NZA 2010, S. 254 ff.

derselbe — Mitarbeiterkontrolle: Was muss, was darf das Unternehmen wissen?
NZA Beilage 1/2011, S. 35 ff.

Kempen, Otto Ernst (Hrsg.)/ Zachert, Ulrich (Hrsg.) — Tarifvertragsgesetz
4. Auflage, Frankfurt a.M. 2006
(Zit.: KeZa-*Bearbeiter*, § Rn.)

Kempermann, Philip — Strafbarkeit nach § 206 StGB bei Kontrolle von Mitarbeiter-E-Mails?
ZD 2012, S. 12 ff.

Kieper, Marcus — Datenschutz für Telearbeitnehmer
DuD 1998, S. 583 ff.

Kittner, Michael (Hrsg.)/ Zwanziger, Bertram (Hrsg.)/ Deinert, Olaf (Hrsg.) — Arbeitsrecht
6. Auflage, Frankfurt a.M. 2011
(Zit.: KZD-*Bearbeiter*, § Rn.)

Kliemt, Michael — Vertrauen ist gut, Kontrolle ist besser?
AuA 2001, S. 532 ff.

Koch, Jens — Compliance-Pflichten im Unternehmensverbund
WM 2009, S. 1013 ff.

Koch, Frank A. — Rechtsprobleme privater Nutzung betrieblicher elektronischer Kommunikationsmittel
NZA 2008, S. 911 ff.

Kock, Martin/ Francke, Julia — Mitarbeiterkontrolle durch systematischen Datenabgleich zur Korruptionsbekämpfung
NZA 2009, S. 646 ff.

Kolbe, Sebastian — Unkündbarkeit für Korruptionstäter?
NZA 2009, S. 228 ff.

Kömpf, Nicola/ Kunz, Holger — Kontrolle der Nutzung von Internet und E-Mail am Arbeitsplatz in Frankreich und in Deutschland
NZA 2007, S. 1341 ff.

Kopke, Wolfgang — Heimliches Mithörenlassen eines Telefon - gesprächs
NZA 1999, S. 917 ff.

Körner, Marita — Regierungsentwurf zum Arbeitnehmerdatenschutz
AuR 2010, S. 416 ff.

Kort, Michael — Verhaltensstandardisierung durch Corporate Compliance
NZG 2008,S. 81 ff.

derselbe — Lückenhafte Reform des Beschäftigtendatenschutzes
MMR 2011, S. 294 ff.

derselb — Die Auswirkungen des neuen Bundesdatenschutzgesetzes auf die Mitbestimmung im Arbeitsrecht
RdA 1992, S. 378 ff.

derselbe — Zum Verhältnis von Datenschutz und Compliance im geplanten Beschäftigtendatenschutzgesetz
DB 2011, S. 651 ff.

Kramer, Stefan — Internetnutzung als Kündigungsgrund
NZA 2004, S. 457 ff.

Kratz, Felix/ Gubbels, Achim — Beweisverwertungsverbote bei privater Internetnutzung am Arbeitsplatz
NZA 2009, S. 652 ff.

Kümpers, Christian — Einsatz elektronischer Informations- und Kommunikationssysteme am Arbeitsplatz
Baden-Baden 2009, Zit: *Kümpers,* S.

Kunz, Karl-Ludwig — Die automatisierte Gegenwehr
GA 1984, S. 539 ff.

Küttner, Wolfdieter (Begr.)/ Röller, Jürgen (Hrsg.) — Personalbuch 2012
19. Auflage, München 2012
(Zit. Küttner-*Bearbeiter*, Stichwort Rn.)

Larenz, Karl/ Canaris, Claus-Wilhelm — Methodenlehre der Rechtswissenschaft
3. Auflage, Berlin und Heidelberg 1995
(Zit.: *Larenz/Canaris*, S.)

Laufhütte, Heinrich W. (Hrsg.)/ Rissing-van Saan, Ruth (Hrsg.)/ Tiedemann, Klaus (Hrsg.) — Strafgesetzbuch Leipziger Kommentar
Band 6, 12. Auflage, Berlin 2010
(Zit.: LK-*Bearbeiter*, § Rn.)

Lelley, Tibor — Compliance im Arbeitsrecht
Köln 2010
(Zit: *Lelley*, S.)

Lienemann, Kerstin — What´s the Way the Cookie Crumbles?
K&R 2011, S. 609 ff.

Lindemann, Achim/ Simon, Oliver — Betriebsvereinbarungen zur E-Mail-, Internet- und Intranet-Nutzung
BB 2001, S. 1950 ff.

Löwisch, Manfred — Fernmeldegeheimnis und Datenschutz bei der Mitarbeiterkontrolle
DB 2009, S. 2728 ff.

Lunk, Stefan — Prozessuale Beweisverwertungsverbote im Arbeitsrecht
NZA 2009, S. 457 ff.

Mähner, Nicolas — Neuregelung des § 32 BDSG zur Nutzung personenbezogener Mitarbeiterdaten am Beispiel der Deutschen Bahn AG
MMR 2010, S. 379 ff.

Maier, Götz A./ Garding, Stefan — Einsatz eines Privatdetektivs im Arbeitsrecht
DB 2010, S. 559 ff.

Mangoldt, Hermann v.(Begr.)/ Klein, Friedrich (Hrsg.)/ Starck, Christian (Hrsg.) — Kommentar zum Grundgesetz
6. Auflage, München 2010
(Zit.: v.Mangoldt/Klein/Starck-*Bearbeiter,* Art. Rn.)

Matthes, Hans-Christoph — Möglichkeiten und Grenzen betrieblicher Telefondatenerfassung
CR 1987, S. 108 ff.

Maties, Martin — Arbeitnehmerüberwachung mittels Kamera?
NJW 2008, S. 2219 ff.

Mattl, Tina — Die Kontrolle der Internet- und E-Mail-Nutzung am Arbeitsplatz
Hamburg 2008
(Zit.: *Mattl*, S.)

Maunz, Theodor (Begr.)/ Dürig, Günter (Begr.) — Grundgesetz, Kommentar
Loseblatt, München, Stand Januar 2012
(Zit.: Maunz/Dürig-*Bearbeiter*, Art. Rn.)

Maurer, Hartmut — Allgemeines Verwaltungsrecht
18. Auflage, München 2011
(Zit.: *Maurer*, § Rn.)

derselbe — Staatsrecht I
6. Auflage, München 2010
(Zit.: *Maurer*, Staatsrecht, S.)

Medicus, Dieter — Allgemeiner Teil des BGB
10. Auflage, Heidelberg 2010
(Zit.: *Medicus*, Rn.)

Meinberg, Ralf/ Grabe, Olaf — Voice over IP – IP basierter Sprachdienst vor dem Hintergrund des novellierten TKG
K&R 2004, S. 409 ff.

Mengel, Anja — Compliance und Arbeitsrecht, Implementierung Durchsetzung Organisation
München 2009
(Zit: *Mengel*, S.)

dieselbe — Kontrolle der Telefonkommunikation am Arbeitsplatz
BB 2004, S. 1445 ff.

dieselbe — Kontrolle der E-mail und Internetkommunikation am Arbeitsplatz
BB 2004, S. 2014 ff.

dieselbe — Alte arbeitsrechtliche Realitäten im Umgang mit der neuen virtuellen Welt
NZA 2005, S. 752 ff.

Mengel, Anja/ Hagemeister, Volker — Compliance und Arbeitsrecht
BB 2006, S. 2466 ff.

dieselben — Compliance und arbeitsrechtliche Implementierung im Unternehmen
BB 2007, S. 1386 ff.

Mengel, Anja/ Ullrich, Thilo — Arbeitsrechtliche Aspekte unternehmensinterner Investigations
NZA 2006, S. 240 ff.

Meyer, Sebastian — Mitarbeiterüberwachung: Kontrolle durch Ortung von Arbeitnehmern
K&R 2009, S. 14 ff.

Meyer-Goßner, Lutz/ Schmitt, Bertram — Strafprozessordnung mit GVG und Nebengesetzen
55. Auflage, München 2012
(Zit.: *Meyer-Goßner*, § Rn.)

Moll, Wilhelm (Hrsg.) — Münchner Anwalts Handbuch Arbeitsrecht
2. Auflage, München 2009
(Zit.: Moll-*Bearbeiter*, § Rn.)

Moll, Wilhelm — Telefondatenerfassung und betriebliche Mitbestimmung
DB 1982, S.1722 ff.

Moosmayer, Klaus — Compliance, Praxisleitfaden für Unternehmen
2. Auflage, München 2012
(Zit.: *Moosmayer*, S.)

Müller, Andreas — Datenschutz beim betrieblichen E-Mailing
RDV 1998, S. 205 ff.

Müller, Arnold — Die Zulässigkeit der Videoüberwachung am Arbeitsplatz
Baden-Baden 2008
(Zit: *Müller*, S.)

Müller-Broich, Jan D. — Telemediengesetz
Frankfurt am Main 2012
(Zit.: *Müller-Broich*, § Rn.)

Müller-Glöge, Rudi (Hrsg.)/ Preis, Ulrich (Hrsg.)/ Schmidt, Ingrid (Hrsg.) — Erfurter Kommentar zum Arbeitsrecht
12. Auflage, München 2012
(Zit.: ErfK-*Bearbeiter*, § Rn.)

Nägele, Stefan/ Meyer, Lars — Internet und E-Mail am Arbeitsplatz: Rechtliche Rahmenbedingungen der Nutzung und Kontrolle sowie der Reaktion auf Missbrauch
K&R 2004, S. 312 ff.

Nord, Jantina/ Manzel, Martin	„Datenschutzerklärungen" – misslungene Erlaubnisklauseln zur Datennutzung NJW 2011, S. 3756 ff.
Oberwetter, Christian	Arbeitnehmerrechte bei Lidl, Aldi & Co. NZA 2008, S. 609 ff.
Ohlenburg, Anna	Der neue Telekommunikationsdatenschutz MMR 2004, S. 431 ff.
Palandt, Otto (Begr.)	Bürgerliches Gesetzbuch 71. Auflage, München 2012 (Zit.: Palandt-*Bearbeiter*, § Rn.)
Palm, Franz/ Roy, Rudolf	Mailboxen: Staatliche Eingriffe und andere rechtliche Aspekte NJW 1996, S. 1791 ff.
Panzer, Andrea	Mitarbeiterkontrolle und neue Medien Frankfurt a. M. 2004 (Zit: *Panzer*, S.)
Passarge, Malte	Risiken und Chancen mangelhafter Compliance in der Unternehmensinsolvenz NZI 2009, S. 86 ff.
Pfalzgraf, Patrick	Arbeitnehmerüberwachung Hannover 2003 (Zit.: *Pfalzgraf*, S.)
Picker, Christian	Die betriebliche Übung Tübingen 2011 (Zit.: *Picker*, S.)
Polenz, Sven	Fehlverhaltenskontrolle am Arbeitsplatz DuD 2009, S. 561 ff.
Post-Ortmann, Karin	Der Arbeitgeber als Anbieter von Telekommunikations- und Telediensten RDV 1999, S. 102 ff.

Preis, Ulrich (Hrsg.) Der Arbeitsvertrag
4. Auflage, Köln 2011
(Zit.: Preis-*Bearbeiter*, Der Arbeitsvertrag, Kap. Rn.)

derselbe Grundfragen der Vertragsgestaltung im Ar beitsrecht
Neuwied - Kriftel - Berlin 1993
(Zit.: *Preis*, Vertragsgestaltung, S.)

Preis, Ulrich/ Genenger, Angie Die unechte Direktionsrechtserweiterung
NZA 2008, S. 969 ff.

Pröpper, Martin/ Römermann, Martin Nutzung von Internet und E-Mail am Arbeitsplatz (Mustervereinbarung)
MMR 2008, S. 514 ff.

Prütting, Hanns (Hrsg.)/ Wegen, Gerhard (Hrsg.)/ Weinreich, Gerd (Hrsg.) BGB Kommentar
6. Auflage, Köln 2011
(Zit.: PWW-*Bearbeiter*, § Rn.)

Rath, Michael/ Karner, Sophia Internetnutzung und Datenschutz am Arbeitsplatz
K&R 2010, S. 469 ff.

dieselben Private Internetnutzung am Arbeitsplatz, rechtliche Zulässigkeit und Kontrollmöglichkeiten des Arbeitgebers
K&R 2007, S. 446 ff.

Reiter, Christian Der Schutz des Whistleblowers nach dem Sarbanes-Oxley Act im Rechtsvergleich und im internationalen Arbeitsrecht
RIW 2005, S. 168 ff.

Richardi, Reinhard (Hrsg.) Betriebsverfassungsgesetz
13. Auflage, München 2012
(Zit.: Richardi-*Bearbeiter*, § Rn.)

Richardi, Reinhard/ Kortstock, Ulf
Videoüberwachung am Arbeitsplatz – allgemeines Persönlichkeitsrecht – Grundsatz der Verhältnismäßigkeit
RdA 2005, S. 381 ff.

Richardi, Reinhard (Hrsg.)/ Wlotzke, Otfried (Hrsg.)/ Wißmann, Hellmut (Hrsg.)/ Oetker, Hartmut (Hrsg.)
Münchener Handbuch zum Arbeitsrecht
3. Auflage, München 2009
(Zit.: MüArbR-*Bearbeiter*, § Rn.)

Riesenhuber, Karl
Die Einwilligung des Arbeitnehmers im Datenschutzrecht
RdA 2011, S. 257 ff.

Röger, Ralf
Neue Regulierungsansätze im Telekommu nikationsrecht
DVBl. 2005, S. 143 ff.

Rolfs, Christian (Hrsg.)/ Giesen, Richard (Hrsg.)/ Kreikebohm, Ralf (Hrsg.)/ Udsching, Peter (Hrsg.)
Schwerpunktkommentar Arbeitsrecht
München 2008
(Zit.: Rolfs/Giesen/Kreikebohm/Udsching-*Bearbeiter*, § Rn.)

Roßnagel, Alexander
Das Telemediengesetz
NVwZ 2007, S. 743 ff.

Roßnagel, Alexander/ Schnabel, Christoph
Das Grundrecht auf Gewährleistung der Vertraulichkeit und Integrität informationstechnischer Systeme und sein Einfluss auf das Privatrecht
NJW 2008, S. 3534 ff.

Roßnagel, Alexander/ Scholz, Philip
Datenschutz und Anonymität und Pseudonymität
MMR 2000, S. 721 ff.

Rübenstahl, Markus
Zur „regelmäßigen" Garantenstellung des Compliance Officers
NZG 2009, S. 1341 ff.

Rudkowski, Lena — Ein „Arbeitnehmerüberwachungsgesetz“? ZfA 2011, S. 287 ff.

Rudolf, Inge — Aufgaben und Stellung des betrieblichen Datenschutzbeauftragten NZA 1996, S. 296 ff.

Rüpke, Giselher — Aspekte zur Entwicklung eines EU-Datenschutzrechts ZRP 1995, S. 185 ff.

derselbe — Perspektiven für ein europäisches Datenschutzrecht EuZW 1993, S. 149 ff.

Sachs, Michael (Hrsg.) — Grundgesetz Kommentar 6. Auflage, München 2011 (Zit.: Sachs-*Bearbeiter*, Art. Rn.)

Säcker, Franz Jürgen (Hrsg.) — Berliner Kommentar zum Telekommunikationsgesetz 2. Auflage, Frankfurt a. M. 2009 (Zit.: BerlKommTKG-*Bearbeiter*, § Rn)

Säcker, Franz Jürgen (Hrsg.)/ Rixecker, Roland (Hrsg.) — Kommentar zum Bürgerlichen Gesetzbuch Band 1, 6. Auflage, München 2010 (Zit.: MüKoBGB-*Bearbeiter*, § Rn.)

Salvenmoser, Steffen/ Hauschka, Christoph E. — Korruption, Datenschutz und Compliance NJW 2010, S. 331 ff.

Samson, Erich/ Langrock, Marc — Bekämpfung von Wirtschaftskriminalität im und durch Unternehmen DB 2007, S. 1684 ff.

Schaar, Peter — Datenschutzrechtliche Einwilligung im Internet MMR 2002, S. 644 ff.

Schaub, Günther (Hrsg.) Arbeitsrechts-Handbuch
14. Auflage, München 2011
(Zit.: Schaub-*Bearbeiter*, § Rn.)

Scheurle, Klaus-Dieter (Hrsg.)/ Mayen, Thomas (Hrsg.) Telekommunikationsgesetz Kommentar
2. Auflage, München 2008
(Zit.: Scheurle/Mayen-*Bearbeiter*, § Rn.)

Schild, Hans-Hermann/ Tinnefeld, Marie-Theres Entwicklungen im Arbeitnehmerdatenschutz
DuD 2009, S. 469 ff.

Schimmelpfennig, Hans-C./ Wenning, Holger Arbeitgeber als Telekommunikationsdienste-Anbieter?
DB 2006, S. 2290 ff.

Schmidl, Michael E-Mail-Filterung am Arbeitsplatz
MMR 2005, S. 343 ff.

Schmidt, Bernd Compliance in Kapitalgesellschaften
Baden-Baden 2010
(Zit.: *Schmidt*, S.)

derselbe Vertrauen ist gut, Compliance ist besser!
BB 2009, S. 1295 ff.

derselbe Arbeitnehmerdatenschutz gemäß § 32 BDSG – Eine Neuregelung (fast) ohne Veränderung der Rechtslage
RDV 2009, S. 193 ff.

derselbe Beschäftigtendatenschutz in § 32 BDSG
DuD 2010, S. 207 ff.

Schmidt, Ingrid (Hrsg.) Jahrbuch des Arbeitsrechts
Dokumentation 2009
Band 47, Berlin 2010
(Zit.: JbArbR-*Bearbeiter*, S.)

Schmidt, Karsten (Hrsg.)/ Lutter, Marcus (Hrsg.)
Aktiengesetz
2. Auflage, Köln 2010
(Zit.: Schmidt/Lutter-*Bearbeiter*, § Rn.)

Schmidt-Bleibtreu, Bruno (Begr.)/ Hofmann, Hans (Hrsg.)/ Hopfauf, Axel (Hrsg.)
Kommentar zum Grundgesetz
12. Auflage, Köln 2011
(Zit.:Schmidt-Bleibtreu/Hofmann/Hopfauf-*Bearbeiter*, Art. Rn.)

Schmitz, Peter
Telefonanlagenfunktionen „im Netz“ des TK-Providers
ZD 2011, S. 104 ff.

Schneider, David
Die arbeitsrechtliche Implementierung von Compliance- und Ethikrichtlinien
Baden-Baden 2009
(Zit: *Schneider,* S.)

Schneider, Uwe H.
Compliance als Aufgabe der Unternehmensleitung
ZIP 2003, S. 645 ff.

Schönke, Adolf (Begr.)/ Schröder, Horst (Hrsg.)
Strafgesetzbuch
28. Auflage, München 2010
(Zit.: Schönke/Schröder-*Bearbeiter*, § Rn.)

Schramm, Nils
Die Zulässigkeit von Freiwilligkeitsvorbehalten in Arbeitsverträgen
NZA 2007, S. 1325 ff.

Schulin, Bertram/ Babl, Monika
Rechtsfragen der Telefondatenverarbeitung
NZA 1986, S. 46 ff.

Schulz, Mike
Ethik-Richtlinien und Whistleblowing
Frankfurt 2009
(Zit.: *Schulz*, S.)

Schuster, Frank Peter
IT-gestützte interne Ermittlungen in Unter nehmen
ZIS 2010, S. 68 ff.

Senge, Lothar (Hrsg.) Karlsruher Kommentar zum Gesetz über Ordnungswidrigkeiten
3. Auflage, München 2006
(Zit.: KK OWiG-*Bearbeiter,* § Rn.)

Simitis, Spiros (Hrsg.) Bundesdatenschutzgesetz
7. Auflage, Baden-Baden 2011
(Zit: Simitis-*Bearbeiter,* § Rn.)

derselbe Die informationelle Selbstbestimmung
NJW 1984, S. 398 ff.

Singer, Reinhard Neue Entwicklungen im Recht der Betriebsübung
ZfA 1993, S. 487 ff.

Spanke, Ulf Multimediale Systeme und Dienste am Arbeitsplatz
Hamburg 2011
(Zit.: *Spanke*, S.)

Spindler, Gerald (Hrsg.)/ Schuster, Fabian (Hrsg.) Recht der elektronischen Medien
2. Auflage, München 2011
(Zit.: Spindler/Schuster-*Bearbeiter*, § Rn.)

Steinkühler, Bernhard Kein Datenproblem bei der Deutschen Bahn AG? Mitnichten!
BB 2009, S. 1294 ff.

Stern, Klaus Das Staatsrecht der Bundesrepublik Deutschland
Band III/1, München 1994
Band III/2, München 1994
Band IV/1, München 2006
(Zit.: *Stern*, Band, S.)

Stober, Rolf Compliance in der öffentlichen Verwaltung
DVBl. 2012, S. 391 ff.

Straube, Gunnar/ Klagges, Rhea-Christina — Beschäftigtendatenschutzgesetz: Wiedervorlage in vier Jahren?
ArbR 2012, S. 81 ff.

Strauch, Mark — Der Sarbanes-Oxley Act und die Entwicklungen im US-Aktienrecht
NZG 2003, S. 952 ff.

Strothmeyer, Uta — Compliance – Risikobegrenzung und Imagevorteil
Jena 2010
(Zit: *Strothmeyer,* S.)

Taeger, Jürgen (Hrsg.)/ Gabel, Detlef (Hrsg.) — Kommentar zum BDSG
1. Auflage, Frankfurt a.M. 2010
(Zit.: Taeger/Gabel-*Bearbeiter*, § Rn.)

Thümmel, Roderich C./ Sparberg, Michael — Haftungsrisiken der Vorstände, Geschäftsführer, Aufsichtsräte und Beiräte sowie deren Versicherbarkeit
DB 1995, S. 1013 ff.

Thüsing, Gregor — Arbeitnehmerdatenschutz und Compliance
München 2010
(Zit: *Thüsing*, S.)

derselbe — Licht und Schatten im Entwurf eines neuen Beschäftigtendatenschutzgesetzes
RDV 2010, S. 147 ff.

derselbe — Verbesserungsbedarf beim Beschäftigtendatenschutz
NZA 2011, S. 16 ff.

derselbe — Datenschutz im Arbeitsverhältnis
NZA 2009, S. 865 ff.

Thüsing, Gregor/ Lambrich, Thomas: — Das Fragerecht des Arbeitgebers
BB 2002, S. 1146 ff.

Tinnefeld, Marie-Theres — Die Novellierung des BDSG im Zeichen des Gemeinschaftsrechts
NJW 2001, S. 3078 ff.

Tinnefeld, Marie-Theres/ Petri, Thomas/ Brink, Stefan — Aktuelle Fragen um ein Beschäftigtendatenschutzgesetz
MMR 2010, S. 727 ff.

Tschöpe, Ulrich (Hrsg.) — Anwalts-Handbuch Arbeitsrecht
7. Auflage, Köln 2011
(Zit.: Tschöpe-*Bearbeiter*, Teil Rn.)

Ulber, Daniel — Tarifdispositives Gesetzesrecht im Spannungsverhältnis von Tarifautonomie und grundrechtlichen Schutzpflichten
Berlin 2010
(Zit.: *Ulber*, S.)

Ulber, Jürgen (Hrsg.) — Arbeitnehmerüberlassungsgesetz
4. Auflage, Frankfurt a.M. 2011
(Zit.: Ulber-*Bearbeiter*, § Rn.)

Ulmer, Peter (Begr.)/ Brandner, Hans Erich (Begr.)/ Hensen, Horst-Dieter (Begr.) — AGB-Recht
11. Auflage, Köln 2011
(Zit.: Ulmer/Brandner/Hensen-*Bearbeiter*, § Rn.)

Vehslage, Thorsten — Privates Surfen am Arbeitsplatz
AnwBl. 2001, S. 145 ff.

Versteyl, Ludger-Anselm — Telefondatenerfassung im Betrieb
NZA 1987, S. 7 ff.

Vietmeyer, Katja/ Byers, Philipp — Der Arbeitgeber als TK-Anbieter im Arbeitsverhältnis
MMR 2010, S. 807 ff.

Viotto, Regina — Arbeitnehmerdatenschutz und Verfassungsrecht
AuR 2010,S. 422 ff.

Vogel, Florian/ Glas, Vera	Datenschutzrechtliche Probleme unternehmensinterner Ermittlungen DB 2009, S. 1747 ff.
Vogt, Volker	Compliance und Investigations – Zehn Fragen aus Sicht der arbeitsrechtlichen Praxis NJW 2009, S. 3755 ff.
Wagner, Ralph	Novelle im Beschäftigtendatenschutz RDV 2011, S. 69 ff.
Waltermann, Raimund	Anspruch auf private Internetnutzung durch betriebliche Übung? NZA 2007, S. 529 ff.
derselbe	Die betriebliche Übung RdA 2006, S. 257 ff.
Warneke, Nikolai	Die Garantenstellung von Compliance-Beauftragten NStZ 2010, S. 312 ff.
Weichert, Thilo	Rechtsfragen der Videoüberwachung DuD 2000, S. 662 ff.
Weißgerber, Michael	Das Einsehen kennwortgeschützter Privat - daten des Arbeitnehmers durch den Arbeitgeber NZA 2003, S. 1005 ff.
Weißnicht, Elmar	Die Nutzung des Internet am Arbeitsplatz MMR 2003, 448
Wellhöner, Astrid/ Byers, Philipp	Datenschutz im Betrieb – Alltägliche Herausforderung für den Arbeitgeber?! BB 2009, S. 2310 ff.
Wiedemann, Herbert (Hrsg.)	Tarifvertragsgesetz 7. Auflage, München 2007 (Zit.: Wiedemann-*Bearbeiter*, § Rn.)

Wiese, Günther — Adressaten und Rechtsgrundlagen des innerbetrieblichen Persönlichkeitsschutzes von Arbeitnehmern
ZfA 2006, S. 631 ff.

Wiese, Günther/ Kreutz, Peter/ Oetker, Hartmut/ Raab, Thomas/ Weber, Christoph/ Franzen, Martin — Betriebsverfassungsgesetz
9. Auflage, Köln 2010
(Zit.: GKBetrVG-*Bearbeiter*, § Rn.)

Wisskirchen, Gerlind Glaser, Julia — Unternehmensinterne Untersuchungen (Teil II)
DB 2011, S. 1447 ff.

Wolf, Abraham de — Kollidierende Pflichten: Zwischen Schutz von E-Mails und „Compliance" im Unternehmen
NZA 2010, S. 1206 ff.

Wolf, Martin — Der Compliance-Officer
BB 2011, S. 1353 ff.

Wolf, Thomas/ Mulert, Gerrit — Die Zulässigkeit der Überwachung von E-Mail-Korrespondenz am Arbeitsplatz
BB 2008, S. 442 ff.

Wölfl, Bernd — Rechtfertigungsgründe bei der Verletzung der Vertraulichkeit des Wortes
JURA 2000, S. 231 ff.

Wuttke, Inken — Straftäter im Betrieb
München 2010
(Zit: *Wuttke*, S.)

Wybitul, Tim — Datenschutz: BVerfG erklärt Regelung zur Vorratsdatenspeicherung für nichtig
BB 2010, S. 889 ff.

derselbe Wie viel Arbeitnehmerdatenschutz ist „erforderlich"?
BB 2010, S. 1085 ff.

derselbe Das neue Bundesdatenschutzgesetz: Verschärfte Regeln für Compliance und interne Ermittlungen
BB 2009, S. 1582 ff.

derselbe Neue Spielregeln bei E-Mail-Kontrollen durch den Arbeitgeber
ZD 2011, S. 69 ff.

derselbe Neue Anforderungen an betriebliche Datenschutzbeauftragte
MMR 2011, S. 372 ff.

Zehner, Klaus Telefondatenerfassung und Benachrichtigungspflicht
DB 1984, S. 666 ff.

Zimmermann, Gernot Die straf- und zivilrechtliche Verantwortlichkeit des Compliance Officers
BB 2011, S. 634 ff.

Zscherpe, Kerstin A. Anforderungen an die datenschutzrechtliche Einwilligung im Internet
MMR 2004, S. 723 ff.

Schriften zum Deutschen und Europäischen Arbeits- und Sozialrecht

Herausgegeben von Ulrich Preis

Band 1 Ulrich Preis / Felipe Temming: Die Urlaubs- und Lohnausgleichskasse im Kontext des Gemeinschaftsrechts. 2006.

Band 2 Einiko B. Franz: Der Abschluss eines Aufhebungsvertrags. Schutz des Arbeitnehmer-Verbrauchers und seine Grenzen. Insbesondere das Widerrufsrecht gem. §§ 312, 355 BGB. 2006.

Band 3 Klaus Tenbrock: Die betriebliche Altersversorgung im Betriebsübergang bei konkurrierenden Versorgungszusagen. 2006.

Band 4 Christoph Nießen: Fehlerhafte Betriebsratswahlen. Eine am Gang des Wahlverfahrens orientierte Untersuchung der Folgen von Rechtsverstößen bei der Betriebsratswahl unter besonderer Berücksichtigung deren Relevanz für die Gewährung von einstweiligem Rechtsschutz zur Verhinderung einer fehlerhaften Betriebsratswahl. 2006.

Band 5 Klaus Linde: Übertragung von Aufgaben des Betriebsrats auf Arbeitsgruppen gemäß § 28a BetrVG. 2006.

Band 6 Petra M. Knorr: Der Vergleich der Invaliditätsrenten in Deutschland und den Niederlanden. 2006.

Band 7 Jan Botterweck: Gewerkschaftspluralismus im Betrieb. 2007.

Band 8 Patrizia Chwalisz: Die Transformation des polnischen Arbeitsrechts und die Gewerkschaften. Eine Analyse aus dem Blickwinkel des Arbeitsrechts der ehemaligen Deutschen Demokratischen Republik und der Bundesrepublik Deutschland. 2007.

Band 9 Wiebke Brose: Der präventive Kündigungsschutz bei betriebsbedingten Kündigungen. Vergleich von Entwicklung und Stellenwert im deutschen und französischen Kündigungsrecht. 2007.

Band 10 Oliver Reinartz: Der Firmentarifvertrag als Flexibilisierungsinstrument. Unter besonderer Berücksichtigung des sogenannten tariflichen Sozialplans. 2008.

Band 11 Sebastian Maiß: Die Entsendung von Arbeitnehmern aus den MOE-Staaten auf Werkvertragsbasis nach der EU-Osterweiterung. Eine Untersuchung der grenzüberschreitenden Beschäftigungsmöglichkeiten von Staatsangehörigen aus den Beitrittsstaaten – insbesondere im Baugewerbe – im Kontext der Übergangsbestimmungen zur Arbeitnehmerfreizügigkeit, der Dienstleistungsfreiheit und des Niederlassungsrechts. 2008.

Band 12 Tilman Isenhardt: Relative Tariffähigkeit. 2008.

Band 13 Mirjam Roesgen: Die betriebsbedingte Kündigung im öffentlichen Dienst. 2008.

Band 14 Philipp Schütt: Die Vertragskontrolle von Ausgleichsquittungen. 2008.

Band 15 Astrid Weber: Ist die Rotkreuzschwester Arbeitnehmerin ihrer Schwesternschaft? Zugleich eine Untersuchung der Arbeitnehmereigenschaft mithilfe der AGB-Kontrolle. 2009.

Band 16 Ute Heinemann: Medizinische Begutachtung in der privaten und sozialen Pflegeversicherung. Gemeinsamkeiten und Unterschiede. 2009.

Band 17 Cindy Hümmerich: Die Zuständigkeitsabgrenzung zwischen Gesamtbetriebsrat und Einzelbetriebsräten. 2010.

Band 18 Sven Wolf: Das moralische Risiko der GKV im Spannungsfeld zwischen Solidarität und Eigenverantwortung. 2010.

Band 19 Frank Zaumseil: Die Minderleistung als Kündigungsgrund. Zugleich ein Beitrag zur Bestimmung der Arbeitspflicht. 2010.

Band 20 Dieter Fabisch: Die unmittelbare Drittwirkung der Grundrechte im Arbeitsrecht. Die Auswirkungen der von Hans Carl Nipperdey begründeten Lehre auf die Rechtsprechung des Bundesarbeitsgerichts. 2010.

Band 21 Martin Begiebing: Contractual Trust Arrangement (CTA) – Insolvenzfestigkeit und Verwertungsbefugnisse im Pfandrechtsmodell. 2011.

Band 22 Sofia Davilla: Die Eigenverantwortung im SGB III und SGB II. Obliegenheiten und Sanktionen zur Beendigung von Arbeitslosigkeit und Hilfebedürftigkeit. 2011.

Band 23 Tanja Hiebert: Verfahrensprobleme im Rahmen des Sonderkündigungsschutzes für schwerbehinderte Menschen nach den §§ 85 bis 92 SGB IX. 2011.

Band 24 Sebastian Schröder: Das Verhältnis von Direktionsrecht und Änderungskündigung. 2012.

Band 25 Julian Wölfel: Die Sozialplanabfindung. Differenzierungskriterien und Ausgestaltungen. 2012.

Band 26 David Kruchen: Telekommunikationskontrolle zur Prävention und Aufdeckung von Straftaten im Arbeitsverhältnis. Private Arbeitgeber im Spannungsverhältnis zwischen Datenschutz und Compliance. 2013.

www.peterlang.de